A NEGOCIAÇÃO NOS PROCEDIMENTOS DE ADJUDICAÇÃO

UMA ANÁLISE DO CÓDIGO DOS CONTRATOS PÚBLICOS

LUÍS VERDE DE SOUSA

Assistente da Faculdade de Direito da Universidade de Coimbra
Advogado

A NEGOCIAÇÃO NOS PROCEDIMENTOS DE ADJUDICAÇÃO

UMA ANÁLISE DO CÓDIGO DOS CONTRATOS PÚBLICOS

Dissertação para o Curso de Mestrado em Ciências Jurídico-Políticas da Faculdade de Direito da Universidade de Coimbra

A NEGOCIAÇÃO NOS PROCEDIMENTOS
DE ADJUDICAÇÃO

AUTOR
LUÍS VERDE DE SOUSA

EDITOR
EDIÇÕES ALMEDINA, SA
Av. Fernão Magalhães, n.º 584, 5.º Andar
3000-174 Coimbra
Tel.: 239 851 904
Fax: 239 851 901
www.almedina.net
editora@almedina.net

PRÉ-IMPRESSÃO
G.C. GRÁFICA DE COIMBRA, LDA.
Palheira – Assafarge
3001-453 Coimbra
producao@graficadecoimbra.pt

Julho, 2010

DEPÓSITO LEGAL
313803/10

Os dados e as opiniões inseridos na presente publicação
são da exclusiva responsabilidade do(s) seu(s) autor(es).

Toda a reprodução desta obra, por fotocópia ou outro qualquer
processo, sem prévia autorização escrita do Editor, é ilícita
e passível de procedimento judicial contra o infractor.

Biblioteca Nacional de Portugal – Catalogação na Publicação

SOUSA, Luís Verde de

A negociação nos procedimentos de
adjudicação : uma análise do código
dos contratos públicos.- (Teses de
mestrado)
ISBN 978-972-40-4270-1

CDU   351
      346

Aos meus pais, sem os quais esta "aventura" teria sido impossível.

À Patrícia, que a meu lado acompanhou cada linha deste texto.

NOTA PRÉVIA

O trabalho que agora se publica corresponde, no essencial, à dissertação de mestrado em Ciências Jurídico-Políticas (modelo pré-bolonha), apresentada na Faculdade de Direito da Universidade de Coimbra, em Setembro de 2009, e defendida em prova pública, no dia 10 de Fevereiro de 2010, perante um Júri constituído pelos Senhores Professores Doutores José Carlos Vieira de Andrade (presidente), Pedro Gonçalves e Cláudia Viana (arguente).

As alterações ao Código dos Contratos Públicos, introduzidas pelo Decreto-Lei n.º 278/2009, de 2 de Outubro, publicado poucos dias após a entrega do trabalho, e a mais recente jurisprudência comunitária (*maxime* o acórdão *Wall*) motivaram algumas reflexões que não estavam compreendidas no trabalho inicial. As demais diferenças face ao texto primitivo devem-se à integração de novas referências bibliográficas (obras entretanto surgidas e estudos a que só pude aceder depois da apresentação) e, sobretudo, ao apuramento de alguns argumentos na sequência dessas novas leituras e das interpelações suscitadas pela arguição e posterior discussão.

Ao Senhor Professor Doutor José Carlos Vieira de Andrade, orientador do presente trabalho, quero expressar a minha gratidão pela disponibilidade e sabedoria com que me recebeu, assim como pelas palavras de estímulo e confiança que sempre me dispensou. Uma palavra de sincero agradecimento é também devida ao Senhor Professor Doutor Pedro Gonçalves, com quem tive, ao longo da preparação deste estudo, várias conversas que contribuíram para enriquecer a minha reflexão em torno do tema. À Senhora Professora Doutora Cláudia Viana cabe-me agradecer a cuidada arguição, que muito me honrou, e a viva discussão que se lhe seguiu.

Aos colegas (da Universidade e da advocacia) e amigos agradeço as manifestações de incentivo e os momentos de partilha das incontáveis dúvidas que me inquietaram durante a gestação deste trabalho. Sendo impossível nomeá-los a todos, prefiro pecar por absoluto defeito.

Agradeço, por fim, aos meus pais e à Patrícia: a sua generosidade e amor são também autores das linhas que se seguem. A eles vai o livro dedicado.

INTRODUÇÃO

A ideia de realizar o presente estudo surgiu na sequência da percepção do seguinte paradoxo[1]: se, por um lado, se assiste a um "alargamento da aplicação do contrato nas relações jurídicas públicas"[2], por outro, a *negociação* (normalmente associada à utilização da técnica contratual) representa ainda um papel secundário (quando não mesmo inexistente) ao nível dos procedimentos de adjudicação destinados à formação de *contratos públicos*.

O confronto com esta realidade, associada a outros vectores (tais como a prática profissional), fez com que procurássemos indagar em que se traduz a negociação realizada nestes procedimentos, qual o contexto em que é admitida e o regime jurídico a que se encontra sujeita. Estava, portanto, encontrado o mote para o trabalho ora empreendido.

Uma reflexão em torno da negociação que tem lugar nos procedimentos de adjudicação (regulados pelo Código dos Contratos Públicos[3]) impõe que os primeiros passos da caminhada sejam dados no sentido de identificar o *objecto* estudado. Para tanto, começaremos por analisar o que deve entender-se por *procedimento de adjudicação*, lançando-nos, em seguida, na árdua tarefa de tentar moldar um conceito operativo de *negocia-*

---

[1] Chamando a atenção para este paradoxo *v*. FRANCIS PIRARD, "Liberté Contractuelle et Procédure Négociée", *Revue du Droit de l'ULB*, Vol. 17, Bruxelas, Bruylant, 1998, p. 51.

[2] PEDRO GONÇALVES, *O Contrato Administrativo – Uma Instituição do Direito Administrativo do Nosso Tempo*, Coimbra, Almedina, 2003, p. 25.

[3] Diploma que, depois do Código de Procedimento Administrativo de 1991 e da reforma da justiça administrativa, realizada em 2002, completa o tríptico das intervenções legislativas, no domínio do Direito Administrativo, mais importantes das últimas duas décadas. Neste sentido *v*. VITAL MOREIRA, "Apresentação", in *Estudos de Contratação Pública – I*, Coimbra, Coimbra Editora, 2008, p. 5.

ção. Não terminaremos o capítulo de noções fundamentais sem antes nos pronunciarmos acerca das principais vantagens e desvantagens apontadas a este diálogo negocial.

O trabalho desenvolver-se-á, depois, em dois capítulos que pressupõem uma divisão do *iter* formativo em dois momentos ou etapas essenciais: o período que antecede a prática do acto adjudicatório e a fase que se segue à adjudicação.

Na abordagem da negociação realizada antes da adjudicação (*negociação pré-adjudicatória*) faremos uma primeira separação entre o diálogo negocial que precede a apresentação das propostas ("pre-tender negotiation"), destinado, em regra, a co-construir o projecto contratual a que os concorrentes são chamados a responder (com a sua proposta), e o realizado após a apresentação das propostas ("post-tender negotiation"), que tem lugar na designada *fase de negociação* e que visa reconfigurar as concretas respostas dadas ao referido projecto. Relativamente à interacção dialógica anterior à apresentação das propostas, apartaremos, ainda, o estudo da negociação verificada ao nível do *diálogo concorrencial* (*iter* especificamente concebido para se "proceder à elaboração de um caderno de encargos no quadro de uma colaboração procedimental público-privada"[4]), da análise da *possibilidade* (tão-só) de uma "pre-tender negotiation" no âmbito dos demais procedimentos adjudicatórios.

A já referida divisão deste estudo, que tem por base o momento da adjudicação, só se justifica porque entendemos que os "ajustamentos", permitidos pelo art. 99.º do CCP (e não afastados pelo Direito Comunitário), trazem pressuposta a admissibilidade de uma *negociação pós-adjudicatória* cujos limites importa aclarar. A esse diálogo negocial, realizado após a prática do acto adjudicatório, dedicaremos o último capítulo do nosso trabalho.

Em qualquer dos momentos descritos (antes e depois da adjudicação), serão necessariamente[5] consideradas as exigências impostas pelo

---

[4] MARK KIRKBY, "O Diálogo Concorrencial", in *Estudos de Contratação Pública – I*, cit., p. 292.

[5] A necessidade de análise do Direito Comunitário está longe de constituir uma mera exigência de carácter histórico-metódico. Com efeito, caso se conclua que o direito nacional diverge do "estalão" comunitário, são diversas as consequências jurídicas decorrentes desta desconformidade, de entre as quais se destacam telegraficamente: (*i*) a possibilidade de o Estado se ver demandado no âmbito de uma acção por incumprimento; (*ii*) a invocação em juízo, pelos particulares e contra o Estado, de normas comunitárias "claras, preci-

direito comunitário da contratação pública (uma das áreas mais desenvolvidas do *direito administrativo europeu* ou *comunitário*[6]).

Se é verdade que não nos julgamos portadores de qualquer preconceito "anti-negocial", facto é que também não pretendemos ser a voz de quem acredita que a negociação é a "solução" para todos os problemas da contratação pública. Com efeito, quando correcta e oportunamente utilizada, a negociação pode ser um importante instrumento ao serviço da realização do interesse público. No entanto, se mal conduzida, poderá implicar a violação dos mais elementares princípios da ordem jurídica.

Pelo que, não deve a presente investigação ser entendida como uma "apologia" à negociação, mas apenas como um pequeno contributo para o estudo da possibilidade e regime jurídico do diálogo negocial realizado num contexto tão particular como é o dos procedimentos de adjudicação.

---

sas e incondicionadas"; (*iii*) o dever de o Estado indemnizar os particulares pelos danos resultantes da não transposição atempada ou da violação do Direito Comunitário; (*iv*) e a interpretação do direito nacional em conformidade com as normas comunitárias.

[6] Em sentido amplo, revela "o processo de desenvolvimento de um direito administrativo comum a todos os Estados-membros" – cfr. JOSÉ ANTONIO MORENO MOLINA, "La Administración Pública Comunitaria y el Processo hacia la Formación de un Derecho Administrativo Europeo Comun", in *Revista de Administración Pública*, n.º 148, Janeiro-Abril 1999, p. 342. FAUSTO DE QUADROS refere-se mesmo a um conceito (dinâmico) de *direito administrativo europeu* que "resulta da influência do Direito Comunitário no Direito Administrativo dos Estados membros, de tal modo que impõe a modificação deste último". O Direito Comunitário "penetra directamente no Direito Administrativo estadual, introduzindo neste alterações que os órgãos nacionais de criação e de aplicação do Direito ainda não quiseram ou, porventura, até rejeitam" – cfr. *A Nova Dimensão do Direito Administrativo – O Direito Administrativo Português na Perspectiva Comunitária*, Coimbra, Almedina, 1999, p. 26. Independentemente do sentido atribuído, facto é que, conforme refere SABINO CASSESE, o Estado tornou-se "uma casa demasiado pequena para o direito administrativo e para a sua ciência" – *v.* "Tendenze e Problemi del Diritto Amministrativo", in *Rivista Trimestrale di Diritto Pubblico*, n.º 4, 2004, p. 911.

CAPÍTULO I
NOÇÕES FUNDAMENTAIS

1. O Procedimento de adjudicação

1.1. *A procedimentalização da formação dos contratos públicos*

Conforme observou Carlos Mota Pinto, os contratos não surgem na vida jurídica por "geração espontânea", sendo antes "precedidos por um processo genético mais ou menos complexo, mas presente em todos os casos, ainda que reduzido à sua forma mais simples"[7]. Ora, também o *contrato público* – entendido como o negócio jurídico bilateral (ou multilateral) em que, pelo menos, uma das partes integra a Administração Pública (em sentido funcional)[8] – é precedido do referido "processo genético".

---

[7] "A Responsabilidade Pré-Negocial pela não Conclusão dos Contratos", in *Boletim da Faculdade de Direito da Universidade de Coimbra*, Suplemento XIV, 1966, p. 165.

[8] Este é o conceito (orgânico-funcional) de *contrato público* proposto por PEDRO GONÇALVES – cfr. *Direito dos Contratos Públicos (sumários desenvolvidos)*, Coimbra, 2008 (policopiado), pp. 24 e 25. Como o A. refere, o mesmo não coincide com o conceito *legal* de contrato público: todos os contratos que, "independentemente da sua designação e natureza, sejam celebrados pelas entidades adjudicantes referidas no presente Código" (cfr. art. 1.º, n.º 2). O conceito avançado por PEDRO GONÇALVES é mais reduzido que o conceito legal (pois do elenco de entidades adjudicantes admitidas pelo CCP fazem parte entidades que não integram a Administração Pública em sentido funcional) e, simultaneamente, mais amplo [já que "pode haver contratos (administrativos) celebrados por «contraentes públicos» que não sejam entidades adjudicantes"]. Diferente é a proposta doutrinal avançada por AFONSO D'OLIVEIRA MARTINS, que escora o *quid* distintivo destes contratos no regime jurídico (de direito público) aplicável e nos interesses (públicos) a que se encontram vinculados. Sustenta este A. que os contratos públicos são aqueles "contratos que, caracteristicamente, quanto a aspectos ou momentos principais e de modo significativo, se encontram

Na verdade, se atendermos ao normal "ciclo de vida" de um *contrato público* podemos, à semelhança do que sucede com os contratos puramente privados, divisar três grandes momentos ou etapas[9]: (*i*) a da *formação*, correspondente à fase do nascimento ou da génese do vínculo contratual; (*ii*) a da *execução*[10], que compreende o período em que se desenvolve a relação contratual estabelecida entre as partes; (*iii*) e a da *extinção*, na qual se assiste à morte ou dissolução da relação[11].

O presente trabalho centrar-se-á exclusivamente na fase formativa ou genética do *contrato público*, não curando da sua execução ou extinção, nem sequer das implicações (directas ou indirectas) que as vicissitudes (patológicas ou não) ocorridas na primeira etapa poderão ter sobre as demais[12].

---

submetidos a um regime de direito público, surgindo global e juridicamente vinculados a interesses públicos" – cfr. "Para um Conceito de Contrato Público", in *Estudos em Homenagem ao Prof. Doutor Inocêncio Galvão Telles*, Vol. V, Coimbra, Almedina, 2003, p. 483. Num sentido que parece convergir com a posição deste A. *v.* ainda MARIA JOÃO ESTORNINHO, *Direito Europeu dos Contratos Públicos – Um Olhar Português*, Coimbra, Almedina, 2006, pp. 309-320.

[9] Esta tripartição é a seguida por FREITAS DO AMARAL para os *contratos administrativos* – cfr. *Curso de Direito Administrativo*, Vol. II, Coimbra, Almedina, 2001, p. 565.

[10] Não se ignora, porém, a existência de *contratos não exequíveis*, que "esgotam os respectivos efeitos no momento da sua celebração". Cfr. MARCELO REBELO DE SOUSA e ANDRÉ SALGADO DE MATOS, *Contratos Públicos – Direito Administrativo Geral*, Tomo III, Lisboa, Dom Quixote, 2008, p. 54.

[11] A autonomização da etapa da *extinção* justifica-se, sobretudo, para os *contratos de eficácia duradoura ou prolongada*, cujos efeitos jurídicos não se esgotam no momento da sua celebração, originando antes uma relação que se prolongará no tempo. Cfr. PEDRO GONÇALVES, *O Contrato Administrativo – Uma Instituição do Direito Administrativo do Nosso Tempo*, cit., p. 131.

[12] São evidentes as repercussões que o momento formativo tem na "vida" contratual, não só pela óbvia razão de que é aí "escolhido" o co-contratante da Administração e modelado o conteúdo do contrato, mas também porque o ocorrido nesta etapa poderá, por exemplo, determinar a invalidade do contrato (cfr. o art. 283.º do CCP) ou limitar a respectiva modificação (cfr. os arts. 313.º, n.ºs 1 e 2, 370.º, n.º 2 e 454.º, todos do CCP). Podemos falar, assim, de uma *irradiação de efeitos* da fase genética sobre toda a relação contratual. A propósito do disposto no art. 313.º, n.º 2, do CCP, RODRIGO ESTEVES DE OLIVEIRA refere que a solução "aponta para um «congelamento» ou *manutenção da equação adjudicatória* em fase contratual", mostrando "que a recomposição das prestações contratuais encontra um seu limite numa espécie de eficácia póstuma ou ulterior («*Nachwirkung*») dos documentos conformadores do procedimento" – cfr. "Os Princípios Gerais da Contratação Pública", in *Estudos de Contratação Pública – I*, cit., p. 69. PEDRO GONÇALVES salienta que

Nas relações entre meros particulares vale o *princípio da liberdade contratual*, enquanto manifestação da *autonomia privada*[13] no domínio dos negócios jurídicos bilaterais. Este princípio manifesta-se (*i*) na *liberdade de celebração* ou *liberdade de conclusão dos contratos*, entre nós

---

"a protecção da concorrência surge, assim, como um novo e autónomo critério de limitação da modificação de contratos". O âmbito do poder de modificação vê-se comprimido pelo "facto de o contrato a modificar ter sido atribuído na sequência de um procedimento competitivo de selecção do contratante" – cfr. "Acórdão Pressetext: Modificação de Contrato Existente vs. Adjudicação de Novo Contrato", in *Cadernos de Justiça Administrativa*, n.º 73, Janeiro-Fevereiro 2009, p. 17. Já antes, o mesmo A. advertia para o facto de que os limites impostos ao poder de modificação do contrato não visavam apenas a protecção dos interesses do contratante da Administração, mas também "os interesses da transparência, da objectividade e da neutralidade que regem o procedimento administrativo tendente à adjudicação" – cfr. *A Concessão de Serviços Públicos*, Coimbra, Almedina, 1999, pp. 258 e 259. Chamando a atenção para o carácter vinculativo dos critérios de adjudicação durante a fase de execução do contrato, cfr. MARIA JOÃO ESTORNINHO, "Contrato Público: Conceito e Limites", in *La Contratación Pública en el Horizonte de la Integración Europea*, V Congreso Luso-Hispano de Profesores de Derecho Administrativo, Madrid, INAP, 2004, p. 36. Também MÁRIO ESTEVES DE OLIVEIRA e RODRIGO ESTEVES DE OLIVEIRA aludiam às "importantíssimas consequências (...) ao nível da própria relação material ou contratual" (de direito privado ou público) decorrentes do "carácter jurídico-público do procedimento de adjudicação". Cfr. *Concursos e Outros Procedimentos de Adjudicação Administrativa – das Fontes às Garantias*, cit., p. 172. Tem sido este, também, o caminho seguido pela jurisprudência comunitária (cuja *longa manus* se tem vindo a estender a aspectos claramente relacionados com a execução do contrato) – cfr. o recente acórdão *Pressetext*, de 19.06.2008 (Proc. C-454/06), em que o Tribunal de Justiça considerou que uma alteração contratual que introduza "condições que, se tivessem figurado no procedimento de adjudicação inicial, teriam permitido admitir proponentes diferentes (...) ou (...) aceitar uma proposta diferente" (n.º 35) deve ser entendida com uma nova adjudicação.

Não só a jurisprudência, mas também a "legislação" comunitária tem feito incursões em matéria atinente à execução do contrato. Se, até à reforma de 2004, a atenção do legislador comunitário estava quase exclusivamente centrada na fase formativa, as Directivas 2004/17/CE (cfr. art. 38.º e considerando n.º 44) e 2004/18/CE (cfr. art. 26.º e considerando n.º 33) disciplinam já os termos em que as entidades adjudicantes poderão fixar condições especiais de *execução do contrato*. Acerca desta extensão do direito comunitário da contratação pública ao momento da execução do contrato, cfr. CLÁUDIA VIANA, *Os Princípios Comunitários na Contratação Pública*, Coimbra, Coimbra Editora, 2007, pp. 564-566 e JOSÉ ANTONIO MORENO MOLINA, "¿Por qué una Nueva Ley de Contratos? Objectivos, Alcance y Principales Novedades de la Ley 30/2007, de Contratos del Sector Público", in *Revista Española de Derecho Administrativo*, n.º 139, Julho-Setembro 2008, p. 425.

[13] Que consiste no "poder que os particulares têm de fixar, por si próprios (*auto*...), a disciplina (*nomos*) juridicamente vinculativa dos seus interesses". Cfr. ANTUNES VARELA, *Das Obrigações em Geral*, Vol. I, 10.ª edição, Coimbra, Almedina, 2000, pp. 231 e 232.

implicitamente contida no art. 405.º do Código Civil; (*ii*) e na *liberdade de modelação*, *de fixação* ou *liberdade de estipulação do conteúdo contratual*, com consagração expressa no aludido preceito legal.

A *liberdade de celebração* reconduz-se à liberdade de contratar (pólo positivo) e à liberdade de não contratar (pólo negativo). Se a sua vertente negativa traduz a máxima segundo a qual "a ninguém podem ser impostos contratos contra a sua vontade ou aplicadas sanções por força de uma recusa de contratar"[14], por força do seu pólo positivo é reconhecida a possibilidade, a quem o pretender fazer, de recorrer ao contrato como forma ou modo de regulação dos seus interesses, o que compreende a liberdade de (*i*) formular e aderir a propostas contratuais, ou mesmo de as revogar enquanto não chegam ao poder do destinatário; (*ii*) escolher o outro contraente; (*iii*) e estabelecer a forma da declaração negocial.

A *liberdade de modelação do conteúdo contratual* envolve, por seu turno, a possibilidade de as partes celebrarem (*i*) *contratos típicos ou nominados*; (*ii*) contratos típicos ou nominados aos quais lhes acrescentam as cláusulas que entenderem; (*iii*) e *contratos atípicos ou inominados*.

Ora, o *modo* como são exercidas estas liberdades, ou seja, a forma como alguém formula e aceita propostas negociais, escolhe o seu co-contratante ou conforma o conteúdo do contrato que pretende celebrar, é também uma das faculdades compreendidas na *autonomia privada*. Pelo que, é ainda no contexto dessa autonomia que deve ser compreendida a auto--vinculação decorrente da opção por certo modo de contratação[15]. Não obstante as inúmeras limitações que a *liberdade de celebração* e a *liberdade de modelação do conteúdo contratual* conhecem, a *regra* é, no âmbito do direito privado, a de que se pode contratar *como* e com *quem* se quiser, não sendo regulado, de forma específica, o modo de formação do contrato[16].

Diferentemente se passam as coisas no universo do *agere* administrativo, em geral, e na esfera da formação dos contratos públicos, em espe-

---

[14] CARLOS MOTA PINTO, *Teoria Geral do Direito Civil*, 3.ª edição, Coimbra, Coimbra Editora, 1999, p. 95.

[15] MENEZES CORDEIRO, "Da Abertura de Concurso para a Celebração de um Contrato no Direito Privado", in *Boletim do Ministério da Justiça*, n.º 369, 1987, p. 54.

[16] Cfr. PEDRO GONÇALVES, *O Contrato Administrativo – Uma Instituição do Direito Administrativo do Nosso Tempo*, cit., p. 86. Conforme salienta o A., a "relativa irrelevância do *iter* de formação do contrato" não remete para uma "zona de irrelevância jurídica". Para tanto, bastará atender ao instituto da *culpa in contrahendo*.

cial. Com efeito, quase toda a actividade administrativa está hoje, em maior ou menor medida, *procedimentalizada*: "os actos da administração surgem geralmente inseridos em, ou são produto de, um procedimento administrativo disciplinado por lei"[17] – conjunto ordenado de actos e formalidades, reguladas pelo legislador, tendentes à formação e manifestação da vontade da Administração Pública (cfr. art. 1.º, n.º 1, do CPA).

Os contratos públicos não fogem à referida lógica de procedimentalização, a qual, aliás, tem vindo a ser reforçada neste domínio. Com efeito, "os valores em causa na actividade administrativa contratual não são só os da realização do *interesse público nacional, tal como é definido pelo legislador democrático*, mas também as qualidades exigidas e as condições postas pelo Estado de Direito – entre as quais se salientam, de um lado, os *deveres públicos* de actuação segundo os princípios da igualdade de tratamento, de imparcialidade, de proporcionalidade e de justiça (*fairness*), e, de outro, os *direitos dos particulares* interessados ao respeito por esses princípios"[18]. A estes princípios há que acrescentar "os valores da *concorrência* económica no espaço europeu, que, por um lado, acentuam os imperativos de transparência procedimental, mas, por outro lado, podem limitar o interesse público nacional em favor dos *interesses comunitários*"[19]. Como salienta Vieira de Andrade, o "aumento da complexidade da relação entre legalidade e a autonomia contratual, pela via da ampliação dos vínculos normativos da actuação administrativa, manifesta-se, pois, sobretudo, através de uma regulação mais intensa do *procedimento de formação* dos contratos"[20].

Pelo que, diferentemente do que acontece no direito privado, a *regra* é a de que a Administração não pode contratar *como* (modo de vinculação e escolha da proposta) e com *quem* quiser, devendo respeitar o procedimento pré-contratual previsto na lei[21].

---

[17] MARCELO REBELO DE SOUSA e ANDRÉ SALGADO DE MATOS, *Contratos Públicos – Direito Administrativo Geral*, Tomo III, Lisboa, Dom Quixote, 2008, p. 53.

[18] VIEIRA DE ANDRADE, "Princípio da Legalidade e Autonomia da Vontade na Contratação Pública", in *La Contratación Pública en el Horizonte de la Integración Europea*, cit., p. 66.

[19] VIEIRA DE ANDRADE, "Princípio da Legalidade e Autonomia da Vontade na Contratação Pública", cit., p. 66.

[20] "Princípio da Legalidade e Autonomia da Vontade na Contratação Pública", cit., p. 66.

[21] Cfr. GUIDO LANDI e GIUSEPPE POTENZA, *Manuale di Diritto Amministrativo*, 10.ª edição, Milão, Giufrrè Editore, 1997, p. 531 e MENEZES CORDEIRO, *Contratos Públicos:*

1.2. *A noção de adjudicação*

O nosso estudo não incidirá, porém, sobre todos os procedimentos pré-contratuais. Ele recairá apenas sobre a negociação realizada no âmbito dos *procedimentos de adjudicação* (ou *procedimentos adjudicatórios*). Pelo que, antes de ulteriores considerações, importa esclarecer em que consiste um *procedimento de adjudicação*. Na tentativa de recortar esta figura, parece-nos pertinente começar pela análise da *noção* de *adjudicação* (o *quid* distintivo destes procedimentos).

O art. 73.°, n.° 1, do CCP define *adjudicação* como "o acto pelo qual o órgão competente para a decisão de contratar aceita a única proposta apresentada ou escolhe uma de entre as propostas apresentadas".

Em primeiro lugar, a adjudicação é definida como um *acto*. Atento o âmbito subjectivo de aplicação da Parte II do CCP, aceita-se que o legislador tenha deixado cair o qualificativo do acto (administrativo)[22]. Com efeito, sabemos já que a adjudicação disciplinada pelo CCP tanto poderá ser realizada por "órgãos da Administração"[23] – traduzindo-se aí num (verdadeiro) *acto administrativo* – como por entidades privadas[24], caso em que a mesma se qualificará (apenas) como um "acto equiparado a acto

---

Subsídios para a Dogmática Administrativa, com Exemplo no Princípio do Equilíbrio Financeiro, Cadernos O Direito, n.° 2, 2007, p. 48.

[22] A legislação anterior ao CCP definia *adjudicação* como "o acto administrativo pelo qual a entidade competente para autorizar a despesa escolhe uma proposta" (cfr. art. 54.° do Decreto-Lei n.° 197/99, de 8 de Junho).

[23] Cfr. o art. 120.° do CPA. Utiliza-se a expressão "órgãos da Administração" com o mesmo sentido (amplo) que a doutrina lhe reconhece, compreendendo: (*i*) os actos praticados pelos órgãos das pessoas colectivas públicas que integram a Administração Pública; (*ii*) as decisões de natureza administrativa de órgãos de pessoas colectivas públicas que não integram a Administração em sentido orgânico (*v.g.* as decisões de órgãos legislativos ou judiciais que incidam sobre questões respeitantes à sua organização administrativa) – cfr. art. 2.°, n.° 1, do CPA; (*iii*) e as decisões tomadas por particulares a quem foram delegados poderes públicos, desde que compreendidas nos limites dessa delegação. Acerca dos actos administrativos de entidades privadas, cfr. PEDRO GONÇALVES, *Entidades Privadas com Poderes Públicos*, Coimbra, Almedina, 2005, pp. 1055-1062. A propósito da expressão "órgão da Administração", contida no art. 120.° do CPA, cfr. MÁRIO ESTEVES DE OLIVEIRA, PEDRO GONÇALVES e JOÃO PACHECO DE AMORIM, *Código do Procedimento Administrativo Comentado*, 2.ª edição, Coimbra, Almedina, 1997, pp. 558 e 559 e FREITAS DO AMARAL, *Curso de Direito Administrativo*, Vol. II, cit., pp. 216-220.

[24] Fora, claro está, dos limites de eventuais prorrogativas de direito público que lhes tenham sido conferidas (caso contrário, será um verdadeiro acto administrativo).

administrativo" [25]. Compreende-se, também, o porquê da não utilização do termo "decisão", já empregue na norma para delimitar o órgão competente para adjudicar.

Apesar da opção legislativa, facto é que, mais do que um mero "acto", a adjudicação é uma verdadeira *decisão* (ou acto decisório) entendida "no sentido de *determinação sobre* ou de *resolução de* um assunto, de uma situação concreta", enquanto "comando jurídico (...) que produz, *por si só*, mesmo perante terceiros, os efeitos jurídicos, a modificação jurídica nele definida"[26]. Em suma, uma *estatuição autoritária* "que produz um efeito jurídico imediato"[27].

A adjudicação é, portanto, um *acto unilateral*, ou seja, um "acto jurídico *que provém de um autor cuja declaração é perfeita independentemente do concurso de vontades de outros sujeitos*"[28]. Pelo que, mesmo nos casos em que o seu conteúdo surja profundamente determinado pelas negociações eventualmente ocorridas durante o procedimento, a adjudicação não se reconduz à figura do contrato.

Coisa diversa de equiparar a adjudicação a um negócio jurídico bilateral será a de discernir se, não obstante a sua qualificação como *acto* (em regra, administrativo), a mesma não configurará, também, a declaração negocial que, aceitando a proposta formulada por um dos concorrentes (que traduziria a declaração negocial da contraparte), torna perfeito o contrato[29]. Cabe indagar, em suma, se esta decisão faz ou não surgir o contrato.

---

[25] Cfr. os arts. 100.°, n.° 3 e 132.°, n.° 2, ambos do CPTA.

[26] Mário Esteves de Oliveira, Pedro Gonçalves e João Pacheco de Amorim, *Código do Procedimento Administrativo Comentado*, cit., p. 550. O facto de se tratar de uma *decisão* não afasta a possibilidade de, em determinadas circunstâncias, se poder lançar mão de uma *adjudicação informática* (produzida por computador). Assim, desde que "o órgão ou agente tenha um efectivo domínio sobre o sentido e o conteúdo da decisão informática" (o que ocorrerá se for utilizado um programa informático determinista) e pratique um qualquer acto revelador de que "essa decisão poderá ser considerada «sua», que lhe é imputável", estaremos diante de um verdadeiro *acto administrativo informático*. Cfr. Pedro Gonçalves, "O Acto Administrativo Informático", in *Scientia Iuridica*, Tomo XLVI, n.os 265/267, Janeiro-Junho 1997, pp. 68-75.

[27] Rogério Soares, *Direito Administrativo*, Coimbra, 1978, pp. 76 e 77.

[28] Freitas do Amaral, *Curso de Direito Administrativo*, Vol. II, cit., p. 213. Cfr. ainda Marcelo Rebelo de Sousa e André Salgado de Matos, *Direito Administrativo Geral – Actividade Administrativa*, cit., pp. 69 e 70.

[29] É o que acontece, por exemplo, em Espanha – cfr. art. 27.°, n.° 1, da LCSP (Ley 30/2007, de 30 de octubre, de Contratos del Sector Público), nos termos do qual se estabelece que, independentemente do procedimento utilizado, o contrato se encontra perfeito

A doutrina tem sustentado, de forma quase unânime, que a adjudicação não faz nascer ainda a relação contratual[30]. Trata-se de um acto administrativo, praticado antes da celebração do contrato, que não gera a perfeição deste. Tal entendimento escora-se, sobretudo, no facto de a lei ter autonomizado, no âmbito do procedimento pré-contratual, o momento (posterior à adjudicação) em que ocorre a celebração, por escrito, do contrato (cfr. hoje o Capítulo XI – "celebração do contrato" – do Título I da Parte II do CCP)[31]. Atenta a referida autonomia, e não obstante a existên-

---

com a adjudicação definitiva. Em conformidade, o art. 140.º, n.º 3, do mesmo diploma prevê que, quando não é formalizado no prazo indicado (por facto imputável ao concorrente ou à Administração), as partes poderão *resolver* o contrato. Cfr. RAMÓN PARADA, *Derecho Administrativo I – Parte General*, 9.ª edição, Madrid, Marcial Pons, 1997, pp. 321 e 322 e EDUARDO GARCIA DE ENTERRÍA e TOMÁS-RÁMON FERNÁNDEZ, *Curso de Derecho Administrativo I*, 14.ª edição, Navarra, Civitas, 2008, p. 730.

[30] Cfr. MARCELO REBELO DE SOUSA, *O Concurso Público na Formação do Acto Administrativo*, Lisboa, Lex, 1994, p. 50; MARGARIDA OLAZABAL CABRAL, *O Concurso Público nos Contratos Administrativos*, cit., p. 199; PAULO OTERO, "Intangibilidade das Propostas em Concurso Público e Erro de Facto na Formação da Vontade: a Omissão de Elementos não Variáveis na Formulação de uma Proposta", in *O Direito*, I-II (Janeiro-Junho) 1999, p. 92; FREITAS DO AMARAL, *Curso de Direito Administrativo*, Vol. II, cit., pp. 588-590, MÁRIO ESTEVES DE OLIVEIRA e RODRIGO ESTEVES DE OLIVEIRA, *Concursos e Outros Procedimentos de Adjudicação Administrativa – das Fontes às Garantias*, cit., p. 567 e, já depois da entrada em vigor do CCP, BERNARDO AZEVEDO, "Adjudicação e Celebração do Contrato no Código dos Contratos Públicos", in *Estudos de Contratação Pública – II*, Coimbra, Coimbra Editora, 2010, p. 226. Em sentido contrário *v.* FAUSTO DE QUADROS, "O Concurso Público na Formação do Contrato Administrativo", in *Revista da Ordem dos Advogados*, ano 47, 1987, p. 717.

[31] É neste contexto que FREITAS DO AMARAL refere, em abono da sua tese, que "por vezes a competência para adjudicar pertence a um órgão e a competência para contratar pertence a outro". Cfr. *Curso de Direito Administrativo*, Vol. II, cit., p. 590. Esta possibilidade – a de o órgão competente para adjudicar não coincidir com o órgão que vinculará a entidade adjudicante na celebração do contrato – mantém-se no CCP. Com efeito, nos termos do art. 73.º, n.º 1, o acto de adjudicação deve ser praticado pelo órgão competente para a decisão de contratar. Em regra, é esse o órgão competente para a outorga do contrato (art. 106.º, n.º 1). Porém, as entidades adjudicantes referidas nas alíneas d) e e) do n.º 1 do art. 2.º, bem como as indicadas no n.º 2 do mesmo preceito, são representadas na celebração do contrato pelo "órgão designado no respectivo diploma orgânico ou nos respectivos estatutos, independentemente do órgão que tenha tomado a decisão de contratar" (art. 106.º, n.º 2). O mesmo se diga quanto às entidades adjudicantes elencadas no art. 7.º, n.º 1, cuja representação cabe a quem tenha poderes para as obrigar (art. 106.º, n.º 4). Refira-se, ainda, que, enquanto a competência para adjudicar não pode ser delegada (arts. 69.º, n.º 2 e 109.º, n.º 1), os poderes de representação para a outorga do contrato são delegáveis (art. 106.º, n.º 5).

cia do acto adjudicatório, seriam exigidas "duas novas declarações de vontade, essas sim dando lugar ao nascimento do contrato"[32].

Além da individualização da outorga do contrato (que poderia constituir mero requisito de eficácia de um mútuo consenso já atingido), importa salientar igualmente o caminho a percorrer até esse momento. Desde logo, a possibilidade de se proceder a ajustamentos (negociados ou não) ao conteúdo do contrato (arts. 96.º, n.º 4 e 99.º do CCP), bem revelador de que estamos ainda numa fase formativa[33]. À parte dos eventuais ajustamentos, existem também várias formalidades (apresentação dos documentos de habilitação, prestação da caução, confirmação de compromissos assumidos por entidades terceiras, fixação da minuta do contrato, associação dos membros do agrupamento) que, após a adjudicação, terão, em regra, de se cumprir. Mário Esteves de Oliveira e Rodrigo Esteves de Oliveira sustentam que, só com o preenchimento destas formalidades, se produz uma decisão (ainda que apenas implícita) – a *decisão de contratar* – que não está contida na adjudicação. Apenas então se ficaria "a conhecer os termos (exactos, concretos e definitivos) da vontade contratual das partes", ocorrendo "a fusão pontual da vontade administrativa (...) com a vontade do concorrente"[34], ou seja, o contrato.

Na verdade, (*i*) os efeitos jurídicos decorrentes do não cumprimento das mencionadas formalidades, a saber: caducidade do primeiro acto adjudicatório, obrigação de o órgão competente adjudicar a proposta ordenada no lugar subsequente[35] e eventual responsabilidade contra-ordenacional

---

[32] MARGARIDA OLAZABAL CABRAL, *O Concurso Público nos Contratos Administrativos*, cit., p. 199.

[33] Neste sentido *v.* BERNARDO AZEVEDO, "Adjudicação e Celebração do Contrato no Código dos Contratos Públicos", cit., p. 263.

[34] *Concursos e Outros Procedimentos de Adjudicação Administrativa – das Fontes às Garantias*, cit., p. 567.

[35] Cfr. os arts. 86.º, n.ᵒˢ 1 a 4 (não apresentação dos documentos de habilitação); 87.º (falsificação de documentos de habilitação e prestação culposa de falsas declarações); 91.º, n.ᵒˢ 1 e 2 (não prestação da caução); 93.º (não confirmação de compromissos assumidos por entidades terceiras) e 105.º, n.ᵒˢ 1 e 2 (não comparecimento no dia, hora e local designados para a outorga do contrato e não associação dos membros do agrupamento na modalidade prevista no programa de procedimento).

A obrigação de, em caso de caducidade da primeira adjudicação, adjudicar a proposta ordenada no lugar subsequente não estava expressamente prevista em legislação anterior. O art. 56.º, n.º 2, do Decreto-Lei n.º 197/99, de 8 de Junho, previa, tão-só, que a entidade competente *podia* decidir pela adjudicação ao concorrente classificado em segundo lugar. Pelo que, sempre que o programa de concurso não vinculasse nesse sentido, a referida entidade não estaria obrigada a adjudicar outra proposta que não a inicialmente vencedora. Mário Esteves de Oliveira e Rodrigo Esteves de Oliveira sustentavam (ainda à luz do Decreto-Lei n.º 55/95, de 29 de Março), porém, que a escolha da segunda proposta só podia ser afastada em virtude de "circunstâncias especiais devidamente fundamentadas", designadamente por esta estar "longe de oferecer as vantagens" da primeira ou pelo facto de a mesma "cair no domínio da inaceitabilidade". Cfr. *Concursos e Outros Procedimentos de Adjudicação Administrativa – das Fontes às Garantias*, cit., pp. 589 e 590. Esta nova obrigação mostra bem a importância da posição ocupada por todos os concorrentes. Não é, portanto, irrelevante a circunstância de um concorrente estar ordenado em segundo ou em qualquer dos lugares seguintes.

A escolha "automática" da proposta ordenada no lugar subsequente não é também uma solução isenta de dúvidas, sobretudo em alguns casos de utilização de leilão electrónico. Com efeito, o CCP dispõe que o programa de concurso deve indicar "as condições em que os concorrentes podem propor novos valores (...) nomeadamente as diferenças mínimas exigidas entre licitações" [alínea b) do art. 141.º]. Esta diferença "entre licitações" pode ser interpretada como *diferença entre licitações realizadas pelo próprio concorrente* (se, por hipótese, no âmbito de um leilão inverso electrónico, a diferença entre licitações é estabelecida em "10", o concorrente apenas poderá melhorar um determinado atributo da sua proposta em lances de "10", independentemente de o seu lance superar ou não outros já realizados pelos demais concorrentes) ou no sentido de *diferença entre licitações realizadas pelos diversos concorrentes* (no exemplo anterior, um concorrente só poderia fazer nova licitação se superasse em "10" a melhor oferta existente, independentemente de a mesma ter sido ou não formulada por outro concorrente). Caso seja mobilizada a primeira interpretação, e apesar de se admitir uma eventual retracção dos concorrentes em melhorar os atributos da sua proposta quando sabem que isso não os fará ascender ao primeiro lugar, a mesma não oferecerá problemas de maior. Com efeito, se os concorrentes sabem que, em caso de caducidade da primeira adjudicação, a proposta ordenada em segundo lugar poderá ser escolhida, os mesmos devem acautelar este aspecto. O único limite à melhoria dos atributos da respectiva proposta será o do valor da sua última licitação. Admitindo, porém, a segunda interpretação como a mais plausível (pelo menos, será aquela que se afigura mais próxima da lógica subjacente aos leilões), a actuação de cada concorrente surge, num leilão com tais características, fortemente condicionada pelas licitações já realizadas pelos demais. Ora, se, por qualquer razão, a primeira adjudicação caduca, pode dar-se o caso de o concorrente colocado em terceiro lugar (ou em lugar ainda menos favorável) não ter conseguido superar a licitação do concorrente ordenado em segundo lugar pelo simples facto de o concorrente ganhador (e entretanto afastado) ter feito uma licitação "imbatível" (no nosso exemplo tal sucederia se o terceiro ordenado não tivesse conseguido "bater" a oferta realizada pelo concorrente ordenado em segundo lugar porque não conseguiu superar em "10" a licitação do concorrente ganhador). Esta "obstrução" ou efeito "ecrã", produzido pelo primeiro adjudicatário, desvirtua a ordenação das propostas não ganhadoras (a proposta ordenada em segundo lugar surge aí colocada porque o respectivo concorrente teve a "sorte" de licitar antes da oferta "imbatível"). Para evitar situações como a descrita, entendemos que o programa de procedimento poderá prever que (*i*) após o decurso do lapso temporal fixado para a apresentação de licitações respeitadoras da diferença mínima exigida, os concorrentes sejam chamados a fazer a sua melhor oferta possível (sendo, por exemplo, convocados pela ordem inversa da ordenação até então obtida, para evitar surpresas de última hora), ainda que a mesma não respeite a diferença mínima exigida entre licitações e seja insuficiente para ascender ao primeiro lugar; (*ii*) no caso de caducidade da adjudicação, o leilão seja reaberto ou mesmo repetido entre os concorrentes não afastados. Esta última solução comporta, porém, uma interpretação restritiva das normas que determinam a adjudicação à proposta ordenada no lugar subsequente, a qual se nos afigura perfeitamente admissível à luz de um adequado entendimento do princípio da concorrência. Acerca das dificuldades e soluções, no âmbito de um leilão electrónico invertido, para adjudicar a proposta ordenada em segundo lugar, cfr. SUE ARROWSMITH, "E-Commerce Policy and the EC Procurement Rules: the Chasm between Rhetoric and Reality", in *Common Market Law Review*, Vol. 38, n.º 6, Dezembro 2001, pp. 1469 e 1470; "Electronic Reverse Auctions Under the EC Public Procurement Rules: Current Possibilities and Future Prospects", in *Public Procurement Law Review*, 2002 (n.º 6), pp. 316, 317 e 323 e *The Law of Public and Utilities Procurement*, 2.ª edição, Londres, Sweet & Maxwell, 2005, pp. 1185 e 1186.

Dúvidas subsistem ainda quanto aos casos em que, além da primeira, também a segunda adjudicação caduca. Trata-se de saber, no fundo, se as normas que prevêem o dever de "adjudicar a proposta ordenada em lugar subsequente" se aplicam apenas às hipóteses de caducidade da primeira adjudicação ou se, ao invés, serão mobilizáveis para a caducidade de qualquer acto adjudicatório praticado no âmbito do procedimento. Alicerçado num argumento histórico – o facto de a legislação anterior aludir, de forma específica, à adjudicação "ao concorrente classificado em segundo lugar" e de a actual se referir, em termos latos, à "proposta ordenada em lugar subsequente" –, é defensável o entendimento segundo o qual cabe ao órgão competente, nos casos descritos, realizar sucessivas adjudicações "até à adjudicação final" ou "até que não restem mais propostas para adjudicar". Neste sentido, pode ainda adiantar-se que, mesmo não ocupando os lugares cimeiros, as propostas pior classificadas mostram-se também aptas (caso contrário, teriam sido excluídas) a dar resposta às necessidades da entidade adjudicante. Não obstante o referido, esta será uma solução demasiado rígida e, não raras vezes, excessiva. Primeiro, a mesma parece esquecer que, mais do que uma "corrida adjudicatória", onde é necessário encontrar um vencedor final, o procedimento destina-se a procurar a "proposta economicamente mais vantajosa" ou a de "mais baixo preço" (cfr. art. 74.º). Só mediante uma boa dose de ficção se poderá considerar que uma proposta classificada em terceiro ou quarto lugar reúne tais predicados [mais a mais, quando as ordenadas nos primeiros lugares serão propostas perfeitamente "reais", já que se o não fossem, deviam ter sido excluídas – cfr. alínea e) do n.º 2 do art. 70.º]. Em segundo lugar, a aludida interpretação levará longe demais a teleologia subjacente à referida obrigação: a de evitar a abertura de um novo procedimento. Atenta a potencial dife-

(ou mesmo criminal) do adjudicatário[36]; (*ii*) o direito que assiste ao concorrente de recusar a decisão de adjudicação tomada após o "termo do prazo da obrigação de manutenção das propostas" (art. 76.º, n.º 2); (*iii*) e a possibilidade de, na hipótese de a entidade adjudicante não outorgar o contrato, o adjudicatário se desvincular da proposta (sendo indemnizado pelos danos emergentes da sua elaboração e da prestação da caução) *ou* exigir judicialmente a celebração do contrato[37] (art. 105.º, n.ºs 3 e 4), são traços que se enquadram mal no âmbito de uma relação contratual já constituída (ainda que com eficácia diferida).

Cabe, porém, questionar se, nos casos em que a lei não exige ou dispensa a sua redução a escrito, a adjudicação não marcará o surgimento do contrato[38]. Será esse, *prima facie*, o entendimento traduzido no art. 95.º, n.º 3, do CCP, nos termos do qual, quando não reduzido a escrito, "o contrato resulta da conjugação do caderno de encargos com o conteúdo da proposta adjudicada"[39]. Temos, no entanto, dúvidas de que o referido preceito deva ser levado "à letra". Primeiro, porque, apesar de o contrato não estar submetido a forma escrita, não é de rejeitar a possibilidade de se proceder ainda aos ajustamentos previstos no art. 99.º do CCP[40]. Além da

---

rença de qualidade entre as propostas apresentadas, ter-se-á de questionar a que custo se realiza a referida economia procedimental. Sustentamos, assim, que a obrigação de "adjudicar a proposta ordenada em lugar subsequente" apenas existe para a caducidade da primeira adjudicação. Nas demais, a entidade adjudicante poderá *fundamentadamente* afastar a prática de novo acto adjudicatório.

Refira-se, por fim, que, por razões óbvias, não deverá ser adjudicada a "proposta ordenada em lugar subsequente" sempre que esta tenha sido apresentada pelo mesmo concorrente (*v.g.* quando tenham sido apresentadas propostas variantes).

[36] Cfr. as alíneas b), d) e e) do art. 456.º, bem como o disposto no art. 457.º do CCP.

[37] Não obstante as consequências que possam decorrer do facto de o adjudicatário não comparecer à outorga do contrato, facto é que a entidade adjudicante não poderá exigir judicialmente a celebração do contrato. No entanto, caso seja a entidade adjudicante a não outorgar o contrato no prazo previsto, ao adjudicatário é reconhecido esse direito (cfr. art. 105.º, n.º 4).

[38] A pertinência desta questão não é de agora. Na verdade, há muito que o legislador prevê casos para os quais a celebração de contrato escrito não é exigida ou pode ser dispensada.

[39] Neste sentido cfr. PEDRO GONÇALVES, *Direito dos Contratos Públicos (sumários desenvolvidos)*, cit., p. 50.

[40] Desde que sejam respeitadas as exigências estabelecidas nos arts. 99.º e 103.º do CCP, entendemos que a ausência de forma escrita não impede a realização de ajustamentos ao conteúdo do contrato.

modelação do conteúdo do contrato, há que atender ainda à necessidade de se cumprir as formalidades *supra* referidas, bem como a uma eventual recusa, por parte do concorrente, de uma adjudicação posterior ao "termo do prazo da obrigação de manutenção das propostas". Neste sentido, apenas estamos certos que a adjudicação faz nascer a relação contratual quando (*i*) esta tem lugar antes do termo do mencionado prazo; (*ii*) além da redução a escrito, não é exigida a observância de qualquer formalidade subsequente; (*iii*) e não tenham ocorrido ajustamentos ao conteúdo do contrato. Este cenário tende a coincidir com o do regime simplificado de ajuste directo, em que a decisão de contratar, a decisão de escolha do procedimento, a adjudicação e o próprio contrato se fundem no acto de aceitação da factura (ou de documento equivalente) apresentada pela entidade convidada (art. 128.º do CCP)[41].

Concluímos, assim, que a adjudicação é uma decisão (em regra, um acto administrativo) tomada no *iter* formativo do contrato que, em regra, não faz nascer ainda a relação contratual. Vejamos, agora, o *objecto* desta decisão.

Nos termos do CCP, a adjudicação revela a escolha por "uma de entre as várias propostas apresentadas" ou a aceitação da "única proposta apresentada". A definição legal acentua, na linha de anteriores diplomas, a dimensão *objectiva* da decisão[42] – a escolha ou aceitação de uma *proposta*, entendida como "o complexo das prestações (e contraprestações) oferecidas (e pedidas) pelo concorrente"[43].

Com efeito, a adjudicação destina-se, em regra, não a identificar o melhor *concorrente*, mas a melhor *proposta* (a "economicamente mais vantajosa" ou a de "mais baixo preço"), ou seja, a *solução* que, em termos globais – por apresentar o preço mais reduzido ou por responder de forma cabal aos factores e subfactores que densificam o critério da proposta eco-

---

[41] O legislador limitou-se a prever os pressupostos de que depende a utilização desta modalidade de ajuste directo, não disciplinando (ou, pelo menos, fazendo-o apenas pela negativa, com a dispensa de observância de quaisquer formalidades previstas no CCP – cfr. art. 128.º, n.º 3) o *iter* formativo do contrato. Trata-se, portanto, de uma situação de contrato público (legalmente) desprocedimentalizado – cfr. PEDRO GONÇALVES, *Direito dos Contratos Públicos (sumários desenvolvidos)*, cit., p. 34.

[42] Aproximando o conceito de adjudicação do sentido que, na linguagem comum, lhe é conferido: atribuir algo a alguém.

[43] MÁRIO ESTEVES DE OLIVEIRA e RODRIGO ESTEVES DE OLIVEIRA, *Concursos e Outros Procedimentos de Adjudicação Administrativa – das Fontes às Garantias*, cit., p. 360.

nomicamente mais vantajosa –, melhor satisfaz o interesse da entidade adjudicante[44]. Naturalmente que as propostas não são "órfãs", nem têm uma existência autónoma, pelo que a adjudicação permite também individualizar o futuro co-contratante da Administração[45]. Porém (e não se trata de um mero jogo de palavras), a adjudicação não consiste, em regra, na escolha (*rectius*, na selecção) de um *concorrente*, mas sim na escolha de uma *proposta*[46]. Esta leitura é-nos dada, desde logo, pelo modo como devem ser construídos e mobilizados os *critérios de adjudicação*.

Na adjudicação fundada no *mais baixo preço*[47] compete à Administração identificar a *proposta* que, observando os parâmetros fixados nas peças do procedimento (*maxime*, no caderno de encargos), apresenta o

---

[44] PAULO OTERO considera que a abertura de um concurso público visa "procurar encontrar junto dos interessados que se apresentem a concurso aquela que seja a melhor proposta tendente a satisfazer em termos óptimos as necessidades a cargo da Administração Pública" – cfr. "Ambiguidade Interpretativa em Caderno de Encargos de Concurso Público", in *O Direito*, I-II (Janeiro-Junho) 2000, p. 320.

[45] Neste sentido, MARCELO REBELO DE SOUSA e ANDRÉ SALGADO DE MATOS referem que apenas "indirectamente a adjudicação individualiza o concorrente com o qual o contrato será celebrado (necessariamente, o autor da proposta escolhida)" – cfr. *Contratos Públicos – Direito Administrativo Geral*, cit., p. 109.

[46] Pelo que não é mais possível definir adjudicação (apenas) como "o acto administrativo pelo qual a Administração individualiza o particular com o qual vai contratar" (cfr. BARBOSA DE MELO e ALVES CORREIA, *Contrato Administrativo*, Coimbra, Serviço de Documentação do CEFA, 1984, p. 33) ou sustentar que a mesma "constitui mera escolha da pessoa do co-contratante" (cfr. FREITAS DO AMARAL, "Apreciação da Dissertação de Doutoramento do Lic. J. M. Sérvulo Correia", in *Revista da Faculdade de Direito da Universidade de Lisboa*, Vol. XXIX, 1988, p. 176). MARGARIDA OLAZABAL CABRAL referia já que "no concurso não se trata só da escolha do melhor contraente – como parece entender a doutrina ao estudar sistematicamente esta matéria precisamente no capítulo respeitante à escolha do co-contratante – mas igualmente a escolha da melhor proposta de contrato, a opção por um conteúdo do contrato", sustentando mesmo que "no concurso a escolha final será determinada pela proposta, ainda quando a criatividade deixada aos concorrentes na elaboração desta peça seja praticamente inexistente" – cfr. *O Concurso Público nos Contratos Administrativos*, cit., pp. 76 e 77.

Veja-se o caso do *ajuste directo* em que apenas uma entidade é convidada a apresentar proposta. Não se pode sustentar que o acto de adjudicação, praticado neste *iter* formativo, tem por finalidade escolher o co-contratante da Administração uma vez que este está, *ab initio*, individualizado.

[47] Este critério adjudicatório só pode ser utilizado quando o "caderno de encargos defina todos os restantes aspectos da execução do contrato a celebrar, submetendo apenas à concorrência o preço a pagar pela entidade adjudicante pela execução de todas as prestações que constituem o objecto daquele" (art. 74.º, n.º 2).

preço mais reduzido[48]. Não lhe cabe, portanto, para efeitos adjudicatórios, determinar qual o melhor concorrente: o mais idóneo, o mais experiente, o mais apto, o mais credível ou o mais capaz (económica, financeira, técnica ou profissionalmente), *i.e.*, o que apresente melhores garantias de que cumprirá pontualmente as suas obrigações contratuais. Ainda que menos experiente ou credível, o adjudicatário (e, neste sentido, o "melhor" concorrente) será o autor da proposta de mais baixo preço.

O mesmo se diga, em regra[49], para o critério da *proposta economicamente mais vantajosa*. Os factores e subfactores, utilizados no programa do procedimento para densificar este critério, apenas poderão tocar os aspectos da execução (todos) do contrato submetidos à concorrência, sendo ilegais os que respeitem, "directa ou indirectamente, a situações, qualidades, características ou outros elementos de facto relativos aos concorrentes" (art. 75.º, n.º 1)[50]. Consequentemente, e à semelhança da adjudicação ao mais baixo preço, veda-se à entidade adjudicante, nesta fase, uma escolha baseada nas características dos *concorrentes*[51], exigindo-se-lhe uma decisão exclusivamente orientada pelo mérito relativo das *propostas*, ou seja, pelas condições objectivas de contratação oferecidas à Administração[52].

Tal não equivale a dizer que a vertente subjectiva – a pessoa com quem a entidade adjudicante estabelecerá a relação contratual – seja irrelevante no âmbito da formação do contrato. No entanto, esta dimensão

---

[48] Pode até acontecer que, por se admitir a apresentação de propostas variantes, o mesmo concorrente tenha apresentado a proposta mais "barata" e, simultaneamente, a de preço mais elevado.

[49] Dizemos "em regra" porque o disposto no art. 75.º, n.º 1, *in fine*, apenas se aplica aos contratos que abranjam "prestações típicas de contratos de empreitadas de obras públicas, de concessão de obras públicas, de concessão de serviços públicos, de locação ou aquisição de bens móveis ou de aquisição de serviços" (cfr. n.º 3 do mesmo preceito).

[50] Era esta a solução propugnada por MÁRIO ESTEVES DE OLIVEIRA e RODRIGO ESTEVES DE OLIVEIRA, antes da legislação de 1999, face à dicotomia patente nas Directivas comunitárias (anteriores à reforma de 2004) entre *critérios para averiguar da capacidade técnica, económica e financeira dos concorrentes* e *critérios de adjudicação da proposta*. Cfr. *Concursos e Outros Procedimentos de Adjudicação Administrativa – das Fontes às Garantias*, cit., pp. 543 e 544.

[51] Ainda que com base em elementos objectivamente verificáveis (*v.g.* a experiência poderá ser aferida mediante o número de anos de actividade ou através de uma lista de contratos anteriormente celebrados e pontualmente cumpridos).

[52] Cfr. MARCELO REBELO DE SOUSA e ANDRÉ SALGADO DE MATOS, *Contratos Públicos – Direito Administrativo Geral*, cit., p. 83.

será objecto de outras fases do *iter* formativo, designadamente, (*i*) da fase de *habilitação*, hoje pós-adjudicatória[53], destinada a verificar se o concorrente está ou não impedido de contratar e se detém as habilitações legais necessárias à execução do contrato[54]; (*ii*) e, em alguns procedimentos[55], da fase (pré-adjudicatória) de *qualificação*, na qual serão encontrados os candidatos que preenchem, ou que melhor satisfazem[56], os requisitos de capacidade técnica e/ou financeira[57] fixados no programa de concurso e que, por essa razão, serão convidados a apresentar uma proposta[58].

---

[53] Existente em todos os procedimentos, excepto no regime simplificado do ajuste directo (cfr. art. 128.º, n.º 3).

[54] Conforme salienta MARGARIDA OLAZABAL CABRAL, a *habilitação* prevista na anterior legislação era mais ampla, abrangendo não só a análise de eventuais impedimentos contratuais e a comprovação da habilitação legal necessária, mas também a demonstração da "capacidade técnica e económico-financeira para a execução do contrato". Da análise dos arts 81.º a 87.º do CCP parece resultar que a nova *habilitação* "não tem nenhuma relação com a demonstração de capacidade". Pelo que, nos procedimentos que não prevejam uma fase de qualificação (*maxime*, no concurso público), já não poderão ser fixados limites respeitantes à capacidade técnica e financeira dos concorrentes. Na perspectiva da A., esta alteração fará com que o "centro de gravidade dos procedimentos concursais" se desloque do concurso público para o concurso limitado por prévia qualificação. Cfr. "O Concurso Público no Código dos Contratos Públicos", in *Estudos de Contratação Pública – I*, cit., pp. 185-189.

[55] Caso do concurso limitado por prévia qualificação, do procedimento de negociação e do diálogo concorrencial.

[56] Existem dois modelos de qualificação: o simples e o complexo (ou sistema de selecção). No primeiro, "são qualificados todos os candidatos que preencham os requisitos mínimos de capacidade técnica e de capacidade financeira" (art. 179.º, n.º 1). No sistema de selecção, não bastará, em regra, o preenchimento dos requisitos mínimos: os candidatos são avaliados (de acordo com o critério da maior capacidade técnica e financeira) e ordenados, só passando à fase subsequente os que se encontrarem classificados nos primeiros lugares, correspondentes ao número de "vagas" previstas no programa do concurso (art. 181.º). A este propósito, cfr. ANA GOUVEIA MARTINS, "Concurso Limitado por Prévia Qualificação", in *Estudos de Contratação Pública – I*, cit., pp. 258-260.

[57] Nos termos do art. 164.º, n.º 5 (aplicável ao concurso limitado por prévia qualificação e também ao procedimento de negociação e ao diálogo concorrencial por força do disposto nos arts. 193.º e 204.º, n.º 1, respectivamente), quando o anúncio não é publicado no Jornal Oficial da União Europeia, o programa do concurso poderá prever que a qualificação se faça "apenas em função da capacidade técnica ou apenas em função da capacidade financeira".

[58] Sobre o regime jurídico-comunitário respeitante à selecção dos operadores económicos cfr., por todos, CLÁUDIA VIANA, "A Avaliação da Capacidade Económica e Financeira nos Procedimentos de Contratação Pública", in *Cadernos de Justiça Administrativa*,

Apesar da relevância que se reconhece a esta dimensão subjectiva, parece-nos que a intenção do legislador nacional, na linha de anteriores diplomas[59], foi a de "separar as águas", expurgando do juízo adjudicatório qualquer aspecto respeitante aos autores das propostas. O que está em causa nesta decisão é, em suma, o mérito intrínseco de cada uma das propostas[60].

Nesta direcção tem também caminhado o Direito Comunitário. Na sequência da jurisprudência do Tribunal de Justiça, em que se afirmou a necessidade de os critérios escolhidos para identificar a *proposta economicamente mais vantajosa* respeitarem ao objecto do contrato e não à aptidão dos concorrentes para o executar[61], as actuais Directivas prevêem que

---

n.º 61, Janeiro-Fevereiro 2007, pp. 54-58. Para uma análise (realizada já após o CCP) da *qualificação v.*, da mesma A., "A Qualificação dos Operadores Económicos nos Procedimentos de Contratação Pública", in *Estudos de Contratação Pública – II*, cit., pp. 153 e ss.

[59] Cfr. art. 55.º, n.º 3, do Decreto-Lei n.º 197/99, de 8 de Junho e art. 100.º, n.º 3, do Decreto-Lei n.º 55/99, de 2 de Março.

[60] Cfr. JOSÉ GIMENO FELIÚ, *La Nueva Contratación Pública Europea y su Incidencia en la Legislación Española*, Navarra, Civitas, 2006, p. 206.

[61] Cfr. o acórdão *Concordia Bus*, de 17 de Setembro de 2002, Proc. C-513/99 (n.os 59 e 64). O Tribunal considerou que, na formação de um contrato de prestação de serviços de transportes urbanos por autocarro, a entidade adjudicante podia atender a critérios ecológicos, como o nível de emissões de óxido de azoto ou o nível sonoro dos autocarros, desde que tais critérios se reportem ao objecto do concurso. O acórdão *GAT*, de 19 de Junho de 2003 (Proc. C-315/01), também deixou claro que a entidade adjudicante não podia usar como critério de adjudicação "o número das referências relativas aos produtos oferecidos pelos proponentes a outros clientes". Tais referências apenas podiam servir de critério de "verificação da aptidão destes últimos para executar o contrato em causa" (n.º 67) [em comentário a este aresto, MARTIN DISCHENDORFER sustenta que o Tribunal reitera a distinção entre *critérios de qualificação* (respeitantes às características do concorrente) e *critérios de adjudicação* (referentes às características do fornecimento, serviço ou obra solicitada), já firmada em anterior jurisprudência. Considera, porém, que um mesmo aspecto pode ser usado como critério de qualificação ou de adjudicação, "dependendo do tipo de informação que a entidade adjudicante procura extrair" – cfr. "The Classification of Selection Criteria and the Legality of Ex Officio Interventions of Review Bodies in Review Procedures under the EC Directives on Public Procurement: The GAT Case", in *Public Procurement Law Review*, 2004 (n.º 2), p. NA43]. No mesmo sentido, o acórdão *EVN*, de 4 de Dezembro de 2003 (Proc. C-448/01), entendeu que "a quantidade de electricidade fornecida a partir de fontes de energia renováveis" não poderia ser erigida a critério de adjudicação quando reportada às "quantidades que os proponentes forneceram ou vão fornecer a clientes diferentes da entidade adjudicante". Para que pudesse figurar como tal, a aludida quantidade ter-se-ia de referir à prestação objecto do concurso (ou seja, ao consumo a realizar pela entidade adjudicante). Refere ainda o Tribunal que, ao admitir-se solu-

as entidades adjudicantes se devem basear em "diversos critérios ligados ao objecto do contrato público em questão"[62]. Na verdade, desde o acórdão *Beentjes*, o Tribunal de Justiça tem marcado uma clara separação entre, por um lado, as operações de *habilitação*, *qualificação* e eventual *selecção* dos concorrentes e, por outro, a de *adjudicação* da proposta[63]. Se nas primeiras a entidade adjudicante poderá apreciar a capacidade dos candidatos, na segunda pretende-se que atenda apenas ao mérito relativo das suas *propostas* mediante critérios exclusivamente respeitantes à prestação objecto do contrato[64].

ção diversa, estar-se-ia a atribuir uma vantagem aos operadores que, "devido às suas maiores capacidades de produção ou de armazenamento, estejam em condições de fornecer quantidades de electricidade mais significativas". Ficariam prejudicados os concorrentes que, apesar de possuírem menor capacidade de produção ou de armazenamento, apresentassem propostas que correspondessem "plenamente aos requisitos relativos ao objecto do concurso". Ou, se quisermos (usando a nossa formulação): tal como configurado pela entidade adjudicante, o critério respeitava à pessoa dos concorrentes e não às suas propostas, pelo que não pode servir como critério adjudicatório [em comentário a este acórdão, apresentando uma sinopse das exigências do Tribunal de Justiça relativamente aos critérios de adjudicação, cfr. MARTIN DISCHENDORFER, "The Rules on Award Criteria Under the EC Procurement Directives and the Effect of Using Unlawful Criteria: The EVN Case", in *Public Procurement Law Review*, 2004 (n.° 3), pp. NA82 e NA83]. Recentemente, no acórdão *Lianakis*, de 24 de Janeiro de 2008 (Proc. C-532/06), o Tribunal de Justiça afirmou que a experiência (aferida pelo montante global dos estudos anteriormente realizados), o pessoal e o equipamento (avaliado pelo número de funcionários de que o concorrente dispõe), bem como a capacidade de executar o contrato no prazo previsto (apreciado em função do montante dos compromissos assumidos pelo concorrente, leia-se: das suas dívidas), por estarem "ligados essencialmente à apreciação da aptidão dos proponentes para executar o contrato em questão" (n.° 30), não podem ser utilizados como critérios de adjudicação.

[62] Cfr. art. 53.°, n.° 1, alínea a), da Directiva 2004/18/CE e art. 55.°, n.° 1, alínea a), da Directiva 2004/17/CE.

[63] Ainda que possam ocorrer em simultâneo, estas operações são regidas por normas diferentes (cfr. n.° 16 do acórdão *Beentjes*, de 20 de Setembro de 1988, Proc. 31/87).

[64] Esta visão não é, porém, pacífica. São várias as vozes que entendem não existir uma clara separação entre critérios de qualificação e critérios de adjudicação. SUE ARROWSMITH considera, por exemplo, que o risco de incumprimento do contrato ou a experiência do concorrente podem ser utilizados tanto na fase de qualificação, como em sede adjudicatória. Cfr. *The Law of Public and Utilities Procurement*, 2.ª edição, cit., pp. 506--509. Também STEEN TREUMER defende o que designa por "abordagem flexível" da referida distinção. Admite, por exemplo, que a experiência de quem, em concreto, intervirá na execução do contrato (e não de todo o pessoal de que o concorrente dispõe – elemento que relevaria apenas para a fase de qualificação), possa ser utilizada como critério de adjudi-

Aqui chegados, parece-nos seguro afirmar que, em regra, a *adjudicação* é o acto administrativo que identifica a *proposta* (e, por esta via, o concorrente) que melhor satisfaz (por apresentar o *mais baixo preço* ou

---

cação – cfr. "The Distinction between Selection and Award Criteria in EC Public Procurement Law: A Rule without Exception?", in *Public Procurement Law Review*, 2009 (n.º 3), p. 107. O mesmo A. dá conta de diversos casos em que as autoridades dinamarquesas têm admitido, a título excepcional, que alguns critérios habitualmente usados na fase de qualificação possam também ser utilizados na escolha da melhor proposta – cfr. "The Distinction between Selection and Award Criteria in EC Public Procurement Law: The Danish Approach", in *Public Procurement Law Review*, 2009 (n.º 3), pp. 146 e ss.

Na Alemanha, e após o acórdão *Lianakis*, o Bundesgerichtshof já teve a oportunidade de afirmar que os critérios de adjudicação têm uma natureza distinta dos critérios de qualificação. Aqueles servem para avaliar as propostas e não os concorrentes. Caso seja necessário atender a uma especial aptidão dos candidatos, a entidade adjudicante deve usar o concurso limitado – cfr. BGH, X ZR 129/06, n.º 12. ANNE RUBACH-LARSEN considera, porém, que não está afastada a possibilidade de se utilizarem critérios adjudicatórios respeitantes aos concorrentes, sempre que os mesmos se mostrem essencialmente relacionados com a proposta apresentada. Tratar-se-ia de um mal menor face a outros expedientes que considera mais restritivos da concorrência e/ou impraticáveis (designadamente, uma elevação dos padrões respeitantes à habilitação dos concorrentes e a utilização do concurso limitado), os quais também não permitiriam aferir das qualificações necessárias à execução das concretas soluções apresentadas pelos concorrentes – cfr. "Selection and Award Criteria from a German Public Procurement Law Perspective", in *Public Procurement Law Review*, 2009 (n.º 3), pp. 120 e 121.

Em Itália, a jurisprudência do Consiglio di Stato tem sustentado a necessidade de distinguir critérios subjectivos (respeitantes aos concorrentes), os quais só poderão ser mobilizados aquando do juízo acerca da admissibilidade dos candidatos, e critérios objectivos (referentes à proposta), a utilizar em sede de adjudicação – cfr. sentença n.º 5194, de 28.09.2005. Tal princípio já havia sido afirmado na sentença n.º 3187, de 15.06.2001, na qual se refere que, depois da verificação (em abstracto) da idoneidade dos concorrentes, estes são colocados numa posição de absoluta igualdade, devendo a adjudicação ser feita a quem apresente a proposta objectivamente melhor, não relevando o seu *curriculum* profissional. A decisão ressalva, porém, a apreciação do mérito técnico, que poderá ser utilizado como critério de adjudicação desde que não assuma um relevo excessivo. Com base nesta sentença, MARIO COMBA entende que o direito italiano (à semelhança do direito comunitário) não exclui a possibilidade de a experiência ser usada também como critério de adjudicação. Na perspectiva do A., esta utilização mostrar-se-ia útil nas prestações de serviços altamente especializados, em que a entidade adjudicante "está a comprar a experiência da equipa de profissionais que prestará o serviço" ou, nos casos em que o serviço é prestado por uma única pessoa, em que "o concorrente é a oferta" – cfr. "Selection and Award Criteria in Italian Public Procurement Law", in *Public Procurement Law Review*, 2009 (n.º 3), pp. 125 e 126. PAOLA DE NICTOLIS e ROSSANNA DE NICTOLIS sustentam, por seu turno, que a mobilização de requisitos subjectivos privilegia "os sujeitos mais estruturados, determinando uma limitação do mercado a favor das empresas de maior dimen-

por se traduzir na *proposta economicamente mais vantajosa*) o interesse público subjacente ao respectivo contrato, vinculando a entidade adjudicante e o adjudicatário à sua celebração.

são" – cfr. *Trattato sui Contratti Pubblici*, Vol. III, org. Maria Alessandra Sandulli, Rosanna de Nictolis e Roberto Garofoli, Giuffrè, Milão, 2008, p. 2127.

Laurence Folliot-Lalliot explica que, na linha da cisão contida no Code des Marchés Publics, a jurisprudência francesa tem afirmado a separação entre as fases de qualificação e de adjudicação, bem como dos critérios que presidem a cada uma – cfr. "The Separation between the Qualification Phase and the Award Phase in French Procurement Law", in *Public Procurement Law Review*, 2009 (n.° 3), pp. 162 e 163.

Também em Espanha, mesmo antes do acórdão *Lianakis*, se entende que a experiência, a capacidade do concorrente, as qualificações do respectivo pessoal ou o grau de cumprimento de contratos anteriormente firmados não podem ser utilizados na adjudicação. Trata-se de critérios subjectivos (respeitantes aos concorrentes) que só podem ser incluídos na fase de selecção dos candidatos – cfr. José Gimeno Feliú, *La Nueva Contratación Pública Europea y su Incidencia en la Legislación Española*, cit., pp. 209-211.

Quanto ao Conseil d'État belga, William Timmermans e Tim Bruyninckx referem que se tem admitido que, no âmbito da formação de certos contratos de prestação de serviços, a experiência possa excepcionalmente ser relevada como critério de adjudicação. Para tanto, (*i*) o critério deve reportar-se à proposta e não ao concorrente (*v.g.* a experiência da concreta equipa que executará o contrato e não da possível equipa); (*ii*) o contrato deve exigir pessoal muito especializado; (*iii*) e as peças do procedimento têm de evidenciar que a qualidade da proposta está intrinsecamente ligada à qualidade da equipa que prestará o serviço – cfr. "Selection and Award Criteria in Belgian Procurement Law", in *Public Procurement Law Review*, 2009 (n.° 3), p. 134.

Entre nós, o Relatório Final elaborado por um Grupo de Trabalho constituído pelo Centro de Estudos de Direito do Ordenamento, do Urbanismo e do Ambiente (CEDOUA), admitia (ainda antes do CCP) "a possibilidade de serem tomados em consideração, no âmbito da apreciação do mérito das propostas, alguns elementos normalmente aliados à aferição da capacidade técnica dos concorrentes, por exemplo a experiência anterior do proponente em projectos similares" – cfr. *Contratação Pública Autárquica*, Coimbra, Almedina, 2006, p. 95. O STA tem, no entanto, assumido uma abordagem pouco flexível relativamente à separação entre critérios respeitantes à fase de qualificação e de adjudicação, tendo afirmado que critérios como "programas e acções de formação", que abranjam todo o pessoal da empresa, "controlo diário da prestação dos serviços", que vise avaliar os métodos utilizados pelo concorrente para garantia da qualidade dos bens e serviços que, em geral, fornece (cfr. acórdão de 14-03-2002, Proc. 048188), a experiência da empresa (e não apenas da equipa proposta para a prestação do serviço) em fiscalização (acórdão de 03-12-2002, Proc. 01603/02)), "a constituição nominativa da equipa", aferida pelos respectivos *curricula*, a "experiência precedente do proponente, medida pelos serviços similares aos pretendidos, em natureza e dimensão, já realizados ou em curso" (cfr. acórdão de 04-12-2002, Proc. 01726/02) e "a experiência precedente do proponente em serviços similares" (cfr. acórdão de 11-08-2004, Proc. 0866/04), constituem "critérios de índole subjectiva que se reportam aos próprios concorrentes e não às suas propostas".

1.3. A noção de procedimento de adjudicação

Longe de termos esgotado toda a relevância jurídica da figura, a noção de adjudicação obtida permite-nos perceber em que consiste um *procedimento de adjudicação*.

Por referência àquilo que o singulariza – a *adjudicação* – podemos afirmar que, *em sentido amplo* (servindo-nos de uma fase procedimental para "crismar" todo o *iter* formativo no qual a mesma se integra), o *procedimento de adjudicação* é o procedimento de formação de contratos públicos que encerra uma fase na qual a Administração identifica a *proposta* que melhor serve o interesse público, obrigando-se a contratar com o seu autor[65]. *Em sentido estrito*, o procedimento de adjudicação reconduz-se à parte (do todo formativo) destinada à identificação da melhor proposta. Em rigor, e uma vez que nos referimos a um procedimento "que se encaixa dentro de um procedimento mais amplo e complexo", dever-se-á falar aqui de um *subprocedimento de adjudicação*[66]. Neste não está compreendida a actividade que antecede o anúncio ou o convite à apresentação de propostas, nem, por exemplo, as fases de qualificação (pré-adjudicatória), habilitação ou de celebração do contrato (pós-adjudicatórias).

---

[65] A doutrina tende ainda, porém, a acentuar a dimensão subjectiva do *procedimento de adjudicação*, definindo-o como aquele que "integra um momento de selecção ou de escolha da entidade que vai contratar com a Administração Pública" – cfr. PEDRO GONÇALVES, *Direito dos Contratos Públicos (sumários desenvolvidos)*, cit., p. 32. Também MARIA JOÃO ESTORNINHO o recorta como o procedimento que "visa especificadamente escolher aquele com quem se vai celebrar o contrato" – cfr. *Direito Europeu dos Contratos Públicos – Um Olhar Português*, cit., p. 364 (nota 202). Atento o conceito proposto, não fará mais sentido distinguir entre procedimentos adjudicatórios respeitantes a propostas e os referentes a concorrentes (onde seria apreciada apenas a capacidade e idoneidade do concorrente – cfr. MÁRIO ESTEVES DE OLIVEIRA e RODRIGO ESTEVES DE OLIVEIRA, *Concursos e Outros Procedimentos de Adjudicação Administrativa – das Fontes às Garantias*, cit., pp. 4 e 5). Por integrarem uma fase de identificação da proposta que melhor serve o interesse público, todos os procedimentos adjudicatórios são (necessariamente) de propostas. Não se ignora, porém, que, em certos procedimentos adjudicatórios, a dimensão subjectiva (de escolha do concorrente ou do melhor concorrente), objecto de outras fases do *iter* formativo, possa surgir como a preponderante.

[66] PEDRO GONÇALVES, *Direito dos Contratos Públicos (sumários desenvolvidos)*, cit., p. 32. No entanto, atenta a noção de procedimento de adjudicação (em sentido estrito) de que parte, PEDRO GONÇALVES parece integrar neste subprocedimento fases do procedimento de formação do contrato público que não estão relacionadas com a identificação da melhor proposta (*v.g.* a qualificação dos candidatos).

Lançaremos mão, sobretudo, do mencionado *conceito amplo*, analisando não só a *negociação* que possa ocorrer no âmbito do *subprocedimento de adjudicação*, mas também a que eventualmente tenha lugar antes desta fase, bem como a encetada após a prática do acto adjudicatório.

Atento o conceito proposto, podemos afirmar que, mesmo nos casos em que não há qualquer escolha ou selecção do co-contratante da Administração (*v.g.* porque existe apenas um fornecedor do produto em questão), se for necessário identificar a proposta que melhor serve o interesse público estaremos perante um procedimento adjudicatório[67].

Afastados da nossa análise ficam os procedimentos de formação de contratos públicos que não integram uma fase destinada a identificar a proposta cujo conteúdo melhor satisfaz o interesse público. Não estudaremos, assim, os procedimentos *exclusivamente* destinados a escolher a(s) pessoa(s) com quem a Administração pretende contratar[68]. Também não cuidaremos daqueles procedimentos em que a entidade administrativa se obriga a contratar com todos os interessados que satisfaçam determinados pressupostos, limitando-se estes a aderir ou rejeitar, em bloco, as condições unilateralmente fixadas pela Administração.

Na verdade, apenas nos procedimentos adjudicatórios – em que, além de um co-contratante, se procura determinar a oferta que melhor satisfaz uma concreta necessidade pública, *i.e.* as condições objectivas de contratação mais favoráveis para a Administração – será de equacionar (*de lege lata* ou *de lege ferenda*) a possibilidade de negociações tendentes a aproximar o pedido/oferecido pela entidade adjudicante do oferecido/pedido pelo(s) concorrente(s).

Nos procedimentos que não integram uma fase de adjudicação, o problema da negociação não se põe: o preenchimento das características defi-

---

[67] Ainda que o único aspecto a relevar seja o preço e este possa estar fortemente condicionado pela fixação de um *preço base* (art. 47.º).

[68] Importa referir que, em certa medida, a negociação "invadiu" o *iter* formativo dos contratos de trabalho em funções públicas. Com efeito, no recrutamento para um posto de trabalho em que a modalidade da relação jurídica de emprego público seja o contrato, a determinação do posicionamento do trabalhador recrutado numa das posições remuneratórias da respectiva categoria é objecto de uma *negociação* com a entidade empregadora pública – cfr. art. 55.º, n.º 1, da Lei 12-A/2008, de 27 de Fevereiro. Nestes casos, o procedimento de formação do contrato de trabalho não visa *apenas* escolher a pessoa com quem a Administração pretende contratar. Ao invés, inclui ainda um momento destinado a identificar a proposta remuneratória que melhor satisfaz o interesse público. Estamos, pois, perante um *procedimento adjudicatório*.

nidas pela Administração ou o cumprimento das exigências respeitantes aos candidatos não poderão, em princípio, ser objecto de qualquer negociação. Como o fito deste tipo de procedimentos é (apenas) o de recortar o universo (limitado ou não) dos futuros co-contratantes da Administração, identificando o(s) sujeito(s) com quem se celebrará um contrato cujo conteúdo se encontra prévia e integralmente "fechado", não existirá, à partida, o que negociar.

Como o subtítulo do presente trabalho revela, não nos ocuparemos de todos os procedimentos adjudicatórios. A nossa análise centrar-se-á apenas nos *itinera* adjudicatórios tipificados no Código dos Contratos Públicos[69]. Neste universo, a nossa atenção recairá sobre os cinco procedimentos de adjudicação *gerais*, a saber: o *ajuste directo*, o *concurso público*, o *concurso limitado por prévia qualificação*, o *procedimento de negociação* e o *diálogo concorrencial* (art. 16.°, n.° 1)[70].

---

[69] Além do procedimento de formação de contratos de trabalho em funções públicas (referido na última nota), não estudaremos, por exemplo, o "concurso com selecção de propostas para negociação" – *iter* adjudicatório especial, que encerra uma fase de negociação das propostas. Este procedimento encontra-se previsto no Decreto-Lei n.° 33/99, de 5 de Fevereiro (diploma a que o Decreto-Lei n.° 18/2008, de 29 de Janeiro, se limitou a introduzir alterações de pormenor – cfr. art. 5.°), aplicável à formação dos contratos públicos abrangidos pelo disposto no actual art. 296.°, n.° 1 e n.° 2, alínea b), do TCE, *i.e.* material destinado a *fins especificamente militares*. No entanto, grande parte das conclusões que retiraremos valerá também para este procedimento. Note-se que, em 21.08.2009 entrou em vigor a Directiva 2009/81/CE, de 13 de Julho, relativa à formação de contratos públicos nos domínios da defesa e da segurança. Esta Directiva obriga o legislador nacional (até 21.08.2011) a reformular o Decreto-Lei n.° 33/99 ou a integrar, em definitivo [cfr. art. 5.°, n.° 4, alínea i), do CCP], toda a disciplina jurídica respeitante à formação destes contratos no CCP (opção semelhante à que foi tomada para os "sectores especiais"), revogando o referido diploma especial.

Não curaremos, também, dos procedimentos de adjudicação disciplinados pelo Decreto-Lei n.° 280/2007, de 7 de Agosto (*v.g.* os respeitantes à alienação de bens imóveis do domínio privado do Estado e dos institutos públicos).

[70] Estes são os cinco procedimentos "típicos e autónomos" previstos no CCP – cfr. MARK KIRKBY, "O Diálogo Concorrencial", cit., p. 275 (nota 1). Não nos referiremos, assim, ao *concurso de concepção* e ao *sistema de aquisição dinâmico* (onde não parece haver espaço para uma negociação nos moldes adiante explicitados), nem ao *sistema de qualificação* previsto nos arts. 245.° e ss. (no âmbito do qual tal negociação não faz qualquer sentido). De fora da nossa análise ficará ainda o acordo quadro. Importa notar que esta figura não é um procedimento adjudicatório, mas "o resultado da realização desse procedimento" – cfr. CLÁUDIA VIANA, "O Acordo-Quadro", in *Revista de Direito Público e Regulação*, n.° 3, Setembro, 2009, p. 15. Ora, nos termos do art. 253.°, n.° 1, a formação

O nosso estudo terá sobretudo em vista os casos em que os referidos procedimentos de adjudicação se destinam à formação de contratos públicos que têm por objecto bens e/ou serviços "adquiridos" *pelas* entidades adjudicantes aos operadores económicos que actuam no mercado (actividade comummente designada por *procurement*[71]), ou que visam a entrega da gestão de serviços públicos ou de obras públicas a estes operadores. No entanto, boa parte das conclusões retiradas serão também aplicáveis às situações em que estes procedimentos são utilizados para a formação de contratos cujo objecto são bens e/ou serviços "adquiridos" *às* entidades adjudicantes num ambiente concorrencial ("quanto à possibilidade e às condições de prestação ou aquisição"[72]).

2. A construção de uma noção operacional de negociação

Identificado o mar em que nos propomos navegar – o dos procedimentos de adjudicação gerais disciplinados no CCP –, importa escla-

---

de um acordo quadro é feita através de um dos cinco procedimentos típicos e autónomos já referidos. Nesta medida, aplicar-se-á à negociação (pré-adjudicatória ou pós-adjudicatória) do projecto de um acordo quadro, *mutatis mutandis*, o que à frente se dirá acerca da negociação permitida em cada um dos aludidos procedimentos. Diferente do procedimento destinado à formação do acordo quadro, é o *iter* formativo dos concretos contratos celebrados ao seu abrigo. Quando o acordo quadro foi celebrado com apenas uma entidade, será adoptado o ajuste directo para a formação dos referidos contratos. Como o conteúdo destes contratos "deve corresponder às condições contratuais estabelecidas no acordo quadro" (cfr. art. 258.°, n.° 2), não parece existir grande margem para uma eventual negociação entre as partes. Se, ao invés, o acordo quadro foi firmado com vários operadores económicos, a formação dos contratos celebrados ao seu abrigo é feita através de um procedimento *sui generis*, que se inicia com "um convite à apresentação de propostas circunscritas" (à semelhança do ajuste directo) e que depois segue a tramitação fixada para o concurso público. Ora, neste caso, parece-nos que será de admitir, pelo menos, uma fase de negociação das propostas (cfr. arts. 149.° a 154.°).

[71] Cfr. Sue Arrowsmith, *The Law of Public and Utilities Procurement*, 2.ª edição, cit., p. 1.

[72] Mário Esteves de Oliveira, "A Necessidade de Distinção entre Contratos Administrativos e Privados da Administração Pública, no Projecto do CCP", in *Cadernos de Justiça Administrativa*, n.° 64, Julho-Agosto 2007, p. 30. Não haverá concorrência quanto à *possibilidade* de prestação se, por exemplo, existir um "dever universal de prestação" por parte da entidade adjudicante.

recer agora o que pretendemos avistar nos vários portos que pontuarão a nossa viagem. É tempo, portanto, de empreender a difícil, mas necessária, missão de esclarecer (*rectius*, construir) o conceito de *negociação*.

2.1. Uma primeira aproximação ao conceito de negociação

Como sublinha Barbosa de Melo, a negociação "é um processo social decerto tão antigo como o é a civilidade nas relações humanas"[73]. Na verdade, diante da impossibilidade ou da inconveniência em compor unilateralmente a resposta a dar a um determinado problema comum (complexo e importante, como o de estabelecer a paz entre dois povos[74], ou simples e banal, como o de determinar o preço a pagar por um par de sapatos), o homem tem procurado, no âmbito das suas relações sociais, soluções dialógicas que possibilitem uma conciliação dos diferentes pontos de vista dos diversos interlocutores.

Segundo Constantin, a negociação representa o "conjunto de práticas que permitem compor pacificamente os interesses antagónicos ou divergentes de grupos ou entidades sociais autónomas"[75]. Trata-se, no fundo, de "um processo de interacção comunicativa em que duas ou mais partes tentam resolver um conflito de interesses, utilizando o diálogo e a discussão"[76]. Falar de negociação é, desde logo, pressupor a existência de uma *estrutura de diálogo*[77], de um movimento conjunto, destinado a compor interesses diversos. A decisão tomada no âmbito de um processo negocial é fruto de um particular contexto em que há uma "interacção estratégica ou de interdependência"[78] das partes.

---

[73] "Introdução às Formas de Concertação Social", in *Boletim da Faculdade de Direito da Universidade de Coimbra*, Vol. LIX, 1983, p. 95.

[74] A Carta das Nações Unidas prevê, entre outros mecanismos, que as partes utilizem a negociação na procura de uma solução para as controvérsias susceptíveis de ameaçar a paz e a segurança internacionais (art. 33.º, n.º 1).

[75] *Apud* CALVET DE MAGALHÃES, *Manual Diplomático*, 5.ª edição, Lisboa, Editorial Bizâncio, 2005, p. 39 e *A Diplomacia Pura*, Lisboa, Editorial Bizâncio, 2005, p. 156.

[76] PEDRO CUNHA, *Conflito e Negociação*, Lisboa, Edições Asa, 2001, p. 50.

[77] BARBOSA DE MELO, "Introdução às Formas de Concertação Social", cit., p. 94.

[78] JORGE CORREIA JESUINO, *A Negociação – Estratégias e Tácticas*, 3.ª edição, Lisboa, Texto Editora, 1998, p. 7.

Este processo social tem sido objecto dos mais diversos ramos do saber: da matemática à economia, das relações internacionais à psicologia social. Também o direito não tem sido estranho ao incremento do fenómeno negocial. A negociação é hoje, por exemplo, um elemento essencial da designada *administração concertada*, no âmbito da qual Administração e administrados tentam divisar, em comum, uma determinada linha de conduta[79] (*v.g.* na planificação territorial[80]).

Apesar das diferentes perspectivas e abordagens, não será absurdo afirmar que, em regra, a *negociação* pressupõe a existência dos seguintes elementos: (*i*) dois ou mais sujeitos (negociação bilateral ou multilateral) representativos de diferentes blocos de interesse, que designaremos por partes da negociação; (*ii*) uma questão/problema comum[81] que reclama uma decisão (da responsabilidade de todas ou de apenas uma das partes[82]),

---

[79] ANDRÉ DE LAUBADÈRE e PIERRE DEVOLVÉ, *Droit Public Économique*, 4.ª edição, Paris, Dalloz, 1983, p. 53 e BARBOSA DE MELO, "Introdução às Formas de Concertação Social", cit., pp. 94-96. Conforme salienta ANDRÉ DE LAUBADÈRE, a concertação distingue--se da clássica representação de interesses. Enquanto a segunda se limita a ouvir os interessados, a primeira pretende, "de forma mais permanente e mais profunda, através de um trabalho colectivo, uma elaboração conjunta dos objectivos e dos meios" – cfr. "L'Administration Concertée", in *Mélanges en l'Honneur du Professeur Michel Stassinopoulos, Librairie Générale de Droit et de Jurisprudence*, Paris, 1974, p. 413.

[80] Cfr. ALVES CORREIA, *Manual de Direito do Urbanismo*, Volume I, 3.ª edição, Coimbra, Almedina, 2006, pp. 381-383.

[81] Há, assim, interesses comuns que revelam a existência de uma relação de interdependência (uma parte precisa da outra para atingir os seus objectivos) – cfr. PEDRO CUNHA, *Conflito e Negociação*, cit., p. 52. e JOSÉ CRESPO DE CARVALHO, *Negociação*, 2.ª edição, Lisboa, Edições Sílabo, 2006, p. 21. Nesta medida, os efeitos da solução far-se-ão sentir, directa ou indirectamente, sobre todos os blocos negociais.

[82] O acordo, em que poderá culminar o processo de negociação, não tem necessariamente de assumir a forma contratual. Na verdade, o ponto de vista comum poderá ser manifestado através de um acto unilateral que espelhe o entendimento a que as partes chegaram. Conforme refere BARBOSA DE MELO, "o acordo apresenta-se, assim, como conteúdo social e sociológico que ou é juridicamente irrelevante ou pode ser relevante sob várias formas jurídicas" – cfr. "Introdução às Formas de Concertação Social", cit., p. 96. Pelo que, "a «administração concertada» não leva necessariamente à formação de consensos ou de contratos entre a Administração e os cidadãos" – cfr. "A Ideia de Contrato no Centro do Universo Jurídico-Público", in *Estudos de Contratação Pública – I*, cit., p. 20. No mesmo sentido, ANTÓNIO MONTEIRO FERNANDES refere que as audições e apreciações realizadas no âmbito da concertação social assumem um carácter negocial pois "o objectivo visado é sempre a descoberta de plataformas de consenso, mesmo que não se trate de «celebrar acordos»" – cfr. *Direito do Trabalho*, 13.ª edição, Coimbra, Almedina, 2006, p. 664, nota 1.

ainda por tomar aquando do início das negociações[83]; (*iii*) divergências quanto à solução a dar à questão/problema[84]; (*iv*) vontade das partes em chegar a um consenso ou, pelo menos, em reduzir as divergências manifestadas no início do processo negocial[85]; (*v*) um objectivo, que presidirá à actuação de cada uma das partes, e uma "margem de manobra" (ainda que mínima) que lhes permita alterar as posições iniciais[86]; (*vi*) interacção ou diálogo entre as partes ou os seus representantes[87] – falamos do "espaço/tempo" de encontro dos blocos que, na negociação, se destina a explicar, debater e refutar os diferentes pontos de vista, bem como a procurar soluções para superar ou reduzir as divergências existentes.

2.2. Uma noção jurídica de negociação no âmbito da formação contratual procedimentalizada

Não estaremos a ser injustos ao afirmar que, em matéria de formação de contratos públicos, a doutrina administrativa tem dispensado pouca (ou quase nenhuma) atenção à *negociação* nos procedimentos de adjudicação. As referências encontradas resumem-se, na sua maioria, à análise da natureza, pressupostos e *modus operandi* do procedimento de negociação. Sem ignorar a importância que esta figura apresenta para o que aqui se pretende

---

[83] A *negociação* caracteriza-se pela participação dialógica das partes no processo de formação da solução. Se a decisão já foi tomada antes de se iniciar o processo negocial, ou seja, se a solução já existe (mesmo que ainda não revelada), a referida participação é meramente virtual.

[84] Estas divergências podem ser simples diferenças de interpretação, interesses que se opõe ou verdadeiros conflitos – cfr. PEDRO CUNHA, *Conflito e Negociação*, cit., p. 52.

[85] Como refere JORGE CORREIA JESUINO, "através da negociação as partes procuram por meio de diálogo encontrar uma solução que, na melhor das hipóteses, satisfaz inteiramente a ambas e, na pior, produz resultados desiguais, mas, em todo o caso, preferíveis às alternativas disponíveis" – cfr. *A Negociação – Estratégias e Tácticas*, cit., p. 29.

[86] Cfr. LIONEL BELLENGER, *Les Fondamentaux de la Négociation*, ESF Editeur, 2004, p. 17. Só a referida "margem de manobra" permitirá às partes compatibilizar os seus diferentes pontos de vista através "de um jogo de concessões mútuas" – cfr. YVES-RENÉ GUILLOU e JEAN-MATHIEU GLATT, "Négociation, Discussion, Échange: des Leviers pour l'Efficience de la Commande Publique", in *Contrats Publics – L'Actualité de la Commande et des Contrats Publics*, n.º 84, Janeiro 2009, p. 38.

[87] A intervenção de um terceiro faz com estejamos perante uma figura diversa (*v.g.* mediação, conciliação ou arbitragem).

estudar, consideramos que a negociação não é um fenómeno exclusivo de um determinado tipo procedimental, sendo antes algo que merece ser tratado no espectro, mais amplo, da formação contratual (concretamente, no universo dos procedimentos adjudicatórios).

Atenta a carência de bordões administrativos, iniciemos a nossa procura de um conceito jurídico de negociação (em matéria de formação contratual), perscrutando os contributos da civilística.

Pessoa Jorge entende que as negociações preliminares correspondem à fase "durante a qual as partes preparam o conteúdo do negócio, discutindo os seus pontos de vista, cedendo aqui ou ali, com vista à obtenção do acordo"[88]. Esta fase precede a formação propriamente dita do contrato, que "consiste na emissão das duas declarações negociais que integram o acordo"[89].

Para Carlos Mota Pinto, a negociação (*rectius*, a fase negociatória) é um dos (dois) momentos essenciais do processo de gestação do contrato. O *iter* negocial[90] seria, assim, composto por (*i*) uma *fase negociatória*, "constituída por actos praticados sem intenção vinculativa e tendo como conteúdo a elaboração dum projecto de contrato que depois seria transformado em proposta negocial; é uma fase preparatória dos elementos do contrato; uma fase de negociações propriamente ditas («pourpalers», «trattative», «Verhandlungen»)"[91]; (*ii*) e uma *fase decisória*, "constituída por duas declarações, com intenção de formar um contrato; o elemento volitivo é dirigido, não à preparação, mas à formação do contrato". Neste segundo momento, o conteúdo do contrato estaria já completo, não havendo lugar a negociações mas à decisão de celebrar o negócio[92].

Menezes Cordeiro, por seu turno, sustenta que a *fase* (eventual) *das negociações* "é aquela em que as partes desenvolvem contactos bilaterais

---

[88] *Direito das Obrigações*, Lisboa, Associação Académica da Faculdade de Direito, 1975/1976, p. 167.

[89] *Direito das Obrigações*, cit., p. 167.

[90] Falamos do *iter* negocial não pontuado por actos que, singularmente considerados, apresentem também natureza negocial (*v.g.* contrato-promessa) – cfr. CARLOS MOTA PINTO "A Responsabilidade Pré-Negocial pela não Conclusão dos Contratos", cit., p. 167.

[91] "A Responsabilidade Pré-Negocial pela não Conclusão dos Contratos", cit., pp. 168 e 169.

[92] "A Responsabilidade Pré-Negocial pela não Conclusão dos Contratos", cit., pp. 169, 206 e 207. No mesmo sentido, cfr. ALMEIDA COSTA, *Responsabilidade Civil pela Ruptura das Negociações Preparatórias de um Contrato* (separata da Revista de Legislação e Jurisprudência), Coimbra, Coimbra Editora, 1994, pp. 48 e 49.

tendentes à formação da vontade contratual"[93]. Estas estendem-se "desde a primeira abordagem entre as partes, com o fito de contratar, *até à emissão da proposta contratual*"[94] e "traduzem manifestações de colaboração intersubjectiva"[95].

No mesmo sentido, Inocêncio Galvão Telles considera que as negociações consistem nas "conversações tendentes à *eventual* conclusão de um contrato e à definição do seu conteúdo"[96], iniciando-se com os primeiros contactos entre os interessados e terminando "quando um deles ou ambos *desistem* de prosseguir as conversações (...) ou um deles ou ambos assentam na outorga de um contrato com um determinado conteúdo"[97].

Também Antunes Varela, a propósito dos contratos de adesão, parece conceber a negociação como "a livre discussão entre as duas partes"[98] que precede a determinação do conteúdo contratual e da qual nasce "a seiva ético-jurídica do negócio bilateral"[99].

Numa primeira aproximação, podemos afirmar que a *negociação* corresponde à parcela da actividade (ante-negocial) das partes tendente à formação do conteúdo de um projecto que, na fase decisória, será transformado (ou não) em contrato.

A negociação não abrange, porém, toda a actividade relevante para a formação do conteúdo de um projecto contratual[100]. Admitir o contrário seria, na esfera da formação dos contratos públicos, sustentar que a negociação compreenderia realidades jurídicas tão dissemelhantes como a elaboração das peças do procedimento (*maxime*, do caderno de encargos[101]),

---

[93] *Direito das Obrigações*, 1.º Volume, Lisboa, Associação Académica da Faculdade de Direito da Universidade de Lisboa, 1980, p. 437.

[94] *Direito das Obrigações*, cit., p. 437. Refere o A. que "caso a proposta seja rejeitada, pode-se regressar à fase das negociações". A superação da fase das negociações pressupõe, assim, que o conteúdo do projecto contratual já está completo.

[95] *Direito das Obrigações*, cit., p. 438.

[96] *Manual dos Contratos em Geral*, Coimbra, Coimbra Editora, 2002, p. 205.

[97] *Manual dos Contratos em Geral*, cit., p. 204.

[98] *Das Obrigações em Geral*, cit., p. 253.

[99] *Das Obrigações em Geral*, cit., p. 253.

[100] Note-se que, quando aludimos aqui ao conteúdo de um projecto contratual não nos pretendemos referir apenas ao conteúdo do caderno de encargos (este é o projecto contratual submetido à concorrência). Também a proposta tem elementos que vão integrar o projecto do contrato. A própria fusão do caderno de encargos com a proposta adjudicada, que resulta da adjudicação, é portanto ainda um projecto contratual.

[101] Não podemos esquecer, porém, que é no convite à apresentação de propostas (para o ajuste directo) e no programa do procedimento (para o concurso público, concurso

os esclarecimentos e rectificações a estas peças, a elaboração das propostas e das soluções (diálogo concorrencial), os esclarecimentos às propostas, as alterações ao conteúdo das propostas (na sequência da correcção de lapsos, da realização de um leilão electrónico, das "negociações" previstas nos arts. 118.º a 121.º, da "fase de negociação das propostas" a que se reportam os arts. 149.º a 154.º e 201.º e 202.º ou de "melhoramentos à proposta" – cfr. art. 125.º, n.º 2), o "diálogo" dos arts. 213.º a 216.º, a aprovação da minuta do contrato, os "ajustamentos ao conteúdo do contrato a celebrar" (art. 99.º), etc.[102].

Atenta a procedimentalização a que a formação dos contratos públicos se encontra sujeita, reconduzir a *negociação* à actividade com relevo para a criação do projecto contratual seria identificá-la com a quase totalidade do *iter* formativo.

A negociação é, assim, algo mais (ou menos) do que isso: não abrange todo e qualquer contributo para a construção do projecto contratual, mas apenas os que são fruto de uma solução verdadeiramente dialogada entre as partes.

Com efeito, se atendermos ao particular universo da actividade relevante para a construção de um projecto contratual público, podemos distinguir dois tipos de contributos: (*i*) os que decorrem de uma actuação isolada dos sujeitos do procedimento[103] (entidade adjudicante e interessados, candidatos, concorrentes ou adjudicatário – as "partes negociais"); (*ii*) e os que resultam de um verdadeiro diálogo entre as partes. Se os primeiros são delineados por apenas um dos blocos negociais[104], os segundos surgem na

---

limitado por prévia qualificação, procedimento de negociação e diálogo concorrencial) que se encontra fixado (e eventualmente densificado) o critério de adjudicação, o qual influenciará o conteúdo das propostas apresentadas pelos concorrentes. De referir, ainda, a *memória descritiva* (exclusiva do diálogo concorrencial), na qual o órgão competente para a decisão de contratar "identifica as necessidades e as exigências que pretende satisfazer com o contrato a celebrar" (cfr. art. 207.º, n.º 1), verdadeiro ponto de partida (ainda que embrionário) do futuro projecto contratual.

[102] Em todos os exemplos descritos, a actuação das partes releva, directa ou indirectamente, para a formação do projecto contratual.

[103] Para uma análise dos *sujeitos do procedimento v.* PEDRO GONÇALVES, *Direito dos Contratos Públicos (sumários desenvolvidos)*, cit., pp. 35-38.

[104] Naturalmente que grande parte destes contributos surgem como reacção a "actuações" procedimentais da contraparte negocial, sendo por estas condicionados (*v.g.* a proposta apresentada por um concorrente surge, em regra, após a consulta das peças procedimentais, devendo respeitar o disposto nas mesmas). No entanto, mesmo elaborados em

sequência de um debate ou discussão, em que se procura aproximar as diferentes perspectivas das partes tendo em vista o consenso. A solução (que poderá ser global ou abranger apenas um concreto ponto do projecto contratual) é, neste último caso, *construída* por ambos os blocos negociais, em lugar de ser "oferecida" ou imposta por apenas um dos sujeitos[105]. É neste segundo tipo de "inputs" contratuais, em que, através do diálogo, as partes procuram um entendimento na construção do projecto contratual, que incluímos a figura que ora se pretende estudar.

Entendemos, em suma, que a negociação traduz uma *interacção dialógica dos sujeitos do procedimento – entidade adjudicante, por um lado, e interessados(s), candidato(s), concorrente(s) ou adjudicatário, por outro – tendo em vista a co-construção do conteúdo de um concreto projecto contratual.*

Importa referir que o conceito agora proposto é significativamente mais amplo do que o subjacente ao CCP. Com efeito, a palavra *negociação* ("tout court") parece ser aí utilizada apenas para ilustrar os casos de interactuação dialógica da entidade adjudicante e dos concorrentes sobre propostas já apresentadas mas ainda não adjudicadas[106]. Fala-se, a este propósito, de uma *fase de negociação*[107]. Quanto às demais situações (anteriores à apresentação das propostas ou posteriores à adjudicação), em que o Código expressamente admite uma construção dialogada do projecto contratual, o legislador prefere usar termos como

---

resposta à actividade procedimental da contraparte e dentro do condicionalismo que a mesma introduziu, tais "inputs" negociais são construídos por apenas um dos sujeitos, não resultando de qualquer interacção dialógica das partes.

[105] Discordamos, assim, de MARGARIDA OLAZABAL CABRAL quando alude à negociação como "a possibilidade de a entidade adjudicante estabelecer conversações, ou *impor alterações da proposta*, a um ou mais concorrentes, tendo em vista conseguir um contrato em melhores condições para o interesse público" (cfr. *O Concurso Público nos Contratos Administrativos*, cit., p. 98, realce nosso). Na nossa perspectiva, só haverá verdadeira negociação se a alteração da(s) proposta(s) surgir como resultado de um processo de diálogo, em que a solução é construída por ambos os blocos negociais, e não na sequência de uma *imposição* da Administração. *Negociação* e *imposição* funcionam, neste âmbito, como antónimos.

[106] Cfr. arts. 115.º, n.º 2, alínea a), 118.º, n.º 1; 120.º, n.º 4; 121.º; 146.º, n.º 5; 148.º, n.º 4; 149.º a 154.º; 194.º, alínea c); 201.º e 202.º; 204.º, n.º 2, *a contrario*, e 272.º, n.º 2, alínea b).

[107] Cfr. 118.º, n.º 1 e 125.º, n.º 2 (ajuste directo); 146.º, n.º 5 e 149.º a 154.º (concurso público); e 194.º, alínea c), 201.º e 202.º (procedimento de negociação) do CCP.

"diálogo" (para a discussão das soluções apresentadas no âmbito do diálogo concorrencial – cfr. art. 213.º) ou "ajustamento" (para o resultado de modificações ao projecto contratual em fase pós-adjudicatória – cfr. art. 99.º[108]).

Compreende-se a opção ("pedagógica", evitando-se possíveis confusões) do legislador, em tentar represar a palavra *negociação* à actividade procedimental que tem lugar na *fase de negociação*: momento inserido no subprocedimento adjudicatório de certos *itinera* formativos de contratos públicos (actualmente: do ajuste directo, do procedimento de negociação e do concurso público respeitante à formação de contratos de concessão de obras ou de serviços públicos).

Consideramos, porém, que não se deve confundir "a nuvem com Juno", existindo mais vida negocial para além (e aquém) da *fase de negociação*. Se esta encerra a parte de leão dos casos em que há uma interacção dialógica dos sujeitos do procedimento tendente à formação do conteúdo do projecto contratual, não devemos esquecer outras situações em que, antes ou depois desta fase, a referida interacção também ocorre.

Naturalmente que as possibilidades e limites à *negociação* ocorrida antes da apresentação das propostas e após a prática do acto adjudicatório são substancialmente diferentes dos existentes na *fase de negociação*. Pensamos, no entanto, que tais diferenças não constituem um obstáculo ao tratamento jurídico unitário das diversas situações em que se permite uma interacção dialógica das partes na formação do conteúdo do projecto contratual.

Desde logo, porque, independentemente do momento em que ocorra, a referida construção dialógica estará sempre marcada pela particular natureza dos procedimentos de adjudicação. É que, em regra, as partes negociais não se encontram sozinhas, sofrendo a "pressão" dos demais interessados na celebração do contrato (mesmo após a adjudicação). De facto, a negociação é quase sempre *concorrencial*.

Com efeito, a abordagem ao fenómeno negocial não poderá nunca perder de vista o facto de a relação jurídica existente nos procedimentos adjudicatórios se apresentar, em regra, como uma relação jurídica *poligonal* ou *multipolar*. Diferentemente das *relações jurídico-administrati-*

---

[108] Tal como os preceitos (arts. 99.º a 103.º) se encontram construídos, parece que não existe uma verdadeira interacção dialógica da entidade adjudicante e do adjudicatário na construção dos "ajustamentos". Porém, como veremos, estas alterações pós-adjudicatórias surgirão, em regra, na sequência de uma negociação entre as partes.

vas[109] *bipolares*, marcadas por "um esquema referencial binário – de um lado os poderes públicos administrativos e do outro lado um cidadão (particular) ou vários cidadãos com interesses idênticos"[110] –, nas relações poligonais é possível identificar mais do que dois pólos de interesse. Não raras vezes, nestes diversos pólos, os sujeitos "aparecem com posições conflituantes entre si, interessados em actuações diferentes (ou até contrárias) da Administração"[111].

É o que sucede na relação jurídica que, no âmbito de um procedimento de adjudicação, liga a entidade adjudicante aos diversos candidatos e/ou concorrentes. O paradigma do referido conflito é o próprio acto de adjudicação: ao adjudicar a proposta, criando na esfera jurídica do adjudicatário o direito à celebração do contrato (interesse primeiro de quem participa em procedimentos desta natureza), a Administração vê-se impossibilitada de satisfazer idêntico interesse dos demais concorrentes[112]. Ao mesmo tempo que confere ao titular da proposta escolhida o direito à celebração do contrato, a adjudicação nega esse direito aos concorrentes cujas propostas foram preteridas[113].

---

[109] Cfr., a este propósito, VITALINO CANAS, "Relação Jurídico-Pública", in *Dicionário Jurídico da Administração Pública*, Vol. VII, Lisboa, 1996, *maxime* p. 225; VIEIRA DE ANDRADE, *A Justiça Administrativa (Lições)*, 6.ª edição, Coimbra, Almedina, 2004, pp. 64-69 e LUÍS S. CABRAL DE MONCADA, *A Relação Jurídica Administrativa*, Coimbra, Coimbra Editora, 2009, pp. 11-141.

[110] GOMES CANOTILHO, "Relações Jurídicas Poligonais, Ponderação Ecológica de Bens e Controlo Judicial Preventivo", in *Revista Jurídica do Urbanismo e do Ambiente*, n.º 1, Junho 1994, p. 56.

[111] VIEIRA DE ANDRADE, *A Justiça Administrativa (Lições)*, 6.ª edição, cit., p. 69. V. também, do mesmo A., "Relatório de Síntese I", in *Cadernos de Justiça Administrativa*, n.º 28, Julho-Agosto 2001, p. 62.

[112] Caso o programa do concurso preveja a adjudicação por lotes, poderemos ter, no âmbito do mesmo procedimento, várias propostas escolhidas e até diferentes adjudicatários. Ainda assim, a "lógica conflitual" não se altera: a adjudicação de um lote e a consequente celebração do contrato com o concorrente escolhido impossibilita a Administração de satisfazer idêntico interesse dos demais concorrentes relativamente a esse lote.

[113] Cfr. JOSÉ BOQUERA OLIVER, "Los Contratos de la Administración en la Ley de la Jurisdicción Contencioso-administrativa", in *Cuadernos de Derecho Publico*, n.º 11, Setembro-Dezembro 2000, p. 230. MARGARIDA OLAZABAL CABRAL refere que "a decisão de adjudicação é simultaneamente decisão de não aceitação de todas as propostas restantes" – cfr. *O Concurso Público nos Contratos Administrativos*, Coimbra, Almedina, 1997, p. 230. Também MÁRIO ESTEVES DE OLIVEIRA e RODRIGO ESTEVES DE OLIVEIRA sustentam que a adjudicação encerra implicitamente a decisão de "que os restantes concorrentes perderam o concurso e que, portanto, para eles, o procedimento – salvo a hipótese de a pri-

Esta tensão ou conflito, existente no plano horizontal da teia jurídica adjudicatória, vai atravessar todo o *iter* formativo, influenciando decisivamente o modo como a negociação deve ser entendida.

Admitir a possibilidade de construção dialógica do projecto contratual (de todo ou de apenas uma parte), é reconhecer também que a Administração dispõe de uma considerável margem de conformação. No entanto, o reconhecimento deste poder discricionário[114] está longe de significar que a sua actuação se deve pautar por critérios exclusivamente economicistas (fazendo o que for necessário para obter o designado "good value for money"), esquecendo a sua vinculação ao Direito. Mesmo investida de poderes discricionários, a Administração está subordinada ao princípio da legalidade[115] (cfr. art. 266.°, n.° 2, da CRP).

É esse *bloco de legalidade*, composto não apenas pela lei, entendida em sentido genérico (lei da AR, decretos-lei ou decretos legislativos regionais), mas também pelas regras e princípios consagrados na Constituição, pelo Direito Internacional em vigor *in foro domestico* (*v.g.* pelo Direito Comunitário originário e derivado) e pelos princípios gerais de Direito[116],

---

meira adjudicação claudicar – terminou". Cfr. *Concursos e Outros Procedimentos de Adjudicação Administrativa – das Fontes às Garantias*, cit., p. 549.

[114] Esse "espaço de criação-concretização jurídica que a lei confere à Administração" – cfr. VIEIRA DE ANDRADE, "O Ordenamento Jurídico Administrativo Português", in *Contencioso Administrativo*, Braga, Livraria Cruz, 1986, p. 47.

[115] Este princípio é hoje entendido não apenas num sentido negativo, enquanto limite à actividade da Administração, segundo o qual esta não pode praticar quaisquer actos (incluindo os normativos) que contrariem a lei – *princípio do primado/prevalência da lei ou da compatibilidade* – mas também num sentido positivo, enquanto fundamento de toda a actuação administrativa, de acordo com o qual a Administração só pode agir com fundamento na lei – *princípio da precedência/reserva de lei ou da conformidade*. Em síntese, a "lei deixou de somente ser o limite, para ser pressuposto e o fundamento da actividade administrativa" (JESCH) – cfr. VIEIRA DE ANDRADE, "O Ordenamento Jurídico Administrativo Português", cit., p. 40.

[116] O princípio da legalidade envolve ainda uma limitação interna, decorrente da autovinculação da Administração, através dos regulamentos que emana, dos actos administrativos constitutivos de direitos para os particulares que pratica e dos contratos que celebra. Neste sentido, cfr. SÉRVULO CORREIA, "Os Princípios Constitucionais da Administração Pública", in *Estudos sobre a Constituição*, Vol. III, Lisboa, Petrony, 1977, pp. 666--667; MÁRIO ESTEVES DE OLIVEIRA, *Direito Administrativo*, Vol. I, Coimbra, Almedina, 1980, p. 303; GOMES CANOTILHO e VITAL MOREIRA, *Constituição da República Portuguesa Anotada*, 3.ª edição, Coimbra, Coimbra Editora, 1993, p. 923 e FREITAS DO AMARAL, *Curso de Direito Administrativo*, cit., p. 50. MARCELO REBELO DE SOUSA e ANDRÉ SALGADO DE MATOS excluem do *bloco de legalidade* os contratos (administrativos ou de direito privado)

que a negociação deve respeitar. Como salienta Rogério Soares "a Administração está, ainda mesmo onde parece que lhe é reconhecida uma liberdade, subordinada ao direito"[117]. Para expressar esta subordinação, a doutrina fala da existência de um verdadeiro *princípio da juridicidade da Administração*[118].

Ora, é neste quadro de *juridicidade*, onde a tensão existente no plano horizontal da geometria adjudicatória assume particular relevo, que importa realizar um estudo acerca da possibilidade e regime da construção dialógica do conteúdo de um projecto contratual público.

2.3. Distinção de figuras afins

2.3.1. Negociação e mero diálogo

Tal qual a balizámos, a negociação distingue-se do mero diálogo, entendido como uma conversa, discussão ou troca de pontos de vista entre dois ou mais sujeitos. O diálogo é tão-só um dos passos ou momentos (ainda que determinante) da negociação. Se podemos afirmar que é impossível conceber a negociação sem diálogo, a inversa já não é verdadeira. Na verdade, o diálogo ou a discussão, por si só, não revelam a existência

---

e os actos administrativos constitutivos de direitos por os não considerarem "parâmetros de conformidade jurídica da actividade administrativa" – cfr. *Direito Administrativo Geral – Introdução e Princípios Fundamentais*, Tomo I, 2.ª edição, Lisboa, Dom Quixote, 2006, p. 161.

[117] "Princípio da Legalidade e Administração Constitutiva", in *Boletim da Faculdade de Direito da Universidade de Coimbra*, Vol. LVII, 1981, p. 191.

[118] Cfr. PROSPER WEIL, *O Direito Administrativo* (tradução portuguesa de MARIA DA GLÓRIA FERREIRA PINTO), Coimbra, Almedina, 1977, p. 117; SÉRVULO CORREIA, "Os Princípios Constitucionais da Administração Pública", cit., p. 666; VIEIRA DE ANDRADE, "O Ordenamento Jurídico Administrativo Português", cit., p. 41; GOMES CANOTILHO e VITAL MOREIRA, *Constituição da República Portuguesa Anotada*, cit., p. 923. Neste sentido, veja-se ainda a redacção conferida ao n.º 1, do art. 3.º, do CPA: "os órgãos da Administração Pública devem actuar em obediência à lei e ao direito (...)". COUTINHO DE ABREU entende, porém, que não existem "razões fortes para apadrinhar a mudança de nome (...) o termo (*legalidade*) tem por si a tradição (...) – o Direito Administrativo nasceu, pode dizer-se, com a afirmação do princípio da legalidade. Por outro lado a palavra juridicidade corre o risco de ser demasiado elástica e ampla". Cfr. *Sobre os Regulamentos Administrativos e o Princípio da Legalidade*, Coimbra, Almedina, 1987, p. 134.

de uma negociação[119]. Pode, assim, sustentar-se, com Alain Jossaud, que "dialogar não é negociar"[120]. Não é, porém, fácil perceber quando é que um "mero" diálogo se deve qualificar como uma verdadeira *negociação*.

Quanto ao universo que nos ocupa (o dos procedimentos de adjudicação), consideramos que todo o diálogo (*i*) estabelecido, directa ou indirectamente, entre os *sujeitos do procedimento* (*in casu*, a entidade adjudicante, de um lado, e os interessados, os candidatos, os concorrentes ou o adjudicatário, do outro), possíveis partes do futuro contrato (*ii*) cujo *objecto* seja um elemento que se pretende integrar, retirar ou alterar no projecto contratual[121] em formação; (*iii*) e o *objectivo* visado seja o de atingir um entendimento quanto à construção desse concreto aspecto do projecto contratual (de forma a que haja uma verdadeira co-construção do mesmo)[122], não pode deixar de ser entendido como uma negociação. Na verdade, se (e só quando) estiverem reunidos todos os elementos indicados (*sujeitos*, *objecto* e *finalidade*) dever-se-á afirmar que estamos perante uma *interacção dialógica das partes com vista à co-construção do conteúdo de um concreto projecto contratual*.

Assim, e pela negativa, não será negocial o diálogo desenvolvido entre a entidade adjudicante e um *terceiro* ou o diálogo que, apesar de estabelecido entre os sujeitos do procedimento, recaia, por exemplo, sobre os documentos da candidatura. Não se tratará igualmente de uma *negociação* o diálogo realizado entre os sujeitos do procedimento que, incidindo sobre um determinado aspecto do projecto contratual, seja apenas informativo ou vise tão-só esclarecer o seu conteúdo. Com efeito, dificilmente se poderá considerar que existe aí *co-construção* de uma parte do projecto contratual.

---

[119] Contra, ANN LAWRENCE DURVIAUX não encontra uma diferença semântica entre o diálogo e a negociação – cfr. *Logique de Marché et Marché Public en Droit Communautaire – Analyse Critique d'un Système*, Bruxelas, Larcier, 2006, p. 509.

[120] Cfr. "Marchés Publics: Dialoguer n'est pas Négocier", in *L'Actualité Juridique Droit Administratif*, n.º 31, Setembro 2005, pp. 1718-1722 (embora não se concorde com os termos da distinção aí proposta).

[121] Quer este já se encontre definido (caso da negociação das propostas apresentadas pelos concorrentes) ou ainda por definir (*v.g.* a negociação das soluções apresentadas pelos candidatos seleccionados no diálogo concorrencial).

[122] Conforme se deixou patente na primeira aproximação ao conceito de negociação, o ponto de vista comum pode manifestar-se através de um acto unilateral que espelhe o entendimento (total ou parcial) a que as partes chegaram. É esta dimensão de co-construção de um aspecto do projecto contratual, que distingue a negociação do mero diálogo, que

2.3.2. Negociação e prestação de esclarecimentos

Na sequência da distinção proposta, a negociação afasta-se da prestação de esclarecimentos, independentemente de estes incidirem sobre as peças do procedimento (arts. 50.° e 166.°), os documentos destinados à qualificação dos candidatos (art. 183.°), as propostas (art. 72.°) ou as soluções apresentadas no âmbito de um diálogo concorrencial (*ex vi* da remissão contida no art. 204.°, n.° 1).

Como salientam Mário Esteves de Oliveira e Rodrigo Esteves de Oliveira, os esclarecimentos devem restringir-se "a uma tarefa hermenêutica ou de aclaração, de fixação do sentido de algo que já se encontrava estabelecido, e nunca à alteração (por adição ou suprimento) dos elementos que tenham sido patenteados"[123]. Neste sentido, o art. 50.°, n.° 1, refere-se a "esclarecimentos necessários à boa compreensão e interpretação das peças do procedimento" e o art. 72.°, n.° 2, no que respeita aos esclarecimentos sobre as propostas, exige que os mesmos "não contrariem os elementos constantes dos documentos que as constituem, não alterem ou completem os respectivos atributos, nem visem suprir omissões que determinam a sua exclusão".

Os esclarecimentos prestados não envolvem, assim, uma negociação do conteúdo do projecto contratual. Ainda que se sustente que há aqui um diálogo entre as partes (consubstanciado no pedido de esclarecimento e na respectiva resposta), o mesmo não visa alcançar um entendimento para um determinado aspecto do contrato[124]. O que se pretende é, tão-só, clarificar ou esclarecer o que já consta de um determinado "input" contratual[125] e não co-construir (alterando) esse mesmo contributo[126].

---

parece faltar à noção avançada por JORGE ANDRADE DA SILVA quando refere que a negociação "consiste num diálogo, num conjunto de discussões sobre aspectos relativos ao clausulado do contrato a celebrar" – cfr. *Código dos Contratos Públicos Comentado e Anotado*, 2.ª edição, Coimbra, Almedina, 2009, p. 391.

[123] *Concursos e Outros Procedimentos de Adjudicação Administrativa – das Fontes às Garantias*, cit., p. 286.

[124] Falta-lhe, portanto, o requisito respeitante à *finalidade*.

[125] Em regra, delineado por apenas um dos blocos negociais. Pode, no entanto, suceder que o esclarecimento incida sobre um elemento do projecto contratual que tenha resultado de uma construção dialogada entre as partes (*v.g.* as versões finais das propostas objecto de negociação ou o caderno de encargos elaborado no âmbito de um diálogo concorrencial).

[126] Cfr., a este propósito, o parecer do Conselho Consultivo da PGR n.° 43/2002.

2.3.3. Negociação e audiência prévia

O que se afirmou acerca dos esclarecimentos vale também para o "diálogo" que se estabelece entre os sujeitos do procedimento em sede de audiência prévia. A audiência dos interessados no procedimento concretiza o direito (constitucional) de participação dos cidadãos na formação das decisões administrativas que lhes disserem respeito (cfr. art. 267.º, n.º 5, da CRP)[127]. No entanto, como sustentam Rodrigo Esteves de Oliveira e Mário Esteves de Oliveira, atenta a natureza dos procedimentos de adjudicação, a audiência prévia não é aí "marcada pelo interesse da participação e colaboração na descoberta da melhor solução do procedimento, tendo antes, como em geral, uma função garantística"[128]. Do que se trata é de dar a oportunidade aos candidatos ou concorrentes de se pronunciarem acerca dos projectos de decisão que incidam sobre as candidaturas, propostas ou soluções apresentadas (*v.g.* a sua exclusão ou a respectiva ordenação).

Assim, ainda que se entenda que, quando os candidatos ou concorrentes se pronunciam acerca de elementos constantes da sua proposta ou solução, existe um diálogo entre estes e a entidade adjudicante (o que, atendendo à forma como os interessados são ouvidos, nos parece, no mínimo, duvidoso) incidente sobre um aspecto a integrar no projecto contratual, a verdade é que a finalidade de tal interacção não é a sua co-construção. Com efeito, o objectivo do "diálogo" será apenas o de dar a oportunidade aos candidatos ou concorrentes de expor as razões que confirmam ou infirmam um determinado juízo acerca do referido aspecto e não o de permitir que estes possam alterar esse aspecto em conformidade com a apreciação realizada pela Administração (naquilo que seria uma verdadeira co-construção)[129]. Pelo que, não existe aí uma verdadeira negociação[130].

---

[127] Cfr., por todos, PEDRO MACHETE, "A Audiência dos Interessados nos Procedimentos de Concurso Público", in *Cadernos de Justiça Administrativa*, n.º 3, Maio-Junho 1997, p. 42.

[128] *Concursos e Outros Procedimentos de Adjudicação Administrativa – das Fontes às Garantias*, cit., p. 127.

[129] Na verdade, em sede de audiência prévia, admite-se apenas que possa ter lugar uma correcção de manifestos lapsos ou a superação de omissões respeitantes à apresentação ou ponderação de elementos não variáveis e nunca uma verdadeira alteração das propostas – cfr. parecer do Conselho Consultivo da PGR n.º 98/2005.

[130] À semelhança do que sucede com os esclarecimentos prestados falta-lhe, *pelo menos*, o requisito respeitante à *finalidade*.

2.3.4. Negociação e modificação

2.3.4.1. A modificação das propostas

A alteração da proposta (da sua versão inicial) é, no âmbito dos procedimentos adjudicatórios, o resultado mais comum da negociação. Com efeito, a interacção dialógica das partes, ocorrida na *fase de negociação*, motivará, quase sempre, modificações à proposta primeiramente apresentada. Porém, *nem sempre e nem só a negociação originará a modificação de uma proposta*.

Como já salientámos, a negociação é um processo de composição de interesses simultaneamente divergentes e convergentes. Se a vontade de alcançar um entendimento ou de reduzir as divergências entre as partes é pressuposto desta forma de actuar, o próprio consenso (concretizado aqui na alteração da proposta) não é requisito necessário do processo negocial. A negociação (total ou parcialmente) malograda – que não termine em acordo – não deixará de ser, também ela, uma negociação.

Existem, por outro lado, situações em que a modificação da proposta não surge na sequência de um verdadeiro processo negocial. Pensamos ser esse o caso das alterações realizadas no decurso de um leilão electrónico. Esta figura, que corresponde a uma fase facultativa de alguns procedimentos adjudicatórios[131], é definida por lei como um "processo interac-

---

[131] Mais concretamente, do concurso público (arts. 140.º a 145.º) e do concurso limitado por prévia qualificação [alínea p) do n.º 1 do art. 164.º]. Não obstante o legislador comunitário ter admitido expressamente a utilização de leilões electrónicos no âmbito dos procedimentos por negociação (cfr. arts. 54.º, n.º 2, da Directiva 2004/18/CE e 56.º, n.º 2, da Directiva 2004/17/CE), o CCP excluiu essa possibilidade (art. 195.º). A sua utilização é também vedada no diálogo concorrencial (art. 204.º, n.º 2). No silêncio da lei, consideramos que nada obsta a que, num ajuste directo em que sejam chamadas várias entidades, o convite à apresentação de propostas possa prever a realização de um leilão electrónico.

Questão diferente é a de saber se o ajuste directo permite ou não combinar o leilão electrónico com uma fase de negociação das propostas. No sentido da sua não utilização conjunta poder-se-á apontar (*i*) a inadmissibilidade de leilão electrónico no âmbito do procedimento de negociação e do diálogo concorrencial (que, como veremos, encerram momentos negociais); (*ii*) a inexistência de uma fase de negociação das propostas no concurso limitado por prévia qualificação (onde, em determinadas circunstâncias, se pode utilizar um leilão electrónico); (*iii*) a não coincidência, no que respeita ao concurso público, entre as hipóteses em que é possível lançar mão de uma fase de negociação (contratos de concessão de obras públicas ou de serviços públicos) e as em que é permitida a mobilização de um leilão electrónico (contratos de locação ou de aquisição de bens móveis ou contra-

tivo baseado num dispositivo electrónico destinado a permitir aos concorrentes melhorar progressivamente os atributos das respectivas propostas, depois de avaliadas, obtendo-se a sua nova pontuação global através de um tratamento automático" (cfr. art. 140.°, n.° 1, do CCP)[132]. Trata-se, portanto, de um mecanismo electrónico que possibilita aos concorrentes, com base na informação (actualizada ao instante) acerca da pontuação e ordenação das várias propostas[133], melhorar sucessivamente determinados

---

tos de aquisição de serviços). A propósito do art. 195.°, JORGE ANDRADE DA SILVA refere mesmo que "a negociação é incompatível com o leilão: ou se opta por um ou por outro" – cfr. *Código dos Contratos Públicos Comentado e Anotado*, cit., p. 523. Também GONÇALO GUERRA TAVARES e NUNO MONTEIRO DENTE sustentam que, existindo uma fase de negociação, não faz sentido recorrer ao leilão electrónico – cfr. *Código dos Contratos Públicos – Volume I – Regime da Contratação Pública*, Coimbra, Almedina, 2009, pp. 393 e 462. Se é verdade que razões de simplicidade e de economia procedimental aconselham a que estas duas fases não sejam combinadas num mesmo ajuste directo, temos dúvidas quanto ao carácter juridicamente necessário desta alternatividade. Em princípio, nada obstará a que a entidade adjudicante reserve para uma fase de negociação determinados atributos das propostas (*v.g.* de difícil definição em termos puramente quantitativos) e sujeite a leilão electrónico, a realizar em momento posterior, outros (*v.g.* o preço). De difícil entendimento é, sobretudo, a proibição (feita ao arrepio das Directivas comunitárias) do seu uso combinado ao nível do procedimento de negociação. Na verdade, não estamos certos de que *negociação* e *leilão electrónico* sejam realidades incompatíveis. Pelo contrário, pensamos que poderá ser útil para a formação do contrato que, por exemplo, a entidade adjudicante negoceie primeiro com todos os concorrentes e realize depois um leilão electrónico circunscrito às propostas melhor classificadas. Nesta medida, sustenta-se (*de lege ferenda*) a superação do presente limite legal ao nível do procedimento de negociação.

[132] Noção que corresponde, com pequenas diferenças, à constante das Directivas comunitárias. Refira-se que, antes da sua expressa consagração na reforma de 2004, o leilão electrónico era já amplamente utilizado nos vários Estados-membros. Acerca da admissibilidade desta figura à luz das anteriores Directivas cfr. SUE ARROWSMITH, "E-Commerce Policy and the EC Procurement Rules: the Chasm between Rhetoric and Reality", cit., pp. 1467-1469; "Electronic Reverse Auctions Under the EC Public Procurement Rules: Current Possibilities and Future Prospects", cit., p. 304 e *The Law of Public and Utilities Procurement*, 2.ª edição, cit., p. 1182.

[133] O regime nacional respeitante à divulgação da pontuação e ordenação das propostas é mais apertado do que o previsto na legislação comunitária. Com efeito, os arts. 54.°, n.° 6, da Directiva 2004/18/CE e 56.°, n.° 6, da Directiva 2004/17/CE exigem apenas que os concorrentes conheçam a sua classificação, ou seja, o lugar que, a cada momento, ocupam no leilão. Já o art. 143.°, n.° 2, do CCP obriga a informar os licitantes (*i*) da pontuação global e do lugar que a sua proposta ocupa; (*ii*) da pontuação e lugar das demais propostas; (*iii*) e dos novos valores (entenda-se, dos licitados) referentes aos atributos das propostas objecto de leilão. Esta informação permitirá aos concorrentes aferir, com precisão, o *quantum* necessário para "vencer" o leilão em curso.

aspectos da sua oferta, na perspectiva de que a mesma se torne a vencedora. Neste momento do *iter* formativo, os concorrentes são colocados uns diante dos outros[134], numa disputa directa, onde se espera que o interesse na adjudicação e na subsequente celebração do contrato, os faça melhorar as respectivas propostas.

Apesar de o leilão electrónico ter sido apontado por muitos como uma forma dinâmica e transparente de negociação[135], que permite melhorar as propostas e, assim, o desempenho das compras públicas, facto é que esta figura não pressupõe a existência de qualquer diálogo entre a entidade adjudicante e os concorrentes.

No leilão, o papel da Administração é o de um mero pregoeiro electrónico, responsável pelo funcionamento do sistema, sendo as alterações realizadas de uma forma automática, "sem intervenção e/ou apreciação da entidade adjudicante"[136]. A inexistência de um diálogo leva-nos, portanto, a concluir que não há uma verdadeira *negociação*. Os "inputs" contratuais (concretizados nas referidas alterações) não são construídos por ambos os blocos negociais, sendo antes exclusivamente determinados pelo comportamento dos concorrentes. Não se nega a existência de uma interacção no leilão electrónico. No entanto, esta manifesta-se apenas no plano horizontal da teia adjudicatória (entre os concorrentes) e não apresenta uma natureza dialógica: as alterações resultam do simples "jogo" das licitações e não de qualquer discussão ou debate que procure um entendimento[137].

---

[134] Ainda que seja mantida a confidencialidade quanto à sua identidade (cfr. art. 144.°).

[135] Aliás, ao abrigo do disposto no art. 2.°, n.° 1, alínea d), do Decreto-Lei n.° 104/2002, de 12 de Abril[135], o leilão foi utilizado, em diversos procedimentos por negociação, consultas prévias e ajustes directos, como uma forma electrónica de negociação. Ao vedar a possibilidade de utilização do leilão electrónico no procedimento de negociação (art. 195.°) e ao não fazer coincidir as hipóteses em que, no concurso público, se pode lançar mão de uma fase de negociação com aquelas em que é permitida a mobilização de um leilão electrónico, o CCP parece pretender afastar a ideia de que o leilão corresponde à forma electrónica de negociação. O Código continua a prever, porém, que a negociação possa decorrer por via electrónica – cfr. arts. 150.°, n.° 1, alínea c) e 196.°, alínea c). Resta saber se, nesta "via electrónica" de negociação, caberão outras formas electrónicas de licitação, diferentes do leilão tipificado nos arts. 140.° a 145.° (*v.g.* sistemas em que não são divulgados os valores dos lances, nem a pontuação global das propostas, mas apenas a posição relativa que o concorrente ocupa no momento).

[136] Cfr. os considerandos 14 da Directiva 2004/18/CE e 22 da Directiva 2004/17/CE.

[137] LOÏC HISLAIRE integra o leilão electrónico no universo da negociação. Não deixa, porém, de salientar que existe uma diferença essencial relativamente à "negociação clássica": o facto de "não se tratar de uma negociação entre comprador e vendedor, mas de uma

Também as "alterações" às propostas, realizadas na sequência da correcção de manifestos lapsos (*v.g.* de cálculo ou de escrita) ou da superação de omissões, respeitantes à apresentação ou ponderação de elementos não variáveis[138], não resultam de qualquer negociação entre as partes. Do que aqui se trata é de corrigir (a pedido do concorrente ou oficiosamente) lapsos ou omissões das propostas e não de co-construir o conteúdo de elementos do projecto contratual. Ainda que a correcção possa ser objecto de um diálogo prévio, o mesmo destinar-se-á apenas a informar/esclarecer o(s) concorrente(s) ou a Administração e não a procurar um consenso para um concreto ponto da proposta.

Importa abrir aqui um parêntesis para referir que, quanto a estes "ajustes" unilaterais à proposta – há muito admitidos pela doutrina e jurisprudência[139] nacional ao nível dos diversos procedimentos –, é feita uma distinção entre as alterações realizadas "com base em operações de *mera concludência* ou com recurso a *cálculos puramente matemáticos*"[140] e as que incidem sobre escolhas realizadas pelo concorrente e que, por isso,

---

competição entre vendedores" – cfr. "La Négociacion et Les Systèmes Électroniques", in *Contrats Publics – L'Actualité de la Commande et des Contrats Publics*, n.º 45, Junho 2005, p. 39. Também NICOLAS FOUILLEUL sustenta que o leilão electrónico desencadeia uma negociação dinâmica entre os concorrentes que "evita as armadilhas de negociação clássica" – cfr. *Le Contrat Administratif Électronique*, Tomo I, Presses Universitaires d'Aix-Marseille, 2007, p. 212.

[138] Ou seja, de elementos "que não dependem de qualquer arbítrio do concorrente, antes se mostram determináveis em termos objectivos e directos" – cfr. PAULO OTERO, "Intangibilidade das Propostas em Concurso Público e Erro de Facto na Formação da Vontade: a Omissão de Elementos não Variáveis na Formulação de uma Proposta", cit., p. 94. RODRIGO ESTEVES DE OLIVEIRA refere-se a informação objectiva, cujo conteúdo já seja certo ao termo do prazo para a entrega das propostas – "Os Princípios Gerais da Contratação Pública", cit., p. 80.

[139] Cfr. o acórdão do TCAN, de 12.02.2009 (proc. 4057/08). Neste caso, em lugar de deduzir os montantes que iria receber em troca dos resíduos que tivessem valor para efeitos de reciclagem (conforme obrigava o caderno de encargos), o concorrente adicionou essa parcela ao preço final da proposta. Uma vez que também havia sido apresentado um documento com os preços unitários, no qual se previa o valor referente aos materiais recicláveis, o Júri procedeu à correcção material da proposta, deduzindo aquele valor ao preço final. Esta conduta não mereceu qualquer reparo por parte do Tribunal, que considerou não ter existido uma intervenção ou alteração ao nível do conteúdo da proposta, mas a correcção de um lapso através de "mero cálculo aritmético (ou mediante recurso à simples lógica aristotélica)".

[140] RODRIGO ESTEVES DE OLIVEIRA, "Os Princípios Gerais da Contratação Pública", cit., p. 81.

envolvem a reformulação de juízos constantes da proposta. Se as primeiras são, em princípio, de admitir, as segundas, na medida que compreendem a reelaboração de opções tomadas pelo concorrente, devem, por obediência ao *princípio da intangibilidade ou imutabilidade das propostas*, ser rejeitadas[141].

Apontado como um princípio fundamental da contratação pública[142], corolário dos princípios da concorrência e da igualdade, o princípio da intangibilidade postula que, com a apresentação da proposta e o termo do prazo para a sua entrega[143], o concorrente fica vinculado à mesma, não a podendo revogar ou alterar até que seja praticado o acto de adjudicação ou decorra o prazo previsto para a sua manutenção[144]. Veda-se,

---

[141] RODRIGO ESTEVES DE OLIVEIRA, "Os Princípios Gerais da Contratação Pública", cit., p. 82.

[142] Este princípio chegou mesmo a merecer expressa consagração legal: o art. 14.º, n.º 2, do Decreto-Lei n.º 197/99, de 8 de Junho, estabelecia que "nos procedimentos em que não esteja prevista qualquer negociação, as propostas apresentadas pelos concorrentes são inalteráveis até à adjudicação". Quanto à fase pós-adjudicatória, o n.º 3 do mesmo preceito previa que, por acordo entre as partes, podiam ser introduzidos "ajustamentos à proposta escolhida, desde que as alterações digam respeito a condições acessórias e sejam inequivocamente em benefício da entidade adjudicante".

[143] Apesar de o prazo da obrigação de manutenção das propostas só começar a contar a partir da data limite para a sua entrega, o art. 14.º, n.º 2 do Decreto-Lei n.º 197/99, de 8 de Junho, previa a não alteração das "propostas apresentadas pelos concorrentes". Pelo que, dúvidas podiam existir quanto à possibilidade de se modificar uma proposta já entregue, mas cujo prazo de apresentação não havia ainda transcorrido (MARGARIDA OLAZABAL CABRAL entendia mesmo que a obrigação de manutenção da proposta nascia com a sua entrega, não podendo o concorrente, a partir desse momento, retirá-la – cfr. *O Concurso Público nos Contratos Administrativos*, cit., p. 160). O art. 137.º do CCP veio determinar que, até ao termo do prazo fixado para a apresentação, o interessado pode retirar a proposta e apresentar uma nova. Ora, quem admite o mais (a retirada da proposta), certamente admite o menos (a sua alteração). Não obstante tratar-se de uma norma respeitante ao concurso público, nada obsta a que a se proceda à sua extensão aos demais procedimentos. Neste sentido, cfr. RODRIGO ESTEVES DE OLIVEIRA, "Os Princípios Gerais da Contratação Pública", cit., p. 77. Porém, e para que não restem dúvidas, talvez se devesse "arrumar" esta norma, numa futura e eventual alteração do Código, na parte geral, mais precisamente no capítulo respeitante à proposta.

[144] Cfr. PAULO OTERO, Intangibilidade das Propostas em Concurso Público e Erro de Facto na Formação da Vontade: a Omissão de Elementos não Variáveis na Formulação de uma Proposta", cit., p. 97; MÁRIO ESTEVES DE OLIVEIRA e RODRIGO ESTEVES DE OLIVEIRA, *Concursos e Outros Procedimentos de Adjudicação Administrativa – das Fontes às Garantias*, cit., p. 104 e RODRIGO ESTEVES DE OLIVEIRA, "Os Princípios Gerais da Contratação Pública", cit., p. 77. No mesmo sentido, cfr. o parecer do Conselho Consultivo da PGR

assim, ao concorrente, esgotado que esteja o prazo fixado para a sua entrega, a possibilidade de modificar a proposta que apresentou "seja para a tornar conforme aos parâmetros vinculativos constantes das peças do procedimento, seja para a tornar mais competitiva"[145].

Na medida em que a correcção de manifestos lapsos e a superação das mencionadas omissões não implica uma intervenção criativa (a proposta é "tocada" mas não é verdadeiramente "alterada"), em rigor, tais "ajustes" não estão abrangidos pela "razão de ser" do princípio da intangibilidade (proteger a igualdade e a concorrência entre os interessados), não constituindo, por isso, verdadeiras excepções ao mesmo.

Se, no passado, perante um número relativamente reduzido de situações em que se permitia a modificação das propostas, a doutrina sustentava que o princípio da intangibilidade não se fazia sentir em certos procedimentos (*v.g.* no procedimento por negociação)[146]. Actualmente, face ao crescimento do número de disposições que prevêem ou pressupõem a introdução de verdadeiras alterações (criativas) ao conteúdo das propostas[147], importa questionar se e em que medida o princípio da imutabilidade continua a relevar ao nível da formação dos contratos públicos.

Não sendo este o espaço para aprofundar o princípio em apreço, sempre se dirá que o crescimento das disposições legais que permitem ou pressupõe uma modificação das propostas deve contribuir para afastar definitivamente a ideia (que estigmatizava os procedimentos em que a modificação era permitida), segundo a qual a *alteração* representará sempre uma cedência em matéria de concorrência e de igualdade (valores que o princípio da intangibilidade se propõe servir). Em regra, a modificação de uma proposta, de per si, nada nos diz quanto à existência de um trata-

---

n.º 152/2002 (que, todavia, considerou que a junção de sete páginas, em falta numa proposta, constituiria a correcção de um mero erro material, não abrangido "pelo âmbito de protecção, pela razão de ser, do princípio da intangibilidade das propostas").

[145] RODRIGO ESTEVES DE OLIVEIRA, "Os Princípios Gerais da Contratação Pública", cit., p. 78.

[146] Cfr. MÁRIO ESTEVES DE OLIVEIRA e RODRIGO ESTEVES DE OLIVEIRA, *Concursos e Outros Procedimentos de Adjudicação Administrativa – das Fontes às Garantias*, cit., p. 107. No mesmo sentido, FREITAS DO AMARAL, *Curso de Direito Administrativo*, Vol. II, p. 583.

[147] Reportamo-nos não apenas às disposições que autorizam o leilão electrónico, mas também ao alargamento da *fase de negociação* (já conhecida do procedimento por negociação – com ou sem publicação prévia de anúncio –, da consulta prévia e do ajuste directo), em lei geral, a alguns concursos públicos.

mento discriminatório ou de uma eventual violação do "clima" concorrencial em que a formação do contrato deve decorrer. Apenas a análise do contexto e do modo pelo qual a alteração foi introduzida (*v.g.* se só um concorrente teve a possibilidade de alterar a proposta) nos permitirá concluir se os referidos princípios foram ou não, em concreto, desrespeitados.

O princípio da imutabilidade, nos termos em que inicialmente foi formulado, vê-se, assim, restringido aos casos em que a lei não prevê a modificabilidade das propostas (*v.g.* a formação de um contrato de empreitada de obras públicas através de concurso limitado por prévia qualificação)[148]. Só nestas situações é que a simples alteração da proposta, independentemente do momento, dos pressupostos, da forma, dos critérios e da sua extensão, violará a transparência e a boa fé concorrencial[149]. Nos demais casos, em que a alteração é permitida, ter-se-á de fazer um outro juízo e averiguar se a modificação respeitou ou não os termos em que a lei a admite.

2.3.4.2. *A modificação do caderno de encargos*

Apesar de a alteração das propostas ser o normal resultado de um processo negocial, vimos já que aquela pode não partir de uma verdadeira negociação entre as partes. Importa, agora, analisar se, nos casos em que é permitida uma modificação às peças do procedimento, tal mu-

---

[148] Se é o programa de procedimento que não prevê (quando o devia fazer) ou expressamente exclui a possibilidade (admitida pela lei) de alterar as propostas, a imodificabilidade fica-se a dever não ao princípio da intangibilidade, mas a outro dos corolários do princípio da concorrência – o *princípio da estabilidade das peças do procedimento*, que aponta para uma vinculação da entidade adjudicante pelas regras que ela própria criou.

[149] Conforme salienta RODRIGO ESTEVES DE OLIVEIRA, o princípio da concorrência contamina os demais princípios adjudicatórios (entre os quais, o da transparência), exigindo a sua densificação numa perspectiva concorrencial – "Os Princípios Gerais da Contratação Pública", cit., pp. 66 e 67. Delimitando o âmbito de actuação do princípio da imutabilidade, refere o A. que o mesmo vale para todos os procedimentos "desde que, por força da lei, se não admita ou pressuponha aí a alterabilidade da proposta inicialmente apresentada" – cfr. ob. cit., p. 79. MARCELO REBELO DE SOUSA e ANDRÉ SALGADO DE MATOS entendem que um dos corolários do *princípio da estabilidade*, que consideram uma projecção do princípio da boa fé, é a inalterabilidade das propostas "nos procedimentos em que não esteja prevista a sua modificação". Quanto aos demais procedimentos, "a modificação das propostas só é possível nos termos da lei" – cfr. *Contratos Públicos – Direito Administrativo Geral*, cit., p. 77.

dança será consequência de uma construção dialogada do conteúdo do projecto contratual.

Neste âmbito, interessa-nos, sobretudo, as modificações introduzidas ao caderno de encargos. Com efeito, independentemente da natureza jurídica que se lhe reconheça, o caderno de encargos encerra o projecto contratual (mais ou menos acabado) que vai ser colocado à concorrência. O programa do procedimento, por seu turno, será o instrumento que permite encontrar a proposta e o concorrente que melhor servem esse projecto. O caderno de encargos contém, assim, a posição inicial da entidade adjudicante quanto ao referido projecto contratual, pelo que interessa analisar se, nos casos em que é permitida, a sua alteração ocorre em virtude de uma negociação com os candidatos ou concorrentes.

A respeito desta matéria, há que aludir, antes de mais, ao *princípio da estabilidade das peças do procedimento*, de acordo com o qual o conteúdo das peças concursais (entre as quais o caderno de encargos) não deve ser alterado durante a pendência do respectivo procedimento[150]. A abertura do procedimento marcaria, assim, o momento a partir do qual a Administração estaria vinculada ao projecto contratual que elaborou, já não o podendo alterar. Não se trata, porém, de um princípio absoluto.

---

[150] Cfr. MARCELO REBELO DE SOUSA e ANDRÉ SALGADO DE MATOS, para quem a imodificabilidade das peças do procedimento integra o princípio (geral) da estabilidade, projecção do princípio da boa fé – cfr. *Contratos Públicos – Direito Administrativo Geral*, cit., pp. 76 e 77. Em escrito anterior, e a propósito dos princípios aplicáveis ao concurso público, MARCELO REBELO DE SOUSA sustentava que o *princípio da estabilidade das regras* estava especialmente relacionado "com os princípios da tutela dos direitos e interesses, da igualdade, da imparcialidade, da justiça e da transparência e pode ligar-se ao princípio da tutela da confiança" – cfr. *O Concurso Público na Formação do Acto Administrativo*, cit., pp. 63 e 70. Também FREITAS DO AMARAL ancora a "manutenção do quadro jurídico delimitado no acto da abertura do concurso" no princípio da boa fé – cfr. *Curso de Direito Administrativo*, Vol. II, cit., pp. 580 e 581. MÁRIO ESTEVES DE OLIVEIRA e RODRIGO ESTEVES DE OLIVEIRA, por seu turno, consideram-no uma manifestação do princípio da concorrência – cfr. *Concursos e Outros Procedimentos de Adjudicação Administrativa – das Fontes às Garantias*, cit., p. 108. Em escrito mais recente, RODRIGO ESTEVES DE OLIVEIRA adianta que, além do princípio da concorrência, a estabilidade das peças do procedimento é também uma manifestação do princípio da protecção da confiança – cfr. "Os Princípios Gerais da Contratação Pública", cit., p. 84. Já MARGARIDA OLAZABAL CABRAL parece fundar a impossibilidade de "modificar alguma condição do procedimento do concurso pré-estabelecido ou do contrato a celebrar" nos princípios da igualdade e da protecção da confiança – cfr. *O Concurso Público nos Contratos Administrativos*, cit., p. 160. Refira-se, por fim, que a imodificabilidade dos documentos concursais estava expressamente prevista no art. 14.º, n.º 1 do Decreto-Lei n.º 197/99, de 8 de Junho.

Ao determinar o alcance do *princípio da estabilidade das peças do procedimento*, parte da doutrina distingue as alterações realizadas antes do final do prazo para a apresentação das propostas, das introduzidas em momento posterior. Se as primeiras são, em certos casos, de admitir, entende-se que, após o termo do prazo para a apresentação das propostas e salvo raras excepções[151], as peças do procedimento devem manter-se inalteradas[152].

No que respeita à alteração do caderno de encargos antes do final do prazo fixado para a apresentação de propostas, a mesma pode ocorrer em virtude da rectificação de erros e omissões[153]. A este propósito, o CCP consagrou expressamente (cfr art. 50.º, n.º 3) uma prática procedimental há muito sedimentada entre nós: a de aproveitar o momento em que são

---

[151] Entre as quais se conta a rectificação de erros manifestos e a adaptação do caderno de encargos a novas leis que venham ferir de ilegalidade a execução do contrato nos termos projectados – uma espécie de *fait du prince* com relevância procedimental. Cfr. MÁRIO ESTEVES DE OLIVEIRA e RODRIGO ESTEVES DE OLIVEIRA, *Concursos e Outros Procedimentos de Adjudicação Administrativa – das Fontes às Garantias*, cit., p. 109. Com base no art. 79.º, n.º 1, alínea c), *a contrario*, RODRIGO ESTEVES DE OLIVEIRA sustenta ainda que é possível alterar aspectos não fundamentais do caderno de encargos com fundamento na verificação de circunstâncias *imprevistas* – cfr. "Os Princípios Gerais da Contratação Pública", cit., p. 86 (exigindo, todavia, que a alteração se faça "sem violação dos interesses da concorrência"). Esta possibilidade coloca-nos, porém, sérias dúvidas, sobretudo atento o termo utilizado pelo legislador – "circunstâncias imprevistas" (que não foram previstas) –, diferente do que constava do art. 58.º, n.º 1, alínea a), do Decreto-Lei n.º 197//99, de 8 de Junho – "circunstância imprevisível" (que não podia ser prevista). Na verdade, entendemos que uma alteração do caderno de encargos (ainda que em aspectos não fundamentais) após o termo do prazo fixado para a apresentação das propostas, realizada com fundamento em algo que a entidade adjudicante não previu (quando podia e devê-lo-ia ter feito), violará os princípios da boa fé, da transparência e da concorrência. Tal já não sucederá, em regra, se a referida alteração tiver por base uma circunstância que, no momento da elaboração do caderno de encargos, era impossível de prever (*v.*g. uma função de um dispositivo electrónico, à data, inexistente).

[152] Cfr. MÁRIO ESTEVES DE OLIVEIRA e RODRIGO ESTEVES DE OLIVEIRA, *Concursos e Outros Procedimentos de Adjudicação Administrativa – das Fontes às Garantias*, cit., p. 110 e RODRIGO ESTEVES DE OLIVEIRA, "Os Princípios Gerais da Contratação Pública", cit., p. 87. Contra MARCELO REBELO DE SOUSA, que sustenta uma vinculação absoluta da Administração às peças do procedimento, referindo que a mesma não pode "alterar, ainda que a título de rectificação, nem o aviso nem os documentos para que remeta" – *O Concurso Público na Formação do Acto Administrativo*, cit., p. 69.

[153] Para uma noção de *erro* e de *omissão* (embora restrita ao universo das obras públicas), cfr. JOSÉ MANUEL OLIVEIRA ANTUNES, *Código dos Contratos Públicos – Regime de Erros e Omissões*, Coimbra, Almedina, 2009, p. 19.

prestados os esclarecimentos solicitados pelos concorrentes para (a pedido destes ou oficiosamente) suprir erros ou omissões encontrados nas peças do procedimento[154].

Já o art. 61.º, n.º 5, constitui uma verdadeira novidade pré-adjudicatória. Neste caso, a intervenção correctiva da entidade adjudicante surge como resposta a uma lista, apresentada pelos interessados até ao final do quinto sexto do prazo para a entrega das propostas, na qual devem ser identificados todos os erros e omissões detectados no caderno de encargos[155]. Se, até ao final do aludido prazo, o órgão competente aceitar algum erro ou omissão, o caderno de encargos será, por essa via, alterado.

---

[154] A rectificação deve ser feita até ao termo do segundo terço do prazo fixado para a apresentação das propostas (cfr. art. 50.º, n.º 3). Admite-se, no entanto, que estas correcções sejam comunicadas depois, caso em que o prazo fixado para a apresentação das propostas deve ser prorrogado – cfr. art. 64.º, n.º 1. No fundo, esta norma permite à entidade adjudicante, até ao final do prazo para a apresentação das propostas, corrigir oficiosamente os erros e omissões que entender.

[155] À luz da legislação anterior, a designada "reclamação quanto a erros e omissões do projecto", prevista apenas para as obras públicas, ocorria após a prática do acto adjudicatório, sendo, em regra, o valor do erro ou omissão "acrescido ou deduzido ao valor da adjudicação" – cfr. arts. 14.º a 16.º do Decreto-Lei n.º 59/99, de 2 de Março. Hoje, os erros e omissões elencados nas alíneas do n.º 1 do art. 61.º, que, de acordo com a "diligência objectivamente exigível em face das circunstâncias concretas", não sejam detectáveis apenas na fase de execução do contrato (art. 61.º, n.º 2), devem ser comunicados à entidade adjudicante antes da entrega da proposta. Relativamente aos erros e omissões aceites (todas), os concorrentes devem identificar na sua proposta os termos em que se propõe supri-las, bem como o valor (a incluir no preço da proposta) atribuído a cada suprimento (n.º 7). Como refere JORGE ANDRADE DA SILVA, o ónus de detecção dos erros e omissões cabe agora a todos os interessados em concorrer e não apenas ao adjudicatário – cfr. *Código dos Contratos Públicos Comentado e Anotado*, cit., p. 226.

Importa referir que a apresentação, por qualquer interessado, da lista contendo os erros e omissões detectados no caderno de encargos suspende o prazo fixado para a apresentação das propostas desde o termo do quinto sexto até à decisão da entidade adjudicante ou, na sua ausência, até ao termo do mencionado prazo (cfr. art. 61.º, n.º 3). O legislador consagra, assim, um mecanismo que permite aos interessados, sem necessidade da intervenção da entidade adjudicante, dilatar o tempo de que dispõem para a apresentação das propostas, o qual permanecerá incerto até à resposta da entidade adjudicante – cfr. MARGARIDA OLAZABAL CABRAL, "O Concurso Público no Código dos Contratos Públicos", cit., p. 194. Na verdade, esse período pode ser acrescido (*i*) em 1/6, caso a entidade adjudicante nada diga; (*ii*) em menos de 1/6, se, antes do termo do prazo de que dispõe, a entidade adjudicante rejeitar os erros e omissões apresentados ou, aceitando-os, considerar que dos mesmos não resultam "alterações de aspectos fundamentais das peças do procedimento" (*v.g.* modificação de aspectos da execução do contrato submetidos à con-

A doutrina admite ainda que, antes do termo do prazo para a entrega das propostas, se altere o caderno de encargos com fundamento em "razões de interesse público (ou de legalidade originária ou superveniente)"[156].

corrência); (*iii*) em, pelo menos, 5/6 se, no referido prazo, a entidade adjudicante aceitar erros ou omissões que impliquem uma modificação de aspectos essenciais. Neste caso, o prazo é prorrogado por um período mínimo equivalente ao tempo decorrido desde o início do prazo para a apresentação de propostas (art. 64.º, n.º 2). Entendemos que a eventual prorrogação do prazo em nada prejudicará a suspensão já verificada com a apresentação da lista (aparentemente em sentido diverso *v.* JORGE ANDRADE DA SILVA, *Código dos Contratos Públicos Comentado e Anotado*, cit., p. 236, referindo que "aplicar-se-ia a *suspensão* do prazo ou a sua *prorrogação*"). Quando a entidade adjudicante aceita os erros e omissões, considerando-os uma modificação de aspectos essenciais, o prazo encontrava-se suspenso (desde o termo do 5/6 do prazo fixado para a entrega das propostas). Pelo que, a prorrogação mínima será de 5/6 – período já decorrido desde o início do cômputo daquele prazo.

Para evitar ainda maiores incertezas, consideramos que a suspensão prevista no art. 61.º, n.º 3 deve operar automaticamente, mediante a apresentação da lista pelo interessado. Na verdade, a lei não faz depender a suspensão de qualquer decisão da entidade adjudicante, obrigando-a mesmo a disponibilizar a lista de erros e omissões na plataforma electrónica e a notificar imediatamente desse facto quem adquiriu as peças do procedimento. Atento o reduzido período de tempo que resta para a apresentação das propostas (1/5) e o facto de a entrega da lista poder ter chegado ao conhecimento de outros interessados, julgamos que a segurança jurídica deverá prevalecer sobre uma eventual falta de fundamento dos erros e omissões indicados. JORGE ANDRADE DA SILVA parece apontar em sentido diverso, sustentando que a lei deve ser "interpretada com razoabilidade, não sendo aceitável que aquele procedimento seja adoptado em caso de listas de erros e omissões manifestamente artificiais, desrazoáveis, ficcionados ou mesmo dos que, através de uma mera análise perfunctória, se revelem inaceitáveis". Caso contrário estaria encontrado "um expediente dilatório de acesso fácil". Como forma de evitar a suspensão, a entidade adjudicante "pode disponibilizar imediatamente essas listas na plataforma electrónica juntamente com a sua decisão de rejeição" (cfr. *Código dos Contratos Públicos Comentado e Anotado*, cit., pp. 227 e 228). Parece-nos, porém, que, no exemplo apresentado pelo A., não é a natureza da lista que impede a suspensão, mas a sua pronta rejeição por parte da entidade adjudicante. *De iure condendo*, e para evitar manobras dilatórias por parte dos concorrentes, pensamos que a apresentação de uma lista de erros e omissões manifestamente infundada deverá ser incluída no elenco de contra-ordenações previstas no CCP, bem como constituir motivo para a exclusão da respectiva proposta.

[156] RODRIGO ESTEVES DE OLIVEIRA, "Os Princípios Gerais da Contratação Pública", cit., p. 87. Antes, *v.* MÁRIO ESTEVES DE OLIVEIRA e RODRIGO ESTEVES DE OLIVEIRA, *Concursos e Outros Procedimentos de Adjudicação Administrativa – das Fontes às Garantias*, cit., pp. 110 e 111. Se a reposição da legalidade cabe ainda numa noção ampla de *erro* (sobre os pressupostos legais), o ajustamento a novos preceitos jurídicos constituirá já uma espécie de *fait du prince* com relevo procedimental. Sob pena de violação dos princípios da boa fé e da tutela da confiança, parece-nos que apenas necessidades de interesse público

Ora, a rectificação de erros e omissões, a "adequação" legal e a adaptação do caderno de encargos a novas necessidades de interesse público, não resultam de uma negociação entre as partes. A entidade adjudicante não recorre aos interessados para co-construir o caderno de encargos. Do que se trata é de corrigir ou adaptar algo que se mostra desconforme a uma (nova ou já existente) realidade fáctica ou jurídica em cuja modelação os interessados não tiveram qualquer intervenção. Mesmo quando a correcção envolve um diálogo entre a entidade adjudicante e o interessado, o mesmo terá uma natureza meramente informativa (o interessado serve de núncio dessa desconformidade), não se procurando um consenso quanto à melhor forma de adaptar o caderno de encargos à referida realidade.

Mais, como veremos, quando admitido pelo CCP, o diálogo negocial realizado após a apresentação das propostas (na designada *fase de negociação*), permite apenas que sejam modificados os atributos das propostas e já não o caderno de encargos. Assim, apesar de a "margem de manobra" – por definição, contrária a uma ideia de rigidez das posições inicialmente assumidas pelas partes – ser algo que pertence à essência do conceito de negociação, o CCP parece excluir que o diálogo negocial entre os sujeitos do procedimento possa originar uma modificação ao conteúdo do caderno de encargos[157].

Diferentemente se passam as coisas na construção dialógica do caderno de encargos que tem lugar ao nível do diálogo concorrencial[158]. Como teremos oportunidade de analisar, o diálogo estabelecido com os candidatos qualificados não é meramente informativo, destinando-se antes

---

supervenientes (à abertura do procedimento) poderão justificar uma alteração do caderno de encargos. Em qualquer caso, se as alterações implicarem uma mudança de aspectos fundamentais da referida peça, dever-se-á, pelo menos, aplicar analogicamente o disposto no art. 64.°, n.ᵒˢ 2 e 4.

[157] YVES-RENÉ GUILLOU refere que, no procedimento de negociação (em que só as propostas podem ser modificadas), a entidade adjudicante não está verdadeiramente numa situação dialógica quanto às suas necessidades. Por esta razão, o A. sustenta mesmo que o termo *negociação* não é o mais apropriado para designar o diálogo que tem lugar no âmbito deste *iter* adjudicatório – "Pourquoi et Quand Recourir à la Négociation?", in *Contrats Publics – L'Actualité de la Commande et des Contrats Publics*, n.° 45, Junho 2005, p. 27.

[158] MARCELO REBELO DE SOUSA e ANDRÉ SALGADO DE MATOS aludem a uma formação participada do caderno de encargos, por contraposição a uma construção estritamente unilateral, verificada nos demais procedimentos – cfr. *Contratos Públicos – Direito Administrativo Geral*, cit., p. 82.

a identificar "a solução susceptível de satisfazer as necessidades e as exigências da entidade adjudicante". O caderno de encargos, cuja aprovação compete apenas à Administração, é *necessariamente* elaborado com base nas soluções apresentadas e discutidas com os candidatos, o que revela a existência de uma interacção dialógica dos sujeitos do procedimento na construção do conteúdo (*in casu*, do próprio caderno de encargos) do projecto contratual. Há aí, portanto, uma verdadeira *negociação*.

Em suma, salvo a co-construção do caderno de encargos verificada ao nível do diálogo concorrencial, as modificações desta peça do procedimento não têm por base qualquer negociação entre as partes.

2.3.5. *Negociação* no *procedimento* e *negociação* do *procedimento*

Não devemos também confundir a co-construção dialogada do conteúdo do projecto contratual (negociação *no* procedimento), de que nos ocuparemos no presente estudo, com a eventual procura de uma solução concertada para concretos pontos do seu *iter* formativo (negociação *do* procedimento). O que está em causa, no segundo caso, é a negociação do próprio processo genético do contrato e não da sua substância.

Apesar de corresponder a uma matéria que extravasa o âmbito deste trabalho, sempre se dirá que, em regra, os actos que antecedem a conclusão do contrato[159] estão previstos e disciplinados pela lei. Assim sucede, por exemplo, com os *procedimentos de adjudicação* (em sentido amplo) que analisaremos, que se encontram regulados no CCP. Como refere Pedro Gonçalves, "a alusão a procedimentos de formação de contratos públicos não nos remete apenas, nem principalmente, para uma dimensão empírica, do «ser» (...), mas antes e sobretudo para uma dimensão normativa, do «dever-ser» jurídico (atinente à observância de princípios e de regras que disciplinam a actuação dos contraentes públicos ao longo do procedimento do contrato, fixando uma ordem ou uma tramitação)"[160]. Estamos, portanto, diante de uma sequência ou sucessão de actos *juridicamente ordenada*, em que "é a lei que determina quais os actos a praticar e quais as formalidades a observar; (...) que estabelece a ordem dos trâmites a cumprir, o momento em que cada um deve ser efectuado, quais os actos anteceden-

---

[159] Bem como os que a sucedem a conclusão do contrato e que se destinam a atribuir-lhe plena eficácia jurídica, permitindo a respectiva execução.
[160] *Direito dos Contratos Públicos (sumários desenvolvidos)*, cit., pp. 30 e 31.

tes e os consequentes"[161]. Pelo que, em regra e por obediência ao princípio da legalidade, o procedimento (todo ou parte) tendente à formação do contrato público não poderá ser objecto de uma construção partilhada entre a entidade adjudicante e os interessados.

Será, no entanto, excessivo afirmar que não há qualquer possibilidade de uma conformação conjunta de certos aspectos do procedimento formativo. Tal não será assim, desde logo, quando a lei se limita a prever os pressupostos de que depende a utilização de uma determinada modalidade de procedimento, não se ocupando da sua regulamentação. É o que acontece com o *regime simplificado de ajuste directo*, em que se dispensa a observância de "quaisquer outras formalidades previstas no presente Código" (art. 128.°, n.° 3). Apesar da dispensa legal, nada obstará a que, de forma dialogada, as partes acordem em seguir uma determinada tramitação conducente à conclusão do contrato[162].

Mesmo quando o procedimento está fortemente "regulado" na lei, isso não significa que, em algumas situações, a entidade adjudicante e os interessados não possam co-construir determinados aspectos do *iter* formativo. Tal poderá suceder, por exemplo, nos casos em que a Administração dispõe de alguma margem de discricionariedade para conformar determinados aspectos do procedimento (*v.g.* a duração da fase de negociação) ou quando uma circunstância imprevisível obriga a uma solução procedimental não expressamente contemplada na lei (*v.g.* uma nova lei que, tornando ilegal a execução do contrato, impõe adaptações não essenciais às propostas já apresentadas). Tal "negociação" não poderá, no entanto,

---

[161] FREITAS DO AMARAL, *Curso de Direito Administrativo*, Vol. II, cit., p. 289.

[162] O facto de terem sido convidadas várias entidades não constituirá um obstáculo à negociação *do* procedimento. Note-se que a lei não esclarece se, ao abrigo do regime simplificado de ajuste directo, a entidade adjudicante pode convidar mais do que uma entidade (JORGE ANDRADE DA SILVA entende que subjaz a este regime que o convite é feito a apenas uma entidade – cfr. *Código dos Contratos Públicos Comentado e Anotado*, cit., p. 414. O disposto na parte final do art. 128.°, n.° 1, que prevê que a adjudicação é feita "sobre uma factura ou um documento equivalente apresentado *pela entidade convidada*" pode indiciar esta leitura). Parece-nos, porém, que esta possibilidade não deve ser afastada. Primeiro, porque apesar de simplificado, não deixamos de estar perante um ajuste directo: um "procedimento em que a entidade adjudicante convida directamente uma ou várias entidades à sua escolha a apresentar proposta" (cfr. art. 112.°). Depois, porque poderá ser proveitoso para o interesse público (*v.g.* ao nível do preço) ouvir mais do que uma entidade. Por fim, porque, perante a diminuta relevância económica dos contratos em questão, não será de exigir à entidade adjudicante que, verificados os pressupostos previstos na parte inicial do art. 128.°, n.° 1, siga o "pesado" regime geral sempre que pretenda convidar mais do que uma entidade.

pôr em causa os princípios essenciais da contratação pública (*maxime*, os da igualdade, imparcialidade, transparência, concorrência e boa fé[163]).

2.4. As principais vantagens e desvantagens da negociação

Para uma melhor compreensão das opções tomadas pelo "legislador" comunitário e, limitado por estas, do caminho escolhido pelo legislador nacional quanto à possibilidade de um diálogo negocial, parece-nos pertinente incluir neste estudo uma breve análise das principais vantagens e desvantagens apontadas à *negociação* (tal-qualmente a recortámos) no âmbito dos procedimentos adjudicatórios.

A grande vantagem reconhecida à construção dialogada do projecto contratual é a da eficiência[164]. A negociação concorrencial permite, em regra, "a celebração de um contrato globalmente mais vantajoso para o interesse público"[165]. No domínio da contratação pública, este objectivo é traduzido pela expressão "good value for money": a entidade adjudi-

---

[163] O Código prevê, no art. 1.º, n.º 4, que "à contratação pública são *especialmente* aplicáveis os princípios da transparência, da igualdade e da concorrência" (sublinhado nosso). Na verdade, como o próprio preâmbulo do CCP reconhece, outros princípios devem reger a actividade da Administração ao nível da formação dos contratos públicos (*v.g.* imparcialidade). Parece-nos, porém, de aplaudir a via seguida pelo legislador que, diferentemente do que sucedera no Decreto-Lei n.º 197/99, de 8 de Junho (cfr. arts. 7.º a 15.º), decidiu conter-se e não avançar com uma enunciação e, sobretudo, com uma densificação da totalidade dos princípios mobilizáveis neste domínio. Além de essa ser uma missão que, no universo do sistema jurídico, deve caber, em primeira linha, à doutrina e à jurisprudência, ao enunciar e, sobretudo, ao densificar, de forma exaustiva, os princípios relevantes, o legislador dava origem a dúvidas, designadamente a de saber se um princípio não previsto ou um corolário (de um princípio consagrado) não densificado poderia ser aplicável. Contra, CLÁUDIA VIANA reputa a enunciação do art. 1.º, n.º 4, do CCP de "escassa e insuficiente" – cfr. "A Participação de Entes Públicos (e Equiparados) como Concorrentes em Procedimentos de Contratação Pública", in *Cadernos de Justiça Administrativa*, n.º 75, Maio-Junho 2009, p. 47. Também ISABEL CELESTE FONSECA considera que o Código revela "ausência de um regime principialista adequado à contratação pública" – cfr. *Direito da Contratação Pública – Uma Introdução em Dez Aulas*, Coimbra, Almedina, 2009, p. 28.

[164] Acerca do conceito de eficiência cfr., por todos, JOÃO LOUREIRO, *O Procedimento Administrativo entre a Eficiência e a Garantia dos Particulares (Algumas Considerações)*, Coimbra, Coimbra Editora, 1995 (*maxime* pp. 123-132).

[165] BERNARDO DINIZ DE AYALA, "O Método de Escolha do Co-Contratante da Administração nas Concessões de Serviços Públicos", in *Cadernos de Justiça Administrativa*, n.º 26, Março-Abril 2001, p. 21.

cante deve procurar obter aquilo de que necessita de acordo com as melhores condições possíveis. Esta máxima pode decompor-se em três postulados essenciais: (*i*) o objecto da procura deve responder, de forma óptima, às necessidades da entidade adjudicante; (*ii*) o contrato deve prever as melhores condições possíveis para a Administração (*v.g.* preço, prazo de entrega ou de execução, custo ambiental, garantias de cumprimento, etc.); (*iii*) e o adjudicatário deve ser capaz de cumprir plenamente as obrigações que assumiu[166]. Na verdade, de pouco vale à Administração encontrar um co-contratante cumpridor ou obter excelentes condições contratuais, se o *quid* contratado se mostra imprestável para satisfazer as suas concretas necessidades. Será também um "péssimo negócio" adquirir aquilo de que se precisa de um operador que não oferece quaisquer garantias de cumprimento ou mediante condições contratuais, de tal modo gravosas, que impossibilitam ou limitam severamente a capacidade da entidade adjudicante responder a outras necessidades.

Quanto ao primeiro dos referidos postulados – a optimização do objecto da procura –, a negociação permitirá à entidade adjudicante ajustar a procura (exigindo mais, menos ou, em alguns casos, algo de diferente do que inicialmente julgara precisar) à concreta resposta dada pelo mercado para satisfazer a necessidade em questão[167]. Ela ajuda, assim, a resolver problemas respeitantes à concretização das necessidades da Administração[168]. A construção dialogada do projecto contratual serve ainda os propósitos da oferta, possibilitando aos concorrentes uma melhor compreensão das prioridades da entidade adjudicante e, consequentemente, uma maior adequação da sua resposta[169]. No fundo, ao promover a apro-

---

[166] Cfr. FLORIAN NEUMAYR, "Value for Money v. Equal Treatment: The Relationship Between the Seemingly Overriding National Rationale for Regulating Public Procurement and the Fundamental E.C. Principle of Equal Treatment", in *Public Procurement Law Review*, 2002 (n.º 4), p. 216.

[167] V. YVES-RENÉ GUILLOU e JEAN-MATHIEU GLATT, "Négociation, Discussion, Échange: des Leviers pour l'Efficience de la Commande Publique", cit., p. 42.

[168] Cfr. JEAN-MARC PEYRICAL, "Régime de Passation des Contrats Publics: le Droit des Délégations comme Modèle?", in *L'Actualité Juridique – Droit Administratif*, n.º 39, 2004, p. 2139. Na verdade, quando não há qualquer *input* do mercado, a entidade adjudicante limita-se a "atirar uma garrafa ao mar, na medida em que é ela que determina unilateralmente as suas necessidades e indica certos elementos chave das propostas esperadas" – cfr. YVES-RENÉ GUILLOU, "Pourquoi et Quand Recourir à la Négociation?", cit., p. 24.

[169] Cfr. SUE ARROWSMITH, "The E.C. Procurement Directives, National Procurement Policies and Better Governance: the Case for a New Approach", in *European Law Review*,

ximação entre a oferta e a procura (ainda não perfeitas), a negociação pode contribuir para que o objecto do contrato sirva, de forma realista, as necessidades que motivaram a sua celebração[170]. Assim sucederá, sobretudo, nos casos de maior "abertura" da procura, em que se admite a existência de várias soluções (pelo menos, mais do que uma) susceptíveis de responder a uma concreta necessidade da entidade adjudicante[171].

Mesmo quando a Administração já sabe o que pretende e o que o mercado tem para oferecer, a negociação afigura-se essencial para a formação de contratos de elevada complexidade técnica, financeira e jurídica[172]. Como refere Bernardo Diniz de Ayala, esta complexidade "dificilmente se conjuga com a imposição à Administração e aos potenciais interessados de uma simples postura de aceitar ou não aceitar, *in toto*, as posições iniciais da contraparte"[173]. Ao invés, a formação deste tipo de contratos convoca a utilização de uma tramitação menos "rígida", que permita aos diversos blocos interagir dialogicamente na construção de um projecto contratual que melhor sirva os seus interesses[174].

Vol. 27, n.º 1, Fevereiro 2002, p. 9 e "Transparency in Government Procurement: The Objectives of Regulation and the Boundaries of the World Trade Organization", in *Journal of World Trade*, Vol. 37 (n.º 2), 2003, p. 290.

[170] A este propósito, no que respeita aos procedimentos (comunitários) de negociação, cfr. SUE ARROWSMITH, *The Law of Public and Utilities Procurement*, 2.ª edição, cit., pp. 592 e 593. Essa aproximação de vontades tem ainda "um papel importante como garantia da estabilidade do clausulado contratual durante a fase de execução" – cfr. BERNARDO DINIZ DE AYALA, "O Método de Escolha do Co-Contratante da Administração nas Concessões de Serviços Públicos", cit., p. 22.

[171] Por exemplo, a procura ("fechada") de um certo tipo de papel (com uma determinado cor, textura, tamanho e gramagem), para ser utilizado pelos serviços administrativos de um qualquer ministério, é bem diferente da procura ("aberta"), realizada por uma região autónoma, de uma solução de valorização económica do respectivo património imobiliário.

[172] Conforme refere PHILIPPE COSSALTER, muitas vezes não é o objecto do contrato que é complexo, mas a própria estrutura contratual – cfr. *Les Délégations d'Activités Publiques dans l'Union Européenne*, Paris, L.G.D.J, 2007, p. 619.

[173] "O Método de Escolha do Co-Contratante da Administração nas Concessões de Serviços Públicos", cit., p. 21.

[174] KAI KRÜGER sustenta que, quanto mais complexo o contrato, maior é a necessidade de empregar tempo, conhecimentos, recursos e esforços nos detalhes da negociação – cfr. "Ban-on-Negotiations in Tender Procedures: Undermining Best Value for Money?", in *Journal of Public Procurement*, Vol. 4, n.º 3, 2004, p. 398. Também PHILIPPE COSSALTER salienta que "a complexidade e a incerteza justificam o recurso a um procedimento de negociação" – cfr. *Les Délégations d'Activités Publiques dans l'Union Européenne*, cit., p. 614. YVES-RENÉ GUILLOU e JEAN-MATHIEU GLATT, por seu turno, sublinham que a nego-

Relativamente ao segundo corolário (optimização das condições contratuais), a negociação levará a que a entidade adjudicante se aperceba também de eventuais "margens de manobra" (muitas vezes substanciais) dos seus interlocutores e, mediante o "jogo negocial", consiga, por exemplo, que um determinado preço seja substancialmente reduzido ou que uma maior quantidade de bens ou serviços sejam "fornecidos" pelo mesmo valor. Se, em termos absolutos, o diálogo negocial permite à entidade adjudicante promover a "optimização das propostas por referência às suas próprias expectativas", em termos relativos, possibilita ainda "um *benchmarking* dinâmico entre as ofertas" favorecendo a optimização de cada uma por referência às demais[175].

No que respeita ao último dos postulados (a capacidade do adjudicatário para cumprir o acordado), Bernardo Diniz de Ayala sustenta que a negociação pode ainda justificar-se pelo "cunho marcadamente *intuitus personae* da futura relação contratual", sobretudo quando haja "especiais exigências no que toca ao grau de confiança da Administração no co-contratante (tendo em conta o carácter duradouro da relação, os interesses públicos envolvidos ou qualquer outro factor)" ou quando este seja chamado a desempenhar, em substituição do ente público, funções de natureza eminentemente administrativa[176].

Como, à partida, as qualidades pessoais do candidato/concorrente não podem ser negociadas, pensamos que o carácter pessoal da futura relação não constitui, por si só, razão suficiente para fundar a necessidade de uma interacção dialógica das partes. A natureza pessoal é tão-só um indício da eventual complexidade do projecto contratual (essa sim, razão para uma eventual negociação). Este entendimento não nega que o elemento subjectivo possa ser determinante na formação do contrato. No entanto, a *negociação* não se afigura o instrumento procedimental mais adequado para acautelar esta dimensão, devendo a mesma ser garantida através das operações de *habilitação* e, sobretudo, de *qualificação*.

Kai Krüger salienta, ainda, que uma adequada negociação do projecto contratual permite evitar futuros litígios, tanto durante a vigência da

---

ciação é um "remédio" essencial para fazer face ao carácter técnico e à complexidade das necessidades das entidades adjudicantes – cfr. "Négociation, Discussion, Échange: des Leviers pour l'Efficience de la Commande Publique", cit., pp. 41 e 42.

[175] YVES-RENÉ GUILLOU, "Pourquoi et Quand Recourir à la Négociation?", cit., p. 24,

[176] "O Método de Escolha do Co-Contratante da Administração nas Concessões de Serviços Públicos", cit., p. 20.

relação contratual, como após a sua dissolução[177]. Na verdade, o diálogo negocial será o tempo/espaço ideal para "limar" as "arestas contratuais" que tantas vezes estão na base da discórdia entre as partes. O diálogo negocial evita ainda um eventual efeito "boomerang" para a entidade adjudicante, em que esta se vê obrigada a incorrer em gastos adicionais[178]. Com efeito, nos casos em que o concorrente se limitou a preencher os espaços deixados em branco por um caderno de encargos inflexível, a entidade adjudicante será, em regra, a única responsável pelas ambiguidades, contradições ou lacunas do contrato.

O maior risco associado à negociação no âmbito dos procedimentos adjudicatórios é o de a entidade adjudicante utilizar este expediente como um mecanismo para favorecer determinado(s) concorrente(s) em detrimento de outro(s)[179].

Como é fácil de imaginar, tal favorecimento é concretizável por múltiplas formas: (*i*) reservando a possibilidade de negociação a apenas algum ou alguns dos concorrentes[180]; (*ii*) divulgando a certo(s) concorrente(s) elementos das soluções negociais avançadas pelos demais, o que poderá conduzir ao designado "cherry-picking" – a apropriação por parte de um concorrente de ideias e soluções pertencentes a outros concorrentes; (*iii*) "espartilhando" a negociação com alguns concorrentes, não lhes dando idênticas oportunidades de propor, aceitar e contrapor soluções; (*iv*) realizando negociações preliminares à abertura do concurso para que as peças do procedimento sejam elaboradas à medida de um concreto interessado; (*v*) conduzindo negociações pós-adjudicatórias que,

---

[177] Cfr. "Ban-on-Negotiations in Tender Procedures: Undermining Best Value for Money?", cit., p. 398.

[178] KAI KRÜGER, "Ban-on-Negotiations in Tender Procedures: Undermining Best Value for Money?", cit., p. 423.

[179] Cfr. SUE ARROWSMITH, "The E.C. Procurement Directives, National Procurement Policies and Better Governance: the Case for a New Approach", cit., p. 9 e CRISTOPHER BOVIS, *EC Public Procurement: Case Law and Regulation*, Oxford University Press, 2006, p. 156. Como sublinham YVES-RENÉ GUILLOU e JEAN-MATHIEU GLATT, sobre a negociação recaiu sempre uma suspeita de ilegalidade, o que tem determinado que esta seja entendida como um mecanismo excepcional – cfr. "Négociation, Discussion, Échange: des Leviers pour l'Efficience de la Commande Publique", cit., p. 39.

[180] Esta limitação poderá ser total (se apenas um concorrente é admitido a interagir com a entidade adjudicante na construção do conteúdo do projecto contratual) ou parcial (*v.g.* todos os concorrentes podem negociar o preço, mas apenas um tem a faculdade de negociar outros elementos do contrato).

se realizadas em momento anterior, alterariam a ordenação das propostas[181]; (*vi*) utilizando a negociação como pretexto para a correcção de irregularidades que determinariam a exclusão da proposta do concorrente "preferido"; (*vii*) marcando o "timing" negocial com vista à escolha de um determinado concorrente, o designado "steering" procedimental (*v.g.* só abrindo a possibilidade de negociação quando a proposta do concorrente "preferido" não está ordenada em primeiro lugar, limitando a negociação aos aspectos que esta terá de melhorar para atingir o lugar pretendido ou terminando as negociações no exacto momento em que se considera que a proposta alcançou essa posição); (*viii*) adoptando diferentes "comportamentos negociais" sem a existência de uma razão objectiva que fundamente essa diferença de tratamento (*v.g.* a adopção de uma "postura" colaborante quanto a um dos concorrentes e uma "atitude" de aberto conflito relativamente aos demais).

Os comportamentos descritos podem ser motivados por uma "mera" intenção de privilegiar os operadores económicos nacionais (o designado "buy national") ou locais ("buy local"), ou apresentar mesmo uma origem criminosa. Com efeito, não se ignora que a contratação pública é um terreno potencialmente fértil para a corrupção[182], peculato ou para o tráfico de influência[183].

---

[181] O exemplo de escola é o de permitir que, depois de ter oferecido um valor muito baixo, o concorrente favorecido possa, em momento pós-adjudicatório e na sequência de "negociações" com a entidade adjudicante, aumentar o preço da sua proposta. Cfr. SUE ARROWSMITH, "Towards a Multilateral Agreement on Transparency in Government Procurement", in *International and Comparative Law Quartely*, Vol. 47, Outubro 1998, p. 811.

[182] A este propósito, cfr. ALAIN DE NAUW, "Corruption et Marchés Publics – des Dispositions Nouvelles", in *Revue de Droit de l'Université Libre de Bruxelles*, Vol. 17, 1998-1, pp. 107-122.

[183] Como nos dá conta PHILIPPE FLAMME, citando um relatório do Serviço Central de Prevenção da Corrupção francês, "a negociação directa entre um decisor e um fornecedor pode originar todo o tipo de manipulações, envolvendo fraude, desvio de fundos públicos e corrupção" – cfr. "La Procédure Negociée dans les Marchés Publics: une Procédure d'Attribution Exceptionelle?", in *Revue de Droit de l'Université Libre de Bruxelles*, Vol. 17, 1998-1, p. 26. Também NICOLAS FOUILLEUL adverte que "a proibição de negociações no procedimento de «appel d'offres» limita incontestavelmente os riscos de corrupção" – *Le Contrat Administratif Électronique*, cit., p. 208. Contra, PHILIPPE COSSALTER salienta que a corrupção não é inerente a um específico procedimento de adjudicação, estando antes directamente relacionada com um particular ambiente político e económico – cfr. *Les Délégations d'Activités Publiques dans l'Union Européenne*, cit., p. 632 (nota 3192).

Em suma, as principais objecções apontadas à negociação no âmbito dos procedimentos de adjudicação[184] prendem-se com o respeito pela igualdade, imparcialidade e transparência concorrenciais. Pelo que, como veremos, é com alguma cautela que, tanto o legislador nacional, como (sobretudo) o comunitário, têm vindo a admitir um diálogo negocial no âmbito dos procedimentos de adjudicação.

Em rigor, porém, tais objecções referem-se ao *modo* como o diálogo negocial pode ser conduzido e não à própria negociação. Na verdade, boa parte dos males descritos pode ser debelada através de uma adequada disciplina do diálogo negocial (do seu *quando*, do objecto, dos respectivos limites, do *iter* a observar antes, durante e após o diálogo, dos princípios que deve respeitar, etc.)[185]. Como afirma Freitas do Amaral, concorrência e negociação são realidades compatíveis[186]. Se a real intenção da entidade adjudicante é a de alcançar um "good value for money", a negociação paralela, com diversos candidatos à celebração do contrato, não envolve necessariamente uma distorção da concorrência[187].

Está, portanto, cada vez mais "ameaçado" o velho dilema: "concorrência sem negociação" ou "negociação sem concorrência"[188]. Se, por um

---

[184] Não se desconhecem, porém, outras desvantagens associadas à negociação. Falamos da morosidade e do custo que esta poderá introduzir nos respectivos procedimentos de adjudicação. Pelo que, como refere DAVID WHITEFORD, não fará sentido "to spend a dime during negotiations for every nickel of savings in contract price" – *v*. "Negotiated Procurements: Squandering the Benefit of the Bargain", in *Public Contract Law Journal*, Vol. 32, n.º 3, 2003, p. 550.

[185] Neste sentido *v*. MICHAEL STEINICKE, "Public Procurement and the Negotiated Procedure – a Lesson to Learn from US Law?", in *European Competition Law Review*, Vol. 22, n.º 8, 2001, p. 336.

[186] *Curso de Direito Administrativo*, Vol. II, cit., p. 600.

[187] Cfr. KAI KRÜGER, "Ban-on-Negotiations in Tender Procedures: Undermining Best Value for Money?", cit., p. 407. Aliás, a eficiência na contratação pública é apontada como uma das vias para evitar decisões tomadas com base no pagamento de "luvas" ou em outras práticas ilegais – cfr. RICARDO RIVERO ORTEGA, "¿Es Necessaria una Révision del Régimen de los Contratos Administrativos en España?", in *Revista Española de Derecho Administrativo*, n.º 121, Janeiro-Março 2004, p. 34. O *Conseil d'État* francês refere mesmo que, ao contrário de uma opinião que se generalizou, a negociação não é sinónimo de ausência de regras e de corrupção. A procura da eficácia, que não se compadece com tais excessos, enquadra a negociação num duplo objectivo de transparência e de controlo – cfr. *Rapport Public* 2002, pp. 331 e 332.

[188] MICHEL GUIBAL, "La Transposition de la Réglementation Communautaire en France", in *Revue du Marché Commun*, n.º 373, Dezembro 1993, p. 868. Já ROLAND DRAGO há muito havia revelado que, ao nível da contratação pública, os conceitos de nego-

lado, deixa de se poder afirmar que a existência de um diálogo negocial retira, por si só, ao procedimento a sua natureza concorrencial[189], por outro, torna-se insustentável afirmar que a negociação "prescinde" da concorrência. Para se conseguir uma optimização da satisfação das necessidades colectivas ao cuidado da entidade adjudicante é necessário que a negociação "sofra" a pressão de um ambiente concorrencial. Conforme refere Alain Jossaud, "um dinheiro público bem gasto é um dinheiro público que tenha sido objecto de disputa"[190].

Não devemos, porém, ser ingénuos. Uma adequada disciplina do diálogo negocial não será suficiente para afastar os problemas decorrentes de uma negociação mal conduzida. Só que esses riscos, associados a uma má negociação, estão também presentes nos procedimentos que não admitem qualquer diálogo negocial. Como refere Sue Arrowsmith, "nenhum procedimento consegue ser totalmente transparente, no sentido de eliminar qualquer discricionariedade e oportunidade para abuso, sendo, portanto, inútil procurar atingir esse desígnio"[191]. Tomando de empréstimo as palavras de Ramón Parada, a melhor contratação – capaz de assegurar uma optimização da satisfação das necessidades colectivas, mas também de respeitar os princípios da livre concorrência e da não discriminação – "não é tanto uma questão de procedimentos, mas de perícia dos funcionários e de ética dos políticos"[192].

---

ciação e concorrência "estão ligados um ao outro de tal forma que a negociação só será verdadeira se for realizada num meio concorrencial e a concorrência só será perfeita se a negociação não for paralisada" apud CHRISTINNE BRÉCHON-MOULÉNES, "Choix des Procédures, Choix dans les Procédures", in *L'Actualité Juridique – Droit Administratif*, ano 54, n.º 10, 1998, p. 755.

[189] Discordamos, assim, de JORGE ANDRADE DA SILVA quando refere que "*a negociação, como meio de adjudicação de contrato envolvendo um conjunto de discussões e de compromissos recíprocos entre duas partes, é antinómica da concorrência*" (realce nosso) – cfr. *Código dos Contratos Públicos Comentado e Anotado*, cit., pp. 133 e 134.

[190] "Pour un Droit Public des Marchés", in *L'Actualité Juridique Droit Administratif*, n.º 24, Dezembro 2002, p. 1481.

[191] "The Problem of Discussions with Tenderers under the E.C. Procurement Directives: the Current Law and the Case for Reform", cit., p. 81.

[192] *Derecho Administrativo I – Parte General*, cit., p. 308. Conforme refere SUE ARROWSMITH, nos casos em que as entidades adjudicantes são honestas, bem treinadas, competentes e não permeáveis a pressões para favorecer os operadores nacionais, não é necessário impedir ou limitar o acesso a um diálogo negocial – cfr. "The Problem of Discussions with Tenderers under the E.C. Procurement Directives: the Current Law and the Case for Reform", in *Public Procurement Law Review*, 1998 (n.º 3), p. 74.

CAPÍTULO II
A NEGOCIAÇÃO PRÉ-ADJUDICATÓRIA

1. **A negociação anterior à apresentação de propostas**

   1.1. *O diálogo concorrencial*

   1.1.1. *O nascimento de um novo procedimento de adjudicação de carácter negocial*

   Uma das grandes novidades trazidas pelo CCP foi a introdução no nosso ordenamento jurídico de um novo procedimento de adjudicação: *o diálogo concorrencial*. A sua consagração *in foro domestico* resultou da transposição da Directiva 2004/18/CE, de 31 de Março de 2004, que pela primeira vez o incluiu entre os procedimentos harmonizados pelo Direito Comunitário[193].

---

[193] A Directiva 2004/17/CE, de 31 de Março de 2004, respeitante aos designados *sectores especiais*, não prevê o diálogo concorrencial. A Comissão Europeia fundamenta esta ausência no facto de o *procedimento por negociação com publicação de anúncio de concurso* poder ser, nos referidos sectores, livremente utilizado. Entende a Comissão que, apesar de não previsto, nada impede a entidade adjudicante que tenha adoptado um procedimento por negociação com publicação de anúncio de concurso de estabelecer, nas respectivas peças, que o procedimento decorrerá de acordo com as regras, consagradas na Directiva respeitante aos *sectores gerais*, referentes ao diálogo concorrencial – cfr. Nota Explicativa sobre o Diálogo Concorrencial, de 5 de Outubro de 2005. Essa transformação do procedimento de negociação numa espécie de diálogo concorrencial não é, porém, admitida pelo CCP. É que, diferentemente da Comissão, o legislador nacional entendeu a não inclusão do diálogo concorrencial na Directiva 2004/17/CE como uma impossibilidade de utilizar esta estrutura adjudicatória, tendo proibido, de forma expressa, a sua adopção (cfr. art. 33.º, n.º 2). Ainda que se possa discutir se o CCP deveria ou não ter ido mais

As disposições da Directiva 2004/18/CE respeitantes ao diálogo concorrencial [31.º considerando e arts. 1.º, n.º 11, alínea c), e 29.º] são, também elas, o resultado de uma intensa negociação entre as várias instituições comunitárias que participaram no respectivo procedimento de co-decisão[194].

A intenção inicial da Comissão, manifestada na sua Comunicação de 11 de Março de 1998 ("Os Contratos Públicos na União Europeia"[195]), era a de tornar os procedimentos existentes mais flexíveis (abrindo-os ao diálogo fora das circunstâncias reputadas como excepcionais)[196] e criar um novo procedimento-regra (o diálogo concorrencial), colocado ao mesmo nível do concurso público e do concurso limitado[197], que substituísse o procedimento por negociação com publicação de anúncio e que permitisse uma negociação concorrencial da solução e das especificações a constar do caderno de encargos.

A Comunicação parecia acolher as críticas apontadas pelas entidades adjudicantes e operadores económicos dos vários Estados-membros, que

---

longe, parece-nos que, conforme sustenta MARK KIRKBY, faria todo o sentido que o diálogo concorrencial estivesse também disponível no âmbito dos sectores especiais porquanto, como veremos, a flexibilidade que este *iter* adjudicatório conhece é diferente da que predica o procedimento de negociação – *v.* "A Contratação Pública nos «Sectores Excluídos»", in *Estudos de Contratação Pública – II*, cit., p. 100.

Refira-se, ainda, que a recente Directiva 2009/81/CE, de 13 de Julho de 2009, que disciplina o *sector da defesa*, admite a utilização do diálogo concorrencial cujo regime é idêntico ao previsto na Directiva 2004/18/CE (cfr. 48.º considerando e arts. 1.º, n.º 21, 25.º e 27.º).

[194] Acerca das divergências existentes aquando da regulamentação deste novo procedimento *v.* STEEN TREUMER, "The Field of Application of Competitive Dialogue", in *Public Procurement Law Review*, 2006 (n.º 6), pp. 307 e 308.

[195] COM (1998) 143 final. Nesta Comunicação, a Comissão destacava que "nos mercados especialmente complexos e em evolução contínua como, por exemplo, no domínio da alta tecnologia, os adquirentes conhecem as necessidades do sector, mas ignoram a melhor solução técnica para as satisfazer. Nestes casos, portanto, é necessário proceder à discussão do contrato e a uma negociação entre adquirentes e fornecedores", sendo que os procedimentos-regra, previstos nas designadas *Directivas clássicas*, "prevêem apenas uma pequena margem, bastante curta, para discussão durante o procedimento de adjudicação, pelo que são considerados demasiado rígidos para responder a este tipo de situação" (ponto 2.1.2.2.).

[196] Cfr. JOSÉ ANTONIO MORENO MOLINA e FANCISCO PLEITE GUADAMILLAS *La Nueva Ley de Contratos del Sector Público – Estudio Sistemático*, Madrid, La Ley, 2007, p. 473.

[197] O único procedimento excepcional seria o de "acordo directo", correspondente ao procedimento por negociação sem publicação prévia de anúncio.

denunciavam a falta de flexibilidade dos procedimentos adjudicatórios regra. Para garantir uma maior transparência e evitar o risco do favorecimento de operadores nacionais, estes procedimentos limitavam (senão mesmo impediam) a negociação com os interessados, esquecendo a sua importância para a obtenção do já mencionado "good value for money" (*maxime*, para a definição da solução que melhor satisfaça as necessidades sentidas pela Administração)[198]. Em suma, a Comissão parecia aceitar a visão segundo a qual a transparência, que as primeiras Directivas comunitárias tão vincadamente procuraram assegurar, estava a ser alcançada a um "preço demasiado elevado"[199].

No entanto, contrariando as conclusões que havia formulado na sua Comunicação, a Comissão apresentou uma proposta de Directiva [200] que continuava a prever (pelo menos, formalmente) os três procedimentos tradicionais: o aberto, o limitado e o negociado, mantendo o carácter excepcional deste último. Além de não ter proposto a substituição do procedimento por negociação com publicação de anúncio por um novo *iter* adjudicatório (o prometido diálogo concorrencial), a "guardiã dos tratados" também não erigia o primeiro a procedimento regra[201].

Para cumprir o anunciado desígnio de maior flexibilidade, a Comissão optou por alargar a utilização do procedimento por negociação com publicação de anúncio de concurso à formação de *contratos públicos particularmente complexos*: contratos em que a entidade adjudicante "não se encontra objectivamente em condições"[202] de (*i*) "definir os meios técni-

---

[198] Cfr. Sue Arrowsmith, "The Community's Legal Framework on Public Procurement: «The Way forward» at Last?", in *Common Market Law Review*, Vol. 36, n.º 1, Fevereiro 1999, pp. 17 e 18.

[199] Cfr. Sue Arrowsmith, "The Community's Legal Framework on Public Procurement: «The Way forward» at Last?", cit., p. 18.

[200] COM (2000) 275 final/2, de 30 de Agosto de 2000. Na sua exposição de motivos, a Comissão reiterava a necessidade de alterar o quadro jurídico existente no sentido de introduzir uma maior flexibilidade e, assim, "responder às críticas relacionadas com a excessiva rigidez de procedimentos que não respondem às necessidades dos adquirentes públicos" (cfr. ponto 1.1.).

[201] A este propósito cfr. Fernández Astudillo, *Los Procedimientos de Adjudicación de los Contratos Públicos de Obras, de Suministro y de Servicios en la Unión Europea*, Barcelona, Bosch, 2005, p. 161 (nota 252).

[202] Na análise do artigo 29.º, a Comissão esclarecia que não podia tratar-se de uma impossibilidade subjectiva, "devida a carências da própria entidade adjudicante, que não poderá afirmar não ser capaz de definir ou de avaliar". Esta terá de "demonstrar que tem uma impossibilidade *objectiva* de o fazer, dada a natureza específica do contrato. Segundo

cos ou de outro tipo que possam satisfazer as suas necessidades" (*ii*) ou "avaliar o que o contrato pode oferecer em termos de soluções técnicas ou financeiras"[203]. Nestes casos, as especificações que integrarão o caderno de encargos a submeter à concorrência "seriam estabelecidas com base numa negociação com os participantes seleccionados"[204].

Ao contrário das demais situações em que se permitia a utilização do procedimento por negociação com publicação de anúncio (cujo *iter* continuava relativamente desregulamentado), a proposta de Directiva previa um conjunto de regras específicas[205], aplicáveis à formação destes contratos públicos particularmente complexos. Na perspectiva da Comissão, a possibilidade de negociação do próprio caderno de encargos envolvia um risco de favorecimento de um dos candidatos, em violação dos princípios da igualdade de tratamento e da transparência, que só poderia ser evitado "através de um enquadramento apropriado da evolução do diálogo até à celebração do contrato"[206].

As referidas regras revelavam, porém, uma nova estrutura adjudicatória, composta por três fases essenciais: (*i*) a primeira, destinada a receber, após publicação de anúncio, as candidaturas e a seleccionar os participantes na negociação; (*ii*) a segunda, em que seriam negociados os vários "planos de solução"[207] apresentados pelos candidatos selecciona-

---

os casos, isso poderá implicar que a entidade adjudicante deverá provar que não existem antecedentes para o seu projecto ou que deveria investir tempo ou montantes desproporcionados para adquirir os conhecimentos necessários". Esta densificação de uma impossibilidade objectiva foi incluída não no articulado, mas no 18.° considerando da proposta de Directiva, em que se previa que a mesma não poderia ser "imputável a uma falta de informação ou a carências dessas entidades adjudicantes".

[203] Cfr. o então art. 29.°, n.° 1, alínea b). Na sua exposição de motivos, a Comissão dava como exemplo de um contrato público particularmente complexo aquele em que a "entidade adjudicante é objectivamente incapaz de determinar de antemão se a solução mais vantajosa do ponto de vista económico poderá implicar um financiamento dos poderes públicos, um modelo de repartição de riscos ou uma solução integralmente gerida pelo sector privado" (cfr. ponto 3.3.).

[204] Cfr. o ponto 3.5. da exposição de motivos da proposta.

[205] Além de impor a adjudicação através do critério da proposta economicamente mais vantajosa. Exigência que se manteve (cfr. art. 29.°, n.° 1, da Directiva 2004/18/CE) e que o CCP respeitou (cfr. art. 206.°, n.° 3).

[206] Cfr. o ponto 3.7. da exposição de motivos da proposta.

[207] A Comissão admitia que este plano pudesse ser entregue aquando da apresentação da candidatura ou só depois da fase de qualificação e selecção dos candidatos (cfr. ponto 3.8. da exposição de motivos e art. 30.°, n.° 5, da proposta).

dos, com o objectivo de determinar a melhor forma de satisfazer as necessidades identificadas pela entidade adjudicante; (*iii*) e uma terceira, em que, depois de a entidade adjudicante ter definido as especificações técnicas a adoptar (fixando, assim, o conteúdo do caderno de encargos)[208], os participantes seriam convidados a apresentar uma proposta. A adjudicação seria realizada "sem qualquer outra possibilidade de negociação"[209].

Na perspectiva da interacção dialógica entre as partes na co-construção do conteúdo do projecto contratual, esta nova "estrutura adjudicatória" revelava notórias diferenças em relação ao tradicional procedimento por negociação com publicação de anúncio[210].

Em primeiro lugar, o procedimento por negociação tinha como premissa o facto de a entidade adjudicante já ter definido a *solução*, subjacente ao projecto contratual a submeter à concorrência (*i.e.* ao caderno de encargos), que lhe permitiria satisfazer a concreta necessidade de interesse público identificada. Como hoje refere Mark Kirkby, neste procedimento "a Administração «sabe o que quer», isto é, tem uma necessidade a prover e sabe como a deve prover"[211]. A nova estrutura adjudicatória, proposta pela Comissão, assentava em pressupostos diferentes. Ela assumia que a *solução*, que permitiria à Administração satisfazer as necessidades de interesse púbico identificadas, estaria ainda por encontrar. Utilizando uma vez mais as palavras de Mark Kirkby (respeitantes ao actual diálogo concorrencial), este novo *iter* adjudicatório destinava-se aos casos em que "a entidade adjudicante nem sequer está em condições de definir a solução que lhe permitiria construir um caderno de encargos a submeter à concorrência"[212].

Em segundo lugar, aquilo que se negociava no procedimento por negociação – o *objecto da negociação* – era a *resposta* (ou seja, as propostas[213]) dos concorrentes à solução definida pela Administração no projecto

---

[208] Na perspectiva da Comissão, as especificações técnicas finais podiam ser fixadas "quer adoptando uma das soluções apresentadas por um dos participantes quer combinando duas ou mais soluções apresentadas" (cfr. ponto 3.8. da exposição de motivos da proposta).
[209] Cfr. ponto 3.8. da exposição de motivos da proposta.
[210] Diferenças que se mantiveram com a autonomização (formal) do diálogo concorrencial.
[211] "O Diálogo Concorrencial", cit., p. 286.
[212] "O Diálogo Concorrencial", cit., p. 287.
[213] A doutrina não rejeitava, porém, a possibilidade de a negociação admitida por este procedimento decorrer sem a prévia apresentação de uma proposta – cfr. SUE ARROWSMITH, *The Law of Public and Utilities Procurement*, Londres, Sweet & Maxwell, 1996, pp. 277

contratual submetido à concorrência (no caderno de encargos). Na nova "estrutura adjudicatória" o objecto da negociação traduzia-se nas *propostas de solução*, apresentadas pelos concorrentes, que permitiriam à entidade adjudicante construir o projecto contratual (*i.e.* o caderno de encargos) a submeter à concorrência.

O Direito Comunitário dava, assim, mais um importante passo para superar a *fictio* da "omnisciência da entidade adjudicante"[214], desta feita ao nível da própria concretização das necessidades que a mesma identificou.

Durante o longo processo legislativo que precedeu a adopção da Directiva 2004/18/CE, muitas foram as alterações introduzidas à nova estrutura adjudicatória[215]. No entanto, esta não perdeu aquilo que, na nossa opinião, é o seu traço distintivo face aos demais procedimentos de adjudicação (*maxime* ao procedimento por negociação): a possibilidade de a entidade adjudicante *negociar* com os candidatos seleccionados as *soluções* apresentadas, base do projecto contratual que, nesse mesmo procedimento, será submetido à concorrência (ou seja, do caderno de encargos)[216].

---

e 278 e "The Problem of Discussions with Tenderers under the E.C. Procurement Directives: the Current Law and the Case for Reform", cit., p. 69. Hoje, porém, o art. 30.º, n.º 2, da Directiva 2004/18/CE, prevê que "as entidades adjudicantes negociarão com os proponentes *as propostas* por estes apresentadas" (sublinhado nosso). Parece-nos, portanto, difícil de sustentar que a negociação realizada no âmbito do procedimento por negociação com publicação de anúncio (pelo menos, no âmbito dos *sectores gerais*) poderá não recair sobre propostas apresentadas pelos concorrentes (em sentido diverso, SUE ARROWSMITH continua a entender que a negociação pode incidir sobre o projecto contratual submetido à concorrência, sem que seja necessária "a formal call for tenders" – cfr. *The Law of Public and Utilities Procurement*, 2.ª edição, cit., p. 585).

[214] Cfr. ROBERTO INVERNIZZI, *Trattato sui Contratti Pubblici*, cit., p. 1907.

[215] Importa referir que a mesma foi, pela primeira vez, formalmente autonomizada, como "diálogo concorrencial", na proposta alterada de Directiva, apresentada pela Comissão, em 6 de Maio de 2002, após o parecer do Parlamento Europeu (primeira leitura) – cfr. COM (2002) 236 final.

[216] Neste sentido, cfr. MARK KIRKBY, "O Diálogo Concorrencial", cit., p. 318 (nota 33). De forma não coincidente, PHILIPPE FLAMME, MAURICE-ANDRÉ FLAMME e CLAUDE DARDENNE referem que, na sequência de uma longa conversa telefónica com CHRISTINE BRÉCHON-MOULENES, esta lhes transmitiu a sua posição relativamente à diferença essencial entre o procedimento por negociação e o novo diálogo concorrencial. Assim, no procedimento por negociação existe um projecto inicial, que permite à Administração solicitar a apresentação de propostas. Só depois dessa apresentação, é que a entidade adjudicante negoceia com os concorrentes. Esta negociação permite um confronto entre a oferta e a

Esta ideia surge, desde logo, vincada no art. 1.º, n.º 11, alínea c), da Directiva, em que o diálogo concorrencial é definido como "o procedimento em que qualquer operador económico pode solicitar participar e em que a entidade adjudicante conduz um diálogo com os candidatos admitidos nesse procedimento, tendo em vista desenvolver uma ou várias soluções aptas a responder às suas necessidades e com base na qual, ou nas quais, os candidatos seleccionados serão convidados a apresentar uma proposta" e também no art. 29.º, n.º 3, onde se estabelece que "as entidades adjudicantes darão início (...) a um diálogo que terá por objectivo identificar e definir os meios que melhor possam satisfazer as suas necessida-

---

procura e uma aproximação da posição de cada uma das partes, através de concessões recíprocas. No diálogo concorrencial, por seu turno, a entidade adjudicante não consegue ainda precisar as prestações dos concorrentes, sendo-lhe impossível exigir, desde logo, a apresentação de propostas. Os candidatos seriam, pois, chamados a ajudar a Administração a concretizar as necessidades e exigências fixadas num simples programa, Diferentemente do procedimento por negociação (em que a oferta e a procura são modificadas), no diálogo concorrencial o referido programa deve manter-se inalterado. Apenas a oferta se deveria aproximar da procura (e não o contrário). Em suma, além da existência/inexistência de um projecto inicial, que permite ou não a apresentação de propostas, a A. escora a diferença entre os dois procedimentos na possibilidade/impossibilidade de a entidade adjudicante alterar a sua posição inicial – cfr. *Les Marchés Publics Européens et Belges – L'Irrésistible Européanisation du Droit de la Commande Publique*, Bruxelas, Larcier, 2005, p. 196. Outra é ainda a visão da Comissão Europeia. Na sua Nota Explicativa sobre o Diálogo Concorrencial (doc. CC/2005/04_rev 1), de 5 de Outubro de 2005, a mesma refere que o diálogo concorrencial difere do procedimento por negociação pelo facto de as negociações do primeiro estarem concentradas numa fase particular do procedimento – cfr. ponto 3.3. Na verdade, a Comissão lê no art. 29.º, n.º 5, da Directiva a possibilidade de a entidade adjudicante solicitar aos participantes, durante a fase de diálogo, *propostas* progressivamente mais completas e precisas (cfr. ponto 3.2.). Como refere MARK KIRKBY, de acordo com o entendimento da Comissão "o procedimento de diálogo concorrencial aproxima-se mais de um procedimento por negociação, com a diferença crucial de que a fase de negociação do contrato é antecipada para um momento anterior, mas em que, de igual forma, o que se discute são propostas contratuais apresentadas pelos concorrentes, a que se sucede a apresentação de uma *BAFO (best and final offer)*" – cfr. "O Diálogo Concorrencial", cit., p. 318 (nota 33). PHILIPPE COSSALTER sustenta mesmo que o diálogo concorrencial "é uma espécie de procedimento por negociação no qual foram integradas as regras não escritas decorrentes do tratado" – cfr. *Les Délégations d'Activités Publiques dans l'Union Européenne*, cit., p. 632. Na perspectiva de PETER TREPTE, é esta confusão com o procedimento por negociação com publicação de anúncio de concurso, em que se pretende responder a situações semelhantes através de dois procedimentos distintos, que reduzirá a utilidade deste novo procedimento – cfr. *Public Procurement in the EU – A Practitioner's Guide*, 2.ª edição, Oxford University Press, 2007, p. 405.

des. Durante esse diálogo, poderão debater com os candidatos seleccionados todos os aspectos do contrato". No mesmo sentido, o art. 213.º do CCP prevê que "o júri do procedimento estabelece com os candidatos qualificados cujas soluções tenham sido admitidas um diálogo com vista a discutir todos os aspectos nelas previstos ou omitidos relativos à execução do contrato a celebrar e que permitam a elaboração do caderno de encargos".

É verdade que, além de ter autonomizado o diálogo concorrencial em relação ao procedimento por negociação, a Directiva expurgou o termo *negociação* (substituindo-o por *diálogo*) do conjunto de preceitos que o disciplinam[217] (termo que o CCP também não utiliza). Esta circunstância não parece, no entanto, suficiente para não qualificar a interacção dialógica, que ocorre antes da apresentação das propostas, como uma verdadeira *negociação*[218].

Como vimos, o diálogo é apenas um dos momentos da negociação. Se esta não prescinde dele, a sua existência não revela, por si só, uma negociação. De acordo com a perspectiva que temos vindo a sustentar, só há negociação se o diálogo se realizar entre os sujeitos do procedimento (possíveis partes no contrato a celebrar), incidir sobre um aspecto (a integrar, retirar ou alterar) do projecto contratual em formação e visar um entendimento quanto à construção desse aspecto (uma co-construção).

Ora, o *diálogo* que pontua (antes da apresentação das propostas) o *iter* formativo em apreço desenvolve-se entre a entidade adjudicante e os candidatos seleccionados (cujas soluções não tenham sido excluídas). Pelo que, quanto aos seus interlocutores, não há dúvida de que o mesmo se realiza entre os *sujeitos* do procedimento.

As *soluções* apresentadas pelos candidatos – o *objecto* do diálogo – são uma espécie de pré-projectos contratuais que respondem às necessidades e exigências tornadas públicas pela entidade adjudicante. Com efeito, será com base na solução ou soluções que melhor satisfaçam as necessidades da Administração que os candidatos são convidados a apresentar

---

[217] É curioso, porém, verificar que o art. 29.º, n.º 4, da Directiva 2004/18/CE continua a prever (tanto quanto nos pudemos aperceber, apenas na versão em língua portuguesa) que "as entidades adjudicantes podem determinar que o *procedimento por negociação* se desenrole em fases sucessivas" (realce nosso).

[218] O facto de o termo *negociação* ter sido substituído por *diálogo* não quer dizer que este tenha, na Directiva, uma natureza diferente daquela – cfr. LAURENT RICHER e ALAIN MÉNÉMÉNIS, "Dialogue et Négociation dans la Procedure de Dialogue Compétitif", in *Contrats Publics – L'Actualité de la Commande et des Contrats Publics*, n.º 45, Junho 2005, p. 35.

a sua proposta (cfr. art. 29.º, n.ºs 5 e 6, da Directiva) ou, de acordo com a formulação mais pragmática do nosso CCP, será com base "na solução susceptível de satisfazer as necessidades e as exigências da entidade adjudicante" [cfr. arts. 214.º, n.º 5, alínea a) e 215.º, n.º 1] que será construído o caderno de encargos (cfr. art. 213.º). O diálogo tem, assim, por objecto aspectos que se pretendem incluir no projecto contratual que será submetido à concorrência.

Por fim, quanto à sua *finalidade*, o diálogo visa "identificar e definir os meios que melhor possam satisfazer as suas [da entidade adjudicante] necessidades" (cfr art. 29.º, n.º 3 da Directiva) ou, entre nós, "permitir à entidade adjudicante debater, com os potenciais interessados na execução do contrato a celebrar, os aspectos referidos no n.º 2 [a definição da solução mais adequada, dos meios técnicos aptos a concretizar uma solução já definida ou da estrutura jurídica ou financeira do contrato], com vista à sua definição" (cfr. art. 30.º, n.º 4), ou ainda, de acordo com uma visão mais "utilitarista", "discutir todos os aspectos nelas [soluções] previstos ou omitidos relativos à execução do contrato a celebrar e que permitam a elaboração do caderno de encargos" (cfr. art. 213.º do CCP). Em qualquer das referidas formulações, parece evidente que o diálogo não é meramente informativo, não se resume a uma troca de pontos de vista entre a entidade adjudicante e os candidatos acerca do trabalho que estes apresentaram. Certamente que, depois de analisadas as soluções, além de dúvidas, a entidade adjudicante discordará de alguns (ou mesmo todos) aspectos previstos nesses pré-projectos contratuais e pretenderá que outros, que considera importantes, sejam incluídos. O diálogo será, pois, o tempo/espaço ideal para um entendimento entre as partes quanto à melhor forma de uma concreta solução (ainda que a mesma não venha a ser a escolhida) satisfazer as necessidades públicas em apreço. Ao longo do diálogo, a entidade adjudicante irá, assim, *negociar* com os candidatos a modificação, o aditamento ou a exclusão de determinados elementos previstos em cada solução. Trata-se, portanto, de um *diálogo transformador*, em que há uma verdadeira co-construção dos aspectos que se pretendem integrar no projecto contratual a submeter à concorrência.

A circunstância de, como veremos, na identificação da "solução susceptível de satisfazer as necessidades e as exigências da entidade adjudicante", esta não parecer estar impedida de combinar elementos das diversas soluções apresentadas (ou seja, ela não está limitada, nesta fase, ao "entendimento" obtido com cada um dos candidatos) não retira ao diálogo a sua natureza negocial. Na verdade, ao combinar aspectos das várias soluções discutidas, a entidade adjudicante está a compor um todo (a solução identificada) cujas partes (os elementos aproveitados de cada uma das soluções) foram co-construídas com os respectivos candidatos. É pouco provável que, na determinação da solução escolhida (ou mesmo de qualquer um dos seus diversos aspectos), a entidade adjudicante faça "tábua rasa" do entendimento logrado com algum dos candidatos[219]. Ainda que tal aconteça, não podemos esquecer que, se o entendimento ou a redução das divergências entre as partes é um pressuposto da negociação, o próprio consenso não é um requisito necessário desta forma de actuar.

Concluímos, assim, que o *diálogo* que neste procedimento se desenvolve antes da apresentação das propostas constitui uma verdadeira *negociação*[220].

1.1.2. A admissibilidade (o pressuposto e o critério)

Apesar de a Comissão ter anunciado que o "novo" procedimento seria colocado ao lado dos dois procedimentos (aberto e limitado) comuns, a Directiva 2004/18/CE acabou por apenas permitir a mobilização do *diálogo concorrencial* "nas circunstâncias específicas expressamente previstas no art. 29.º" (cfr. art. 28.º).

---

[219] Não podemos esquecer que o diálogo concorrencial se destina a obter o *input* do mercado quanto à melhor forma de satisfazer as necessidades que a entidade adjudicante, sozinha, não consegue concretizar. Se, de forma autoritária, esta ignora ou rejeita a resposta que o mercado lhe dá, de pouco ou nada terá servido consultá-lo.

[220] Neste sentido *v.* KAI KRÜGER, "Ban-on-Negotiations in Tender Procedures: Undermining Best Value for Money?", cit. p. 403. Também LAURENT RICHER e ALAIN MÉNÉMÉNIS sustentam que, apesar de o objecto e alcance poderem diferir, o diálogo que tem lugar neste procedimento corresponde a uma verdadeira negociação – *v.* "Dialogue et Négociation dans la Procedure de Dialogue Compétitif", cit., p. 33. Entre nós, o Relatório Final elaborado por um Grupo de Trabalho constituído pelo CEDOUA caracteriza o diálogo concorrencial como "um *procedimento aberto* (qualquer operador pode solicitar participar) em que a entidade adjudicante conduz um diálogo (negociação) com os candidatos admitidos" – cfr. *Contratação Pública Autárquica*, cit., p. 36. Também CLÁUDIA VIANA considera o diálogo concorrencial como "um novo procedimento de tipo negocial" – cfr. *Os Princípios Comunitários na Contratação Pública*, cit., p. 537. ANA GOUVEIA MARTINS refere igualmente que, neste procedimento, se pode "«negociar» e debater, com os potenciais interessados, os aspectos particularmente complexos do contrato a celebrar" – cfr. "Concurso Limitado por Prévia Qualificação", cit., p. 245.

Na transposição realizada, o legislador respeitou a construção comunitária[221] e, apesar de o incluir entre os cinco procedimentos adjudicatórios típicos e autónomos (cfr. art. 16.º, n.º 1, do CCP), só autorizou a sua utilização "quando o contrato a celebrar, qualquer que seja o seu objecto, seja particularmente complexo" (cfr. art. 30.º, n.º 1). Torna-se, portanto, imperioso saber quando é que um contrato se reveste de *particular complexidade*.

De acordo com o art. 30.º, n.º 2, do CCP o contrato é particularmente complexo quando "seja objectivamente impossível: a) definir a solução técnica mais adequada à satisfação das necessidades da entidade adjudicante; b) definir os meios técnicos (...) aptos a concretizar a solução já definida pela entidade adjudicante; ou c) definir, em termos suficientemente claros e precisos, a estrutura jurídica ou a estrutura financeira inerentes ao contrato a celebrar".

A *impossibilidade de definição*, que se desdobra em três modalidades [(*i*) da solução técnica, (*ii*) dos meios técnicos concretizadores de uma solução já definida, (*iii*) ou da estrutura jurídica ou financeira de um contrato], é, assim, a condição ou pressuposto de que depende a utilização do diálogo concorrencial.

Qualquer das referidas modalidades deve ser *objectivamente* determinada. É este o *critério* destinado a aferir se, no momento em que lança mão do diálogo concorrencial, a entidade adjudicante está impossibilitada de, por hipótese, definir a estrutura jurídica ou financeira do contrato que pretende celebrar[222].

No n.º 1 do art. 30.º do CCP encontramos ainda a alusão à impossibilidade de "adopção do concurso público ou do concurso limitado por prévia qualificação". Não se trata, porém, de um pressuposto autónomo. O facto de não ser possível utilizar o concurso público ou o concurso limitado é uma mera decorrência da complexidade do contrato, que existirá (legitimando a utilização do diálogo concorrencial) sempre que a definição (da solução, dos meios técnicos ou da estrutura jurídica ou financeira), a que alude o n.º 2 do art. 30.º, seja objectivamente impossível[223].

---

[221] Cfr. art. 29.º, n.º 1.

[222] MARK KIRKBY qualifica a impossibilidade objectiva como um "pressuposto complementar" – cfr. "O Diálogo Concorrencial", cit., p. 293.

[223] Contra, MARK KIRKBY sustenta que a "impossibilidade de adoptar concursos" é um pressuposto autónomo, referindo que "por força da complexidade do contrato, a entidade adjudicante não está em condições de elaborar um caderno de encargos ou as respec-

A *impossibilidade de definição*, que legitima a mobilização do diálogo concorrencial, deve, pois, ser *objectivamente* determinada. A questão reside, assim, em saber quando é que a impossibilidade é objectiva.

A este propósito, o art. 30.º, n.º 3, do CCP esclarece que a *impossibilidade objectiva* "não pode, em qualquer caso, resultar da carência efectiva de apoios de ordem técnica, jurídica ou financeira de que a entidade adjudicante, usando da diligência devida, possa dispor".

Este preceito traduz um curioso caso de transposição[224] de parte do 31.º considerando da Directiva 2004/18/CE temperado com o entendimento acolhido pela Comissão Europeia, na sua Nota Explicativa sobre o Diálogo Concorrencial, de 5 de Outubro de 2005.

---

tivas especificações técnicas com o conteúdo mínimo exigido nos artigos 42.º e seguintes do CCP, em particular, com o disposto no artigo 49.º" – "O Diálogo Concorrencial", cit., pp. 292-293. Parece-nos, porém, que a mencionada falta de condições para elaborar o projecto contratual a submeter à concorrência (que impossibilitaria a utilização dos referidos concursos) decorre da *impossibilidade de definição* que caracteriza os contratos particularmente complexos [aliás, como o próprio A. admite, referindo que "*por força da complexidade do contrato* (...)" – realce nosso]. Verificada a impossibilidade de definição, a entidade adjudicante não terá de fundamentar que é impossível lançar mão dos aludidos procedimentos. Não se ignora que o art. 29.º, n.º 1, da Directiva 2004/18/CE, prevê a possibilidade de recurso ao diálogo concorrencial "na medida em que [as entidades adjudicantes] considerem que o recurso ao concurso público ou limitado não permite a adjudicação do contrato". SUE ARROWSMITH admite que o preceito pode ser interpretado no sentido (que daria autonomia à "impossibilidade de adoptar concursos") de que, mesmo perante contratos complexos, as entidades adjudicantes devem considerar se é apropriado o uso de procedimentos abertos ou limitados (designadamente, quando existem razões – caso dos elevados custos procedimentais subjacente à utilização do diálogo concorrencial – que justifiquem a utilização destes procedimentos e que superem a vantagem decorrente da possibilidade de identificação dos meios que melhor possam satisfazer as suas necessidades) – cfr. *The Law of Public and Utilities Procurement*, 2.ª edição, cit., p. 635. Parece-nos, porém, que a referida preocupação com os custos procedimentais não terá figurado entre as cogitações do legislador comunitário, sendo altamente improvável que o Tribunal de Justiça alguma vez venha a exigir, como condição para a utilização do diálogo concorrencial, essa análise custo/benefício. Refira-se, por fim, que também a Comissão Europeia, na sua Nota Explicativa sobre o Diálogo Concorrencial, não inclui a impossibilidade de adoptar os procedimentos abertos ou limitados entre os pressupostos de que depende a utilização do diálogo concorrencial.

[224] Para um estudo das diferentes técnicas jurídicas utilizadas pelos Estados-membros para a transposição das Directivas sobre contratação pública, *v*. SUE ARROWSMITH, "Una Evaluación de las Técnicas Jurídicas para la Transposición de las Directivas sobre Contratación", in *La Contratación Pública en los Llamados Sectores Excluidos*, org. Vicente López-Ibor Mayor, Madrid, Civitas, 1997, pp. 75-100.

O referido 31.º considerando prevê que "as entidades adjudicantes que realizam projectos particularmente complexos podem, *sem que tal seja imputável a carências da sua parte*, estar na *impossibilidade objectiva* de especificar (...)"[225]. Ao referir-se a uma *impossibilidade objectiva* que não pode ser imputável a *carências* da entidade adjudicante, este considerando não parece permitir que, no apuramento da impossibilidade, se atenda ao tipo de entidade adjudicante em questão. Tudo estaria em determinar se, atentas as características do contrato, uma entidade adjudicante (qualquer que ela fosse) poderia ou não, sem recurso ao mercado, definir a solução a adoptar.

No entanto, o art. 1.º, n.º 11, alínea c), da Directiva (esta sim disposição normativa), alude ao facto de a entidade adjudicante não estar *objectivamente em condições* de definir os meios técnicos ou de estabelecer a montagem jurídica e/ou financeira de um projecto. Esta referência às *condições* sugere que, no juízo de impossibilidade, deve olhar-se às características da entidade adjudicante. Julgamos que este deve ser o entendimento a adoptar.

Com efeito, não faria sentido que, no juízo de impossibilidade, não se pudesse atender às concretas particularidades da entidade adjudicante. Se o decisor estivesse impedido de olhar a essas características só teria uma de duas vias: (*i*) criar um conceito de *entidade adjudicante média* para aferir se, quando colocada nas circunstâncias da entidade adjudicante visada, aquela teria definido a solução a adoptar. Sucede, porém, que, atento o número e diversidade de entidades adjudicantes existentes, tal conceito seria uma mera ilusão. Mesmo que fosse possível formulá-lo, este permitiria que o diálogo concorrencial fosse mobilizado em situações em que a concreta entidade adjudicante (*v.g.* por ser altamente especializada na área em questão) podia e devia ter definido a solução a adoptar, ao mesmo tempo que vedava a sua utilização nos casos em que a dimensão e (in)capacidade da entidade adjudicante a justificaria; (*ii*) atender às características de uma "entidade adjudicante que realiza projectos particularmente complexos" (seguindo a "sugestão" gerada pela parte inicial do 31.º considerando da Directiva), para aferir se, no caso concreto, a mesma estaria em condições de definir a solução a implementar. Além de nos parecer impossível de determinar as características de uma entidade dessa natureza (em rigor, ela não existe, porquanto qualquer enti-

---

[225] Realce nosso.

dade adjudicante pode, em determinado momento da sua existência, ser responsável por um projecto particularmente complexo), a existir, o conceito aproximar-se-ia de uma ideia de entidade adjudicante "máxima" (a quem não faltariam recursos), o que inviabilizaria a utilização do diálogo concorrencial pela maior parte das entidades adjudicantes.

Pelo que, no juízo de impossibilidade não pode deixar de se atender às características da entidade adjudicante em apreço. Aliás, a redacção em língua portuguesa do 31.º considerando [226] não coincide com a de outras versões, nas quais se refere apenas que a situação de impossibilidade não deve ser imputável à entidade adjudicante (ou que o juízo de impossibilidade não lhe deve ser censurado)[227], sem aludir às suas *carências*.

Neste sentido, na sua Nota Explicativa sobre o procedimento, a Comissão Europeia sustenta que "a entidade adjudicante tem uma obrigação de diligência – se está em posição de definir os recursos técnicos necessários ou estabelecer o quadro legal e financeiro, a utilização do diálogo concorrencial não é possível"[228]. Trata-se de uma clara referência à capacidade e, como tal, às características da entidade adjudicante.

Como referimos, o art. 30.º, n.º 3, do CCP constitui uma síntese da versão portuguesa do 31.º considerando da Directiva e da obrigação de diligência afirmada pela Comissão, estabelecendo que a *impossibilidade objectiva* não pode resultar da carência de recursos "de que a entidade adjudicante, usando da diligência devida, possa dispor".

Certamente que, se a entidade adjudicante podia dispor dos recursos (que lhe permitiriam, por exemplo, definir a solução susceptível de satisfazer as suas necessidades) e entendeu não os usar, não existe *impossibilidade*. No entanto, não é aí (ou apenas aí) – na *procura ou determinação dos meios* – que a entidade adjudicante deve ser diligente.

A diligência deve ainda ser empregue na *avaliação da aptidão ou capacidade* dos recursos à disposição da entidade adjudicante para, por exemplo, definir a solução técnica mais adequada à satisfação das suas

---

[226] Que se assemelha à versão italiana: "possono trovarsi nell'impossibilità oggettiva, non per carenze loro imputabili, di definire".

[227] Caso da inglesa ("may, without this being due to any fault on their part, find it objectively impossible"); da francesa ("peuvent, sans qu'une critique puísse leur être adressée à cet égard, être dans l'impossibilité"); da alemã ("kann es – ohne dass ihnen dies anzulasten wäre – objektiv unmöglich sein"); ou da castelhana ("puede resultarles objetivamente imposible, sin que por ello se los pueda criticar, definir").

[228] Cfr. ponto 2.1.

necessidades. Impõe-se, portanto, que a entidade adjudicante seja diligente na apreciação da *idoneidade* dos recursos ao seu dispor[229]. Diligência essa que não pode deixar de ser aferida através de uma comparação da avaliação realizada pela entidade adjudicante com a que seria feita pelo "«decisor médio» colocado no quadro decisório concreto do decisor real"[230]. Se, da avaliação realizada, este concluísse que seria impossível proceder à mencionada definição é porque a mesma é *objectivamente* impossível.

A diligência utilizada pelo "decisor médio", não pode, porém, esquecer os meios de que a entidade adjudicante em questão dispõe, devendo-se olhar não só para a quantidade, mas sobretudo para a qualidade dos seus recursos humanos (*maxime*, para o conhecimento e experiência acerca da matéria versada pelo contrato)[231]. Na verdade, exige-se apenas que a impossibilidade seja *objectiva* e não, também, que esta seja *abstracta*. Pelo que, só atendendo às características e aos meios de que a concreta entidade adjudicante dispõe (e não a um suposto padrão de recursos exigíveis a uma entidade com as características da visada) é que o "decisor médio" será colocado na situação do "decisor real".

Em suma, a impossibilidade será *objectiva* se, atentas as características da concreta entidade adjudicante (entre as quais os meios de que dispõe), na avaliação dos respectivos recursos, o "decisor médio" teria concluído pela impossibilidade de proceder (sozinho[232]) à definição da

---

[229] Aparentemente neste sentido, *v.* MARK KIRKBY quando defende que "impende sobre a entidade adjudicante uma obrigação de diligência na avaliação dos recursos de que dispõe para a potencial definição do objecto contratual" e alude ao acolhimento do "critério da «diligência média» como determinante da ilicitude da decisão no sentido da ausência de capacidade para definir os elementos contratuais enunciados no respectivo n.º 2". Porém, mais adiante, o A. refere-se à "diligência na obtenção de apoios de ordem técnica, jurídica ou financeira exigida pelo artigo 30.º, n.º 3, do CCP" – cfr. "O Diálogo Concorrencial", cit., pp. 294, 298 e 300.

[230] Cfr. MARK KIRKBY, "O Diálogo Concorrencial", cit., p. 294.

[231] Neste sentido v. ADRIAN BROWN, "The Impact of the New Procurement Directive on Large Public Infrastructure Projects: Competitive Dialogue or Better the Devil You Know?", in *Public Procurement Law Review*, 2004 (n.º 4), p. 171 e STEEN TREUMER, "The Field of Application of Competitive Dialogue", cit., p. 314. Contra, SUE ARROWSMITH, "An Assessment of the New Legislative Package on Public Procurement", in *Common Market Law Review*, Vol. 41, n.º 5, Outubro 2004, p. 1283 e 1284 e *The Law of Public and Utilities Procurement*, 2.ª edição, cit., p. 634.

[232] Neste sentido, mesmo que a solução desejada possa ser obtida através do recurso a consultoria externa ou a um concurso de concepção, não está afastada a existência de uma

solução técnica mais adequada, à definição dos meios técnicos aptos a concretizar uma solução já definida ou à definição da estrutura jurídica ou financeira do contrato que se pretende celebrar.

Analisado o critério, importa questionar se a impossibilidade de definição deve ser *absoluta* (a entidade adjudicante não consegue identificar qualquer solução susceptível de satisfazer as suas necessidades) ou tão-só *relativa* (a entidade adjudicante não consegue identificar qual das soluções possíveis é a que melhor satisfaz as suas necessidades).

Quanto a este ponto, não parecem existir dúvidas de que a Directiva permite o recurso ao diálogo concorrencial em casos de impossibilidade meramente relativa. Com efeito, o art. 29.°, n.° 3, é claro ao estabelecer que o objectivo do diálogo é o de "identificar e definir os meios que melhor possam satisfazer as suas [da entidade adjudicante] necessidades"[233].

1.1.3. *A negociação*

1.1.3.1. *Localização*

O CCP estabelece que o diálogo concorrencial se desdobra em três fases: (*i*) a da apresentação das candidaturas e qualificação dos candidatos; (*ii*) a da apresentação das soluções e diálogo com os candidatos seleccionados; (*iii*) e a da apresentação e análise das propostas e adjudicação (cfr. art. 205.°).

---

impossibilidade objectiva. Aliás, na exposição de motivos da primeira proposta de Directiva, a Comissão deixava claro que as entidades adjudicantes podiam "conduzir um «diálogo técnico» seguido de um processo de adjudicação «normal»", ou celebrar um contrato de prestação de serviços seguido de um contrato de fornecimento, ou ainda optar por um concurso para a concepção seguido da celebração de um contrato de prestação de serviços, de fornecimento ou de empreitada de obras". Afirmava, porém, que "sem pôr em causa as possibilidades existentes, parece oportuno introduzir disposições que permitam a ocorrência de um diálogo no âmbito de um processo de adjudicação único que culminará na celebração do contrato" (cfr. pontos 3.4. e 3.5.). Cfr. ainda a Nota Explicativa da Comissão sobre o Diálogo Concorrencial (ponto 2.1.). Para mais desenvolvimentos *v.* MARK KIRKBY, "O Diálogo Concorrencial", cit., pp. 295-303.

[233] Neste sentido *v.* ainda a Nota Explicativa da Comissão sobre o Diálogo Concorrencial (ponto 2.2.). Cfr. ainda STEEN TREUMER, "The Field of Application of Competitive Dialogue", cit., p. 312; SUE ARROWSMITH, *The Law of Public and Utilities Procurement*, 2.ª edição, cit., p. 634 e MARK KIRKBY, "O Diálogo Concorrencial", cit., pp. 303-306.

Atenta a matéria que ora nos ocupa (a *negociação anterior à apresentação de propostas*), interessa-nos apenas as duas primeiras fases do procedimento.

À semelhança do que acontece no concurso limitado por prévia qualificação e no procedimento de negociação (relativamente às *propostas*), a primeira fase do diálogo concorrencial tem por objectivo determinar o universo de candidatos que serão convidados a apresentar uma *solução*. Não há aí, ainda, qualquer negociação entre os sujeitos do procedimento. A interacção dialógica com vista à co-construção do conteúdo do projecto contratual realiza-se, pois, na *fase de apresentação das soluções e diálogo com os candidatos seleccionados*.

Esta fase inicia-se com o convite à apresentação de soluções[234], que acompanha a notificação da decisão de qualificação (cfr. art. 209.º, n.º 1). Cada candidato qualificado poderá, então, apresentar uma única solução (cfr. art. 210.º, n.º 2). A *solução* não é mais do que a resposta do candidato às necessidades e exigências, identificadas na memória descritiva (art. 209.º, n.º 1), que a entidade adjudicante pretende satisfazer com o contrato a celebrar (art. 207.º, n.º 1). Constitui, portanto, uma espécie de pré-projecto contratual ou proposta de caderno de encargos apresentada pelos próprios candidatos[235].

De acordo com o disposto no art. 212.º, n.º 1 do CCP, "após a apresentação das soluções, o júri elabora um relatório preliminar onde deve propor fundamentadamente a admissão e a exclusão das soluções apresentadas". O relatório preliminar é depois submetido a audiência prévia.

---

[234] Do conteúdo deste convite, previsto nas alíneas do n.º 2 do art. 209.º, destaca-se o prazo para a apresentação das soluções e a indicação da admissibilidade da utilização de línguas estrangeiras na fase (*rectius*, na etapa) de diálogo. Apesar de apenas prevista para a negociação que, antes da apresentação das propostas, tem lugar no diálogo concorrencial, a possibilidade de utilização de línguas estrangeiras deve também ser admitida na negociação realizada ao nível de outros procedimentos adjudicatórios (sobretudo na designada *fase de negociação*).

[235] Apesar de regular o seu modo de apresentação (por remissão para o regime da apresentação das propostas) e o idioma a utilizar (cfr. art. 211.º), o Código nada diz relativamente aos documentos que constituem a solução. Estes serão, portanto, os indicados pela entidade adjudicante no respectivo programa do procedimento. Quanto aos documentos solicitados, e uma vez que se está ainda numa fase preliminar do procedimento, julgamos que, por obediência ao princípio da proporcionalidade, a entidade adjudicante não deve exigir que o candidato apresente todos os elementos necessários à implementação da solução que propõe.

Ouvidos os candidatos, o júri elabora um relatório final no qual mantém ou modifica "o teor e as conclusões apresentadas no relatório preliminar"[236] (cfr. art. 212.º, n.ºs 3 e 4). O relatório final é, então, enviado para o órgão competente para a decisão de contratar que decidirá sobre a admissão e a exclusão das soluções (cfr. art. 212.º, n.º 5).

Nos termos do art. 213.º do CCP, apenas os candidatos qualificados *cujas soluções tenham sido admitidas* participarão num diálogo destinado a "discutir todos os aspectos nelas previstos ou omitidos relativos à execução do contrato a celebrar e que permitam a elaboração do caderno de encargos". Este diálogo prosseguirá até o júri identificar "a solução susceptível de satisfazer as necessidades e as exigências da entidade adjudicante" ou concluir que nenhuma das soluções está em condições de o fazer (art. 214.º, n.º 5).

Da análise do *iter* descrito, resulta que o CCP faz uma clara partição da segunda fase do diálogo concorrencial em duas etapas: (*i*) a da elaboração e apresentação das soluções; (*ii*) e a do diálogo propriamente dito (*rectius*, da negociação). Se na primeira são identificadas as soluções e, por esta forma, os candidatos que serão admitidos ao diálogo, é na segunda etapa que serão negociados os pré-projectos contratuais que não tenham sido excluídos.

A negociação está, assim, concentrada na segunda etapa desta fase, não existindo qualquer diálogo negocial entre a entidade adjudicante e os candidatos qualificados tendente à co-construção das soluções inicialmente apresentadas.

O legislador nacional optou, pois, por alicerçar a negociação que, antes da apresentação das propostas, ocorre no âmbito do diálogo concor-

---

[236] Diferentemente do que acontece com os relatórios finais da fase de qualificação (cfr. art. 186.º, n.º 2, aplicável ao procedimento de negociação por força da remissão contida no art. 193.º e ao próprio diálogo concorrencial *ex vi* do art. 204.º, n.º 1) e da fase de análise (das versões iniciais ou finais) das propostas (cfr. arts. 124.º, n.ºs 1 e 2, 148.º, n.ºs 1 e 2, 154.º, 162.º, n.º 1, 200.º, 203.º e 204.º, n.º 1), o legislador não prevê que, no relatório final da fase de apresentação das soluções, o júri do procedimento possa propor a exclusão de uma solução que, no relatório preliminar, sugerira admitir. O silêncio da lei não nos parece suficiente para impedir a referida exclusão (*v.g.* se só aquando da elaboração do relatório final o júri se apercebeu que o candidato apresentou duas soluções). Porém, se tal acontecer, o candidato deve ser novamente ouvido, seguindo-se o princípio (que parece estar subjacente ao Código), segundo o qual nenhuma *candidatura* ou *proposta* (e, quanto a nós, *solução*) deve ser excluída sem que antes tenha sido dada a oportunidade ao candidato ou ao concorrente de especificamente se pronunciar acerca desse facto.

rencial num pré-projecto contratual *formalmente* apresentado pelos candidatos qualificados, no qual estes respondem, sem prévio diálogo com a entidade adjudicante, às necessidades e exigências identificadas na memória descritiva. As soluções apresentadas são, assim, a base para a negociação que ocorre na etapa seguinte.

Refira-se que este figurino não resulta de uma imposição do direito comunitário. Apesar de, em alguns dos seus números, o art. 29.º da Directiva 2004/18/CE sugerir que o diálogo se faz com base em soluções apresentadas pelos candidatos[237], a verdade é que o preceito não exige que estas sejam *formalmente* colocadas[238]. Ainda que a redução do número de soluções a debater durante a fase de diálogo, prevista no n.º 4 do referido preceito, só pareça possível após os candidatos terem formalmente apresentado a sua solução[239], facto é que a Directiva não impõe que o diálogo seja encetado apenas depois dessa apresentação.

1.1.3.2. Carácter obrigatório

Como vimos, a negociação das soluções apresentadas (e não excluídas) constitui a etapa essencial da *fase de apresentação das soluções e diálogo com os candidatos seleccionados* do diálogo concorrencial. A negociação das soluções que visam dar resposta às necessidades e exigências tornadas públicas pela entidade adjudicante é mesmo o elemento que caracteriza/individualiza este *iter* formativo. Com efeito, o que o distingue dos demais procedimentos adjudicatórios (*maxime* do concurso limitado por prévia qualificação) é a possibilidade de entabular com os candidatos seleccionados um diálogo negocial com vista à co-construção do caderno de encargos a submeter à concorrência.

Sendo a referida negociação um elemento estruturante deste *iter* formativo, dever-se-á entender que, independentemente do *nomen* que o pro-

---

[237] Caso do n.º 3, que alude às "soluções propostas", do n.º 4 que prevê a redução do "número de soluções a debater" e do n.º 6 que estabelece que a proposta final é apresentada "com base na ou nas soluções apresentadas e especificadas durante o diálogo".

[238] Neste sentido cfr. SUE ARROWSMITH, para quem o termo diálogo sugere um "amplo procedimento de troca de informações e posições, que pode ocorrer através de discussões informais ou mediante processos mais formais" – cfr. *The Law of Public and Utilities Procurement*, 2.ª edição, cit., p. 645.

[239] Neste sentido v. SUE ARROWSMITH, *The Law of Public and Utilities Procurement*, 2.ª edição, cit., p. 647.

grama de procedimento lhe atribua, só estaremos perante um verdadeiro diálogo concorrencial se existir uma fase (ou melhor uma etapa) que permita a co-construção do caderno de encargos. Caso contrário, estaremos diante de outro *iter* formativo (típico ou atípico). Em suma, para que exista diálogo concorrencial, é *necessário* que exista uma etapa destinada à negociação das soluções apresentadas pelos candidatos seleccionados.

A este propósito, importa referir que o Código consagra, no art. 16.º, n.º 1, o *princípio da tipicidade ou da taxatividade dos procedimentos adjudicatórios* (concretização do princípio da legalidade na sua vertente de primado ou prevalência da lei). De acordo com este princípio, a Administração deve utilizar, para a formação dos contratos que caiam no âmbito de aplicação do CCP, um dos procedimentos aí regulados, não podendo, sob pena de ilegalidade das respectivas peças do procedimento, mobilizar outros *itinera* formativos[240], designadamente através da combinação de "elementos legalmente incompatíveis" de dois ou mais dos procedimentos disciplinados no Código[241] ou (atrevemo-nos a acrescentar) da eliminação de fases essenciais do procedimento (típico) mobilizado.

Assim, se o programa de concurso de um diálogo concorrencial, utilizado para a formação de um contrato abrangido pelo CCP, afasta expressamente a fase de negociação das soluções, transformando-o, sem prévio acto legislativo habilitador, num *iter* formativo atípico, a referida peça estará ferida de ilegalidade, podendo ser (directa ou incidentalmente) impugnada. Se é a Administração que opta, no decurso do procedimento, por "prescindir" dessa fase (prevista na respectiva peça do procedimento), o acto adjudicatório será também inválido porque praticado sem atender a uma formalidade *essencial* do concreto *iter* utilizado (e legalmente conformado) para a escolha da melhor solução[242].

Deve, pois, concluir-se que, ao utilizar o *diálogo concorrencial*, a entidade adjudicante está obrigada a negociar, com os candidatos seleccionados, as soluções apresentadas (e não excluídas).

---

[240] Cfr. MARCELO REBELO DE SOUSA e ANDRÉ SALGADO DE MATOS, *Contratos Públicos – Direito Administrativo Geral*, cit., p. 74.

[241] MÁRIO ESTEVES DE OLIVEIRA e RODRIGO ESTEVES DE OLIVEIRA, *Concursos e Outros Procedimentos de Adjudicação Administrativa – das Fontes às Garantias*, cit., p. 175. A este propósito cfr. ainda BERNARDO DINIZ DE AYALA, "O Método de Escolha do Co-Contratante da Administração nas Concessões de Serviços Públicos", cit., pp. 24 e 25.

[242] Sobre a relevância dos vícios de forma *v.* VIEIRA DE ANDRADE, *O Dever da Fundamentação Expressa de Actos Administrativos*, Coimbra, Almedina, 2007 (2.ª reimpressão), pp. 307 e ss.

1.1.3.3. *Os sujeitos*

Recortado o momento em que decorre o diálogo negocial com vista à co-construção do projecto contratual a submeter à concorrência e tendo-se concluído pela sua obrigatoriedade, importa agora identificar os participantes nesta negociação.

Do lado da oferta, apenas os candidatos cuja solução tenha sido admitida[243] serão chamados a participar no diálogo (cfr. art. 213.°). Pelo que, só no final da primeira etapa da segunda fase do diálogo concorrencial será conhecida a lista dos candidatos que efectivamente vão negociar as suas soluções com a entidade adjudicante.

A exclusão da solução não impede apenas o respectivo candidato de a negociar com Administração ou de a ver escolhida como a "solução susceptível de satisfazer as necessidades e as exigências da entidade adjudicante". A exclusão da solução significa ainda que o candidato é afastado do procedimento. Na verdade, caso seja identificada uma solução susceptível de satisfazer as necessidades e exigências da entidade adjudicante, só os candidatos cuja solução tenha sido admitida (mesmo que a escolhida não tenha sido a sua) serão convidados a apresentar uma proposta (cfr. art. 217.°, n.° 1). Na prática, tal significa que não se garante que, pelo facto de se ter apresentado uma solução, todos os candidatos qualificados participarão no diálogo.

O afastamento da solução, antes que possa ser negociada, não viola o disposto no art. 29.°, n.° 3, da Directiva 2004/18/CE, de acordo com o qual "as entidades adjudicantes darão início, com os candidatos seleccionados nos termos das disposições pertinentes dos artigos 44.° a 52.°, a um diálogo (...)".

---

[243] As razões que poderão determinar a exclusão são: (*i*) a apresentação da solução depois do termo do prazo fixado; (*ii*) o desrespeito pelas regras respeitantes ao modo de apresentação; (*iii*) a apresentação de mais do que uma solução; (*iv*) o desrespeito pelas regras acerca do idioma dos documentos; (*v*) e a apresentação de uma solução manifestamente desadequada à satisfação das necessidades ou das exigências identificas na memória descritiva (cfr. art. 212.°, n.° 2). Temos, assim, quatro motivos de ordem formal e um de carácter material. A ampla possibilidade de, ao longo do diálogo, se alterar as soluções apresentadas (eliminando-se, assim, eventuais inadequações iniciais) e o facto de a entidade adjudicante poder aproveitar elementos que constam ou poderão constar de cada uma das soluções apresentadas, deve fazer com que o júri do procedimento seja cauteloso ao excluir uma solução com fundamento na sua manifesta desadequação. No mesmo sentido propendem GONÇALO GUERRA TAVARES e NUNO MONTEIRO DENTE, *Código dos Contratos Públicos – Volume I – Regime da Contratação Pública*, cit., p. 484.

Com efeito, apesar de não a prever, a Directiva não impede que, antes do diálogo negocial, se consagre uma "fase de saneamento"[244] destinada a expurgar as soluções (e, com elas, os respectivos candidatos) irregulares. Uma vez que o modelo negocial, traçado pelo Código, se alicerça em pré--projectos contratuais *formalmente* apresentados pelos candidatos qualificados (as *soluções*), não nos parece que, ao limitar o diálogo aos candidatos que apresentem soluções regulares, o legislador nacional tenha desrespeitado qualquer princípio da contratação pública.

Nem se diga que, ao prever esta limitação, o Código optou por um diálogo negocial desenvolvido em fases sucessivas, que obriga a entidade adjudicante a "reduzir o número de soluções a debater durante a fase de diálogo" através da aplicação dos "critérios de adjudicação indicados no anúncio de concurso ou na memória descritiva" (cfr. art. 29.º, n.º 4, da Directiva 2004/18/CE). É que, a admissão/exclusão prevista no art. 212.º do CCP, não tem como *finalidade* reduzir o número de soluções (e, por esta forma, de candidatos) a debater durante a fase de diálogo. Apesar de poder originar a exclusão de soluções apresentadas, trata-se de uma fase que visa apenas o "saneamento" (formal) do procedimento e em que não é ainda apreciado o mérito das soluções apresentadas[245].

Em suma, apesar de as soluções poderem ser alteradas ao longo da negociação, a primeira etapa da segunda fase do diálogo concorrencial revela-se fundamental, já que a negociação (a segunda etapa) se desenrola apenas com os candidatos cuja solução tenha sido admitida[246].

---

[244] Cfr. MARK KIRKBY, "O Diálogo Concorrencial", cit., p. 317.

[245] Razão pela qual reiteramos que o motivo de exclusão previsto no art. 212.º, n.º 2, alínea d) – manifesta desadequação à satisfação das necessidades ou das exigências identificadas na memória descritiva – deve ser aplicado de forma cautelosa. Na verdade, o mesmo deve ser apenas utilizado para excluir as soluções que, por não conterem uma resposta às necessidades e exigências identificadas, "violem" o disposto na memória descritiva.

[246] Nos termos do art. 214.º, n.º 6, "os candidatos qualificados devem fazer-se representar nas sessões da fase de diálogo pelos seus representantes legais ou pelos representantes comuns dos agrupamentos candidatos, se existirem, podendo ser acompanhados por técnicos por eles indicados". No que respeita à entidade adjudicante, cabe ao júri do procedimento negociar com os candidatos. Uma vez que o regime jurídico é o mesmo, remete-se aqui para o que à frente se dirá (*mutatis mutandis*) acerca da representação nas sessões de negociação (evitando-se, assim, desnecessárias repetições).

1.1.3.4. *O objecto*

Quando qualificámos o diálogo em análise como uma verdadeira negociação, tivemos oportunidade de identificar o seu objecto (*i.e.* o *quid* sobre que incide o diálogo negocial entre os sujeitos do procedimento[247]): as *soluções* apresentadas pelos candidatos seleccionados. Vejamos melhor em que consistem.

No diálogo concorrencial, a publicitação do *iter* adjudicatório não é precedida da elaboração do caderno de encargos. Com efeito, esta peça do procedimento é elaborada "depois de concluída a fase de apresentação das soluções e do diálogo" (cfr. art. 207.°, n.° 3). Com o anúncio do procedimento, a entidade adjudicante disponibiliza apenas uma memória descritiva, "na qual identifica as necessidades e exigências que pretende satisfazer com o contrato a celebrar" (cfr. art. 207.°, n.° 1). Ora, a *solução* não é mais do que a resposta dos candidatos às necessidades e exigências identificadas na referida *memória descritiva*. Será com base "na solução susceptível de satisfazer as necessidades e as exigências da entidade adjudicante" [cfr. art. 214.°, n.° 5, alínea a) e 215.°, n.° 1] que a entidade adjudicante construirá o caderno de encargos submetido à concorrência (cfr. art. 213.°).

Atenta a *função* que desempenha, podemos afirmar que a *solução* constitui um verdadeiro pré-projecto contratual destinado a dar resposta às necessidades e exigências tornadas públicas pela entidade adjudicante. É esse esboço de projecto contratual, apresentado pelos operadores económicos, o objecto da negociação. Como o diálogo negocial é um processo dinâmico, em que os diferentes blocos se propõem a alterar as suas posições, dizer que a *solução* constitui o objecto da negociação é afirmar que esta poderá sofrer alterações no decurso do "processo negocial".

1.1.3.5. *Os limites*

1.1.3.5.1. O respeito pela memória descritiva

Diferentemente do que acontece nos procedimentos que admitem a designada *fase de negociação*, em que o diálogo negocial incide já sobre

---

[247] Importa não confundir o objecto da negociação (o *quid* negociável no procedimento) com o objecto imediato ou conteúdo do contrato a celebrar (os efeitos jurídicos a que o contrato tende) ou com o objecto mediato ou objecto *stricto sensu* do contrato (o *quid* sobre que incidem os efeitos do contrato). Acerca do conceito de objecto negocial v. CARLOS MOTA PINTO, *Teoria Geral do Direito Civil*, cit., pp. 547 e ss.

a resposta dos operadores económicos (a proposta) ao caderno de encargos, no diálogo concorrencial a negociação tem lugar num momento em que o projecto contratual está ainda por construir. Assim, enquanto a negociação (quando admitida) ocorrida após a apresentação das propostas é uma *negociação enquadrada* pelos termos do projecto contratual submetido à concorrência, a que tem lugar no procedimento ora em análise não sofre essa restrição.

A ausência da referida restrição permite-nos concluir que as alterações a introduzir nas *soluções* podem ser (e, em regra, serão) bem mais profundas do que aquelas a que as propostas podem ser sujeitas. Tal não equivale, porém, a afirmar que a negociação das soluções não conhece limites ou que tudo é susceptível de ser mudado.

O primeiro grande limite à negociação (e consequente alteração) das soluções prende-se com o conteúdo da *memória descritiva*. Como vimos, esta peça do procedimento identifica as necessidades e exigências que a entidade adjudicante pretende satisfazer com o contrato. As soluções, por seu turno, são o pré-projecto contratual que dá forma a essa descrição. Pelo que, quer as soluções apresentadas, quer sobretudo a solução que, *in fine*, será acolhida pela Administração, não podem afastar-se do descrito no referido documento.

Se, por exemplo, a memória descritiva identifica (apenas) a necessidade de criar uma ligação rodoviária entre as duas margens de um rio[248], a solução escolhida e vertida para o caderno de encargos – a que apenas os candidatos seleccionados (cujas soluções tenham sido admitidas) têm possibilidade de responder (cfr. art. 217.°, n.° 1) – não poderá prever a construção e gestão de dois troços de auto-estrada para ligar as referidas margens do rio ao resto do país.

Ainda que todos os candidatos possam acordar em alargar o espectro do procedimento (para abarcar as duas auto-estradas), não será de admitir a aludida alteração. Com efeito, foi com base numa memória descritiva que identificava apenas a necessidade de ligar duas margens de um rio que os operadores económicos tomaram a decisão de participar, ou não, no procedimento de adjudicação. É, em princípio, impossível de afirmar se, perante o alargamento das necessidades descritas, outros interessados

---

[248] A entidade adjudicante poderá lançar mão do diálogo concorrencial se, por exemplo, for objectivamente impossível determinar se a melhor solução é a construção de uma ponte ou de um túnel (exemplo colhido na Nota Explicativa da Comissão Europeia sobre o diálogo concorrencial – cfr. ponto 2.2.).

não teriam também conseguido e/ou optado por apresentar uma candidatura. Pelo que, uma negociação das soluções que não respeite as necessidades identificadas na memória descritiva violará, pelo menos, o princípio da concorrência (cfr. art. 1.º, n.º 4 do CCP). Falamos aqui de uma *concorrência potencial* que atende aos operadores económicos que, face ao alargamento do objecto do procedimento, teriam apresentado a sua candidatura.

Para evitar a violação do princípio da concorrência, a memória descritiva deve ser exaustiva na identificação das necessidades a satisfazer com a celebração do contrato e, simultaneamente, prudente nas exigências (*maxime*, nas restrições) que impõe aos candidatos[249].

1.1.3.5.2. Algumas regras e princípios a observar no diálogo

O *diálogo* estabelecido entre o júri do procedimento e os candidatos – elemento determinante de qualquer negociação – é, por natureza, um momento de informalidade e flexibilidade. No entanto, tal não equivale a dizer que a interacção dialógica constitui um espaço "livre do Direito". Bem pelo contrário. Além de o legislador ter previsto algumas regras e princípios que deverão nortear o comportamento dos sujeitos ao longo da negociação (*maxime*, do júri do procedimento), deve entender-se (tomando de empréstimo as palavras certeiras de Vieira de Andrade) que, quando actua no exercício de poderes discricionários, "a Administração não é remetida para um arbítrio, ainda que prudente, não pode fundar na sua vontade as decisões que toma. A decisão administrativa tem de ser racional, porque não pode ser fruto da emoção ou capricho, mas, mais que isso, tem de corresponder à solução que melhor sirva o interesse público que a lei determinou"[250]. Ora, nessa busca da solução que melhor assegure o interesse público que lhe foi determinado, a Administração encontrará outras regras e princípios (constitucionais[251] ou infraconstitucionais, de

---

[249] Na verdade, a inobservância, por parte da solução escolhida, de uma exigência que constava da memória descritiva poder-se-á traduzir também numa violação do princípio da concorrência. Como referia a primeira proposta apresentada pela Comissão Europeia, as necessidades e exigências devem ser fixadas "em termos de objectivos a atingir e, se necessário, em termos de desempenhos ou de exigências funcionais" – cfr. art. 30.º, n.º 3.

[250] "O Ordenamento Jurídico Administrativo Português", cit., p. 46.

[251] Com efeito, quer se lance mão da célebre frase de FRITZ WERNER – o Direito Administrativo não é mais do que "Direito Constitucional concretizado" [*apud* VITAL

origem nacional ou comunitária) que devem pautar esse espaço/tempo de "criação-concretização jurídica"[252] que a lei lhe confere.

Nesta sede, limitar-nos-emos a abordar as duas grandes preocupações manifestadas pelo legislador (nacional e comunitário) a propósito do diálogo negocial: o respeito pelo princípio da igualdade de tratamento dos candidatos (arts. 29.º, n.º 3, da Directiva 2004/18/CE e 214.º, n.º 2, do CCP) e pela confidencialidade das soluções e das negociações (arts. 29.º, n.º 3, da Directiva 2004/18/CE e 214.º, n.º 3 e 120.º, n.º 5, *ex vi* do art. 214.º, n.º 4, do CCP).

Antes de analisarmos o alcance destes bordões normativos, há que ter em conta algumas notas acerca do *resultado* e *finalidade* deste diálogo. Para tanto, começaremos por uma breve análise do Direito Comunitário.

A Directiva 2004/18/CE prevê que o diálogo decorrerá até que se identifique "a solução ou soluções susceptíveis de satisfazer" as necessidades da entidade adjudicante (cfr. art. 29.º, n. 5). Depois de encerrada a negociação, os participantes são convidados "a apresentar a sua proposta final com base na ou nas soluções apresentadas e especificadas durante o diálogo" (cfr. art. 29.º, n.º 6).

MOREIRA, "Constituição e Direito Administrativo (a Constituição Administrativa Portuguesa)", in *AB UNO AD OMNES – 75 anos da Coimbra Editora 1920-1995*, Coimbra, Coimbra Editora, 1998, p. 1141] ou da formulação (menos radical) de SCHMIDT-ASSMANN, segundo a qual a concretização do Direito Constitucional é feita através do Direito Administrativo (*apud* GOMES CANOTILHO, "O Direito Constitucional Passa; o Direito Administrativo Passa Também", in *Estudos de Homenagem ao Prof. Doutor Rogério Soares*, *Studia Iuridica* n.º 61 – *ad Honorem* n.º 1, Coimbra, Coimbra Editora, 2001, p. 707), a verdade é que não se pode ignorar que todas áreas do Direito Administrativo têm de se conformar com os princípios e regras previstos na *constituição administrativa* (veja-se, a título de exemplo, a evolução ao nível do contencioso administrativo impulsionada pela Constituição de 1976 e pelas posteriores revisões constitucionais – cfr. VIEIRA DE ANDRADE, "As Transformações do Contencioso Administrativo na Terceira República Portuguesa", in *Cadernos de Ciência de Legislação*, n.º 18, Janeiro-Março, 1997, pp. 65-78). Tal não significa que, através da análise evolutiva do direito positivo, não se conclua pelo "desenvolvimento interdependente dos sistemas constitucionais e administrativos". Para uma análise das normas de Direito Administrativo com assento nas várias constituições portuguesas, cfr. JORGE MIRANDA, "A Administração Pública nas Constituições Portuguesas", in *O Direito*, I-II (Janeiro-Junho), 1988, pp. 607-617. Para um estudo circunscrito à Constituição de 1976 e à evolução introduzida pelas suas diversas revisões, *v.* VITAL MOREIRA, "Constituição e Direito Administrativo (a Constituição Administrativa Portuguesa)", cit., pp. 1144-1160.

[252] VIEIRA DE ANDRADE, "O Ordenamento Jurídico Administrativo Português", cit., p. 47.

O diploma comunitário aponta, assim, para a possibilidade de a entidade adjudicante identificar várias soluções (entenda-se mais do que uma)[253] aptas a satisfazer as suas necessidades, não impondo um esquema binário, em que do diálogo terá de resultar uma solução ou nenhuma.

Independentemente do número de soluções identificadas, a Directiva não esclarece se a entidade adjudicante pode convidar todos os participantes no diálogo (mesmo aqueles cujas soluções não tenham sido eleitas) a apresentar uma proposta final ou apenas o(s) autor(es) da solução ou soluções escolhidas (que apresentariam uma proposta com base na solução que desenvolveram).

A primeira hipótese pressupõe necessariamente (pelo menos nos casos em que uma ou mais soluções são afastadas) a possibilidade de alguns concorrentes apresentarem uma proposta que responda a uma solução desenvolvida por outro(s) competidor(es) e, como tal, de o adjudicatário não ser o autor da solução escolhida. A (primeira) proposta de Directiva, apresentada pela Comissão Europeia, apontava claramente neste sentido. Além de, na exposição de motivos, se prever que, "no termo da negociação, a entidade adjudicante define as especificações técnicas finais, quer adoptando uma das soluções apresentadas por um dos participantes quer combinando duas ou mais soluções apresentadas"[254], o próprio articulado estabelecia que, após a negociação das soluções, seria redigido o caderno de encargos (único), verificando-se novamente se as capacidades dos candidatos "são apropriadas à solução técnica especificada no caderno de encargos definitivo"[255]. No entanto, na proposta alterada de Directiva, apresentada após o parecer do Parlamento Europeu (primeira leitura), a Comissão deixou cair estes preceitos. Mais, nos termos do actual art. 29.º, n.º 3, "as entidades adjudicantes não podem revelar aos outros participantes as soluções propostas nem outras informações confidenciais comunicadas por um candidato que participe no diálogo, sem aprovação deste último".

Atenta a eliminação dos preceitos que constavam da proposta inicial e o disposto no actual art. 29.º, n.º 3, a Comissão Europeia considera que os participantes só poderão ser chamados a apresentar uma proposta

---

[253] Neste sentido, MARK KIRKBY refere que "a Directiva abre portas ao entendimento de que a entidade adjudicante pode (*i.e.* deve poder) identificar múltiplas soluções como idóneas à satisfação da necessidade pública em causa" – cfr. "O Diálogo Concorrencial", cit., p. 321.
[254] Cfr. ponto 3.8.
[255] Cfr. art. 30.º, n.ºs 1 e 7.

baseada na solução que os próprios desenvolveram[256]. Para que um candidato apresente uma proposta com base na solução desenvolvida por outro(s) competidor(es), este(s) teria(m) de manifestar o seu consentimento[257]. Parte da doutrina não nega, porém, a possibilidade de a entidade adjudicante prever nas peças do procedimento uma cláusula em que os participantes aceitem que a sua solução seja partilhada com os demais[258].

Da resposta dada à questão anterior depende a resolução de uma outra que a Directiva também não esclarece. Trata-se de saber se, nos casos em que foram escolhidas várias soluções, devem ser construídos tantos cadernos de encargos quantas as soluções admitidas ou apenas um caderno de encargos, que preveja o conjunto das soluções eleitas[259]. Com efeito, se estivesse impedida de convidar os participantes a apresentar uma proposta com base numa solução desenvolvida por outro candidato, a entidade adjudicante teria forçosamente de construir vários cadernos de encargos (autónomos e reservados a cada um dos autores das soluções)[260]. Caso contrário, poderia optar entre elaborar apenas um caderno de encargos, que previsse todas as soluções, ou vários.

Da análise do regime previsto no CCP conclui-se que, face à "neblina" que ainda paira sobre as normas comunitárias[261], o legislador nacio-

---

[256] Na perspectiva de KATHERINA SUMMANN evita-se, assim, uma situação paradoxal, em que um operador económico é o autor da melhor solução e um seu competidor o adjudicatário com base nessa mesma solução – cfr. "Winds of Change: European Influences on German Procurement Law", in *Public Contract Law Journal*, Vol. 35, n.º 3, 2006, pp. 572 e 573.

[257] Cfr. ponto 3.3. da sua Nota Explicativa sobre o Diálogo Concorrencial. No mesmo sentido *v.* STEEN TREUMER, "Competitive Dialogue", cit., p. 181.

[258] Cfr. STEEN TREUMER, "Competitive Dialogue", cit., p. 182 (que considera, no entanto, que tal transformaria o diálogo concorrencial num "falhanço"). No mesmo sentido *v.* SUE ARROWSMITH, *The Law of Public and Utilities Procurement*, 2.ª edição, cit., pp. 664 e 665.

[259] Chamando a atenção para o problema *v.* ANN LAWRENCE DURVIAUX, *Logique de Marché et Marché Public en Droit Communautaire – Analyse Critique d'un Système*, cit., p. 513. Cfr. ainda MARK KIRKBY, "O Diálogo Concorrencial", cit., p. 321-324.

[260] Na verdade, não será possível elaborar um caderno de encargos sem revelar os traços essenciais da solução que lhe está subjacente. Neste sentido parecem propender YVES-RENÉ GUILLOU e JEAN-MATHIEU GLATT, "Négociation, Discussion, Échange: des Leviers pour l'Efficience de la Commande Publique", cit., p. 40.

[261] A ponto de STENN TREUMER afirmar que, mais do que simplificação e flexibilidade, o novo procedimento traz maior complexidade e incerteza – cfr. "The Field of Application of Competitive Dialogue", cit., p. 307.

nal não se limitou a transcrever o disposto no art. 29.º da Directiva[262], tendo assumido uma posição em relação aos problemas descritos.

Em primeiro lugar, optou por simplificar o *iter* formativo, estabelecendo um esquema binário: o diálogo decorre até que seja identificada a solução (única) susceptível de satisfazer as necessidades e exigências da entidade adjudicante ou até que se conclua que nenhuma das soluções negociadas é idónea a satisfazê-las (cfr. art. 214.º, n.º 5)[263]. Ao estabelecer que a Administração não pode escolher mais do que uma solução, o legislador afasta, desde logo, os problemas decorrentes da existência de vários cadernos de encargos[264]. Se só uma solução pode ser eleita, só um caderno de encargos será construído.

Quanto a este ponto, não se afigura a existência de um risco de violação do Direito Comunitário. Com efeito, apesar de a Directiva abrir a possibilidade a que a entidade adjudicante identifique mais do que uma solução, facto é que a restrição prevista no CCP é inócua do ponto de vista dos objectivos prosseguidos pelas normas comunitárias, limitando-se a antecipar, em lei geral, uma das hipóteses expressamente admitidas pelo Directiva.

Em segundo lugar, o CCP prevê ainda que, nos casos em que tenha sido identificada uma solução apta a satisfazer as necessidades e exigências publicitadas pela entidade adjudicante, "o órgão competente para a decisão de contratar envia a todos dos candidatos qualificados cujas soluções tenham sido admitidas (…) um convite à apresentação de propostas" (cfr. art. 217.º, n.º 1), que será acompanhado do caderno de encargos e do modelo de avaliação das propostas (art. 217.º, n.ºs 2 e 3). Ou seja, o legislador nacional admite (*rectius*, exige) que os candidatos (todos) cujas soluções, apesar de admitidas ao diálogo, não foram escolhidas, sejam convidados a apresentar uma proposta em resposta a uma solução que foi desenvolvida por outro candidato[265].

---

[262] Foi esta a "solução" adoptada em Espanha (cfr. art. 166.º da LCSP), em França (cfr. art. 67.º do Code des Marchés Publics) ou em Itália (cfr. art. 58.º do Codice dei Contratti Pubblici).

[263] Na primeira versão do anteprojecto do Código, submetida à discussão pública, previa-se a possibilidade de identificação de mais do que uma solução [cfr. arts. 184.º, n.º 2, alínea f) e 188.º, n.º 1].

[264] Desde logo, a elaboração de um modelo de avaliação comparativa das propostas, posto que "haveria a necessidade de comparar propostas nuclearmente diferentes, com atributos de natureza diversa" – cfr. MARK KIRKBY, "O Diálogo Concorrencial", cit., p. 322.

[265] Note-se que, como a entidade adjudicante não está impedida de combinar elementos das diversas soluções apresentadas, o facto de a solução escolhida não ser idêntica

Diferentemente do ponto anterior, neste aspecto o risco de a Comissão vir a entender que há uma violação do Direito Comunitário, desencadeando a respectiva acção por incumprimento, é elevado. Com efeito, o disposto no art. 29.º, n.º 3, da Directiva impede as entidades adjudicantes de revelar aos demais participantes as soluções ou outras informações confidenciais comunicadas por um candidato sem que este o autorize. Na perspectiva dos fins visados pela Directiva (a concretização das liberdades comunitárias), esta norma não é inócua. Ela surge para prevenir o designado "cherry-picking", ou seja, a apropriação, por parte de um ou mais competidores, das ideias e soluções pertencentes a outro(s) candidato(s) ou concorrente(s)[266]. Como o risco de "cherry-picking" é susceptível de afastar os operadores económicos da participação nos procedimentos adjudicatórios, o mesmo é encarado como um obstáculo à concretização das liberdades comunitárias, sendo a sua proibição olhada como uma forma de garantir a "livre, sã e leal concorrência" entre todos os interessados na celebração do contrato.

Ainda assim, entendemos que a "solução" prevista no CCP não desrespeita o Direito Comunitário, senão vejamos: (*i*) a obrigação de confidencialidade, prevista no art. 29.º, n.º 3, da Directiva não é absoluta. Aí se estabelece que o candidato pode autorizar a entidade adjudicante a revelar o conteúdo da sua solução ou de outras informações confidenciais comunicadas. Ora, se o CCP é claro quanto à possibilidade (*rectius*, ao dever) de se convidar todos os candidatos a apresentar uma proposta com base na solução escolhida, quando os operadores económicos participam num diálogo concorrencial já sabem que, se a sua for a solução eleita, a mesma será disponibilizada aos demais competidores sob a forma de caderno de encargos. Trata-se de uma das condições do procedimento. Pelo que, quando decidem participar no diálogo concorrencial, os candidatos sabem que essa informação será revelada[267] e aceitam as "regras do jogo". Como refere

---

à apresentada por um determinado candidato não significa que aquela não tenha sido também desenvolvida por este.

[266] Cfr. Nota Explicativa da Comissão sobre o Diálogo Concorrencial (ponto 3.2.); STEEN TREUMER, "Competitive Dialogue", cit., pp. 181 e 182 e MARK KIRKBY, "O Diálogo Concorrencial", cit., p. 323.

[267] Ao contrário de MARK KIRKBY, entendemos que as entidades adjudicantes não terão de se salvaguardar "contra a possibilidade de os candidatos não autorizarem a divulgação de elementos que possam a vir revelar-se necessários para a elaboração do caderno de encargos, nomeadamente, condicionando a sua participação no diálogo à concessão de uma autorização prévia" – cfr. "O Diálogo Concorrencial", cit., p. 324. Na verdade, cruel

Sue Arrowsmith, os objectivos prosseguidos pela Directiva serão alcançados se os participantes tiverem, no momento em que decidem participar, perfeito conhecimento de que a sua solução poderá ser revelada aos demais competidores[268]; (*ii*) ao estar prevista em lei geral, não se poderá afirmar que a "partilha" da solução vencedora seja uma medida que viole os princípios da igualdade, da imparcialidade, da transparência ou da boa fé; (*iii*) a opção inversa, que, no modelo previsto no CCP (de solução única), deixaria a Administração "nas mãos" de um único concorrente, "fechando" a fase de apresentação das propostas aos demais candidatos[269], seria um forte obstáculo à obtenção de "good value for money", transformando o diálogo concorrencial num procedimento pouco eficiente[270] e, como tal, pouco "desejado" pelas entidades adjudicantes; (*iv*) caso se preveja uma *remuneração* a atribuir aos candidatos cujas soluções sejam admitidas (cfr. art. 206.º, n.º 1, do CCP), a "partilha" da solução escolhida assemelha-se mais ao resultado de um concurso de concepção (cuja execução será submetida à concorrência) do que a um verdadeiro "cherry-picking"[271].

---

seria a lei que, exigindo que todos os candidatos sejam convidados a apresentar propostas, colocasse entraves à comunicação dos elementos essenciais do caderno de encargos.

[268] *The Law of Public and Utilities Procurement*, 2.ª edição, cit., p. 665. Seria importante que os programas do procedimento reiterassem também essa possibilidade.

[269] Como refere PETER TREPTE, o autor da solução escolhida ficaria numa situação de monopólio, podendo praticar, na proposta final, um preço monopolista – cfr. *Public Procurement in the EU – A Practitioner's Guide*, cit., p. 408. Mais, se a regra fosse a de que a solução de um candidato não poderá ser revelada ao seu competidor, dificilmente se aceitaria que a solução escolhida pudesse integrar elementos das diferentes soluções negociadas. Ora, tal constituiria um severo limite à construção de um caderno de encargos que melhor satisfaça o interesse público.

[270] Neste sentido *v.* SUE ARROWSMITH, *The Law of Public and Utilities Procurement*, 2.ª edição, cit., p. 665.

[271] Além da remuneração atribuída aos candidatos, são configuráveis, *de lege* (comunitária e nacional) *ferenda*, outros mecanismos destinados a "quebrar" a eventual resistência dos operadores económicos em participar num procedimento onde a solução que avançaram pode ser aproveitada pelos demais competidores. É o caso do *sistema de bónus* (à semelhança do que existe em países, como o Chile, que disciplinaram o procedimento concorrencial de formação de contratos públicos que têm origem em *propostas não solicitadas*, *i.e.* em projectos apresentados por particulares, sem prévia procura por parte da Administração, com o objectivo de suscitar uma decisão de contratar que os possa associar a esta no desempenho de tarefas administrativas), em que é atribuída uma pontuação adicional (por hipótese, 5% da pontuação máxima) à proposta pertencente ao autor da solução escolhida. Nos casos em que a solução identificada combina elementos de diferentes soluções, o referido bónus teria de ser repartido.

Não obstante as dúvidas quanto à sua conformidade com o Direito Comunitário, é este o *modelo de diálogo concorrencial* consagrado no CCP: existência de apenas um caderno de encargos e convite à apresentação de propostas endereçado a todos participantes no diálogo. As exigências respeitantes à igualdade de tratamento e à obrigação de confidencialidade não podem deixar de ser entendidas à luz das opções tomadas pelo legislador. Vejamos, então, qual o seu alcance na fase do diálogo.

Relativamente ao princípio da igualdade de tratamento, estabelece o art. 214.°, n.° 2, do CCP (na linha do disposto no art. 29.°, n.° 3, da Directiva 2004/18/CE), que o júri deve "garantir a igualdade de tratamento de todos eles, designadamente não facultando, de forma discriminatória, informações que possam dar vantagem a uns relativamente a outros". Importa notar que a concretização deste princípio, ao nível da negociação realizada no diálogo concorrencial, é diferente da sua densificação no âmbito da *fase de negociação* (das propostas), em que "os concorrentes devem ter idênticas oportunidades de propor, de aceitar e de contrapor modificações das respectivas propostas" (cfr. art. 120.°, n.° 4[272]).

Como veremos, na *negociação das propostas* (quando admitida) a máxima subjacente ao princípio da igualdade de tratamento é a de que o júri deve negociá-las como se todas fossem as potenciais vencedoras. Por um lado, todas as propostas respondem a um projecto contratual construído pela entidade adjudicante e, por outro, é o seu conteúdo que determinará o adjudicatário (*i.e.* o vencedor do concurso). Pelo que, o júri do procedimento não pode, em princípio, simplesmente "desinteressar-se" de uma proposta apresentada, sob pena de, por essa via, estar a impedir ou, pelo menos, dificultar o sucesso do respectivo concorrente[273].

O contexto negocial do diálogo concorrencial é substancialmente diferente. Se as soluções visam atender a um conjunto de necessidades e exigências identificadas pela entidade adjudicante na memória descritiva, elas não são ainda a resposta a um projecto contratual que esta tenha delineado. Mais, uma vez que todos os participantes no diálogo serão convidados a apresentar uma proposta, o conteúdo da solução escolhida não determina ainda o vencedor do concurso (que poderá ser um candidato

---

[272] Preceito aplicável aos três procedimentos que admitem uma fase de negociação – cfr. arts. 151.° e 202.°. Este preceito não é, porém, aplicável ao diálogo concorrencial porquanto o art. 214.°, n.° 4, remete (e bem) apenas para o disposto nos n.os 3 e 5 do artigo 120.°.

[273] Para mais desenvolvimentos veja-se o ponto 2.6.4. do presente capítulo.

cuja solução não foi acolhida)[274]. Neste sentido, consideramos que a igualdade de tratamento não impõe à entidade adjudicante que encare todas as soluções apresentadas como se fossem as potencialmente escolhidas. Se, após algumas sessões de diálogo, o júri identifica uma solução como a mais apta, nada impede que este canalize os seus esforços no seu desenvolvimento. Por outro lado, não fará sentido que o júri protele a negociação de uma solução que, de forma justificada, não se revela a mais apropriada.

Tal como o art. 214.º, n.º 2, sugere, a igualdade de tratamento revela-se sobretudo no acesso dos candidatos à informação. Assim, a informação (gerada pela Administração) acerca do contrato, que não esteja prevista na memória descritiva, deve ser disponibilizada a todos os participantes no diálogo. Utilizando o exemplo *supra* enunciado, o júri do procedimento não pode revelar a apenas um dos participantes que, atento o estado das negociações, a ligação rodoviária entre as duas margens se fará em túnel e não em ponte. Ao facultar essa informação a apenas um candidato, permitindo-lhe antecipar a construção da sua proposta, o júri estar-lhe-ia a conceder uma vantagem (pelo menos temporal) em relação aos demais.

Afigura-se mais difícil a tarefa de compatibilizar o *modelo de diálogo concorrencial* consagrado no CCP com a obrigação de confidencialidade prevista nos arts. 214.º, n.º 3 e 120.º, n.º 5, *ex vi* do art. 214.º, n.º 4, do CCP[275].

A exigência constante do art. 120.º, n.º 5 – "as actas e quaisquer outras informações ou comunicações, escritas ou orais, prestadas pelos concorrentes à entidade adjudicante devem manter-se sigilosas durante a fase de negociação" – não oferece especiais dificuldades. Com efeito, esta obrigação de sigilo tem um limite temporal: subsiste enquanto durar a fase de negociação (*i.e.* o diálogo). Como vimos, o caderno de encargos só será elaborado (e disponibilizado aos candidatos) depois de concluído o diálogo (cfr. art. 207.º, n.º 3). Pelo que, o convite à apresentação de uma proposta que contenha um caderno de encargos fundado numa solução avançada por outro concorrente em nada viola o referido dever de sigilo[276].

---

[274] Não se ignora, porém, que o autor da solução escolhida (se existir apenas uma) tem uma vantagem (nem que seja temporal) em relação aos demais.

[275] Quanto ao art. 29.º, n.º 3, da Directiva 2004/18/CE expressámos já o nosso entendimento.

[276] Para mais desenvolvimentos acerca do dever de sigilo *v.* o ponto 2.6.4. do presente capítulo. No entanto, o grau de exigência colocado ao cumprimento desta obrigação

As coisas complicam-se, porém, se atendermos ao disposto no art. 214.º, n.º 3, do CCP. De acordo com este preceito "as soluções apresentadas ou outras informações que, no todo ou em parte, tenham sido transmitidas com carácter de confidencialidade pelos candidatos durante as sessões de diálogo, só com o consentimento expresso e por escrito dos mesmos é que podem ser divulgadas aos outros candidatos ou a terceiros". Ao contrário do art. 120.º, n.º 5, não existe aqui qualquer limite temporal. Pelo que, nos casos em que o caderno de encargos tenha por base uma das soluções apresentadas, esta obrigação parece impedir a entidade adjudicante de, salvo "consentimento expresso e por escrito" do autor da solução escolhida, convidar outros candidatos (divulgando-lhes, assim, o conteúdo dessa solução) a apresentar uma proposta.

Parece-nos, no entanto, que atendendo ao modelo consagrado no CCP[277], que expressamente impõe um convite à apresentação de propostas a todos os participantes no diálogo, o disposto no art. 214.º, n.º 3, do CCP, deve merecer uma interpretação restritiva. A restrição visada não se prenderá, porém, com o período em que a obrigação de confidencialidade será respeitada. Com efeito, se o dever em análise fosse limitado à fase de diálogo, retirar-se-ia qualquer utilidade à remissão (contida no art. 214.º, n.º 4) para o disposto na parte final do art. 120.º, n.º 5[278]. Deve, pois, concluir-se que a obrigação de confidencialidade, prevista no art. 214.º, n.º 3, do CCP, se mantém após o diálogo.

Pelo que, a restrição deve incidir sobre o *objecto* (e não o período) da obrigação de confidencialidade, o qual deve limitar-se às soluções (ou parcelas destas) que não tenham sido escolhidas, bem como a todas as informações transmitidas pelos candidatos, no âmbito do diálogo incidente sobre a solução eleita ou sobre outra qualquer solução, que *objectivamente*

---

no âmbito da *fase de negociação* deve ser maior do que o imposto no diálogo em análise. Pelo que, as considerações ali formuladas devem ser "transpostas" para o diálogo concorrencial *cum grano salis*.

[277] Em certa medida, o modelo de diálogo concorrencial acolhido pelo CCP assemelha-se ao "two-stage procedure" previsto no "Legislative Guide on Privately Financed Infrastructure Projects" e nas "Model Legislative Provisions on Privately Financed Infrastructure Projects", adoptados pela Comissão das Nações Unidas para o Direito Comercial Internacional (UNCITRAL) em 2000 e 2003, respectivamente.

[278] Só as actas escapariam à letra do art. 214.º, n.º 4. No entanto, atenta a formulação do preceito, dificilmente se poderia concluir que as actas das sessões de diálogo (onde são expressas as posições das partes em relação à solução apresentada) poderiam ser reveladas aos demais participantes.

não sejam necessárias a uma correcta elaboração do caderno de encargos[279]. Só assim se respeitará o modelo de diálogo concorrencial previsto no CCP.

1.1.3.6. Breve referência ao iter *negocial e pós-negocial*

Nas respostas que tentámos avançar a alguns dos problemas colocados pelo diálogo concorrencial, algo ficou já dito acerca do *iter* que deve ser seguido durante (e logo após) a negociação. Apesar do risco de repetições, considerámos que seria útil proceder a uma análise (de conjunto) da própria tramitação negocial.

Quanto a esta matéria, importa, antes de mais, referir que o CCP não sucumbiu à tentação de estabelecer um apertado conjunto de regras sobre o procedimento a seguir no diálogo. Não podemos deixar de aplaudir esta opção, porquanto a flexibilidade inerente à negociação não se compadece com a aplicação de fórmulas rígidas e rotineiras, que não permitam uma adaptação do diálogo às diversas "realidades negociais".

Em primeiro lugar, prevê-se que a negociação é realizada mediante *sessões de diálogo* (cfr. art. 214.º, n.º 1). Trata-se de reuniões entre o júri do procedimento e os representantes legais dos vários candidatos, destinadas a discutir todos os aspectos previstos ou omitidos nas soluções e que permitam a elaboração do caderno de encargos (cfr. art. 213.º). Apesar do silêncio da lei, deve entender-se que as reuniões podem ser presenciais ou não.

Diferentemente do que sucede nos procedimentos que admitem uma *fase de negociação*[280], o CCP não prevê que o diálogo só possa começar depois de as impugnações administrativas terem sido decididas ou de ter decorrido o prazo para a respectiva decisão. Não obstante, aconselha a prudência que idêntica regra seja observada ao nível do diálogo concorrencial.

A primeira sessão é marcada pelo júri do procedimento, que notificará os concorrentes, com uma antecedência mínima de três dias, da data,

---

[279] Nesta linha, GONÇALO GUERRA TAVARES e NUNO MONTEIRO DENTE entendem que, após a fase de diálogo, "qualquer solução ou informação apresentada pelos candidatos que seja necessária para a elaboração do caderno de encargos está tácita e automaticamente desclassificada" – cfr. *Código dos Contratos Públicos – Volume I – Regime da Contratação Pública*, p. 490.

[280] Cfr. art. 272.º, n.º 2, alínea b).

hora e local, sendo as demais agendadas "nos termos que tiver por conveniente"[281] (cfr. art. 214.º, n.º 1).

Quanto ao formato do diálogo, e ao contrário do que veremos na *fase de negociação*, admite-se apenas reuniões "em separado com cada candidato qualificado" (art. 214.º, n.º 2). Parece-nos, de facto, a "técnica" ou o "formato" mais adequado a garantir o respeito pelo dever de sigilo que impende sobre os blocos negociais. De cada reunião será lavrada uma acta, que deve ser assinada pelos presentes (membros do júri e representantes legais dos candidatos), "devendo fazer-se menção da recusa de algum destes em assiná-la" (cfr. art. 120.º, n.º 3, *ex vi* do art. 214.º, n.º 4)[282].

O diálogo termina quando se verificar uma de duas circunstâncias: (*i*) o júri identificar a solução susceptível de satisfazer as necessidades e exigências da entidade adjudicante; (*ii*) ou concluir que nenhuma das soluções negociadas satisfaz tais necessidades e exigências (cfr. art. 214.º, n.º 5). Importa salientar a possibilidade de a entidade adjudicante não escolher qualquer das soluções apresentadas e de revogar a respectiva decisão de contratar [cfr. arts. 79.º, n.º 1, alínea f) e 80.º, n.º 1]. Trata-se de mais um elemento, respeitante ao quadro normativo deste procedimento, que revela que, na ponderação dos interesses (públicos e privados) em "jogo" na fase de diálogo, o legislador fez prevalecer o interesse (público) da entidade adjudicante, em identificar uma solução ou rejeitar todas as soluções caso estas se mostrarem insatisfatórias, sobre o interesse (privado) dos candidatos em ver escolhida uma solução e se avançar para a apresentação de propostas e posterior adjudicação[283].

Esta opção não nos parece censurável. Na verdade, como refere Vieira de Andrade, "a legislação sobre o procedimento administrativo [ainda que respeitante ao particular universo da formação dos contratos públicos] tal como não deve procurar a qualquer preço a realização dos interesses comunitários, também não deve ter uma vocação meramente garantística, isto é, não deve ter como finalidade única ou sequer principal a defesa dos direitos dos administrados"[284].

---

[281] A parte final do preceito traduz um verdadeiro caso de negociação *do* procedimento.

[282] Além da recusa, deve permitir-se que os representantes dos candidatos seleccionados formulem reservas ao conteúdo da acta.

[283] Neste sentido cfr. MARK KIRKBY, "O Diálogo Concorrencial", cit., pp. 317 e 318.

[284] "Revogação do Acto Administrativo", in *Direito e Justiça*, Vol. VI, 1992, p. 58.

Atenta a possibilidade de a entidade adjudicante não escolher qualquer solução (e de revogar a decisão de contratar), deve entender-se que, nestes casos, a mesma pode ainda determinar, desde que respeitado o conteúdo da memória descritiva, uma *renegociação* das soluções apresentadas.

Concluído o diálogo, o júri elabora um relatório fundamentado em que propõe "a solução susceptível de satisfazer as necessidades e exigências da entidade adjudicante ou, em alternativa, que nenhuma das soluções apresentadas satisfaz aquelas necessidades e exigências"[285] (cfr. art. 215.º, n.º 1). O relatório é então enviado para o órgão competente para a decisão de contratar, que decidirá "sobre a aprovação de todas as propostas contidas no relatório, nomeadamente para efeitos de convite à apresentação de propostas" (art. 215.º, n.º 3). Esta decisão é depois notificada aos participantes no diálogo (art. 216.º).

Verifica-se, assim, que, ao contrário do que acontece na negociação posterior à apresentação das propostas, em que se prevê a apresentação de uma versão final, que contenha todas as alterações introduzidas – uma BAFO ("Best and Final Offer") – no diálogo concorrencial não há lugar à entrega de uma espécie de BAFS ("Best and Final Solution"), em que seriam coligidas as modificações e desenvolvimentos a que as soluções escolhidas foram sujeitas durante o diálogo.

Este aspecto parece-nos essencial para responder a um outro problema colocado pelo diálogo concorrencial: o de saber se a solução identificada pelo júri pode integrar/combinar elementos constantes das diversas soluções negociadas ou, ao invés, deve corresponder a uma das soluções apresentadas e negociadas com os candidatos[286].

---

[285] Em rigor, ao declarar que nenhuma das soluções apresentadas satisfaz as necessidades e exigências da entidade adjudicante, o júri do procedimento nada está a propor ao órgão competente para a decisão de contratar. Se nenhuma das soluções é satisfatória, o júri do procedimento deverá propor que o órgão decida não adjudicar – cfr. art. 79.º, n.º 1, alínea f).

[286] ANN LAWRENCE DURVIAUX entende que a primeira opção violaria o dever de confidencialidade. A A. duvida que a complexidade subjacente ao diálogo concorrencial permita que a solução escolhida seja elaborada de forma suficientemente geral para evitar tal violação. Refere ainda que, se o procedimento conduz a "soluções universais, deve duvidar-se da verdadeira complexidade do contrato" – cfr. *Logique de Marché et Marché Public en Droit Communautaire – Analyse Critique d'un Système*, cit., p. 513. Também PETER TREPTE considera (ainda que em termos críticos) que a entidade adjudicante terá de aceitar uma das soluções apresentadas pelos concorrentes, não podendo chegar a uma "solução combinada" que satisfaça a sua memória descritiva – cfr. *Public Procurement in the EU – A Practitioner´s Guide*, cit., p. 408.

Se é verdade que, ao estabelecer que o diálogo prossegue até que se identifique, "se necessário por comparação, a solução susceptível de satisfazer as necessidades e as exigências" ou se conclua que "nenhuma das soluções apresentadas e discutidas" as satisfaz (art. 214.º, n.º 5), o Código "indicia" que a solução escolhida deve corresponder a uma das soluções negociadas[287], facto é o referido indício é afastada por argumentos mais ponderosos: (*i*) a *finalidade* do diálogo é a de permitir à entidade adjudicante construir, com os potenciais interessados na execução do contrato, o caderno de encargos que melhor satisfaça as necessidades e exigências identificadas na memória descritiva e não a de determinar qual das soluções em discussão é a melhor. Como vimos, na fase de diálogo, o legislador sobrepõe os interesses (públicos) da entidade adjudicante aos interesses (privados) dos candidatos Ora, não raras vezes esse interesse público será melhor prosseguido se, em lugar de se escolher uma das soluções apresentadas, forem aproveitados elementos constantes das diversas soluções objecto da negociação; (*ii*) o modelo de diálogo concorrencial estabelecido no CCP, em que todos os participantes no diálogo (independentemente da solução escolhida) são convidados a apresentar uma proposta, permite que a solução escolhida seja divulgada a todos os participantes. Ora, na perspectiva da obrigação de confidencialidade, é indiferente que a solução escolhida (e "partilhada" com os demais) corresponda a apenas uma das soluções desenvolvidas no diálogo ou à combinação de elementos constantes de diferentes soluções apresentadas; (*iii*) a inexistência de uma versão final das soluções negociadas (a tal "Best and Final Solution") revela que é o júri do procedimento que compõe a solução final susceptível de satisfazer as necessidades e exigências da entidade adjudicante, não estando limitado à hipotética versão final de uma das soluções apresentadas[288].

---

[287] Cfr. MARK KIRKBY, "O Diálogo Concorrencial", cit., pp. 324 e 325.

[288] Aliás, como não há uma versão final das soluções discutidas (e, como tal, alteradas ao longo do diálogo), seria tarefa complicada a de determinar (sobretudo com base nas actas das sessões de diálogo) se um determinado elemento da solução escolhida corresponderia ou não à respectiva solução apresentada.

Não colhe o argumento avançado por MARK KIRKBY, segundo o qual "a própria ideia de «diálogo», «debate» e «discussão» aponta para um procedimento em que a solução vai sendo construída e resulta dos *in-puts* cruzados dos diversos candidatos" – cfr. O Diálogo Concorrencial", cit., p. 325. Com efeito, afigura-se-nos perigoso afirmar que a ideia de diálogo (e também de negociação, posto que aquele é um elemento essencial desta), por si só, aponta para um cruzamento ou aproveitamento dos contributos apresentados pelos diver-

1.2. *A admissibilidade de uma negociação anterior à apresentação das propostas realizada fora do diálogo concorrencial*

Nos termos do art. 36.º, n.º 1, "o procedimento de formação de qualquer contrato inicia-se com a decisão de contratar"[289]. Independentemente de se considerar que esta decisão constitui, em si mesma, um acto administrativo[290] ou apenas a parte (interna) de um acto administrativo composto, que surge com o anúncio ou o convite à apresentação de propostas (actos funcionalmente autónomos)[291], a verdade é que ela é o primeiro "de uma série de actos praticados em vista da celebração de um contrato"[292], iniciando o procedimento de adjudicação (em sentido amplo). Se quisermos, é ela que dá o "tiro de partida" do respectivo *iter* formativo.

Ora, depois de iniciado o procedimento, pode acontecer que a Administração pretenda recorrer a outras entidades para com elas construir ou alterar a estrutura e/ou as especificações (técnicas, funcionais, financeiras ou jurídicas) do projecto contratual que irá submeter à concorrência. Na verdade, a elaboração (total ou parcial) das peças do procedimento só terá lugar depois da decisão de contratar. Pelo que, a sua construção faz-se já "dentro" do procedimento de adjudicação (em sentido amplo).

Este "outsourcing" pode fundar-se na incapacidade da entidade adjudicante (em função da complexidade do contrato ou da falta de meios) para elaborar, em definitivo, o referido projecto contratual[293] ou no inte-

---

sos blocos negociais. É que, como veremos, na *fase de negociação* das propostas deve garantir-se a *opacidade* do conteúdo de cada um dos diálogos negociais.

[289] Para uma análise da relevância (legal, doutrinal e jurisprudencial) da *decisão de contratar* antes da entrada em vigor do CCP, cfr. TIAGO DUARTE, "A Decisão de Contratar no Código dos Contratos Públicos: Da Idade do Armário à Idade dos Porquês", in *Estudos de Contratação Pública – I*, cit., pp. 148-172.

[290] Posição sustentada por TIAGO DUARTE, que a qualifica como "um acto administrativo com efeitos externos, que deverá, assim, ser autonomamente fundamentado e publicitado" – cfr. "A Decisão de Contratar no Código dos Contratos Públicos: Da Idade do Armário à Idade dos Porquês", in *Estudos de Contratação Pública – I*, cit., p. 178.

[291] É esta a visão de PEDRO GONÇALVES – cfr. *Direito dos Contratos Públicos (sumários desenvolvidos)*, cit., p. 42.

[292] PEDRO GONÇALVES, *Direito dos Contratos Públicos (sumários desenvolvidos)*, cit., p. 39.

[293] Cfr. STEEN TREUMER, "Technical Dialogue and the Principle of Equal Treatment – Dealing with Conflicts of Interests after Fabricom", in *Public Procurement Law Review*, 2007 (n.º 2), p. 100.

resse em conhecer as potencialidades da oferta para adequar as suas especificações ao mercado existente[294].

Nos casos em que se recorre ao mercado para construir o caderno de encargos, o ideal seria que se utilizasse o diálogo concorrencial – procedimento especificamente criado para o efeito, onde qualquer interessado sabe que, antes da apresentação de uma proposta, será negociado o projecto contratual a submeter à concorrência e em que todos os concorrentes (todos os que serão chamados a apresentar uma proposta) têm a oportunidade de participar na co-construção desse caderno de encargos. Pode, no entanto, suceder que a entidade adjudicante não esteja autorizada a fazê-lo (por não se encontrarem preenchidos os pressupostos previstos no art. 30.º) ou simplesmente opte por não utilizar o referido procedimento (devido à morosidade e aos custos associados).

Cabe, pois, indagar se e em que termos pode a Administração, no âmbito dos demais procedimentos adjudicatórios (*i.e.* fora do diálogo concorrencial[295]), realizar uma negociação destinada a construir ou alterar as especificações constantes do caderno de encargos.

Nesta análise, importa atender a duas fases distintas: (*i*) a que antecede o "primeiro momento externo do procedimento de adjudicação"[296] – traduzido na publicação do anúncio do concurso ou no convite directo à apresentação de propostas –, em que a decisão de contratar não foi ainda levada "ao conhecimento do universo de potenciais interessados na celebração do contrato"[297]; (*ii*) e a que segue à exteriorização do procedimento adjudicatório e que se prolonga até ao momento da apresentação das propostas.

Como é fácil de perceber, quando, antes da *exteriorização do procedimento*, solicita a colaboração de outras entidades para construir o ca-

---

[294] Cfr. SUE ARROWSMITH, *The Law of Public and Utilities Procurement*, 2.ª edição, cit., p. 485. A A. dá como exemplo a aquisição de um complexo sistema no sector das tecnologias de informação: a entidade adjudicante pode querer saber se existe a tecnologia com as características que pretende especificar e se as mesmas podem ser disponibilizadas em termos considerados razoáveis.

[295] Em rigor, a entidade adjudicante pode, no diálogo concorrencial, ter recorrido ao mercado para construir a própria memória descritiva (cfr. art. 207.º). Neste sentido, o que em seguida se afirmará a propósito da negociação anterior à exteriorização do procedimento adjudicatório vale também, *mutatis mutandis*, para o diálogo concorrencial.

[296] PEDRO GONÇALVES, *Direito dos Contratos Públicos (sumários desenvolvidos)*, cit., p. 46.

[297] MARCELO REBELO DE SOUSA e ANDRÉ SALGADO DE MATOS, *Contratos Públicos – Direito Administrativo Geral*, cit., p. 97.

derno de encargos, a entidade adjudicante procurará empresas ou indivíduos que tenham um vasto conhecimento e experiência na área. Não raras vezes, estes sujeitos estão interessados na celebração do contrato, integrando (directa ou indirectamente) o lote dos potenciais candidatos/concorrentes[298].

Caso se entenda que os referidos sujeitos podem, no procedimento de adjudicação em que participaram na construção do respectivo caderno de encargos, ser candidatos e/ou concorrentes (agrupados ou não) e se isso efectivamente vier a acontecer, a co-construção do caderno de encargos, que antecedeu a exteriorização do procedimento, traduzir-se-á numa verdadeira *negociação*. Além de incidir sobre o projecto contratual que será submetido à concorrência (*objecto*) e de, em regra, se visar um entendimento quanto à sua melhor construção (*finalidade*), o referido diálogo, commumente designado de *diálogo técnico*, estabelece-se entre a entidade adjudicante e um possível co-contratante (*sujeitos*)[299]. Com efeito, só se o sujeito com quem a Administração co-construiu o caderno de encargos não puder participar no procedimento ou, podendo, não o fizer, é que o referido diálogo não será considerado um diálogo *negocial* (porque realizado entre a entidade adjudicante e um terceiro e não entre a entidade adjudicante e um dos sujeitos do procedimento).

A grande questão está, portanto, em saber se o sujeito que participou na construção do caderno de encargos pode, ou não, ser candidato e/ou concorrente no procedimento em que esse mesmo projecto contratual vai ser submetido à concorrência.

---

[298] Cfr. STEEN TREUMER, "The Discretionary Powers of Contracting Entities – Towards a Flexible Approach in the Recent Case Law of the Court of Justice?", in *Public Procurement Law Review*, 2006 (n.º 3), p. 74 e "Technical Dialogue and the Principle of Equal Treatment – Dealing with Conflicts of Interests after Fabricom", cit., p. 100.

[299] PHILIPPE FLAMME, MAURICE-ANDRÉ FLAMME e CLAUDE DARDENNE consideram que o diálogo técnico é um "avant-goût de négociation" – cfr. *Les Marchés Publics Européens et Belges – L'Irrésistible Européanisation du Droit de la Commande Publique*, cit., p. 167.

Pode, no entanto, acontecer que não haja qualquer interacção dialógica entre a entidade adjudicante e o potencial co-contratante (*v.g.* aquela limita-se a adoptar o caderno de encargos que este elaborou). A inexistência de uma verdadeira negociação (atenta a ausência de uma estrutura de diálogo) não parece alterar os dados do problema que abordaremos em seguida: o de saber se o sujeito que construiu o caderno de encargos pode figurar como candidato/concorrente no procedimento em que esse projecto contratual é submetido à concorrência.

Em sentido negativo, tem-se apontado o facto de a participação no diálogo técnico conferir à entidade em apreço uma vantagem em relação aos seus competidores. Esta vantagem traduzir-se-ia (*i*) na *possibilidade* de dispor de informações acerca do contrato que não foram reveladas aos demais concorrentes[300]; (*ii*) na *possibilidade* de co-construir um caderno de encargos "à medida" dos seus interesses[301]; (*iii*) e no maior período de tempo de que o mesmo dispõe para preparar a sua proposta[302]. Nesta perspectiva, a aceitação de uma candidatura ou de uma proposta, apresentada por quem participou no diálogo técnico, revelaria uma violação dos princípios da igualdade, da imparcialidade e da concorrência[303].

Em abono de uma resposta afirmativa, pode afirmar-se que esta negociação, por si só, não implica uma violação dos referidos princípios[304]. Com efeito, salvo o benefício temporal, as demais vantagens são apenas *potenciais*. Pode acontecer que, na prática, o sujeito não tenha obtido, por via do diálogo técnico, informações adicionais (*i.e.* não disponibilizadas

---

[300] Cfr. STEEN TREUMER, "Technical Dialogue and the Principle of Equal Treatment – Dealing with Conflicts of Interests after Fabricom", cit., pp. 107-109 e ANA GOUVEIA MARTINS, "Concurso Limitado por Prévia Qualificação", cit., p. 248.

[301] Cfr. STEEN TREUMER, "Technical Dialogue and the Principle of Equal Treatment – Dealing with Conflicts of Interests after Fabricom", cit., p. 109. O A. salienta que este favorecimento pode acontecer mesmo que a Administração não pretenda prejudicar os demais (potenciais) concorrentes. À entidade adjudicante poderão faltar o conhecimento e a experiência necessários (razões, aliás, que a terão levado a recorrer ao diálogo técnico) para evitar ser habilmente conduzida pelo seu consultor.

[302] Cfr. STEEN TREUMER, "Technical Dialogue and the Principle of Equal Treatment – Dealing with Conflicts of Interests after Fabricom", cit., p. 110. Este A. refere-se ainda ao facto de o diálogo técnico promover uma "ligação" entre as partes que pode levar a entidade adjudicante a favorecer, ao longo do procedimento, o referido interessado. Entre nós, referindo-se ao maior período de tempo de que o interessado dispõe para preparar a sua proposta *v.* acórdão do STA, de 09-04-2002 (Proc. 048035).

[303] CLÁUDIA VIANA aborda a admissibilidade do diálogo técnico a propósito da análise do princípio da imparcialidade – cfr. *Os Princípios Comunitários na Contratação Pública*, cit., pp. 160 e 161. Também RODRIGO ESTEVES DE OLIVEIRA questiona a admissão do referido interessado a concurso sob o prisma do princípio da imparcialidade – cfr. "Os Princípios Gerais da Contratação Pública", cit., p. 96. Já STEEN TREUMER refere-se às vantagens decorrentes da participação no diálogo técnico à luz do princípio da igualdade de tratamento. Não nega, no entanto, que as mesmas podem implicar, também, uma distorção da concorrência – cfr. "Technical Dialogue and the Principle of Equal Treatment – Dealing with Conflicts of Interests after Fabricom", cit., pp. 102 e 109.

[304] Cfr. SUE ARROWSMITH, *The Law of Public and Utilities Procurement*, 2.ª edição, cit., p. 487.

aos seus competidores) e que o caderno de encargos seja isento e objectivo. Pelo que, a *proibição automática* de o sujeito se candidatar ou concorrer seria desproporcional, porque desnecessária para garantir a igualdade, imparcialidade e uma "livre, sã e leal concorrência"[305] entre os diversos competidores.

Contra a tese indicada pode, porém, afirmar-se que "decorre do princípio da imparcialidade a obrigação de a Administração Pública ser transparente no exercício das suas funções"[306]. Na verdade, "não basta que a Administração seja efectivamente imparcial (...), é necessário que os cidadãos acreditem na efectividade dessa imparcialidade"[307]. Neste sentido, o princípio da imparcialidade "pede que se delimite um círculo normativamente adequado de situações de perigo que (...) sejam objectivamente capazes de fundar uma suspeita pública relativamente à falta de isenção da Administração"[308]. O risco de falta de isenção seria suficiente para impedir, com fundamento no princípio da imparcialidade, essas situações. Nesses casos, a "imparcialidade funciona como uma norma de perigo (...) e não como uma norma de resultado"[309], não sendo, portanto, necessária a prova do dano, ou seja, a existência de uma conduta parcial da Administração[310]. Ora, entre as referidas situações de risco ou perigo de falta de isenção estaria a aceitação, como candidato ou concorrente, de quem, no procedimento em questão, auxiliou a entidade adjudicante na construção do caderno de encargos.

Se a legislação anterior ao CCP não regulava expressamente (proibindo ou admitindo a participação destas entidades) esta situação, a jurisprudência nacional teve oportunidade de manifestar o seu entendimento

---

[305] FAUSTO DE QUADROS, "O Concurso Público na Formação do Contrato Administrativo", cit., p. 721.

[306] MARIA TERESA DE MELO RIBEIRO, *O Princípio da Imparcialidade da Administração Pública*, Coimbra, Almedina, 1996, p. 191.

[307] MARIA TERESA DE MELO RIBEIRO, *O Princípio da Imparcialidade da Administração Pública*, cit., p. 192.

[308] RODRIGO ESTEVES DE OLIVEIRA, "Os Princípios Gerais da Contratação Pública", cit., p. 96.

[309] RODRIGO ESTEVES DE OLIVEIRA, "Os Princípios Gerais da Contratação Pública", cit., p. 96.

[310] Neste sentido VIEIRA DE ANDRADE em parecer citado por MARIA TERESA DE MELO RIBEIRO, *O Princípio da Imparcialidade da Administração Pública*, cit., p. 192 (nota 102) e também RODRIGO ESTEVES DE OLIVEIRA, "Os Princípios Gerais da Contratação Pública", cit., p. 96.

quanto à matéria. Com efeito, em acórdão datado de 01-10-2003 (Proc. 048035), o STA analisou a adjudicação[311] a um consórcio cujo projecto--base fora elaborado pela empresa que tinha realizado o estudo prévio para o dono da obra e que, durante o procedimento, o havia auxiliado na correcção de alguns lapsos nas peças concursais. Apesar de não integrar o consórcio concorrente, a empresa seria ainda, nos termos da proposta apresentada, a responsável pelo respectivo projecto de execução.

O STA entendeu que as circunstâncias descritas lançavam sobre o concurso e a respectiva adjudicação "uma aura de suspeita e desconfiança, pondo em causa a imagem de objectividade e seriedade que os órgãos da Administração Pública devem guardar". Por um lado, a realização dos referidos estudos prévios tinham permitido à empresa desenvolver uma relação de extrema confiança com a entidade adjudicante. Por outro lado, a elaboração do projecto-base do concorrente e a indicação como responsável pelo projecto de execução, faziam com que a empresa tivesse interesse em que o respectivo concorrente vencesse o concurso. A empresa apareceria, assim, quer do lado da organização do concurso, quer "envolvida na competição com os outros concorrentes, projectando para o exterior uma imagem de pouca rectidão da parte de quem permitiu que tal acontecesse".

Entendeu o Tribunal que a adjudicação realizada nestas condições violava o *princípio da transparência* (garantia preventiva da imparcialidade da Administração), que postula a proibição de um conjunto de situações em que o *risco* ou o *perigo* da falta de isenção da Administração põem em causa a imagem de imparcialidade que esta deve projectar. Acolhendo o entendimento de que, em certos casos, a imparcialidade, na sua dimensão de transparência, se basta com o risco ou o perigo de falta de isenção, o Tribunal considerou que, além de não ser necessária a demonstração, em concreto, de uma actuação parcial, a violação das referidas proibições teria um efeito invalidante "independentemente da demonstração de uma actuação efectivamente imparcial" (este acto, *anulável*, poderia, porém, não ser *anulado* caso se provasse que, sem a violação do princípio da transparência, o resultado seria o mesmo).

Neste aresto, o STA teve, porém, a preocupação de "estancar" as possíveis consequências deste entendimento, deixando bem claro que a proibição se fundava na realização de trabalhos preparatórios no concurso em

---

[311] Efectuada no âmbito de um concurso público para a formação de um contrato de empreitada de obras públicas.

que o visado pretende participar e não numa "simples ligação histórica da empresa candidata ao dono da obra".

No mesmo sentido se pronunciou o TCAN, em acórdão datado de 16-11-2006 (Proc. 545/05.6BECBR), a propósito da exclusão de um concorrente com fundamento no facto de ter incluído, como assessora do seu projecto, a empresa que elaborou, para a entidade adjudicante, o estudo prévio que serviu de base ao projecto a apresentar pelos concorrentes. Entendeu o Tribunal que tal exclusão se justificaria à luz dos princípios da contratação pública, porquanto a assessoria da referida empresa daria ao concorrente um conhecimento privilegiado do estudo prévio e da vontade da entidade adjudicante.

De acordo com o entendimento sufragado pela nossa jurisprudência, estava, pois, proibida a admissão, como candidatos ou concorrentes (agrupadas ou não), das entidades que participaram na co-construção das peças do procedimento[312], bem como de quem, na elaboração das respectivas propostas, havia recebido o contributo de tais entidades[313].

Acolhendo o entendimento expresso pela jurisprudência nacional, o CCP impede as entidades que "tenham, a qualquer título, prestado, directa ou indirectamente, assessoria ou apoio técnico na preparação e elaboração das peças do procedimento" de participar como candidatos, concorrentes ou integrar qualquer agrupamento [cfr. art. 55.º, alínea j)]. Este preceito merece-nos, porém, alguns reparos.

Em primeiro lugar, parece-nos que este "novo" impedimento deve ser objecto de uma interpretação restritiva. Entendemos que o mesmo não deve ser aplicado ao ajuste directo em que apenas uma entidade será convidada a apresentar proposta. Na verdade, não faria sentido que, nos casos em que se permite a mobilização de um procedimento fechado e sem qualquer concorrência real, valesse uma proibição cujo único fito é o de garantir a verdade da concorrência que tem lugar ao longo do *iter* formativo. Deve, pois, entender-se que a entidade adjudicante e o (futuro) único concorrente podem, no ajuste directo, co-construir o respectivo caderno de encargos antes do próprio convite.

---

[312] Os arestos não o afirmaram expressamente. Porém, se não pode ser admitido quem, na elaboração da respectiva proposta, tenha recebido o contributo de uma entidade que participou na co-construção do caderno de encargos, por maioria de razão, a própria entidade que realizou os trabalhos preparatórios também não poderá ser.

[313] Cfr. RODRIGO ESTEVES DE OLIVEIRA, "Os Princípios Gerais da Contratação Pública", cit., p. 98.

Consideramos, porém, que aquela não é a única situação em que o referido impedimento deve merecer uma interpretação restritiva. Com efeito, pode dar-se o caso de a entidade adjudicante ter publicitado, de forma ampla, a sua necessidade de apoio para a construção das peças do procedimento, dispondo-se a negociá-las, em sessões públicas, com todos os interessados que nestas pretendessem participar.

Se interpretada no sentido de afastar todos os interessados que publicamente se disponibilizaram a participar na co-construção do caderno de encargos, a norma em questão seria inconstitucional por violação do princípio da igualdade. Com efeito, nas circunstâncias descritas, a discriminação entre os interessados que participaram no referido diálogo negocial e aqueles que *optaram* por não o fazer mostrar-se-ia materialmente infundada e desrazoável[314], porquanto o motivo em que o impedimento se escora (a situação de risco ou perigo de falta de isenção da entidade adjudicante), *in casu*, não existe[315]. Em suma, de acordo com uma adequada interpretação conforme a Constituição, deve entender-se que o preceito em análise impede uma entidade de se candidatar ou concorrer (agrupada ou não) a um concurso sempre que assessoria ou o apoio técnico não tenham sido pública e concorrencialmente prestados[316].

Deve ainda ter-se o cuidado de aferir se o visado tinha conhecimento de que, quando o fez, estava a prestar assessoria ou apoio técnico para um novo procedimento. Imagine-se que o mesmo era já um co-contratante da

---

[314] Para uma síntese doutrinal e jurisprudencial do princípio da igualdade *v*., por exemplo, o acórdão do TC 319/00, de 21 de Junho.

[315] SUE ARROWSMITH considera que não há qualquer violação do princípio da igualdade se, antes da abertura do procedimento, a entidade adjudicante decidir realizar discussões em reuniões públicas e amplamente publicitadas – cfr. *The Law of Public and Utilities Procurement*, 2.ª edição, cit., p. 486. Já antes a A. o havia sustentado – *v*. "The Problem of Discussions with Tenderers under the E.C. Procurement Directives: the Current Law and the Case for Reform", cit. p. 67. No mesmo sentido *v*. ANA GOUVEIA MARTINS, "Concurso Limitado por Prévia Qualificação", cit., p. 247.

[316] Temos ainda sérias dúvidas nos casos em que o interessado se limitou a assessorar ou apoiar a entidade adjudicante na elaboração de um caderno de encargos-tipo (*i.e.* de uma "minuta" ou formulário de caderno de encargos para ser utilizado em diversos procedimentos de adjudicação). Em rigor, como o caderno de encargos, em cuja construção o interessado participou, não se destina a um *iter* adjudicatório específico, não se pode afirmar que ele tenha realizado os trabalhos preparatórios do procedimento a que concorre. Ainda que assim não se entenda, atenta a natureza do apoio prestado, parece-nos que o afastamento do interessado se revela uma medida excessiva (ou desproporcional em sentido estrito) e, como tal, violadora do princípio da proporcionalidade.

Administração, empreiteiro escolhido no âmbito de um outro concurso, e que se limitou a responder a um conjunto de questões, colocadas pelo seu dono de obra, que julgara respeitarem a esse outro procedimento. Caso essa informação seja utilizada no novo *iter* formativo, impõe o princípio da boa fé que este operador económico não seja impedido de se candidatar ou concorrer[317]. Forçoso se torna, por fim, que tenha existido uma verdadeira *assessoria* ou *apoio técnico* na preparação e elaboração das peças do procedimento. Pelo que, a intervenção do visado nos trabalhos preparatórios deverá revelar alguma consistência (ainda que não se exija a existência de um vínculo jurídico entre as partes). A resposta informal a um conjunto de questões, por exemplo, não prefigurará uma assessoria ou apoio técnico[318].

Em segundo lugar, mesmo nas situações em que a (verdadeira e conhecida) assessoria ou apoio técnico não tenha ocorrido num contexto transparente e concorrencial, importa atender ao que o direito comunitário tem a dizer sobre a matéria.

O diálogo técnico foi, pela primeira vez, tocado pelo "legislador" comunitário na Directiva 97/52/CE, de 13 de Outubro de 1997, que alterou as três Directivas respeitantes aos designados *sectores gerais*, e na Directiva 98/4/CE, de 16 de Fevereiro de 1998, que modificou o diploma relativo aos *sectores especiais*[319]. No entanto, o mesmo não foi objecto

---

[317] Além de que, se não tinha conhecimento de que estava assessorar a entidade adjudicante a preparar as peças respeitantes a um novo procedimento, em princípio, não existirá o risco de as referidas peças terem sido feitas "à medida" deste interessado.

[318] Se, através desse diálogo informal, o interessado obteve uma informação que lhe confere uma vantagem (ainda que meramente temporal) relativamente a outros potenciais candidatos/concorrentes (*v.g.* uma informação necessária para a preparação da proposta), tal informação deve ser, tão breve quanto possível, tornada pública. É esta a solução prevista na Federal Acquisition Regulation (FAR), que reúne boa parte da disciplina jurídica aplicável ao *procurement* do Governo Federal dos EUA. Com efeito, na parte 15 ("contracting by negotiation"), é encorajada, a todo o tempo, a troca de informações entre a entidade adjudicante e os interessados (troca essa que, mesmo antes da apresentação das propostas, pode ter lugar através de "one-on-one meetings"). Prevê-se, no entanto, que quando uma informação necessária para a preparação das propostas é revelada a um ou mais potenciais ofertantes, essa informação deve ser, logo que possível, disponibilizada ao público para evitar a criação de uma vantagem concorrencial injusta [15.201, alínea f)] – cfr., a este propósito, DAVID WHITEFORD, "Negotiated Procurements: Squandering the Benefit of the Bargain", cit., pp. 515-517.

[319] O grande objectivo subjacente às alterações introduzidas pelas duas Directivas foi o de adaptar o acervo comunitário ao Acordo sobre Contratos Públicos (ACP), do qual a

de qualquer disposição normativa, tendo apenas sido aflorado nos respectivos considerandos[320]. Estabelecia-se que "as entidades contratantes podem solicitar ou aceitar pareceres que possam ser utilizados para a preparação de especificações relativas a um determinado contrato, na condição de que esses pareceres não tenham por efeito impedir a concorrência"[321].

Comunidade e os seus Estados-membros são parte, assinado em 15 de Abril de 1994, em Marraquexe, na sequência do "Uruguay Round". O ACP, celebrado sob a égide da Organização Mundial do Comércio (OMC), sucedeu ao Acordo Sobre Aquisições Públicas, negociado durante a ronda de Tóquio (1973-1979), no âmbito do GATT – *General Agreement on Trades and Tariffs*. Acerca deste primeiro acordo sobre contratação pública cfr. ALFONSO OJEDA MARÍN, "La Comunidad Europea y el GATT en el Moderno Sistema de Contratación Pública", in *Revista de Administración Pública*, n.º 116, Maio-Agosto 1988, pp. 435-439; FRIEDL WEISS, "Public Procurement in the EEC – Public Supply Contracts", in *European Law Review*, Vol. 13, n.º 5, 1988, pp. 324-326; MICHEL WIDMER e MICHEL DELBOS, "El Nuevo Acuerdo sobre la Contratación Pública del GATT", in *La Contratación Pública en los Llamados Sectores Excluidos*, org. Vicente López-Ibor Mayor, Madrid, Civitas, 1997, pp. 390 e 391; CRISTOPHER BOVIS, *EC Public Procurement: Case Law and Regulation*, cit., pp. 119-124; CLÁUDIA VIANA, *Os Princípios Comunitários na Contratação Pública*, cit., pp. 75-78 e "A Globalização da Contratação Pública e o Quadro Jurídico Internacional", in *Estudos de Contratação Pública – I*, cit., pp. 25-29. Sobre o ACP *v*. MICHEL WIDMER e MICHEL DELBOS, "El Nuevo Acuerdo sobre la Contratación Pública del GATT", cit., pp. 391 e ss.; SUE ARROWSMITH, "Towards a Multilateral Agreement on Transparency in Government Procurement", cit., pp. 795 e ss.; HARVEY GORDON, SHANE RIMMER e SUE ARROWSMITH, "The Economic Impact of the European Union Regime on Public Procurement: Lessons for the WTO", in *The World Economy*, Vol. 21 (n.º 2), 1998, pp. 162-164; CRISTOPHER BOVIS, *EC Public Procurement: Case Law and Regulation*, cit., pp. 124-126; CLÁUDIA VIANA, *Os Princípios Comunitários na Contratação Pública*, cit., pp. 78-84 e "A Globalização da Contratação Pública e o Quadro Jurídico Internacional", cit., pp. 29-44. A propósito da adaptação das Directivas comunitárias ao ACP *v*. SUE ARROWSMITH, *The Law of Public and Utilities Procurement*, 2.ª edição, cit., pp. 146-149.

[320] 10.º considerando da Directiva 97/52/CE e 13.º da Directiva 98/4/CE.

[321] Conforme nota STEEN TREUMER, estes considerandos expressam uma visão do diálogo técnico mais flexível do que a resultante do então Direito Comunitário vigente. Na verdade, os mesmos parecem proibir apenas o diálogo técnico que *impeça* a concorrência. Ora, a violação dos princípios da igualdade, da imparcialidade e da concorrência não se reduz aos casos em que a concorrência é *eliminada*. Os referidos princípios seriam também desrespeitados se a concorrência fosse simplesmente *afectada* ou *ameaçada* – cfr. "Technical Dialogue Prior to Submission of Tenders and the Principle of Equal Treatment of Tenders", in *Public Procurement Law Review*, 1999 (n.º 3), p. 147. Na verdade, "um menor grau de impacto na concorrência representará [também] uma violação do princípio da igualdade" – cfr. STEEN TREUMER, "Technical Dialogue and the Principle of Equal Treatment – Dealing with Conflicts of Interests after Fabricom", cit., p. 102.

Nas Directivas 2004/17/CE (respeitante aos *sectores especiais*) e 2004/18/CE (que regula os *sectores gerais*)[322], o "legislador" comunitário decidiu manter o silêncio *normativo* quanto ao diálogo técnico, referindo-se-lhe apenas, e uma vez mais, nos seus considerandos[323]. Prevê-se agora que "antes da abertura de um processo de adjudicação de um contrato, as entidades adjudicantes podem, recorrendo a um «diálogo técnico», solicitar ou aceitar pareceres que possam ser utilizados para a elaboração do caderno de encargos, na condição de que esses pareceres não tenham por efeito impedir a concorrência".

Apesar de os considerandos não terem valor normativo (são meros auxiliares hermenêuticos), parece claro que as Directivas admitem um diálogo técnico que não tenha por efeito impedir a concorrência.

Tal conclusão não é, no entanto, suficiente para afirmar que o impedimento previsto no art. 55.º, alínea j), desrespeita o direito comunitário. Com efeito, vimos já que, de acordo com uma adequada interpretação, a proibição prevista no direito nacional deve ser restringida aos casos em que a assessoria ou o apoio técnico não foram pública e concorrencialmente prestados. Importa, portanto, indagar se, mesmo nestes casos (*maxime* quando a assessoria ou o apoio técnico é prestado apenas por um dos interessados à celebração do contrato), o direito comunitário impedirá um afastamento automático do respectivo candidato/concorrente.

A este propósito, revela-se essencial a análise da jurisprudência fixada no acórdão *Fabricom*, de 3 de Março de 2005[324]. Neste aresto colocou-se a questão de saber se as Directivas se opõem a que o encarregado da investigação, da experimentação, do estudo ou do desenvolvimento de obras, fornecimentos ou serviços seja impedido de apresentar uma candidatura ou uma proposta num concurso público relativo a empreitadas para a realização dessas obras, fornecimentos ou serviços, sem que lhe seja dada a oportunidade de, em concreto, provar que essa circunstância não falseou a concorrência.

Nas suas conclusões, o Advogado-Geral LÉGER considerou que, além de proteger os princípios da segurança jurídica e da transparência, o impedimento não seria desproporcional. A sua posição fundamenta-se no facto

---

[322] Para uma análise global das alterações introduzidas por este diploma *v.* SUE ARROWSMITH, "The Past and Future Evolution of EC Procurement Law: From Framework to Commmon Code?", in *Public Contract Law Journal*, Vol. 35, n.º 3, 2006, pp. 344-350.
[323] 15.º considerando da Directiva 2004/17/CE e 8.º da Directiva 2004/18/CE.
[324] Proc. apensos C-21/03 e C-34/03.

de as entidades (*i*) serem livres de participar, ou não, na fase preparatória do contrato (*ii*) e de a incompatibilidade analisada se restringir ao contrato em questão (n.º 41). Uma vez que os conhecimentos são subjectivos e dificilmente identificáveis (mesmo pela pessoa que os adquire), seria "praticamente impossível prever qualquer diligência que permita garantir que as informações e a experiência adquiridas na fase preparatória não vão servir a mesma pessoa quando concorrer" (n.º 42).

No entanto, o Tribunal de Justiça não subscreveu a posição do Advogado-Geral. Analisando o impedimento sob a perspectiva do princípio da igualdade de tratamento, sustentou que o sujeito visado pela norma não está, em relação ao procedimento adjudicatório, na mesma situação de uma pessoa que não efectuou os referidos trabalhos preparatórios (n.º 28). Em primeiro lugar, porque aquele *pode* ter uma vantagem na elaboração da sua proposta devido às informações obtidas aquando da realização dos trabalhos (n.º 29). Em segundo lugar, porque, mesmo sem intenção, ele teve a *oportunidade* de influenciar as condições de adjudicação num sentido que lhe seja mais favorável, situação de favor que desrespeitaria a concorrência entre os diversos competidores (n.º 30). Conclui, portanto, que o princípio da igualdade não obriga a que esta entidade seja tratada da mesma forma que qualquer outro concorrente (n.º 31). No entanto, ao não dar à pessoa que efectuou tais trabalhos preparatórios a possibilidade de demonstrar que, no caso concreto, não obteve informações que tenham beneficiado a sua proposta e não influenciou as condições de adjudicação em seu favor, o Tribunal entende que o preceito em questão "ultrapassa o que é necessário para alcançar o objectivo da igualdade de tratamento entre todos os concorrentes" (n.º 34).

O Tribunal de Justiça mostra-se, assim, pouco sensível a um entendimento do princípio da imparcialidade que, bastando-se com o mero risco ou o perigo de falta de isenção da entidade adjudicante, impeça, de forma automática, o sujeito visado de se candidatar ou concorrer. Entende, ao invés, que o afastamento do interessado não pode fazer-se sem que antes lhe seja dada a oportunidade de provar que, em concreto, não retirou qualquer vantagem da realização dos trabalhos preparatórios[325].

---

[325] RODRIGO ESTEVES DE OLIVEIRA entende que "a solução constante da jurisprudência comunitária assenta numa espécie de inversão de ónus da prova e num procedimento contraditório: à entidade adjudicante ou aos outros concorrentes cabe demonstrar o facto da assessoria ou do apoio técnico, ao concorrente a quem é imputado tal facto cabe, por sua vez, demonstrar, em incidente procedimental, que «nas circunstâncias do caso concreto,

O Tribunal de Justiça retira, assim, do *princípio da igualdade de tratamento* (*in concreto*, da exigência de proporcionalidade da medida discriminatória) uma obrigação (*de facere*) que impende sobre a entidade adjudicante: a de permitir ao visado provar que, *in concreto*, não foi beneficiado[326]. Assumindo que a jurisprudência firmada no acórdão *Fabricom* não sofrerá alterações, deve concluir-se que, ao não dar a possibilidade a quem participou nos trabalhos preparatórios de provar que não foi beneficiado por esse facto, o impedimento (automático), previsto no art. 55.º, alínea j), do CCP, está, neste momento, em desconformidade com o Direito Comunitário.

Ainda que se possa questionar o acerto da jurisprudência comunitária[327], importa averiguar se à obrigação (de *facere*), retirada do princípio da igualdade de tratamento (hoje previsto nos arts. 2.º da Directiva 2004/18/CE e 10.º da Directiva 2004/17/CE) – a de permitir ao visado provar que não retirou qualquer vantagem da realização dos trabalhos preparatórios –, deve ou não ser reconhecido *efeito directo*. É que, como refere Cláudia Viana, "as normas comunitárias dotadas de «efeito directo» vinculam quer as entidades administrativas quer as jurisdições nacionais, que as devem respeitar, desaplicando, se necessário for, a norma nacional contrária"[328]. Pelo que, se à obrigação, que o Tribunal de Justiça retirou do princípio da igualdade de tratamento, for reconhecido efeito directo,

---

a experiência [que adquiriu] não pode ter falseado a concorrência»" – cfr. "Os Princípios Gerais da Contratação Pública", cit., p. 98. Também STEEN TREUMER considera que, se inicialmente o ónus da prova pertence à entidade adjudicante, cabe, depois, ao concorrente visado provar que a sua participação não envolve qualquer problema. Entende ainda o A. que, caso a admissão do referido concorrente seja questionada pelos demais competidores, é a entidade adjudicante que terá de provar que não foi falseada a concorrência – cfr. "Technical Dialogue and the Principle of Equal Treatment – Dealing with Conflicts of Interests after Fabricom", cit., pp. 106 e 107.

[326] Entendimento que, por certo, não seria diferente se em causa estivesse a formação de um contrato público não abrangido pelo âmbito de aplicação das Directivas comunitárias.

[327] Na verdade, o Tribunal de Justiça entendeu que a proibição seria *desproporcional*, porque *desnecessária* para alcançar o objectivo da igualdade de tratamento. No entanto, propõe a substituição dessa medida por uma outra que, na nossa óptica, se revela *desadequada* (e, como tal, igualmente *desproporcional*) ao fim que se propõe atingir. Além de não se vislumbrar como é que o interessado conseguirá provar que não foi beneficiado em virtude da participação nos trabalhos preparatórios, importa notar que tal prova far-se-ia diante da entidade que, ainda que de forma indirecta e não intencional, o terá beneficiado (ou seja, perante a entidade cuja falta de isenção se questiona).

[328] *Os Princípios Comunitários na Contratação Pública*, cit., p. 221.

perante uma exclusão automática fundada no disposto no art. 55.º, alínea j), do CCP[329], o interessado poderá, em sede de audiência prévia, invocar a norma comunitária perante a entidade adjudicante[330]. Esta, por seu turno, estará obrigada a desaplicar a norma nacional (*i.e.* a não excluir automaticamente o candidato/concorrente) e a mobilizar a disposição comunitária (*i.e.* a dar ao visado a oportunidade de provar que não foi beneficiado em virtude da participação na construção do caderno de encargos). Admitindo que, em sede de audiência prévia, o candidato/concorrente teria invocado a disposição comunitária e apresentado os elementos destinados à prova (terrível) que lhe compete, bastaria à entidade adjudicante ponderá-los, decidindo pela exclusão, ou não, conforme entenda que os mesmos seriam, ou não, insuficientes para provar a ausência de um benefício. Caso o candidato/concorrente tivesse apenas invocado a norma comunitária, a entidade adjudicante deveria ainda, antes da decisão final, dar-lhe a oportunidade de apresentar os aludidos elementos probatórios. Se a entidade adjudicante se recusasse a desaplicar a norma nacional, estaríamos perante uma "clássica" situação de incumprimento do Direito Comunitário [a somar à do art. 55.º, alínea j)]. Neste caso, além da eventual responsabilidade, perante o candidato/concorrente excluído, pelos danos que lhe foram causados em virtude da violação da norma comunitária, o Estado correria o risco de ver desencadeada (nos termos dos arts. 226.º a 228.º do TCE) uma acção por incumprimento[331]. Este seria, portanto, o cenário jurídico decorrente do referido efeito directo.

Apesar de a obrigação, que recai sobre a entidade adjudicante (recorde-se, a de dar a oportunidade ao visado de provar que não retirou qualquer vantagem da realização dos trabalhos preparatórios), ser *clara*, *precisa* e *incondicionada*, não podemos esquecer que, além de não corresponder a uma *regra* prevista nas Directivas, a mesma foi jurisprudencialmente retirada do princípio da igualdade. É certo que o Tribunal de Justiça já reconheceu o efeito directo de princípios jurídicos (entre os quais o princípio da igualdade). Fê-lo, porém, perante casos em que, apesar da abertura e indeterminação que os predica, dos princípios não

---

[329] Cfr. art. 146.º, n.º 2, alínea c), aplicável aos demais procedimentos por força dos arts. 122.º, n.º 2, 162.º, n.º 1, 200.º e 204.º, n.º 1.

[330] Cfr. José Antonio Moreno Molina, *Contratos Públicos: Derecho Comunitario y Derecho Español*, cit., p. 238.

[331] Cfr. Cláudia Viana, *Os Princípios Comunitários na Contratação Pública*, cit., p. 223.

resultava uma margem de apreciação para os Estados-membros, surgindo apenas uma como a solução possível face ao seu conteúdo normativo.

Neste sentido, para que se possa afirmar o efeito directo da obrigação em análise, importa questionar se, à luz do princípio da igualdade (bordão normativo que sustenta a referida obrigação), a mesma surge como a única solução possível ou se, ao invés, os Estados-membros dispõe ainda de uma margem de intervenção ou apreciação[332] para definir o critério normativo aplicável a estes casos.

Atentas as características das situações em análise, entendemos que a mencionada margem de intervenção não pode deixar de ser afirmada. Na verdade, foi o próprio Tribunal de Justiça que, no acórdão em apreço, sustentou que o princípio da igualdade não obriga a que a entidade seja tratada como qualquer outro concorrente. Pelo contrário, para que o princípio da igualdade seja respeitado, impõe-se que à entidade que participou nos trabalhos preparatórios do concurso seja dispensado um tratamento diferente. Ora, na determinação da medida (discriminatória), destinada a assegurar a igualdade entre todos os candidatos/concorrentes, o princípio da igualdade (necessariamente coadjuvado do princípio da proporcionalidade) não impõe, como única solução possível, a "exclusão sob reserva de prova em contrário". Pelo contrário, na nossa óptica, o impedimento (automático) que tenha por base uma assessoria ou um apoio técnico que não tenham sido publica e concorrencialmente prestados [interpretação restritiva do mencionado art. 55.º, alínea j)] é um critério normativo que respeita, na íntegra, o princípio da igualdade e da proporcionalidade. Neste sentido, consideramos que à obrigação afirmada pelo Tribunal de Justiça não deve ser reconhecido efeito directo[333].

Além de não se reconhecer efeito directo, não nos parece que a redacção conferida ao art. 55.º, alínea j), do CCP, admita uma interpretação con-

---

[332] Como refere CRUZ VILAÇA, "a noção-chave é a de *margem de apreciação* dos Estados-membros, margem de cuja ausência depende a invocabilidade directa por parte dos particulares (...), margem de apreciação e efeito útil são as duas faces de Juno do efeito directo das directivas" – cfr. "A Propósito dos Efeitos das Directivas na Ordem Jurídica dos Estados-membros", in *Cadernos de Justiça Administrativa*, n.º 30, Novembro-Dezembro 2001, p. 11.

[333] Apesar da inexistência de efeito directo, o Estado português não se exime de ver desencadeada (nos termos dos arts. 226.º a 228.º do TCE) uma acção por incumprimento. Neste caso, a sua hercúlea tarefa será a de convencer o Tribunal de Justiça que, quando afirmou que um impedimento como o previsto na nossa lei ultrapassava o necessário para alcançar o objectivo da igualdade de tratamento, estava errado.

forme ao sentido que o Tribunal de Justiça retira dos princípios da igualdade e da proporcionalidade. Com efeito, a interpretação segundo a qual a exclusão de um candidato/concorrente, que tenha participado nos trabalhos preparatórios do concurso, só se poderá fazer se este não provar que não foi beneficiado por essa participação, não parece ter qualquer correspondência, ainda que mínima, no preceito em análise[334].

Analisada a posição do CCP e do Direito Comunitário quanto à negociação realizada em momento anterior ao da publicação do anúncio do concurso ou do convite directo à apresentação de propostas, importa questionar se, *depois da exteriorização do procedimento* e antes da apresentação das propostas, a entidade adjudicante pode (fora do diálogo concorrencial) co-construir o caderno de encargos com um ou vários candidatos (reais ou potenciais) ou com um ou vários dos potenciais concorrentes (só nestes casos, que envolvem *sujeitos do procedimento*, o diálogo estabelecido consistiria numa verdadeira negociação).

Ora, depois da exteriorização do procedimento, encontramo-nos já no âmbito do procedimento de adjudicação em sentido estrito. Pelo que, importa indagar se os *itinera* adjudicatórios previstos no CCP admitem um diálogo negocial anterior à apresentação das propostas.

Da análise dos procedimentos de adjudicação gerais tipificados no CCP conclui-se que apenas o diálogo concorrencial prevê uma negociação anterior à apresentação das propostas. Mesmo nos procedimentos em que se admite a designada *fase de negociação* (ajuste directo, procedimento de negociação e concurso público para a formação de contratos de concessão de obras públicas ou de serviços públicos), esta tem lugar apenas após a apresentação das propostas.

Deve, pois, entender-se que, fora do diálogo concorrencial, o CCP não admite uma negociação que, após a exteriorização do procedimento e antes da apresentação das propostas, tenha por objectivo modificar o caderno de encargos submetido à concorrência.

Parece-nos ser esta, também, a solução resultante do Direito Comunitário (pelo menos, quanto aos contratos abrangidos pelo âmbito de aplicação das Directivas). São os "novos" considerandos, referentes ao *diá-*

---

[334] Cfr. a este propósito JOSÉ MARIA DE ALBUQUERQUE CALHEIROS, "Algumas Breves Considerações sobre o Princípio da Interpretação Conforme do Direito Interno Face às Directivas Comunitárias", in *Boletim Documentação e Direito Comparado* (separata), n.os 45/46, 1991, p. 27.

logo técnico, dos diplomas comunitários respeitantes à contratação pública que denunciam a impossibilidade dessa negociação. Na verdade, como salienta Sue Arrowsmith, a grande diferença relativamente ao disposto nos anteriores considerandos reside no facto de se circunscrever a possibilidade de um diálogo, que tenha por objecto as especificações constantes do caderno de encargos, ao momento *anterior ao da abertura de um processo de adjudicação*[335] (marcado, ao nível do direito comunitário, pela publicação do anúncio do concurso).

A interpretação que nos parece mais correcta é a de que um diálogo negocial, que tenha por objecto as especificações constantes do caderno de encargos, só será permitido, nos moldes *supra* referidos, antes da exteriorização do procedimento. Depois da sua abertura, a co-construção do caderno de encargos deve restringir-se aos casos (*rectius*, ao procedimento) expressamente previstos nas Directivas, ou seja, ao *diálogo concorrencial*[336].

2. A negociação posterior à apresentação das propostas

Feita a análise da negociação verificada antes da apresentação das propostas, é tempo de empreender o estudo do diálogo negocial que tem lugar depois da resposta dos (agora) concorrentes ao projecto contratual em disputa, realizado na designada *fase de negociação*.

2.1. *Admissibilidade*

2.1.1. *A perspectiva do direito comunitário*

Antes de nos debruçarmos sobre o diálogo negocial (incidente sobre o conteúdo das propostas apresentadas) previsto no CCP, torna-se impe-

---

[335] Cfr. *The Law of Public and Utilities Procurement*, 2.ª edição, cit., p. 488.
[336] No mesmo sentido *v.* ANA GOUVEIA MARTINS, "Concurso Limitado por Prévia Qualificação", cit., pp. 246 e 247. Contra, SUE ARROWSMITH, que sustenta (mesmo face às alterações introduzidas pelas Directivas de 2004) a admissibilidade destas negociações desde que todas as entidades, que tenham manifestado interesse em participar e não tenham sido excluídas, sejam consultadas – cfr. *The Law of Public and Utilities Procurement*, 2.ª edição, cit., pp. 487 e 488.

rioso aferir se, e em que circunstâncias, essa negociação é permitida pelo direito comunitário. Para tanto, começaremos por aprofundar a admissibilidade de negociação das propostas ao nível dos procedimentos adjudicatórios previstos nas Directivas que concretizam o regime jurídico-comunitário *substantivo* da contratação pública (*sectores gerais, sectores especiais* e o recente *sector da defesa*).

No entanto, como os referidos diplomas comunitários não se aplicam a um conjunto importante de contratos públicos (*v.g.* às concessões de serviços públicos), analisaremos, também, se as regras e princípios previstos no Tratado CE, aplicáveis à formação dos contratos total ou parcialmente excluídos do âmbito de aplicação das Directivas, impedem ou limitam a utilização de um procedimento adjudicatório que preveja uma fase de negociação das propostas.

2.1.1.1. *Os contratos abrangidos pelas Directivas comunitárias*

a) Os *sectores gerais*

Além de a obtenção de "good value for money" nunca ter sido um objectivo (autónomo) das Directivas respeitantes à contratação pública (mesmo das actuais)[337], foi sempre com grande desconfiança que, no âmbito dos designados *sectores gerais*, o "legislador" comunitário encarou a possibilidade de a entidade adjudicante estabelecer com os concorrentes um diálogo negocial incidente sobre as propostas apresentadas. Na verdade, a mera existência de uma negociação (e a consequente modificação) das propostas era (e, em certa medida, continua a ser) olhada como uma oportunidade para a Administração favorecer os operadores económicos nacionais[338], pondo em causa as exigências de igualdade, transparência, imparcialidade e concorrência que, para concretização das

---

[337] Cfr. RICARDO RIVERO ORTEGA, *Administraciones Públicas y Derecho Privado*, Madrid, Marcial Pons, 1998, p. 209 e SUE ARROWSMITH, "The E.C. Procurement Directives, National Procurement Policies and Better Governance: the Case for a New Approach", cit., pp. 7 e 8 e *The Law of Public and Utilities Procurement*, 2.ª edição, cit., pp. 130 e 547. Ao invés, os sistemas nacionais de contratação pública terão na obtenção de "good value for money" um dos principais (senão mesmo o principal) objectivos.

[338] Neste sentido *v.* JEAN-JACQUES VERDEAUX, "Public Procurement in the European Union and in the United States: a Comparative Study", in *Public Contract Law Journal*, Vol. 32, n.º 4, 2003, p. 729.

liberdades comunitárias (esse, sim, o grande objectivo das Directivas[339]), devem pautar os procedimentos de adjudicação.

Ainda que o "legislador" comunitário tenha acabado por admitir, nas Directivas (hoje apenas uma) respeitantes aos sectores gerais, a possibilidade de uma negociação incidente sobre o conteúdo das propostas, fê-lo, porém, num contexto específico e em moldes bastante limitados, restringindo-a a um único *iter* formativo[340], a que atribuiu carácter excepcional. Falamos do *procedimento por negociação, iter* adjudicatório "em que as entidades adjudicantes consultam os operadores económicos da sua escolha e negoceiam as condições do contrato com um ou mais de entre eles"[341].

---

[339] Se, como refere Baño León, as Directivas comunitárias surgiram para lutar "contra o proteccionismo nacional, para abrir o mercado público da contratação a todas as empresas europeias, favorecendo a liberdade de concorrência e eliminando os obstáculos que impedem o conhecimento e transparência do procedimento", o fim visado pelas legislações nacionais foi sempre outro: procurar a oferta que melhor satisfaça o interesse público – cfr. "La Influencia del Derecho Comunitario en la Interpretación de la Ley de Contratos de las Administraciones Públicas", in *Revista de Administración Pública*, n.º 151, Janeiro-Abril 2000, p. 31. Philippe Cossalter salienta que, para o direito comunitário, a eficaz utilização dos recursos disponíveis é, "por um lado, um objectivo secundário e, por outro, uma mera consequência da abertura à concorrência" – cfr. *Les Délégations d'Activités Publiques dans l'Union Européenne*, cit., p. 592. Para uma análise, no direito norte-americano, dos objectivos subjacentes a uma *contratação pública concorrencial v.* Omer Dekel, "The Legal Theory of Competitive Bidding for Government Contracts", in *Public Contract Law Journal*, Vol. 37, n.º 2, 2008, pp. 241 e ss. Também Michael Steinicke, na sua comparação do sistema europeu com o sistema norte-americano, revela que, se o primeiro está sobretudo preocupado em criar uma igualdade de acesso aos mercados públicos (sendo a concorrência um fim em si mesma), o segundo pretende criar uma concorrência óptima para obter melhores resultados do ponto de vista da entidade adjudicante (sendo, portanto, a concorrência um mero meio para alcançar outros fins) – cfr. "Public Procurement and the Negotiated Procedure – a Lesson to Learn from US Law?", cit., p. 336.

[340] Situação que se manterá (mesmo após a reforma de 2004) para quem entende que o diálogo concorrencial não permite uma negociação incidente sobre elementos fundamentais da proposta final.

[341] Cfr. art. 1.º, n.º 11, alínea d), da Directiva 2004/18/CE. Prevista também nos arts. 1.º, n.º 9, alínea c), da Directiva 2004/17/CE (*sectores especiais*) e 1.º, n.º 20, da Directiva 2009/81/CE, relativa à formação de contratos públicos nos domínios da defesa e da segurança (*sector da defesa*), esta definição corresponde, com ligeiras diferenças decorrentes do carácter sectorial dos primeiros diplomas comunitários, à noção consagrada desde a Directiva 88/295/CEE.

Uma vez que este procedimento (em que a negociação é *elemento essencial*) surgiu no nosso ordenamento jurídico em virtude da transposição das Directivas comunitárias, importa fazer um breve apontamento acerca do contexto em que o *procedimento por negociação* nasceu no âmbito do próprio Direito Comunitário.

Aquando da adopção da Directiva 88/295/CEE do Conselho, de 22 de Março de 1988 – diploma que, pela primeira vez, consagrou[342] o *procedimento por negociação* no ordenamento jurídico comunitário – previa-se tão-só (expressamente) a existência de dois tipos de procedimentos: o *concurso público* (ou aberto) e o concurso *limitado*.

Com efeito, quer a Directiva 71/305/CEE, respeitante à formação dos contratos de empreitada de obras públicas, quer a Directiva 77/62/CEE (alterada pela mencionada Directiva 88/295/CEE), referente à formação dos contratos de fornecimento, disciplinavam apenas o procedimento em que qualquer interessado podia apresentar uma proposta (*concurso público*) e o procedimento em que só as entidades seleccionadas de acordo com critérios previamente fixados tinham a oportunidade de o fazer (*concurso limitado*)[343]. Um destes dois procedimentos, harmonizados pelo Direito Comunitário, devia ser mobilizado para a formação dos contratos que caíssem no âmbito de aplicação das referidas Directivas. Ambos os diplomas configuravam, porém, um conjunto de situações para as quais se dispensava a utilização dos mencionados procedimentos[344]. Nestes casos, em que a entidade adjudicante não estava obrigada a observar as disposições respeitantes ao *concurso público* ou ao *concurso limitado*, as Directivas limitavam-se a exigir que as especificações técnicas (obrigatoriamente constantes dos documentos concursais) não tivessem um efeito discriminatório, deixando aos Estados-membros uma ampla margem de liberdade para conformar o *iter* formativo dos respectivos contratos.

Ora, foi precisamente para esses casos[345], até então "dispensados" de seguir um procedimento regulado ao nível comunitário, que a Directiva

---

[342] Ainda que de forma meramente parcelar, já que a Directiva 88/295/CEE apenas versava sobre a formação dos contratos de fornecimento.

[343] Cfr. as definições presentes nos arts. 5.°, n.ºs 1 e 2, da Directiva 71/305/CEE e 4.°, n.ºs 1 e 2, da Directiva 77/62/CEE.

[344] Cfr. arts. 5.°, n.° 3 e 9.°, da Directiva 71/305/CEE e 4.°, n.° 3 e 6.°, da Directiva 77/62/CEE. A este propósito v. ALFONSO OJEDA MARÍN, "La Comunidad Europea y el GATT en el Moderno Sistema de Contratación Pública", cit., pp. 428-432.

[345] Com excepção (*i*) dos fornecimentos declarados secretos, cuja execução deva ser acompanhada de medidas especiais de segurança ou em que a protecção dos interesses

88/295/CEE criou o *procedimento por negociação*[346]. De acordo com o disposto no considerando n.° 12, a criação deste terceiro tipo procedimental justificar-se-ia pela necessidade de (*i*) limitar a adjudicação através de ajuste directo e de (*ii*) disciplinar "em que condições pode ser invocada uma urgência imperiosa ou precisar o prazo durante o qual podem ser feitas entregas complementares".

Ao empregar o termo *ajuste directo* (apesar de não o definir), o legislador comunitário pretendia referir-se aos procedimentos nacionais, de natureza informal, que, em virtude da ausência de publicitação da sua abertura, conferiam à entidade adjudicante uma ampla liberdade de escolha do seu co-contratante[347]. Estes procedimentos eram, então, utilizados pelos

---

essenciais da segurança do Estado exija que a adjudicação não seja realizada na sequência de um *concurso público* ou de um *concurso limitado* [alínea g) do n.° 1 do art. 6.° da Directiva 71/305/CEE], que passaram a estar excluídos do âmbito de aplicação da Directiva; (*ii*) e dos "fornecimentos cotados e adquiridos numa bolsa na Comunidade" [alínea f) do n.° 1 do art. 6.° da Directiva 71/305/CEE]. Quanto aos contratos de fornecimento de equipamentos informáticos [alínea h) do n.° 1 do art. 6.° da Directiva 71/305/CEE], a dispensa de utilização de um dos dois mencionados procedimentos já havia cessado em 1 de Janeiro de 1981.

[346] Cfr., por todos, JOSÉ ANTONIO MORENO MOLINA, "Las Nuevas Directivas sobre Contratos Públicos (93/36, 93/37 93/38/CEE, de 14 de Junio de 1993)", in *Estado & Direito*, n.° 13, 1994, p. 71.

[347] Desde logo porque, nas diversas línguas oficiais em que a Directiva se encontra redigida, foram utilizadas expressões que correspondiam (ou corresponderam), em cada Estado-membro, a um procedimento com estas características. Com efeito, à data, o "ajuste directo" (expressão utilizada na versão em língua portuguesa do mencionado considerando) consistia na "formação do contrato por escolha discricionariamente feita, pela autoridade competente, do concessionário, empreiteiro, fornecedor ou transportador" – cfr. MARCELLO CAETANO, *Manual de Direito Administrativo*, Tomo I, 10.ª edição, Coimbra, Almedina, 1982, pp. 595 e 596. No mesmo sentido, BARBOSA DE MELO e ALVES CORREIA, *Contrato Administrativo*, cit., p. 27.

Antes da entrada em vigor do primeiro Code des Marchés Publics, instituído pelo Decreto n.° 64-729, de 17 de Julho de 1964, a expressão "de gré à gré" (termo empregue na versão em língua francesa do considerando) era utilizada, em França, para identificar os procedimentos que, por oposição aos de "adjudication" (caracterizados pela natureza rígida ou automática da escolha do adjudicatário, apenas fundada no preço), assentavam na existência de uma margem de discricionariedade da Administração na escolha do seu co-contratante. O tradicional "gré à gré" incluía, assim, a "entente directe", onde a liberdade de discussão e escolha do co-contratante eram quase totais, e os "marchés sur appels d'offres", nos quais, como a designação indica, se fazia um apelo público à apresentação de propostas, mas em que a Administração não ficava vinculada ao co-contratante que oferecesse o preço mais baixo, podendo eleger a proposta economicamente mais vantajosa. O referido

Estados-membros nos referidos casos de "dispensa" de aplicação de um procedimento harmonizado pelo Direito Comunitário.

Assim, o grande objectivo (declarado) subjacente à criação do *procedimento por negociação* terá sido o de estabelecer uma disciplina comuni-

---

Code des Marchés Publics reservou, porém, a expressão "marchés de gré à gré" apenas para a tradicional "entente directe", dispondo que "les marchés sont dits «de gré à gré» lorsque l'administration engage librement les discussions qui lui paraissent utiles et attribue librement le marché à l'entrepreneur ou au fournisseur qu'elle a retenue" (art. 103.°). A este propósito, cfr. ANDRÉ DE LAUBADÈRE, FRANCK MODERNE e PIERRE DELVOLVÉ, *Traité des Contrats Administratifs*, Paris, Librairie Générale de Droit et de Jurisprudence, 1983, pp. 632-634; entre nós, cfr. MARGARIDA OLAZABAL CABRAL, *O Concurso Público nos Contratos Administrativos*, cit., pp. 23-26. No entanto, em momento anterior à Directiva 88/295/CEE, o Decreto n.° 76-89, de 21 de Janeiro de 1976, já havia substituído o aludido "marché de gré à gré" pelo designado "marché négocié" (cfr. arts. 15.° e 16.°). De forma semelhante, na Bélgica, a Lei de 14 de Julho de 1976 definia o "gré à gré" como o procedimento em que a autoridade competente "engage librement les discussions qui lui paraissent utiles et attribue librement le marche à l'entrepeneur ou fournisseur qu'elle choisi" – cfr. FRANCIS PIRARD, "Liberté Contractuelle et Procédure Négociée", cit., p. 48. MAURICE-ANDRÉ FLAMME caracterizava o "gré à gré" como o procedimento em que a Administração tem total liberdade de discutir e atribuir o contrato, podendo ou não sujeitá-lo a prévia concorrência – cfr. *Traité Théorique et Pratique des Marchés Publics*, Tomo 1, Bruxelas, Bruylant, 1969, p. 575.

Quanto à "procedura a trattativa privata" (expressão usada na versão em italiano do considerando), salientava-se, à data, que "la scelta del contraente ha luogo a giudizio insindacabile dell'Amministrazione" – cfr. GIUSEPPE FAZIO, *L'Attiità Contrattualle della Pubblica Amministrazione*, Vol. I, Milão, Giuffrè Editore, 1988, p. 105.

O mesmo se diga da "freihändige Vergabe" (versão alemã), que correspondia "a um procedimento onde (...) a Administração tem uma grande margem de discricionariedade quer no procedimento, quer na escolha final" – MARGARIDA OLAZABAL CABRAL, *O Concurso Público nos Contratos Administrativos*, cit., p. 35.

No que respeita à expressão utilizada na versão castelhana ("procedimiento de común acuerdo"), apesar de traduzir a ideia de informalidade e liberdade na escolha do co--contratante, a mesma não correspondia ao *nomen* do procedimento espanhol que, à data, apresentava estas características: a "contractación directa" – cfr. ALFONSO OJEDA MARÍN, "Contratos Públicos en la Comunidad Europea: la Ley de Contratos del Estado y su Adecuación al Ordenamiento Jurídico Comunitario", in *Revista de Administración Pública*, n.° 112, Janeiro-Abril 1987, pp. 157 e 164.

Na sua Comunicação "Vade-mécum sobre os contratos de direito público de obras e fornecimento na Comunidade", publicada no Jornal Oficial C de 31/12/1987, pronunciando-se sobre os casos excepcionais previstos na Directiva 77/62/CEE, a Comissão referia que se poderia recorrer a um procedimento "caracterizado pelo facto de a entidade adjudicante negociar directamente com o fornecedor sem que o fornecimento tenha sido previamente posto a concurso através da publicação de um anúncio".

tária, aplicável às situações até então "dispensadas" de observar as exigências respeitantes ao *concurso público* e ao *concurso limitado*, que, reduzindo a liberdade de que as entidades adjudicantes gozavam na escolha dos seus co-contratantes (e, como tal, também o risco do designado "buy national", *i.e.* da permanente preferência por operadores nacionais[348]), proporcionasse às empresas de todo o espaço comunitário um efectivo acesso aos contratos públicos.

Refira-se, porém, que o *procedimento por negociação* não foi uma criação do Direito Comunitário. Conforme se admitia no mencionado considerando da Directiva 88/295/CEE, o mesmo era já conhecido da realidade jurídica de alguns Estados-membros. Com efeito, em França, o "marché de gré à gré" já havia sido substituído pelo designado "marché négocié"[349]. Neste, tal como no primeiro, "la personne responsable du marché engage, sans formalités, les discussions qui lui paraissent utiles et attribue ensuite librement le marché au candidat qu'elle a retenue". No entanto, diferentemente do que sucedia no "gré à gré", o "marché négocié" obrigava a entidade adjudicante a "mettre en compétition, par une consultation écrite au moins sommaire, les candidats susceptibles d'éxecuter un tel marché" (art. 103.º)[350]. Só nos casos previstos no novo art. 104.º, em que o contrato apenas podia ser executado por um determinado operador, o "marché négocié" era susceptível de utilização "sans mise en concurrence préalable" (nos moldes do tradicional "gré à gré").

O direito francês conhecia, portanto, dois "marchés négociés": um submetido a prévio apelo à concorrência e outro em que, pelo facto de apenas uma entidade se encontrar em posição de assegurar a execução do contrato, a adjudicação se fazia sem tal apelo. Ora, foi no modelo francês do

---

[348] Cfr. as preocupações manifestadas no Livro Branco da Comissão: "Completing the Internal Market", COM (85) 310 final, p. 23.

[349] Cfr. arts. 15.º e 16.º do Decreto n.º 76-89, de 21 de Janeiro de 1976, que alteraram os arts 103.º e 104.º do Code des Marchés Publics.

[350] Não se ignora, porém, que o próprio "gré à gré" obrigava já a Administração, na medida do possível e através dos meios considerados apropriados, a "mettre en compétition (...) les entrepreneurs ou fournisseurs susceptibles de réaliser la prestation qui doit faire l'object d'un tel marché" (versão primitiva do art. 103.º do Code des Marchés Publics). Também em Portugal, o Decreto-Lei n.º 211/79, de 12 de Julho, aplicável às despesas com obras e aquisição de bens e serviços para os organismos do Estado, previa que o *ajuste directo* deveria "ser precedido, sempre que possível, de consulta a, pelo menos, três entidades", a qual se tornava obrigatória para despesas superiores a determinado montante (cfr. art. 4.º, n.º 3).

"marché négocié" que o legislador comunitário se baseou para configurar o *procedimento por negociação* consagrado, pela primeira vez, na Directiva 88/295/CEE[351].

Neste sentido, o novo artigo 6.º da Directiva respeitante aos contratos de fornecimento passou a prever um *procedimento por negociação* sujeito a publicação "de um aviso de adjudicação" e um *procedimento por negociação* em que a adjudicação se fazia "sem publicação prévia de aviso de concurso". Se no segundo caso, atenta a inexistência de uma obrigação de publicitar a sua intenção de contratar, a entidade adjudicante mantinha a faculdade de livremente escolher os operadores económicos que convidaria a negociar (mantendo-se, assim, o risco do "buy national"), no primeiro, a abertura do procedimento era obrigatoriamente publicitada no (então) Jornal Oficial das Comunidades Europeias e a entidade adjudicante estava obrigada a seleccionar, de entre os candidatos que respondiam ao anúncio de concurso, os que preenchessem os critérios fixados na própria Directiva[352].

No entanto, contrariando o objectivo declarado na própria Directiva, em quase todas as situações de potencial utilização do *procedimento por negociação* não era exigida a prévia publicação de um anúncio de concurso[353]. Pelo que, atenta a similitude entre o *ajuste directo* e o *procedimento por negociação* sem publicação de anúncio, poder-se-á afirmar que,

---

[351] Neste sentido, cfr. MAURICE-ANDRÉ FLAMME e PHILIPPE FLAMME, "Vers l'Europe des Marchés Publics? (A Propos de la Directive «Fournitures» du 22 Mars 1988)", in *Revue du Marché Commun*, n.º 320, Setembro-Outubro 1988, p. 462; SABINO CASSESE, "I Lavori Pubblici e la Direttiva Comunitaria n.º 440 del 1989", in *Il Foro Amministrativo*, ano LXV – 1989, p. 3524 e CHRISTIAN HEN e GUY GUILLERMIN, "Les Marchés Publics de Fournitures et L'Adaptation de la Directive du 21 Décembre 1976", in *Revue du Marché Commun*, n.º 332, Dezembro 1989, p. 641.

[352] Neste sentido, MAURICE-ANDRÉ FLAMME e PHILIPPE FLAMME, "Vers l'Europe des Marchés Publics? (A Propos de la Directive «Fournitures» du 22 Mars 1988)", cit., p. 462.

[353] Com efeito, de todas as situações em que se admitia o uso do *procedimento por negociação*, só nos casos de "propostas irregulares apresentadas em resposta a um concurso público ou restrito" ou de "apresentação de propostas inaceitáveis nos termos das disposições nacionais" se exigia a prévia publicação de um anúncio. Mas mesmo nestes casos, tal publicação era "dispensada" se as entidades adjudicantes incluíssem no procedimento todas as empresas que, correspondendo aos critérios de selecção qualitativa fixados na Directiva, tivessem apresentado, no âmbito do concurso público ou limitado anterior, propostas formalmente conformes ao procedimento de adjudicação. A este respeito, cfr. MAURICE-ANDRÉ FLAMME e PHILIPPE FLAMME, "Vers l'Europe des Marchés Publics? (A Propos de la Directive «Fournitures» du 22 Mars 1988)", cit., p. 462.

apesar das alterações introduzidas, o legislador comunitário manteve, em larga medida, o *status quo ante*[354].

O segundo passo no sentido da implementação do *procedimento por negociação* no ordenamento jurídico comunitário foi dado pela Directiva 89/440/CEE do Conselho, de 18 de Julho de 1989, que alterou a Directiva 71/305/CEE, relativa à formação dos contratos de empreitada de obras públicas.

À semelhança da Directiva 88/295/CEE, o novo diploma acrescentou o *procedimento por negociação* ao leque de procedimentos mobilizáveis no âmbito da formação de contratos de empreitada de obras públicas, tendo-o recortado também, com acertos de pormenor, para os casos em que as entidades adjudicantes estavam "dispensadas" de respeitar as disposições respeitantes ao *concurso público* e ao *concurso limitado*[355]. Porém, diversamente do diploma atinente à formação dos contratos de fornecimento, a Directiva 89/440/CEE foi mais generosa quanto ao número de casos abrangidos pelo procedimento por negociação com publicação de anúncio de concurso[356].

---

[354] Alertando para o facto de que a Directiva não fez desaparecer o tradicional "gré à gré", cfr. CHRISTIAN HEN e GUY GUILLERMIN, "Les Marchés Publics de Fournitures et L'Adaptation de la Directive du 21 Décembre 1976", cit., p. 641. Importa ainda referir que a Directiva 88/295/CEE hierarquizou os três procedimentos existentes: o *concurso público* foi erigido a procedimento regra, tendo-se feito depender a utilização do *concurso limitado* e do *procedimento por negociação* da apresentação de uma justificação da entidade adjudicante ou da existência de especiais circunstâncias. A este propósito v. JAN A. WINTER, "Public Procurement in the EEC", in *Common Market Law Review*, Vol. 28, n.º 4, 1991, p. 765.

[355] Excepção feita às empreitas declaradas secretas, cuja execução deva ser acompanhada de medidas especiais de segurança ou em que a protecção dos interesses essenciais da segurança do Estado exija que a adjudicação não seja realizada na sequência de um *concurso público* ou de um *concurso limitado* [alínea e) do art. 9.º da Directiva 71/305/CE], as quais foram excluídas do âmbito de aplicação da Directiva.

[356] Além dos casos de apresentação de propostas irregulares ou inaceitáveis (onde, à semelhança da Directiva 88/295/CEE, também se dispensava a publicação de anúncio se as entidades adjudicantes incluíssem no procedimento todas as empresas que, correspondendo aos critérios de selecção qualitativa fixados na Directiva, tivessem apresentado, no âmbito do concurso público ou limitado anterior, propostas formalmente conformes ao procedimento de adjudicação), estabeleciam-se duas outras situações: (*i*) "obras realizadas apenas para fins de investigação, de ensaio ou de aperfeiçoamento" que não se destinassem a rentabilizar ou cobrir os custos dessa investigação ou desenvolvimento e (*ii*) obras que, em virtude da respectiva natureza ou condicionalismos, não permitiam uma fixação prévia e global dos preços.

Quando a Directiva 92/50/CEE, de 18 de Junho, pela primeira vez regulou a formação dos contratos de serviços, estabeleceu-se, desde logo, ao lado do concurso público e do concurso limitado, um procedimento por negociação (com e sem publicação prévia de anúncio[357]).

Em suma, as Directivas 88/295/CEE e 89/440/CEE (e, mais tarde, a Directiva 92/50/CEE) introduziram no ordenamento jurídico comunitário, para um conjunto delimitado de situações (correspondentes aos casos em que antes se isentava a entidade adjudicante de utilizar o concurso público ou o concurso limitado), um *procedimento por negociação* que compreendia duas modalidades distintas: (*i*) *sem publicação de anúncio*, em tudo (ou quase) semelhante ao tradicional *ajuste directo*, cuja utilização, apesar de implicitamente prevista em diplomas anteriores, se tinha pretendido evitar (*ii*) e *com publicação de anúncio*, onde a obrigação de a entidade adjudicante publicitar a abertura do procedimento e proceder à selecção dos candidatos aptos a negociar com base em critérios fixados nas próprias Directivas, era uma novidade face à situação anterior, constituindo uma espécie de "via di mezzo" entre o *ajuste directo* e o *concurso limitado*[358]. Além de não ter sido alterado pelas *Directivas refundidas*, adoptadas em 1993[359], este figurino manteve-se na Directiva 2004/18/CE, que continua a prever duas modalidades (com e sem publicação de anúncio de concurso) de *procedimento por negociação* (cfr. arts. 30.° e 31.°).

No âmbito dos *sectores gerais*, o *procedimento por negociação* (em qualquer das suas modalidades) constitui, desde a sua génese, um *iter* formativo de natureza excepcional[360], mobilizável apenas nos casos taxati-

---

[357] Os casos para os quais se admitia a sua utilização eram muito similares aos previstos na Directiva 89/440/CEE.

[358] Cfr. SABINO CASSESE, "I Lavori Pubblici e la Direttiva Comunitaria n.° 440 del 1989", cit., p. 3524 e MAURICE-ANDRÉ FLAMME e PHILIPPE FLAMME, "Enfin l'Europe des Marchés Publics – La Nouvelle Directive Travaux", in *L'Actualité Juridique – Droit Administratif*, n.° 11, 1989, p. 659.

[359] Com efeito, quer a Directiva 93/36/CEE do Conselho, de 14 de Junho de 1993, respeitante à formação dos contratos de fornecimento (que revogou a Directiva 77/62/CEE), quer a Directiva 93/37/CEE do Conselho, de 14 de Junho de 1993, "relativa à coordenação dos processos de adjudicação de empreitadas de obras públicas" (que revogou a Directiva 71/305/CEE), em nada alteraram a configuração do *procedimento por negociação*.

[360] Tal era evidenciado, desde logo, no considerando n.° 13 da Directiva 88/295/CEE, onde se esclarecia que "o procedimento por negociação deve ser considerado excepcional e que, deste modo, deve ser aplicado unicamente a um número limitado de casos". Esta

vamente previstos nas Directivas. A Directiva 2004/18/CE em nada alterou esta situação, prevendo, numa clara afirmação da sua taxatividade, que apenas "nos casos e nas circunstâncias específicas expressamente previstas nos artigos 30.° e 31.°, [as entidades adjudicantes] podem recorrer a um procedimento por negociação, com ou sem publicação de anúncio de concurso" (cfr. art. 28.°). Nos demais casos[361], deverão ser utilizados os procedimentos-regra (o *concurso público* e o *concurso limitado*)[362].

Também na jurisprudência comunitária verificamos um *continuum* quanto à densificação desta *excepcionalidade*. Em momento anterior ao surgimento do *procedimento por negociação*, e relativamente aos casos em que a entidade adjudicante estava "dispensada" de observar as exigências do *concurso público* e do *concurso limitado* (situações em que era utilizado o tradicional *ajuste directo* e para as quais foi criado o *procedimento por negociação*), o Tribunal de Justiça foi chamado, em algumas ocasiões, a pronunciar-se acerca da possibilidade desta "dispensa".

A questão terá sido, pela primeira vez, abordada no acórdão *Comissão vs Itália*, de 10 de Março de 1987[363]. Apelando às finalidades subja-

---

excepcionalidade já fora afirmada nas Directivas 71/305/CEE e 77/62/CEE para os casos em que a entidade adjudicante não estava obrigada a observar as disposições respeitantes ao *concurso público* ou ao *concurso limitado* (cfr. considerandos n.os 6 e 9, respectivamente). Situação que se manteve nas Directivas subsequentes. Quanto aos contratos de empreitada de obras públicas, *v.* as alterações à Directiva 71/305/CEE, introduzidas pela Directiva 89/440/CEE (designadamente, o seu considerando n.° 16, a redacção conferida ao art. 5.° e o n.° 3 do novo art. 5.°A), bem como o considerando n.° 8 e arts. 7.° e 8.°, n.° 3, da Directiva 93/37/CEE. Relativamente à formação dos contratos de fornecimento, cfr. o considerando n.° 12 e os arts. 6.° e 7.°, n.° 3, da Directiva 93/36/CEE. No que respeita aos contratos de prestação de serviços, cfr. os arts. 11.° e 12.°, n.° 3, da Directiva 92/50/CEE.

[361] Com excepção das situações em que se admite a escolha do *diálogo concorrencial*.

[362] As entidades adjudicantes estão obrigadas ainda a elaborar, por escrito, um relatório onde justifiquem o recurso a qualquer das modalidades do *procedimento por negociação*, o qual deverá ser comunicado à Comissão se esta o solicitar [art. 43.°, alínea f)]. Note-se, porém, que diferentemente do que acontecia nas Directiva 93/36/CEE e 93/37/CEE, os considerandos da Directiva 2004/18/CE não afirmam a natureza excepcional do procedimento por negociação.

[363] Proc. 199/85. Sobre este aresto *v.* JOSÉ ANTONIO MORENO MOLINA, *Contratos Públicos: Derecho Comunitario y Derecho Español*, cit., p. 142; CRISTOPHER BOVIS, "Recent Case Law Relating to Public Procurement: a Beacon for the Integration of Public Markets", in *Common Market Law Review*, Vol. 39, n.° 5, 2002, p. 1033 e CLÁUDIA VIANA, *Os Princípios Comunitários na Contratação Pública*, cit., pp. 534 e 535.

centes à criação das regras em matéria de publicidade e participação nos procedimentos de formação dos contratos públicos, constantes da Directiva 71/305/CEE – "facilitar a realização efectiva no interior da Comunidade da liberdade de estabelecimento e da livre prestação de serviços" para que tais contratos "nos diversos Estados-membros sejam acessíveis a todas as empresas da Comunidade interessadas" –, o Tribunal de Justiça afirmou que as disposições, que permitiam às entidades adjudicantes subtrair as suas adjudicações às mencionadas regras, derrogando-as, "devem ser objecto de uma interpretação estrita" e quem das mesmas se pretenda prevalecer terá "o ónus da prova de que se encontram efectivamente reunidas as circunstâncias excepcionais que justificam a derrogação". Assim, com fundamento no fim visado pelas Directivas, o Tribunal fez recair sobre os Estados-membros o ónus de provar a verificação das circunstâncias que permitiam a utilização do tradicional *ajuste directo*[364]

O acórdão *Comissão vs Espanha*, de 17 de Novembro de 1993 reiterou que as disposições constantes das Directivas 71/305/CEE e 77/62/CEE, que permitiam a "dispensa" do *concurso público* e do *concurso limitado*, constituíam "derrogações às regras destinadas a garantir a efectividade dos direitos reconhecidos pelo Tratado". Além de estritamente interpretadas, as mesmas deviam ser consideradas exaustivas, exigindo que, aquando da sua transposição para o direito nacional, os Estados-membros observassem estritamente os limites e condições fixados nas normas comunitárias[365].

No acórdão *Comissão vs Alemanha*, de 28 de Março de 1996[366], o Tribunal apreciou já a utilização, por parte de uma entidade adjudicante alemã, de um *procedimento por negociação sem publicação prévia de anúncio* (com fundamento em urgência imperiosa). Após cotejar o preceito da Directiva 71/305, que permitia "dispensar" o *concurso público* e

---

[364] Em data anterior à do surgimento do *procedimento por negociação*, o Tribunal reafirmou esta jurisprudência nos acórdãos *Comissão vs Itália*, de 2 de Agosto de 1993 (Proc. C-107/92); *Comissão vs Espanha*, de 17 de Novembro de 1993 (Proc. C-71/92); *Comissão vs Espanha*, de 3 de Maio de 1994 (Proc. C-328/92) e *Comissão vs Itália*, de 18 de Maio de 1995 (Proc. C-57/94). Como bem observa FERNÁNDEZ MARTÍN, em todos estes casos o Tribunal de Justiça não aceitou nenhuma das justificações avançadas pelos Estados-membros – cfr. *The EC Public Procurement Rules: A Critical Analysis*, Oxford, Clarendon Press, 1996, pp. 12 e 13.

[365] Cfr. as conclusões apresentadas pelo Advogado-Geral GULMANN no Proc. C-71/92 (n.º 36).

[366] Proc. C-318/94.

o *concurso limitado*, com a disposição introduzida pela Directiva 89/440 (que possibilitava a mobilização do *procedimento por negociação*), concluiu, com base na identidade dos termos empregues, que deveriam ser interpretados da mesma forma. Destarte, o Tribunal de Justiça reafirmou, quanto ao *procedimento por negociação sem publicação prévia de anúncio*, o que já sustentara a propósito dos casos de "dispensa" de utilização do *concurso público* e do *concurso limitado*, ou seja, a interpretação estrita das respectivas disposições e a atribuição aos Estados-membros do *onus probandi*[367] das circunstâncias que justificam a sua mobilização[368].

Em suma, com fundamento na garantia do efeito útil das Directivas, o Tribunal de Justiça tem afirmado, quanto ao *procedimento por negociação sem publicação de anúncio de concurso*, (*i*) o carácter taxativo ou *numerus clausus* das hipóteses que admitem a sua utilização; (*ii*) uma interpretação estrita das disposições comunitárias que prevêem tais hipóteses; (*iii*) e a atribuição aos Estados-membros do ónus da prova quanto à correcta transposição dos casos previstos na Directiva e quanto ao preenchimento, *in concreto*, das circunstâncias que justificam a sua mobilização.

---

[367] Importa referir que, ao nível do contencioso desenvolvido perante os tribunais organicamente comunitários vale, em matéria de ónus da prova, o princípio geral de direito processual segundo o qual a parte que alega um facto tem de fazer a sua prova (cfr., por todos, JOÃO MOTA DE CAMPOS e JOÃO LUIZ MOTA DE CAMPOS, *Contencioso Comunitário*, Lisboa, Fundação Calouste Gulbenkian, 2002, p. 90). No âmbito da acção por incumprimento a regra é também a de que, invocado o desrespeito do Direito Comunitário por um Estado-membro, cabe à Comissão fazer a prova da sua existência (cfr., por todos, MIGUEL GORJÃO-HENRIQUES, *Direito Comunitário*, 5.ª edição, Coimbra, Almedina, 2008, p. 378). O Tribunal de Justiça tem sustentado, no entanto, que as disposições que possibilitam o recurso ao *procedimento por negociação* (sem publicação de anúncio de concurso) constituem derrogações ou excepções às regras que visam garantir aos operadores económicos comunitários o livre acesso aos contratos públicos. Pelo que, também de acordo com as regras de direito processual geralmente reconhecidas, caberia ao Estado-membro provar os pressupostos previstos na norma excepcional de que se pretende prevalecer.

[368] Neste sentido, cfr. ainda os acórdãos *Comissão vs Alemanha*, de 10 de Abril de 2003 (Proc. apensos C-20/01 e C-28/01); *Comissão vs Itália*, de 14 de Setembro de 2004 (Proc. C-385/02) e *Comissão vs Espanha*, de 13 de Janeiro de 2005 (Proc. C-84/03). Se no acórdão *Comissão vs Alemanha*, de 28 de Março de 1996, a posição do Tribunal de Justiça se fundamentou apenas na análise do elemento textual da disposição que permitia a utilização do *procedimento por negociação*, nos acórdãos *Comissão vs Itália*, de 14 de Setembro de 2004 e *Comissão vs Espanha*, de 13 de Janeiro de 2005 o Tribunal apelou já ao efeito útil das Directivas.

Da análise da jurisprudência comunitária, verifica-se que o Tribunal de Justiça não se pronunciou ainda, de forma expressa, acerca das disposições que prevêem o *procedimento por negociação com publicação prévia de anúncio*[369]. Como vimos, nesta modalidade do procedimento por negociação (diferentemente do que acontece quando não há publicação prévia de anúncio), a entidade adjudicante está obrigada a fazer um apelo público à concorrência, só podendo negociar com os operadores económicos seleccionados de acordo com os critérios fixados nas peças do procedimento. Não há, assim, qualquer derrogação dos princípios comunitários respeitantes ao acesso aos mercados públicos[370] (fundamento apontado pelo Tribunal de Justiça para a interpretação estrita das disposições comunitárias que disciplinam os casos para os quais se admite a utilização do procedimento por negociação sem publicação de anúncio de concurso)[371].

---

[369] No acórdão *Comissão vs Espanha*, de 13 de Janeiro de 2005, o Tribunal de Justiça afirmou, de forma indiferenciada, que "sob pena de privar as directivas em causa do seu efeito útil", qual seja o de "garantir a efectividade dos direitos reconhecidos pelo Tratado" relativamente a estes sectores, os Estados-membros "não podem admitir casos de recurso ao processo por negociação não previstos nas Directivas", nem revestir os expressamente previstos de condições que facilitem a sua utilização. Sustentou ainda, na linha de arestos anteriores, que competiria aos Estados-membros o ónus de comprovar a transposição fiel dos casos expressamente previstos na Directiva. Apesar de se ter referido, em geral, ao procedimento por negociação, esta afirmação foi realizada na sequência da apreciação de duas situações em que a legislação espanhola previa a possibilidade de negociação sem publicação prévia de anúncio.

[370] Cfr. SUE ARROWSMITH, *The Law of Public and Utilities Procurement*, 2.ª edição, cit., p. 561. A A. considera que há uma "mera aplicação modificada desses princípios que atende às características especiais de certos contratos". PETER TREPTE refere mesmo que o *procedimento por negociação com publicação de anúncio de concurso* não é menos concorrencial do que o concurso público ou o limitado, sendo muitas vezes mais competitivo, quando usado no âmbito das Parcerias Público-Privadas – cfr. *Public Procurement in the EU – A Practitioner's Guide*, cit., p. 385.

[371] Também FLORIAN NEUMAYR considera que a utilização do procedimento por negociação com publicação de anúncio de concurso não implica, por si só, uma discriminação de potenciais interessados estrangeiros. Na verdade, à semelhança dos nacionais, aqueles têm as mesmas oportunidades de participar no *iter* adjudicatório – cfr. "Value for Money v. Equal Treatment: The Relationship Between the Seemingly Overriding National Rationale for Regulating Public Procurement and the Fundamental E.C. Principle of Equal Treatment", cit., p. 229. O A. entende, porém, que, se discricionariedade não é sinónimo de discriminação, um regime jurídico que preveja um elevado grau de discricionariedade tende a ser menos acessível aos interessados estrangeiros, transformando essa discricionariedade em discriminação factual – cfr. ob. cit., p. 233.

Concordamos, pois, com Sue Arrowsmith quando sustenta que não deve ser mobilizada, no *procedimento por negociação com publicação de anúncio de concurso*, a regra (pelo menos esta) que impõe uma interpretação estrita das disposições que admitem a sua utilização[372].

A ausência de acções por incumprimento, escoradas na indevida transposição ou utilização do *procedimento por negociação com publicação de anúncio de concurso*, revelam que a Comissão não vê nesta modalidade uma ameaça às liberdades comunitárias. No entanto, atenta a redacção do art. 28.º da Directiva 2004/18/CE, temos dúvidas se, confrontado com a questão, o Tribunal de Justiça não afirmará que as disposições da Directiva, que autorizam a utilização do procedimento por negociação com publicação de anúncio de concurso, devem também ser objecto de uma interpretação estrita[373].

Começámos por referir que, ao admitir a negociação das propostas, as Directivas comunitárias restringiram-na a um único *iter* formativo – o procedimento por negociação. Com efeito, apesar de não proibir, de forma expressa, a negociação das propostas nos concursos públicos e nos concursos limitados, a intenção do "legislador" comunitário era a de afastar a possibilidade de um diálogo negocial do âmbito destes dois procedimentos adjudicatórios.

A criação de um procedimento *por negociação* revela, por si só, este propósito de "isolar" os casos em que é admitido um diálogo negocial. Com efeito, no momento em que surgiu este terceiro tipo adjudicatório, o direito comunitário conhecia dois procedimentos sujeitos a prévio apelo à concorrência – um em que qualquer interessado podia apresentar uma

---

[372] Cfr. *The Law of Public and Utilities Procurement*, 2.ª edição, cit., p. 561. Em 1998, SUE ARROWSMITH sustentava que, tal como acontecia nos *sectores especiais*, o procedimento por negociação poderia ser erigido a procedimento-regra nos *sectores gerais*. Na perspectiva da A. tal comportaria duas grandes vantagens: (*i*) face à dificuldade de se prever o tipo de contratos para a formação dos quais a negociação é adequada, evitar-se-ia omitir alguns casos em que o diálogo negocial se afigura essencial para a obtenção de "good value for money"; (*ii*) acabar-se-ia com a incerteza quanto à possibilidade de mobilização deste *iter* adjudicatório – cfr. "The Problem of Discussions with Tenderers under the E.C. Procurement Directives: the Current Law and the Case for Reform", cit., p. 78.

[373] Também SUE ARROWSMITH admite que, como o Tribunal de Justiça prefere a transparência ao "commercial procurement", não é certo que aquele adopte a referida "interpretação liberal" – cfr. *The Law of Public and Utilities Procurement*, 2.ª edição, cit., p. 561.

proposta (*concurso aberto* ou *público*[374]) e outro em que só as entidades seleccionadas, de acordo com critérios previamente fixados, o podiam fazer (*concurso limitado* ou *semi-aberto*). As Directivas previam ainda um conjunto de situações para as quais se admitia que estes dois procedimentos não fossem observados (subentendendo-se a possibilidade de utilização de um *procedimento fechado*). Ora, quando criou o procedimento por negociação, para abarcar os casos até então dispensados de seguir um dos referidos *itinera* adjudicatórios, o "legislador" comunitário não veio apenas disciplinar um procedimento de carácter fechado. O procedimento por negociação sem publicação de anúncio de concurso (procedimento fechado) é, tão-só, uma das duas modalidades de procedimento por negociação. A outra modalidade (o procedimento por negociação com publicação de anúncio de concurso) constitui, à semelhança do concurso limitado, um procedimento semi-aberto (*i.e.* sujeito a prévio apelo à concorrência). Neste sentido, não se pode afirmar que o *quid* distintivo do procedimento por negociação (visto como um todo) seja o seu carácter fechado. O que verdadeiramente distingue este terceiro tipo adjudicatório dos demais procedimentos é a possibilidade de se negociar as condições do contrato com os concorrentes[375]. Pelo que, ao consagrar o *procedimento por negociação* (como um todo), mais do que disciplinar um *iter* adjudicatório de carácter fechado (o procedimento por negociação sem publicação de anúncio de concurso), o "legislador" comunitário veio delimitar o círculo de situações em que seria admitida uma negociação com os concorrentes (*procedimento por negociação sem publicação de anúncio de concurso + procedimento por negociação com publicação de anúncio de concurso*).

Se dúvidas pudessem existir quanto à possibilidade de negociação das propostas no concurso público e no concurso limitado, aquando da adopção da Directiva 89/440/CEE, que admitiu o procedimento por nego-

---

[374] Atendendo ao *universo subjectivo* abrangido pelo *iter* formativo, MARCELO REBELO DE SOUSA e ANDRÉ SALGADO DE MATOS classificam os procedimentos em *abertos* (no âmbito dos quais "podem apresentar propostas quaisquer interessados que reúnam as condições normativamente exigidas"), *semi-abertos* (em que "podem candidatar-se a apresentar propostas quaisquer interessados que reúnam as condições exigidas, mas só podem efectivamente apresentar propostas aqueles candidatos que sejam escolhidos pela administração numa fase preliminar de qualificação") e *fechados* (nos quais "só podem apresentar propostas os interessados que para tal sejam convidados pela administração") – cfr. *Contratos Públicos – Direito Administrativo Geral*, cit., pp. 81 e 82.

[375] Cfr. MAURICE-ANDRÉ FLAMME e PHILIPPE FLAMME, "Enfin l'Europe des Marchés Publics – La Nouvelle Directive Travaux", cit., p. 661.

ciação ao nível da formação dos contratos de empreitada de obras públicas (modificando a Directiva 71/305/CEE), o Conselho e a Comissão encarregaram-se de as dissipar. Com efeito, as duas instituições comunitárias emitiram uma declaração conjunta acerca do novo art. 5.º, n.º 4, da Directiva 71/305/CEE[376], nos termos da qual se excluía, nos concursos públicos ou limitados, "qualquer negociação com os candidatos ou concorrentes acerca dos elementos fundamentais do contrato cuja variação seja susceptível de falsear o jogo da concorrência e, nomeadamente, acerca dos preços". Esta declaração não afastava o contacto entre a entidade adjudicante e os operadores económicos, desde que o objectivo fosse o "de conseguir que estes especifiquem ou completem o teor das suas propostas" ou o "de especificar ou completar exigências das entidades adjudicantes" e a interacção realizada não tivesse um efeito discriminatório[377]. Com esta declaração tornava-se, pois, evidente que o concurso público e o concurso limitado não podiam comportar uma fase de verdadeira negociação (pelo menos, que incidisse sobre elementos fundamentais do contrato).

A Comissão e o Conselho emitiram uma nova declaração, de idêntico conteúdo, por ocasião da aprovação da Directiva 93/37/CEE[378]. É verdade que ambas as declarações se referiam especificamente ao diploma comunitário que disciplinava a formação dos contratos de empreitada de obras públicas. No entanto, como não existiam diferenças essenciais entre as Directivas refundidas respeitantes aos sectores gerais, entendia-se que o seu conteúdo valeria também para os contratos de fornecimento e de serviços[379].

À semelhança de anteriores diplomas comunitários respeitantes aos sectores gerais, a Directiva 2004/18/CE não autoriza nem impede a entidade adjudicante de negociar com os concorrentes o conteúdo das propostas apresentadas no âmbito dos concursos público ou limitado. Apesar de

---

[376] JOCE L 210/22, de 21 de Julho de 1989.

[377] Sobre esta declaração conjunta v. MAURICE-ANDRÉ FLAMME e PHILIPPE FLAMME, "Enfin l'Europe des Marchés Publics – La Nouvelle Directive Travaux", cit., p. 661 e MARGARIDA OLAZABAL CABRAL, O Concurso Público nos Contratos Administrativos, cit., p. 45 (nota 81). Para uma análise das alterações às propostas, admitidas à luz desta declaração, v. SUE ARROWSMITH, "The Problem of Discussions with Tenderers under the E.C. Procurement Directives: the Current Law and the Case for Reform", cit., pp. 69-71.

[378] JOCE L 111/114, de 30 de Abril de 1994.

[379] Neste sentido v. SUE ARROWSMITH, "The Problem of Discussions with Tenderers under the E.C. Procurement Directives: the Current Law and the Case for Reform", cit., p. 69, e The Law of Public and Utilities Procurement, 2.ª edição, cit., p. p 541.

a Comissão e o Conselho não terem sentido a necessidade de emitir qualquer declaração acerca da negociação ao nível destes procedimentos, este silêncio dificilmente se poderá entender como uma alteração da realidade anterior[380]. Na verdade, à parte da ausência de uma declaração conjunta, o diploma continua a prever um *procedimento por negociação*, de utilização limitada, cujo traço distintivo (face ao concurso público e, sobretudo, ao concurso limitado) é a possibilidade de negociação das propostas. Ora, enquanto a negociação não perder o estatuto de elemento caracterizador de determinados tipos adjudicatórios, transformando-se numa fase (ainda que nem sempre disponível) de qualquer procedimento, parece-nos que a interpretação mais correcta será a de que o diálogo negocial incidente sob as propostas está, nesta fase, afastado dos concursos público e limitado, mobilizados para a formação de contratos que caiam no âmbito de aplicação da Directiva.

Na nossa óptica, porém, não subsistem razões de fundo que obstem a que o legislador comunitário alargue (em maior ou menor grau) a negociação a todos os *itinera* adjudicatórios (o que não equivale a dizer que a mesma deva ser admitida para a formação de todos os contratos públicos). Somos, pois, forçados a concordar com Philippe Cossalter, quando refere que o direito comunitário continua a "infantilizar" as administrações públicas, negando-lhes a possibilidade de uma negociação plenamente concorrencial[381]. Esta infantilização deve-se ao facto de o sistema europeu de contratação pública estar ainda refém de uma perspectiva da negociação enquanto limite à livre concorrência (e, como tal, entrave ao acesso aos mercados públicos), desprezando a ideia de que o diálogo negocial pode servir para optimizar a competição entre os diversos operadores económicos[382].

Resta-nos analisar a possibilidade de negociação das propostas no âmbito do *diálogo concorrencial*[383]. Como vimos, diferentemente do que

---

[380] Também MARGARIDA OLAZABAL CABRAL considera que "não foi ainda nas Directivas de 2004 que se deu o «salto» para reconhecer a admissibilidade de verdadeiras fases de negociações nos concursos «abertos» e «restritos»" – cfr. O Concurso Público no Código dos Contratos Públicos", cit., p. 214.

[381] Cfr. *Les Délégations d'Activités Publiques dans l'Union Européenne*, cit., p. 595.

[382] Chamando a atenção para as diferenças de perspectiva, a este nível, entre o sistema europeu e o sistema norte-americano *v.* MICHAEL STEINICKE, "Public Procurement and the Negotiated Procedure – a Lesson to Learn from US Law?", cit., p. 336.

[383] Atenta a sua natureza, não fará sentido discutir a possibilidade de negociação no âmbito dos *concursos para trabalhos de concepção*.

acontece no concurso público e no concurso limitado, o diálogo negocial é um elemento característico deste procedimento. O que aqui se pretende saber é se, além das soluções, o diálogo concorrencial admite também uma negociação que incida sobre as propostas apresentadas pelos concorrentes.

Ao nível do diálogo concorrencial, o "legislador" comunitário previu uma norma acerca da alteração das *propostas finais*, com evidentes repercussões na possibilidade da sua negociação. Nos termos do art. 29.º, n.º 6, da Directiva 2004/18/CE, "a pedido das entidades adjudicantes, estas propostas podem ser clarificadas, precisadas e ajustadas. Todavia estas precisões, clarificações, ajustamentos ou complementos não podem alterar elementos fundamentais da proposta ou do concurso cuja variação seja susceptível de distorcer a concorrência ou de ter um efeito discriminatório".

Apesar de o conteúdo deste preceito não ser igual ao das já mencionadas declarações conjuntas da Comissão e do Conselho acerca da negociação no âmbito dos concursos público e limitado, as semelhanças são notórias. Perante este cenário, duas interpretações afiguram-se como possíveis[384]: (*i*) a que, valorizando os pontos de contacto entre o preceito em análise e as aludidas declarações, sustente que, tal como nos dois procedimentos adjudicatórios regra, a Directiva 2004/18/CE não permite, no diálogo concorrencial, qualquer negociação incidente sobre elementos fundamentais das propostas finais[385]; (*ii*) ou a que, destacando as pequenas diferenças desta norma face ao conteúdo de tais declarações (*maxime*, a referência a "ajustamentos"[386]) e acentuando o facto de este procedimento

---

[384] Seguimos de perto o raciocínio de SUE ARROWSMITH – cfr. *The Law of Public and Utilities Procurement*, 2.ª edição, cit., pp. 654-656.

[385] Neste sentido *v*. STEVEN VERSCHUUR, "Competitive Dialogue and the Scope for Discussion after Tenders and Before Selecting the Preferred Bidder – What is Fine-tuning, etc.?", in *Public Procurement Law Review*, 2006 (n.º 6), p. 331. Também LAURENT RICHER e ALAIN MÉNÉMÉNIS referem (em termos críticos) que "a negociação que tem lugar no procedimento de diálogo concorrencial só pode incidir, em princípio, sobre a definição do projecto (projecto técnico e projecto contratual) e não sobre as propostas dos concorrentes" – cfr. "Dialogue et Négociation dans la Procedure de Dialogue Compétitif", cit., p. 35. É esta, também, a posição da Comissão Europeia – cfr. a já mencionada Nota Explicativa sobre o Diálogo Concorrencial (ponto 3.3.).

[386] "Fine-tuning" (versão inglesa), "perfectionnements" (versão francesa), "perfezionamenti" (versão italiana), "Feinabstimmungen" (versão alemã) ou "ajustes" (versão castelhana). Importa notar ainda que a referência a *ajustamentos* foi introduzida pelo Parlamento Europeu, em segunda leitura [cfr. STEEN TREUNER, "Competitive Dialogue" in *Public Procurement Law Review*, 2004 (n.º 4), p. 184]. Na respectiva justificação

se destinar à formação de contratos particularmente complexos, em que se exige uma maior flexibilidade, entenda que, além das soluções, elementos fundamentais das propostas finais podem ainda ser objecto de *alguma* negociação[387].

O preceito em análise refere-se, porém, apenas à *proposta final*. A Directiva não é clara quanto à possibilidade de apresentação e negociação de *propostas preliminares*. Na sua Nota Explicativa sobre o Diálogo Concorrencial, a Comissão Europeia considera que o art. 29.º, n.º 5, permite à entidade adjudicante solicitar aos participantes, durante a fase de diálogo, *propostas* progressivamente mais completas e precisas (cfr. ponto 3.2.). Tais propostas, *preliminares*, não estariam abrangidas pelo limite previsto no art. 29.º, n.º 6, podendo ainda ser negociadas[388]. Este entendimento da Comissão, que aproxima o diálogo concorrencial do procedimento por negociação, confere, assim, ampla margem aos Estados-membros para, na respectiva transposição, preverem um procedimento que admita a negociação de versões preliminares ou iniciais das propostas.

b) Os *sectores especiais*

Aquando da regulação dos designados *sectores especiais* (hoje sectores da água, energia, transportes e serviços postais) pelas Directivas

---

indica-se que "o termo «ajustamento» deveria em princípio abranger o processo de ajustamento final, mas num contexto em que não podem ser alterados elementos fundamentais" (A5/2003/242 – alteração 44).

[387] É esta a posição sufragada por STEEN TREUMER, "Competitive Dialogue", cit., p. 184 e por SUE ARROWSMITH – cfr. *The Law of Public and Utilities Procurement*, 2.ª edição, cit., p. 655.

[388] Contra MARK KIRKBY entende que "embora em determinada fase a entidade adjudicante e os concorrentes debatam a melhor solução para a necessidade pública que se tem em vista satisfazer, a verdade é que, uma vez apresentadas as propostas, estas não são mais alteráveis, não estando prevista qualquer negociação das mesmas" – cfr. "O Diálogo Concorrencial", cit., p. 289. O A. não deixa, porém, de criticar a solução consagrada nas Directivas, sustentando que "nada obstaria e tudo aconselharia, por exemplo, a que em diálogos concorrenciais lançados para a celebração de contratos de concessão, as propostas apresentadas pudessem ainda ser negociadas nos memos termos em que tal é permitido no procedimento por negociação". Considera MARK KIRKBY que a possibilidade de negociação das propostas no âmbito do diálogo concorrencial "permitiria o recurso a um procedimento mais adequado e coerente em cenários que exijam, simultaneamente, os dois tipos de «flexibilidade» que estão subjacentes aos dois procedimentos em confronto". Possibilidade essa não consagrada no CCP "por força do desenho comunitário do diálogo concorrencial, que não comporta uma fase de negociação das propostas" – cfr. ob. cit., p. 290 (nota 18).

90/531/CEE, de 17 de Setembro de 1990 e 93/38/CEE, de 14 de Junho de 1993, o "legislador" comunitário previu também três procedimentos adjudicatórios (o concurso público, o concurso limitado e o procedimento por negociação). Afloram, porém, quanto à matéria que nos interessa, três grandes diferenças relativamente aos diplomas refundidos respeitantes aos sectores gerais: (*i*) previu-se um conjunto de casos, em que as entidades adjudicantes poderiam recorrer a um "processo sem concurso prévio", que, em rigor, não integravam o *procedimento por negociação* (sob a forma de *procedimento por negociação sem publicação de anúncio de concurso*[389]); (*ii*) o procedimento por negociação conhecia, portanto, apenas uma modalidade na qual existiria sempre um prévio apelo à concorrência[390] (*i.e.* o *procedimento por negociação* esgotava-se no *procedimento por negociação com publicação de anúncio de concurso*); (*iii*) o procedimento por negociação podia ser livremente escolhido pelas entidades adjudicantes[391], ou seja, não foi configurado como um *iter* adjudicatório de natureza excepcional, mas como um procedimento colocado ao mesmo nível dos concursos público e limitado[392]. Estas diferenças foram mantidas na Directiva 2004/17/CE, de 31 de Março (cfr. art. 40.º).

O "legislador" limitou-se a enquadrar esta liberdade de utilização do procedimento por negociação, afirmando que as regras a aplicar pelas entidades abrangidas pela Directiva devem permitir uma maior flexibili-

---

[389] Na linha do sustentado, no âmbito dos sectores gerais, para o *procedimento por negociação sem publicação de anúncio*, no acórdão *Comissão vs Grécia*, de 2 de Junho de 2005 (Proc. C-394/02), o Tribunal de Justiça afirmou que, "como derrogações às regras relativas aos processos de celebração de contratos públicos", os preceitos que admitem o recurso a um procedimento sem prévio apelo público à concorrência devem ser objecto de uma interpretação estrita, cabendo o *onus probandi* das circunstâncias que justificam a sua mobilização à parte que deles se pretenda prevalecer (n.º 33).

[390] Cfr. arts. 15.º, n.º 1, da Directiva 90/531/CEE e 20.º, n.º 1, da Directiva 93/38/CEE. Este facto aproxima o procedimento por negociação do concurso limitado (ambos concursos semi-abertos). Conforme refere SAMANIEGO BORDIU, "os procedimentos limitado e por negociação seguem o mesmo caminho e só na fase final se separam", pois, "por definição, no procedimento por negociação as entidades devem iniciar a negociação com os candidatos seleccionados" – cfr. "Los Procedimientos de Contratación de las Empresas que Operan en los Sectores del Agua, la Energía, los Transportes y las Telecomunicaciones", in *La Contratación Pública en los Llamados Sectores Excluidos*, cit., p. 233.

[391] Cfr. arts. 15.º, n.º 1, da Directiva 90/531/CEE e 20.º, n.º 1, da Directiva 93/38/CEE.

[392] Cfr. PHILIPPE FLAMME, "La Procédure Negociée dans les Marchés Publics: une Procédure d'Attribution Exceptionelle?", cit., p. 28.

dade[393]. No 9.º considerando da actual Directiva 2004/17/CE, por seu turno, é referido que "tendo em conta a natureza dos sectores afectados" deve permitir-se "a maior flexibilidade possível".

Nos primeiros diplomas comunitários a tónica era, assim, colocada na natureza das entidades adjudicantes que intervêm nestes sectores. O fundamento para a maior flexibilidade residiria no facto de as mesmas gerirem uma actividade industrial ou comercial, podendo ser empresas públicas ou privadas[394]. No entanto, atento o conceito funcional de Estado (declarado no acórdão *Beentjes*) e a indiferença a que o Direito Comunitário cedo votou os critérios orgânico-formais, esta razão surgia mais como uma justificação (*ex post*) de uma escolha política[395]. Na verdade, uma mesma entidade adjudicante podia (e pode) operar quer nos sectores especiais, quer nos sectores gerais. Se, no primeiro caso, é livre de escolher o procedimento por negociação (com publica-

---

[393] Cfr. 32.º considerando da Directiva 90/531/CEE e 45.º considerando da Directiva 93/38/CEE. Neste sentido *v.* acórdão *Comissão vs Grécia*, de 4 de Junho de 2009 (Proc. C-250/07), em que o Tribunal de Justiça, na linha do sustentado nas conclusões apresentadas pelo Advogado-Geral Miguel Poiares Maduro (cfr. n.º 15), afirma que o "referido quadragésimo quinto considerando dá uma indicação quanto ao objectivo prosseguido pelo legislador comunitário com a adopção da Directiva 93/38, a saber, o reconhecimento de uma maior flexibilidade no âmbito dos contratos públicos visados pela directiva, e permite, por conseguinte, explicar as razões pelas quais esta, diversamente de outras directivas em matéria de contratos públicos, autoriza as entidades adjudicantes a recorrerem mais ao processo por negociação" (n.º 37).

[394] Assim Christinne Maugué *apud* Margarida Olazabal Cabral, *O Concurso Público nos Contratos Administrativos*, cit., p. 48 (nota 89).

[395] O mesmo se diga quanto à razão, enunciada no considerando n.º 8 de ambos os diplomas, para justificar a exclusão destes sectores do âmbito de aplicação das primeiras Directivas comunitárias sobre contratação pública – o facto de as entidades que operam nestes sectores "estarem sujeitas ora ao direito público ora ao direito privado", o que, subentende-se, determinaria a aplicação do regime comunitário a certos casos e a sua exclusão relativamente a outros, dependendo da realidade existente em cada Estado-membro. Neste sentido, *v.* José António García de Coca "Regulación Communitaria Sustantiva sobre los Contratos Celebrados en los Sectores Especiales y su Repercusión sobre los Contratos de Naturaleza Jurídico-Privada", in *Revista de Estudios Europeos*, n.º 24, Janeiro-Abril 2000, pp. 38 e 39. Para uma análise dos motivos que determinaram a sujeição das entidades que actuam nestes sectores às regras comunitárias sobre contratação pública cfr. Fernando Díez Moreno, "Principios Jurídicos de la Contratación Pública: los considerandos en las Directivas sobre Sectores Excluidos", in *La Contratación Pública en los Llamados Sectores Excluidos Agua, Energía, Transportes, Telecomunicaciones*, cit., pp. 36-38.

ção de anúncio de concurso), no segundo já poderá estar impedida de o fazer[396].

Na Directiva 2004/17/CE, a maior flexibilidade surge agora fundada na particularidade dos sectores envolvidos e não na natureza das entidades adjudicantes abrangidas. Esta dualidade de regimes, aplicáveis em função da área de actuação (e não do contrato que se pretende celebrar), não nos parece, porém, a melhor solução. Ainda que a obtenção de "good value for money" não seja um objectivo das Directivas, importa questionar, com Philippe Flamme[397], se fará sentido continuar a distinguir os *itinera* formativos mobilizáveis com fundamento nas actividades exercidas pelas entidades adjudicantes, quando o que se pretende é que a eficácia da contratação pública seja alcançada em todos os sectores[398].

Importa referir, por fim, que, com a adopção da Directiva 93/38/CEE, o Conselho e a Comissão emitiram uma declaração conjunta acerca do seu art. 20.º, nos termos da qual não admitiam que, no concurso público e no concurso limitado, pudesse existir uma negociação incidente sobre elementos fundamentais do contrato[399]. Apesar de a Directiva 2004/17/CE não ter sido acompanhada de qualquer declaração, deve, com fundamento nas razões apresentadas a respeito dos sectores gerais, entender-se que a negociação das propostas continua afastada destes dois procedimentos de adjudicação.

c) O *sector da defesa*

No que respeita ao recém-criado *sector da defesa*, regulado pela Directiva 2009/81/CE, de 13 de Julho de 2009, o *procedimento por nego-*

---

[396] Cfr. PHILIPPE FLAMME, "La Procédure Negociée dans les Marchés Publics: une Procédure d'Attribution Exceptionelle?", cit., p. 28. Cfr. ainda PHILIPPE FLAMME, MAURICE--ANDRÉ FLAMME e CLAUDE DARDENNE, *Les Marchés Publics Européens et Belges – L'Irrésistible Européanisation du Droit de la Commande Publique*, cit., p. 178. Estes AA. dão--nos conta que a manutenção do número e natureza das situações em que, nos sectores gerais, se admite a utilização do procedimento por negociação reflecte uma divergência profunda entre a Comissão Europeia, que pretende a sua redução, e o Parlamento Europeu, partidário do seu alargamento – cfr. ob. cit., pp. 180 e 181.

[397] "La Procédure Negociée dans les Marchés Publics: une Procédure d'Attribution Exceptionelle?", cit., p. 28.

[398] Concordamos, em boa medida, com PHILIPPE COSSALTER quando defende que é a complexidade do contrato em formação que deve determinar o procedimento concorrencial – cfr. *Les Délégations d'Activités Publiques dans l'Union Européenn*, cit., p. 618.

[399] JOCE L 111/114, de 30 de Abril de 1994. Os termos exactos são idênticos aos da declaração conjunta respeitante ao art. 7.º, n.º 4, da Directiva 93/37/CEE.

ciação com publicação de anúncio de concurso surge igualmente como um procedimento regra (cfr. art. 25.°). Caso não exista público apelo à concorrência, o procedimento por negociação só poderá ser utilizado "nos casos específicos expressamente previstos no artigo 28.°". À semelhança do que acontece nos sectores gerais, não nos parece que, neste âmbito, o *concurso limitado*[400] admita uma negociação incidente sobre elementos fundamentais do contrato. Quanto ao *diálogo concorrencial*, o teor dos n.os 5 e 6 do art. 27.° é idêntico ao dos n.os 5 e 6 do art. 29.° da Directiva 2004/18/CE. Pelo que, também aqui, são possíveis as duas referidas interpretações relativamente à possibilidade de negociação de eventuais versões preliminares ou iniciais das propostas, bem como de elementos fundamentais da proposta final.

2.1.1.2. *Os contratos não abrangidos pelas Directivas comunitárias*

Uma análise do direito comunitário da contratação pública não pode, porém, limitar-se ao regime previsto nas Directivas. Apesar de o Tratado CE não conter nenhuma referência expressa à matéria da contratação pública[401], não pode deixar de se entender que as referidas Directivas concretizam princípios comunitários (expressa ou implicitamente) constantes do Tratado[402]. Ora, estes princípios jurídicos estruturantes, que enformam todo o conteúdo normativo das Directivas comunitárias, valem também para os contratos públicos não sujeitos ao regime previsto nestes diplomas.

---

[400] Atenta a natureza dos contratos em questão, este diploma não prevê a figura do concurso público.

[401] As únicas excepções são os arts. 163.°, n.° 2 (respeitante à política de investigação e desenvolvimento tecnológico) e 183.°, n.° 4 (atinente a investimentos financiados pela Comunidade em países e territórios não europeus que mantêm relações especiais com alguns Estados-membros). Trata-se, porém, de alusões meramente incidentais (situação que se mantém no Tratado de Lisboa). A este propósito cfr. SUE ARROWSMITH, *The Law of Public and Utilities Procurement*, 2.ª edição, cit., p. 181. Acerca da razão subjacente ao silêncio do Tratado de Roma e dos Tratados posteriores *v.* JOSÉ ANTONIO MORENO MOLINA, *Contratos Públicos: Derecho Comunitario y Derecho Español*, Madrid, McGraw-Hill, 1996, pp. 71 e 71; FERNÁNDEZ MARTÍN, *The EC Public Procurement Rules: A Critical Analysis*, cit., pp. 5 e 6 e CLÁUDIA VIANA, *Os Princípios Comunitários na Contratação Pública*, cit., pp. 95-103.

[402] Cfr., por todos, MARIA JOÃO ESTORNINHO, *Direito Europeu dos Contratos Públicos – Um Olhar Português*, cit., p. 27. Neste sentido se pronunciou o Tribunal de Justiça no acórdão *Comissão vs Itália*, de 10 de Março de 1987 (Proc. 199/85).

No seu Livro Verde *Os Contratos Públicos na União Europeia: Pistas de Reflexão para o Futuro*[403], a Comissão já havia sustentado que as regras e princípios previstos no Tratado, cuja eficácia as Directivas pretendem salvaguardar, eram aplicáveis à formação de contratos públicos não abrangidos pelas Directivas, entre os quais destacava as concessões e os contratos cujo montante estimado fosse inferior aos limiares previstos pelos diplomas comunitários[404]. Na Comunicação Interpretativa sobre as Concessões em Direito Comunitário[405], a Comissão reiterou a sua posição, defendendo que as "concessões, mesmo que não sejam abrangidas pelas directivas dos contratos públicos, estão subordinadas às regras e aos princípios do Tratado, na medida em que são adjudicáveis através de actos imputáveis aos Estados e têm por objecto a prestação de actividades económicas"[406].

Este entendimento, segundo o qual as regras e princípios previstos no Tratado CE são aplicáveis a contratos não abrangidos pelo âmbito de aplicação das Directivas, foi seguido pelo Tribunal de Justiça no acórdão *Telaustria*, de 7 de Dezembro de 2000 (Proc. C-324/98). Neste aresto, o Tribunal de Justiça considerou que, apesar de os contratos de concessão de serviços públicos se encontrarem excluídos do âmbito de aplicação das Directivas comunitárias, as entidades adjudicantes estão "obrigadas a respeitar as regras fundamentais do Tratado em geral e o princípio da não discriminação em razão da nacionalidade em particular" (n.º 62), o que implica uma obrigação de transparência (n.º 63). Esta obrigação "consiste em garantir, a favor de todos os potenciais concorrentes, um grau de publicidade adequado" que permita a abertura à concorrência destes contratos e "o controlo da imparcialidade dos processos de adjudicação". Em suma, apesar de excluídos, exige-se que estes contratos sejam formados através de *procedimentos concorrenciais*[407].

Esta jurisprudência foi reafirmada nos acórdãos *Coname*[408], *Parking Brixen*[409], *ANAV*[410], *ASM Brescia*[411] ou *Coditel*[412], relativamente às con-

---

[403] COM (96) 583 final, de 27 de Novembro de 1996.
[404] Cfr. pontos 3.25. a 3.28.
[405] 2000/C 121/02.
[406] Cfr. ponto 2.4.
[407] Sobre este acórdão cfr. BERNARDO DINIZ DE AYALA, "O Método de Escolha do Co-Contratante da Administração nas Concessões de Serviços Públicos", cit., pp. 13-25.
[408] De 21 de Julho de 2005 (Proc. C-231/03). Neste aresto, o Tribunal de Justiça afirmou expressamente que as exigências de transparência não implicam uma obrigação de realizar um concurso público. A entidade adjudicante deve tomar medidas que permitam a uma empresa situada no território de outro Estado-membro aceder às "informações ade-

cessões de serviços públicos, no acórdão *Contse*[413], no que respeita aos contratos de serviços parcialmente regulados pelas Directivas, bem como no despacho *Vestergaard*[414] e nos acórdãos *Comissão vs França*[415], *Medipac-Karantzidis*[416], *Comissão vs Irlanda*, de 13 de Novembro de 2007[417], *Comissão vs Irlanda*, de 18 de Dezembro de 2007[418], *Comissão vs Itália*[419] ou *SECAP*[420], referentes a contratos de valor estimado inferior aos limiares comunitários que, atendendo às suas características próprias[421],

---

quadas relativas à referida concessão antes de esta ser adjudicada de forma a que, se essa empresa o desejar, possa manifestar o seu interesse na obtenção dessa concessão" (n.º 21). No entanto, como nota ADRIAN BROWN, o Tribunal não deu qualquer orientação acerca da informação que considera adequada, nem sobre como e onde a mesma deve ser publicitada – cfr. Transparency Obligations Under the EC Treaty in Relation to Public Contracts that Fall Outside the Procurement Directives: a Note on C-231/03, Consorzio Aziende Metano (Coname) v Comune di Cingia de' Botti", in *Public Procurement Law Review*, 2005 (n.º 6), p. NA158.

[409] De 13 de Outubro de 2005 (Proc. C-458/03). O Tribunal de Justiça sustentou novamente que cabe à entidade adjudicante "a adequação das modalidades de recurso à concorrência às especificidades da concessão dos serviços públicos em causa". No entanto, a *ausência total de concorrência* "não é conforme com as exigências dos artigos 43.º CE e 49.º CE, bem como com os princípios da igualdade de tratamento, da não discriminação e da transparência" (n.º 50). ADRIAN BROWN sustenta que, ao continuar a não clarificar as formas pelas quais se deve organizar o apelo à concorrência, a abordagem do Tribunal de Justiça tem a vantagem da flexibilidade, mas deixa uma enorme incerteza em relação ao "quando" e "onde" devem as concessões ser publicitadas para respeitar as obrigações decorrentes do Tratado – cfr. The Application of the EC Treaty to a Services Concession Awarded by a Public Authority to a Wholly Owned Subsidiary: Case C-458/03, *Parking Brixen*", in *Public Procurement Law Review*, 2006 (n.º 2), p. NA45. Acerca das formas como poderá ser feita a publicitação destes procedimentos v. DAVID MCGOWAN, "Clarity at Last? Low Value Contracts and Transparency Oblgations", in *Public Procurement Law Review*, 2007 (n.º 4), pp. 280 e 281.

[410] De 6 de Abril de 2008 (Proc. C-410/04).
[411] De 17 de Julho de 2008 (Proc. C-34/06).
[412] De 13 de Novembro de 2008 (Proc. C-324/07).
[413] De 27 de Outubro de 205 (Proc. C-234/03).
[414] De 3 de Dezembro de 2001 (Proc. C-59/00).
[415] De 20 de Outubro de 2005 (Proc. C-264/03).
[416] De 14 de Junho de 2007 (Proc. C-6/05).
[417] Proc. C-507/03.
[418] Proc. C-532/03.
[419] De 21 de Fevereiro de 2008 (Proc C-412/04).
[420] De 15 de Maio de 2008 (Procs. apensos C-147/06 e C-148/06).
[421] No acórdão *SECAP*, o Tribunal de Justiça salienta o valor "de alguma importância" do contrato conjugado com o local da sua execução ou com a sua "tecnicidade"

são susceptíveis "de apresentar um interesse transfronteiriço certo e de atrair, assim, operadores de outros Estados-Membros" (acórdão *SECAP*, n.º 24)[422].

Ora, da referida obrigação, de garantir um grau de publicidade adequado (decorrente da obrigação de transparência, a qual, por seu turno, se retira do princípio da não discriminação), resulta apenas uma limitação da utilização de um procedimento por negociação que não seja precedido de uma adequada publicitação (ou, para utilizarmos a terminologia das Directivas, do *procedimento por negociação sem publicação de anúncio de concurso*). Neste sentido, desde que adequadamente publicitado, os princípios que têm sido convocados pelo Tribunal de Justiça não impedem que o procedimento mobilizado preveja uma fase destinada à negociação das propostas apresentadas pelos concorrentes[423].

Aliás, há muito que o Estado francês estabeleceu, em lei geral (na lei 93-122, de 29 de Janeiro de 1993, "relativa à prevenção da corrupção e à transparência da vida económica e dos procedimentos públicos", designada "loi Sapin"[424]), que a formação dos contratos de concessão de serviços públicos se deve fazer através de um procedimento de adjudicação que, além de promover a publicidade e a concorrência, prevê uma

---

(n.º 24), subentendendo-se aqui uma referência à sua complexidade. O Tribunal considera que não basta atender ao valor reduzido do contrato pois "é necessário levar em conta o facto de, em certos casos, as fronteiras atravessarem aglomerações que se situam no território de diversos Estados-Membros e de, nessas circunstâncias, mesmo contratos de reduzido valor poderem apresentar um interesse transfronteiriço certo" (cfr. n.º 31). Na verdade, só através de uma análise conjunta destes três aspectos (valor, local da execução e complexidade), se poderá afirmar se o contrato em apreço tem ou não interesse para operadores económicos localizados em outros Estados-membros. A par destes três aspectos, o Tribunal refere ainda que não haverá um interesse transfronteiriço certo em casos de "interesse económico muito reduzido do mercado em causa" (n.º 31). Parece-nos, porém, que o reduzido interesse económico do mercado carece de verdadeira autonomia, sendo antes uma das possíveis conclusões a retirar da conjugação dos referidos três aspectos.

[422] Para uma análise da jurisprudência comunitária respeitante a esta matéria v. ADRIAN BROWN, "Seeing Through Transparency: The Requirement to Advertise Public Contracts and Concessions Under the EC Treaty", in *Public Procurement Law Review*, 2007 (n.º 1), pp. 3-14.

[423] Neste sentido, PHILIPPE COSSALTER entende que o princípio da igualdade de tratamento, imposto pelo Tratado, não impossibilita a negociação, obrigando apenas a que esta "se desenvolva em condições de estrita igualdade" – cfr. *Les Délégations d'Activités Publiques dans l'Union Européenne*, cit., p. 628.

[424] Por referência a MICHEL SAPIN, então ministro da economia e das finanças.

fase *obrigatória* de negociação das propostas com os diversos interessados[425].

Importa salientar que, através de Comunicações Interpretativas e Livros Verdes[426], a Comissão Europeia tem contribuído para concretizar (entre outros aspectos) as regras e princípios previstos no Tratado aplicáveis aos contratos não abrangidos pelas Directivas.

Ainda antes do acórdão *Telaustria*, na sua Comunicação Interpretativa sobre as Concessões em Direito Comunitário, a Comissão sustentava que, a este nível, as entidades adjudicantes podiam escolher o procedimento mais apropriado, designadamente um *iter* formativo que previsse uma fase de negociação com os concorrentes[427]. Na sua recente Comunicação Interpretativa sobre a aplicação do direito comunitário em matéria de contratos públicos e de concessões às parcerias público-privadas institucionalizadas, a Comissão afirma mesmo, de forma geral, que "para adjudicação de concessões ou de contratos não inteiramente abrangidos pela Directiva 2004/18/CE, as entidades adjudicantes podem sempre recorrer ao procedimento negociado com publicação prévia de anúncio"[428].

---

[425] A este propósito v. JEAN-MARC PEYRICAL, "Régime de Passation des Contrats Publics: le Droit des Délégations comme Modèle?", cit., pp. 2137 e ss.; YEAN-YVES CHÉROT, *Droit Publique Économique*, 2.ª edição, Paris, Economica, 2007, pp. 758 e ss. e LAURENT RICHER, *Droit des Contrats Administratifs*, 6.ª edição, Paris, L.G.D.J, 2008, pp. 569 e ss.

[426] Entre as quais se destacam (*i*) o Livro Verde sobre as parcerias público-privadas e o direito comunitário em matéria de contratos públicos e de concessões – COM(2004) 327 final, de 30.04.2004; (*ii*) a Comunicação Interpretativa da Comissão sobre o direito comunitário aplicável à adjudicação de contratos não abrangidos, ou apenas parcialmente, pelas directivas comunitárias relativas aos contratos públicos (2006/C 179/02); (*iii*) e a Comunicação Interpretativa da Comissão sobre a aplicação do direito comunitário em matéria de contratos públicos e de concessões às parcerias público-privadas institucionalizadas (2008/C 91/02). Como salienta RODRIGO ESTEVES DE OLIVEIRA, este *soft law*, "carecendo, por natureza, de efeitos juridicamente vinculativos, tem evidentes efeitos práticos (por dar a conhecer qual é o entendimento da Comissão sobre o direito comunitário)", além de revelar o "«estado da arte» da jurisprudência comunitária" – cfr. Os Princípios Gerais da Contratação Pública", cit., p. 61.

[427] Cfr. Ponto 3.1.1. da referida Comunicação, em que a Comissão sustenta que, "em negociações que possam ter lugar, o projecto inicial não poderá ser desvirtuado em relação aos critérios e aos requisitos fixados no início do processo". MATTHIAS KRÜGNER sustenta que as entidades adjudicantes são, em princípio, livres de fazer uma ampla utilização dos procedimentos por negociação, desde que não restrinjam o acesso ao mercado – cfr. "The Principles of Equal Treatment and Transparency and the Comission Interpretative Communication on Concessions", in *Public Procurement Law Review*, 2003 (n.º 5), p. 201.

[428] Cfr. ponto 2.3.2.

Em suma, quer a Jurisprudência principialista do Tribunal de Justiça, quer o *soft law* emanado pela Comissão, não se opõe à possibilidade de uma negociação das propostas no âmbito do procedimento adjudicatório escolhido para a formação dos contratos públicos total ou parcialmente excluídos do âmbito de aplicação das Directivas comunitárias.

2.1.2. *No CCP*

Não encontramos no Título II da Parte II do Código, aplicável à fase de formação da generalidade dos contratos públicos, um conjunto de normas que discipline a negociação pré-adjudicatória das propostas. Esta ausência deve-se ao facto de, em obediência ao direito comunitário, o diálogo negocial, incidente sobre as propostas apresentadas, não ser admitido em todos os procedimentos de adjudicação.

No presente ponto, pretendemos, tão-só, identificar os procedimentos tipificados no CCP que admitem uma *fase de negociação* (ou seja, em que esta é possível), deixando-se para o próximo número a análise dos pressupostos de que depende a sua efectiva realização.

Como o próprio nome indica, o *procedimento de negociação*[429] é um dos *itinera* adjudicatórios em que as propostas apresentadas podem (*rectius*, devem) ser negociadas [cfr. arts. 194.°, alínea c), 201.° e 202.°]. Importa salientar que o *procedimento de negociação*, disciplinado pelo CCP, corresponde ao *procedimento por negociação com publicação de anúncio de concurso*, previsto nas Directivas comunitárias[430]. Com

---

[429] Acabando com a variedade terminológica, existente na legislação revogada pelo diploma que aprovou o CCP [o Decreto-Lei n.° 59/99, de 2 de Março (na linha do disposto no anterior Decreto-Lei n.° 405/93, de 10 de Dezembro), designava-o de *concurso por negociação*, já o Decreto-Lei n.° 197/99, de 8 de Junho (à semelhança do Decreto-Lei n.° 55/95, de 29 de Março), apelidava-o de *procedimento por negociação* e o Decreto-Lei n.° 223/2001, de 9 de Agosto, utilizava a expressão *processo por negociação*], o legislador fixou a sua designação em *procedimento de negociação*. Trata-se, porém, de um verdadeiro *concurso* [em rigor, de um concurso com (fase de) negociação]. Neste sentido, cfr. Margarida Olazabal Cabral, *O Concurso Público nos Contratos Administrativos*, cit., p. 51 e Mário Esteves de Oliveira e Rodrigo Esteves de Oliveira, *Concursos e Outros Procedimentos de Adjudicação Administrativa – das Fontes às Garantias*, cit., p. 211.

[430] Na verdade, nos termos do art. 197.°, n.° 1, o procedimento de negociação é sempre publicitado no Diário da República.

efeito, o *procedimento por negociação sem publicação de anúncio de concurso* (antes autonomizado) encontra-se hoje integrado no "novo" ajuste directo.

O procedimento de negociação não é de "livre utilização", sendo apenas admitido (*i*) em função dos critérios materiais previstos nas alíneas a) a d) do n.º 1 do art. 29.º e para a formação dos contratos aí indicados (com excepção dos indicados no n.º 3)[431]; (*ii*) sempre que seja admitida a adopção do ajuste directo [com excepção dos casos em que só pode ser convidada uma entidade e da situação prevista no art. 27.º, n.º 1, alínea b)] – cfr. art. 28.º *ex vi* do art. 29.º, n.º 1, alínea e); (*iii*) para a formação de contratos de concessão de obras públicas, de concessão de serviços públicos e de sociedade – cfr. art. 31.º, n.º 1; (*iv*) e para a formação de contratos respeitantes aos sectores especiais (cfr. art. 33.º, n.º 1).

Além do procedimento de negociação, também o *ajuste directo* admite uma fase de negociação (cfr. arts. 118.º e ss.). O ajuste directo é o único dos procedimentos adjudicatórios tipificados no CCP de carácter "fechado" (em que não há um *público* apelo à concorrência, só podendo apresentar proposta quem seja *directamente* convidado pela Administração[432]). Com efeito, num esforço de harmonização, o legislador acabou por aglutinar os diversos procedimentos "fechados", consagrados em legislação anterior[433], num único *iter* formativo, fazendo deste ajuste directo uma das principais novidades do Código.

---

[431] Estas alíneas correspondem às do n.º 1 do art. 30.º da Directiva 2004/18/CE, que prevêem os casos em que a entidade adjudicante pode recorrer ao procedimento por negociação com publicação de anúncio de concurso.

[432] Como referem João Amaral e Almeida e Pedro Fernández Sánchez, o que separa o ajuste directo dos demais procedimentos adjudicatório "é a circunstância de *ser aquele o único procedimento que não arranca com a realização de uma apelo genérico ao mercado através da publicação de um anúncio*". Só no ajuste directo existe uma "*prerrogativa de predeterminação administrativa da identidade dos operadores económicos que são autorizados a participar no procedimento e a apresentar proposta*" – cfr. *As Medidas Excepcionais de Contratação Pública para os Anos de 2009 e 2010 – Breve Comentário ao Decreto-Lei n.º 34/2009, de 6 de Fevereiro*, Coimbra, Coimbra Editora, 2009, pp. 71 e 72.

[433] Falamos do concurso limitado sem apresentação de candidaturas, do procedimento por negociação sem publicação prévia de anúncio, da consulta prévia e do "velho" ajuste directo. Neste sentido, cfr. Margarida Olazabal Cabral, "Procedimentos Clássicos no Código dos Contratos Públicos", in *Cadernos de Justiça Administrativa*, n.º 64, Julho-Agosto 2007, p. 16.

Apesar de as entidades adjudicantes não o poderem utilizar livremente, o âmbito de aplicação do ajuste directo é bastante amplo[434], sendo mobilizável: (*i*) em função do valor do contrato (cfr. arts. 19.º a 21.º)[435]; (*ii*) em função dos critérios materiais previstos nos arts. 24.º a 27.º[436]; (*iii*) e para a formação de contratos de sociedade e de contratos de concessão de serviços públicos "quando razões de interesse público relevante o justifiquem" (cfr. art. 31.º, n.º 3).

O CCP prevê ainda uma fase de negociação no *concurso público*. A possibilidade de negociar as propostas apresentadas pelos concorrentes

---

[434] MARGARIDA OLAZABAL CABRAL salienta que o "novo" ajuste directo "deixará de ser um procedimento residual" – cfr. "Procedimentos Clássicos no Código dos Contratos Públicos", cit., p. 16.

[435] Atenta a jurisprudência do Tribunal de Justiça respeitante à aplicação dos princípios comunitários (*maxime*, do princípio da transparência, que exige um grau de publicidade adequado) aos contratos públicos não abrangidos pelas Directivas (*in casu*, em virtude de o seu valor se encontrar abaixo dos respectivos limiares), parece-nos que algumas disposições do Código [*v.g.* o art. 20.º, n.º 1, alínea a), *in fine*, que permite a escolha do ajuste directo para a formação de contratos de locação ou de aquisição de bens móveis ou de serviços, a celebrar pelas entidades adjudicantes referidas no art. 2.º, n.º 2, cujo valor poderá ascender até ao próprio limiar comunitário], respeitantes aos valores até aos quais se admite a utilização do ajuste directo, não respeitam o direito comunitário da contratação pública. Neste sentido, cfr. CLÁUDIA VIANA, "O Procedimento de Ajuste Directo no Código dos Contratos Públicos (e sua Aplicação às Autarquias Locais)", in *Direito Regional e Local*, n.º 6, Abril-Junho, 2009, pp. 10 e ss. É, pois, com espanto e preocupação que assistimos à entrada em vigor do Decreto-Lei n.º 34/2009, de 6 de Fevereiro, que, entre outras medidas, veio elevar os valores (cfr. art. 5.º) até aos quais se permite a utilização do ajuste directo para a formação de contratos de empreitada de obras públicas, de concessão de obras públicas, de locação ou aquisição de bens móveis e de aquisição de serviços, destinados à modernização do parque escolar ou a melhoria da eficiência energética de edifícios públicos (cfr. art. 1.º, n.º 2). Acerca deste diploma *v.* MÁRIO AROSO DE ALMEIDA, "Contratação Pública por Ajuste Directo: a Solução para a Crise?", in *Boletim da Ordem dos Advogados*, n.º 52, 2009, pp. 41 e 42 e, desenvolvidamente, JOÃO AMARAL E ALMEIDA e PEDRO FERNÁNDEZ SÁNCHEZ, *As Medidas Excepcionais de Contratação Pública para os Anos de 2009 e 2010 – Breve Comentário ao Decreto-Lei n.º 34/2009, de 6 de Fevereiro*, cit. (acerca do aumento dos valores até aos quais se permite a mobilização do ajuste directo *v.* pp. 94-103).

[436] As situações aí previstas correspondem aos casos para os quais a Directiva 2004/18/CE admite a utilização do *procedimento por negociação sem publicação de anúncio de concurso* (cfr. art. 31.º), bem como a alguns contratos excluídos do âmbito de aplicação deste diploma comunitário [*v.g.* contratos que visem permitir à entidade adjudicante a prestação ao público de um ou mais serviços de telecomunicações – cfr. art. 24.º, n.º 1, alínea d), do CCP e art. 13.º da Directiva 2004/18/CE].

restringe-se, porém, à formação dos contratos de concessão de obras públicas e de concessão de serviços públicos[437].

Ao admitir que as propostas sejam negociadas no âmbito de um concurso público, o legislador nacional em nada violou o direito comunitário da contratação pública. Com efeito, os contratos para a formação dos quais o Código autoriza tal negociação encontram-se sujeitos a uma regulamentação "light"[438] da Directiva 2004/18/CE[439] (contratos de concessão de obras públicas), que não limita o tipo de procedimento a utilizar, ou estão mesmo excluídos do seu âmbito de aplicação[440] (contratos de concessão de serviços públicos), sendo certo que, como vimos, os princípios comunitários aplicáveis aos contratos públicos não abrangidos pelas Directivas não impedem que o procedimento mobilizado preveja uma fase de negociação.

Como bem salienta Margarida Olazabal Cabral, a existência de um diálogo negocial, em concursos públicos destinados à formação de contratos de concessão de obras públicas ou de serviços públicos, não constitui uma novidade entre nós. Nos últimos anos, vários diplomas admitiram, para a formação dos mencionados contratos, concursos (públicos, mas sobretudo limitados) com fase de negociações[441]. Ainda assim, a previsão, em lei geral, da aludida fase de negociação tem um destacado interesse prático[442]. Na verdade, até à entrada em vigor do CCP, se uma entidade adjudicante pretendesse utilizar, para a formação de um dos referidos contratos, um concurso público com fase de negociação, a mesma carecia, sob pena de impugnação (directa ou incidental) do programa do con-

---

[437] Acerca do conceito de concessão reflectido no CCP v. PEDRO SIZA VIEIRA, "Regime das Concessões de Obras Públicas e de Serviços Públicos", in *Cadernos de Justiça Administrativa*, n.º 64, Julho-Agosto 2007, pp. 48 e ss.

[438] Cfr. CLÁUDIA VIANA, *Os Princípios Comunitários na Contratação Pública*, cit., p. 383.

[439] Cfr. arts. 56.º a 65.º.

[440] Cfr. art. 17.º (que, no entanto, ressalva o disposto no art. 3.º).

[441] "O Concurso Público no Código dos Contratos Públicos", cit., p. 218.

[442] Além, claro está, do significativo interesse doutrinal. Na verdade, a previsão, em lei geral, da aludida fase de negociação (bem como da possibilidade de utilização de um leilão electrónico), quebra definitivamente o "dogma" de que um dos elementos essenciais do concurso público seria a ausência de negociação e/ou a imutabilidade das respectivas propostas – neste sentido cfr. MARGARIDA OLAZABAL CABRAL, "O Concurso Público no Código dos Contratos Públicos", cit., p. 213 (que, aliás, sempre sustentou que a possibilidade de negociação das propostas não punha em causa a essência do concurso público – cfr. *O Concurso Público nos Contratos Administrativos*, cit., p. 109).

curso[443], de uma prévia lei específica habilitante[444]. Atenta a sua consagração no CCP, as entidades adjudicantes deixam, pois, de estar dependentes do "timing" legislativo, podendo lançar concursos públicos (totalmente abertos[445]) com fase de negociação das propostas, destinados à celebração de contratos de concessão de obras públicas ou de concessão de serviços públicos.

Estes são, portanto, os três procedimentos para os quais se admite uma fase de negociação das propostas. Pela negativa, além dos concursos públicos não destinados à formação de contratos de concessão de obras públicas ou de concessão de serviços públicos (149.º, n.º 1, *a contrario*)[446], o CCP afasta ainda, de forma expressa, a possibilidade de uma *fase de negociação* das propostas no *concurso limitado por prévia qualificação*[447] (cfr. art. 162.º, n.º 2) e no *diálogo concorrencial* (cfr. art. 204.º, n.º 2). Quanto a este último verifica-se, assim, que o legislador não acolheu a leitura sufragada pela Comissão Europeia, na sua Nota Explicativa sobre o Diálogo Concorrencial, de acordo com a qual este *iter* formativo permitiria a negociação de versões preliminares das propostas.

Atenta a abertura da Directiva (confirmada pelo entendimento da Comissão Europeia) quanto a um diálogo negocial que recaia sobre ver-

---

[443] Fundada no *princípio da tipicidade ou da taxatividade dos procedimentos adjudicatórios* (concretização do princípio da legalidade na sua vertente de primado ou prevalência da lei).

[444] Cfr. BERNARDO DINIZ DE AYALA, "O Método de Escolha do Co-Contratante da Administração nas Concessões de Serviços Públicos", cit., pp. 24 e 25.

[445] Atento o disposto no art. art. 31.º, n.º 1, a entidade adjudicante pode também, caso entenda mais adequado, lançar mão de um concurso *semi-aberto* (o procedimento de negociação).

[446] Entre os quais se inclui a modalidade urgente do concurso público – cfr. art. 156.º, n.º 2. Aliás, não seria necessária a expressa exclusão dos preceitos respeitantes à fase de negociação já que, no âmbito de aplicação desta modalidade acelerada de concurso, não cabem os contratos de concessão de obras públicas ou de concessão de serviços (cfr. art. 155.º).

[447] Diferentemente do estabelecido para o concurso público, em que, para a formação de contratos de concessão de obras públicas ou de concessão de serviços públicos, se admite a realização de uma fase de negociação, o legislador terá entendido que seria desnecessário prever idêntica possibilidade para o concurso limitado por prévia qualificação. Na verdade, nos casos em que, para a formação dos referidos contratos, a entidade adjudicante pretenda avaliar a capacidade técnica e financeira dos candidatos e, simultaneamente, negociar o conteúdo das propostas apresentadas, tem à sua disposição (sem quaisquer restrições) o procedimento de negociação (cfr. art. 31.º, n.º 1). A este propósito *v*. ANA GOUVEIA MARTINS, "Concurso Limitado por Prévia Qualificação", cit., pp. 244 e 245.

sões preliminares das propostas, não podemos deixar de defender uma alteração legislativa que permita (eliminando a proibição prevista no art. 204.°, n.° 2, *in fine*) a adopção de uma fase de negociação das propostas (versões iniciais) ao nível do diálogo concorrencial. Com efeito, a particular complexidade, inerente aos contratos formados através deste procedimento, exige não só uma negociação das *soluções* que concretizam as necessidades identificadas pela entidade adjudicante (e que lhe permitam construir o caderno de encargos), como das próprias respostas dos concorrentes (as propostas) ao projecto contratual submetido à concorrência[448].

Na verdade, se, por não permitir uma co-construção do caderno de encargos, o *procedimento de negociação* não se adequa à formação deste tipo de contratos, ao não admitir uma negociação das propostas, o *diálogo concorrencial* traçado pelo CCP mostra-se ainda insuficiente para responder às necessidades (sobretudo à obtenção de "good value for money") que se colocam ao nível da formação de contratos particularmente complexos[449].

Atenta a impossibilidade de negociação das propostas, o concurso limitado por prévia qualificação e o diálogo concorrencial ficarão excluídos da análise que, em seguida, faremos do diálogo negocial pré-adjudicatório.

2.2. Pressupostos

Admitida a possibilidade, no ajuste directo, no procedimento de negociação e em certos concursos públicos (quando usados para a formação de contratos de concessão de obras públicas ou de concessão de serviços

---

[448] Discordamos, portanto, de JORGE ANDRADE DA SILVA quando refere que a impossibilidade de utilização de uma fase de negociação (e de um leilão electrónico) "decorre da própria natureza e estrutura do diálogo concorrencial, podendo dizer-se que, de algum modo, consome aqueles expedientes procedimentais" – cfr. *Código dos Contratos Públicos Comentado e Anotado*, cit., p. 532.

[449] MARK KIRKBY sustenta que, não raras vezes, a formação deste tipo de contratos exige os "dois tipos de «flexibilidade»", subjacentes ao diálogo concorrencial (a co-construção do caderno de encargos) e ao procedimento por negociação (a negociação das propostas). O A. refere, porém, que o legislador nacional não os poderia ter consagrado porquanto a Directiva não admitirá, no diálogo concorrencial, uma fase de negociação de propostas – cfr. "O Diálogo Concorrencial", cit., p. 290 (nota 18).

públicos), de uma negociação pré-adjudicatória posterior à apresentação das propostas, a questão que se coloca agora é a de saber quais os pressupostos de que depende a sua *efectiva realização*.

No procedimento de negociação, o diálogo negocial individualiza/ /caracteriza o respectivo *iter* formativo, sendo um seu elemento essencial. Não existe, assim, qualquer pressuposto específico de que dependa a negociação realizada no âmbito deste procedimento. Já no ajuste directo e no concurso público, a negociação (quando permitida) não é um elemento caracterizador dos respectivos tipos procedimentais, sendo possível que estes decorram sem a referida interacção. Para que exista uma fase de negociação nestes procedimentos, o convite à apresentação das propostas e o programa do procedimento *devem*, respectivamente, prever a sua existência.

Relativamente ao *ajuste directo*, esta imposição encontra-se expressamente consagrada nos arts. 118.°, n.° 1 e 115.°, n.° 2, alínea a) do CCP. Já quanto ao *concurso público*, ela resulta (implicitamente) do disposto no art. 150.°, n.° 1. Com efeito, este preceito estabelece os elementos (respeitantes à negociação) que *devem* constar do programa do concurso "quando a entidade adjudicante decidir adoptar uma fase de negociação das propostas". Se estes elementos, que disciplinam o diálogo negocial, *devem* ser indicados no programa de concurso, é porque a existência de uma fase de negociação das propostas *deverá* estar prevista na referida peça. Assim, sempre que a entidade adjudicante pretenda, ao nível do ajuste directo ou do concurso público, realizar uma *fase de negociação*, o convite à apresentação das propostas ou o respectivo programa de procedimento terão de a prever.

A necessidade de se prever nas peças do procedimento a existência de uma fase de negociação decorre, antes de mais, do *princípio da transparência* que, entre outros postulados, impõe "uma publicação das regras de cada procedimento, que devem ser claras e postas no documento normativo adequado, para evitar surpresas aos operadores económicos"[450].

Além de evitar decisões-surpresa, a previsão da *fase de negociação* nas peças do procedimento previne ainda o risco do designado "steering" procedimental, em que a entidade adjudicante molda o *iter formativo* (*in casu*, "abre" ou não uma fase de negociação) com o único objectivo

---

[450] RODRIGO ESTEVES DE OLIVEIRA, "Os Princípios Gerais da Contratação Pública", cit., p. 101. A este propósito v., ainda, YVES-RENÉ GUILLOU, "Pourquoi et Quand Recourir à la Négociation?", cit., p. 28.

de conduzir o seu concorrente "preferido" à adjudicação[451]. Esta solução é, como tal, também tributária do *princípio da imparcialidade*, que se destina à garantia "da imagem, do rigor e do bom nome da Administração (que não basta ser séria, mas deve também parecer séria)"[452].

Atenta a natureza dos princípios que os preceitos em análise pretendem proteger[453], deve entender-se que a realização (nos dois *itinera* formativos em apreço) de uma fase de negociação não prevista no convite ou no programa do procedimento gerará a invalidade da respectiva adjudicação[454].

Questão diferente, mas intimamente relacionada com a anterior, é a de saber se a entidade adjudicante poderá prever nas peças do procedimento tão-só a *possibilidade* de uma fase de negociação, adiando a decisão acerca da sua efectiva realização para um momento ulterior.

Se do conteúdo dos preceitos referentes ao ajuste directo nada se retira que possa sustentar uma resposta afirmativa, já o art. 150.º, n.º 2[455], respeitante ao concurso público, parece apontar nesse sentido. À primeira vista, a norma em questão admite que o programa do concurso preveja apenas a *possibilidade* de negociação, sendo a sua efectiva realização

---

[451] Sempre que a proposta do concorrente "preferido" não esteja ordenada em primeiro lugar, a entidade adjudicante optaria por realizar uma fase de negociação não prevista apenas para lhe atribuir uma "segunda oportunidade" de alcançar esse lugar.

[452] RODRIGO ESTEVES DE OLIVEIRA, "Os Princípios Gerais da Contratação Pública", cit., p. 96.

[453] Não se trata, portanto, de uma norma meramente "burocrática", a cuja inobservância se poderá retirar a respectiva "força invalidante" – cfr. MÁRIO ESTEVES DE OLIVEIRA, PEDRO GONÇALVES e JOÃO PACHECO DE AMORIM, *Código do Procedimento Administrativo Comentado*, cit., pp. 657-658.

[454] No que respeita à designada *acção particular* e atendendo ao universo dos concorrentes preteridos, consideramos que apenas aquele cuja proposta, não fossem as alterações introduzidas na fase de negociação, ficaria ordenada em primeiro lugar (o que lhe permitiria beneficiar da adjudicação) terá legitimidade para impugnar a referida adjudicação. Na verdade, apenas ele terá um interesse *directo* e *pessoal* na impugnação [cfr. art. 55.º, n.º 1, alínea a)], pois só o referido concorrente retirará "imediatamente (*directamente*) da anulação (…) um benefício específico para a sua esfera jurídica (*pessoal*)" – cfr. VIEIRA DE ANDRADE, *A Justiça Administrativa (Lições)*, 10.ª edição, Coimbra, Almedina, 2009, p. 221.

[455] Aí se estabelece que "em alternativa à indicação prevista na alínea a) do número anterior, o procedimento do concurso pode reservar, para o termo da fase de avaliação das propostas, a possibilidade de o órgão competente para a decisão de contratar adoptar uma fase de negociação restringida aos concorrentes cujas propostas foram ordenadas nos primeiros lugares".

só decidida no final da fase de avaliação das propostas (da sua versão inicial)[456].

Consideramos, porém, que a aludida norma não pode deixar de ser lida à luz dos princípios da transparência (primeiro dos princípios a que o art. 1.°, n.° 4, manda *especialmente* atender) e da imparcialidade da Administração (princípio com assento constitucional – cfr. art. 266.°, n.° 2, da CRP), os quais seriam abalados se a efectiva realização de uma fase de negociação pudesse ser decidida só após a exteriorização do procedimento (sobretudo depois da apresentação das propostas).

A referida possibilidade geraria, antes de mais, uma enorme incerteza no mercado: no momento em que decidem concorrer e elaboram a sua proposta, os concorrentes não saberiam se esta seria a sua "última palavra" na tentativa de vencer o concurso ou, ao invés, apenas mais um passo (preliminar) de uma longa caminhada em direcção a uma eventual adjudicação[457]. Ainda que se diga que o grau de incerteza, decorrente de uma

---

[456] Neste sentido cfr. *Código dos Contratos Públicos e Legislação Complementar – Guias de Leitura e Aplicação*, org. pelo grupo de Direito Público da Vieira de Almeida & Associados, Coimbra, Almedina, 2008, p. 577; MARGARIDA OLAZABAL CABRAL, "O Concurso Público no Código dos Contratos Públicos", cit., pp. 218 e 219 e JORGE ANDRADE DA SILVA, *Código dos Contratos Públicos Comentado e Anotado*, cit., pp. 477 e 478.

[457] MARGARIDA OLAZABAL CABRAL considera esta incerteza positiva já que "os concorrentes terão tendência a apresentar a concurso as suas melhores propostas e não, como tantas vezes acontece em procedimentos com negociação, uma proposta que tenha margem para ser melhorada durante as negociações" – cfr. "O Concurso Público no Código dos Contratos Públicos", cit., p. 219. Não nos parece, porém, que este argumento deva colher. Em primeiro lugar, não estamos certos de que, existindo a possibilidade de uma fase de negociação (que um normal operador económico tenderá a acreditar que será realizada, posto que a mesma é vista como a melhor forma de a Administração obter "good value for money"), os concorrentes apresentarão as suas melhores propostas. Como vimos, a negociação pressupõe a existência de uma "margem de manobra" (ainda que mínima) que permita às partes aproximar as suas posições iniciais. Ora, atenta a forte possibilidade de realização de uma fase de negociação, a tendência dos concorrentes será a de acautelar a referida margem, para que, em sede negocial, lhes seja ainda possível alterar a sua proposta. Ou seja, a "doença" ("margens" superiores às "normalmente" praticadas pelo mercado) associada aos procedimentos com fase de negociação existiria, mas o único "remédio" (a negociação) que, nesta fase do *iter* formativo, a permite combater, poderia ou não ser aplicado. Em segundo lugar, a ser verdade que os concorrentes apresentam a concurso as suas melhores propostas, de pouco ou nada serviria à entidade adjudicante abrir uma fase de negociação (sobretudo neste momento, em que só pode negociar os atributos das propostas). Poder-se-ia mesmo questionar se, ao abrir uma fase de negociação, a entidade adjudicante não estaria a promover a apresentação de propostas que vão além do "esforço"

ausência de *decisão*, é diferente daquele que existiria se a Administração pudesse lançar mão de uma fase de negociação não acautelada nas peças do procedimento (pelo menos, na primeira os concorrentes sabem que, quando não prevista, a negociação não pode ter lugar), a verdade é que a mera referência à possibilidade da sua realização não garante ainda a certeza e segurança necessárias à elaboração de uma proposta.

Mais do que a incerteza gerada nos operadores económicos, é a potenciação do já mencionado "steering" procedimental que nos leva a sustentar a necessidade de uma decisão plasmada no programa do concurso. O risco de "steering" procedimental estará presente quando uma decisão, com a relevância adjudicatória da aqui em análise, é tomada num momento em que a Administração já conhece o conteúdo das propostas apresentadas e a respectiva ordenação. Na verdade, ao permitir-se que a decisão quanto à efectiva realização da negociação seja adiada para o final da fase de avaliação das propostas, corre-se o risco de a entidade adjudicante optar por realizar, ou não, a prevista fase de negociação apenas porque a proposta do seu concorrente "preferido" ainda não está ou, ao invés, já ocupa o primeiro lugar.

Se a referida decisão fosse deixada apenas para o final da fase de avaliação das propostas, criar-se-ia ainda um outro risco: num ambiente de incerteza quanto à efectiva realização da negociação (gerador, em regra, de uma retracção nos operadores económicos em apresentar, desde logo, a sua melhor proposta), a entidade adjudicante poderia beneficiar um dos competidores, deixando "escapar" a informação de que a referida fase não será realizada.

Como vimos, o princípio da imparcialidade não impede apenas actuações parciais, como ainda "pede que se delimite um círculo normativamente adequado de situações de perigo que (...) sejam objectivamente capazes de fundar uma suspeita pública relativamente à falta de isenção da

---

comportável pelos concorrentes (originando um incremento de propostas com um preço anormalmente baixo), "esquecendo-se" que também ela deve actuar como uma *pessoa de bem*. Numa frase: se já são as melhores propostas, para quê negociar? (as razões apresentadas por MARGARIDA OLAZABAL CABRAL para sustentar a bondade inerente à incerteza quanto à realização, ou não, de uma fase de negociação constituem, pois, um ataque implícito, mas fortíssimo, à importância e papel da própria negociação). É, pois, no pressuposto de que, em regra, a proposta unilateralmente apresentada num procedimento adjudicatório não é ainda a melhor oferta do concorrente, que sustentamos que a negociação (a par do leilão electrónico) é um instrumento importante para a celebração de contratos mais vantajosos para o interesse público.

Administração"[458]. Parece-nos que a possibilidade de adiar uma decisão, com importância capital para o apuramento da melhor proposta, para um momento em que a entidade adjudicante já conhece o teor das ofertas apresentadas e a sua ordenação, representa uma das aludidas situações objectivamente capazes de fundar uma suspeita pública quanto à falta de isenção da Administração[459-460].

Aqui chegados, cabe-nos, porém, questionar se, face ao disposto no art. 150.º, n.º 2, do CCP, a exigência ora avançada não será apenas sustentável (quanto ao concurso público) *de lege ferenda*. Cremos que não. Na verdade, parece-nos que o preceito em apreço pode (*rectius*, deve) ser lido no sentido de que se admite que o programa de concurso deixe para o final da fase de avaliação das propostas a decisão respeitante à *restrição*, ou não, *do universo de concorrentes a participar na fase de negociação* (todos aqueles cujas propostas não sejam excluídas ou apenas os que tenham apresentado as propostas ordenadas nos primeiros lugares), mas não a referente à efectiva realização dessa negociação. Vejamos melhor.

A decisão quanto à adopção de uma fase de negociação está prevista no n.º 1 do art. 150.º e não nas suas alíneas. As três alíneas referem-se ape-

---

[458] RODRIGO ESTEVES DE OLIVEIRA, "Os Princípios Gerais da Contratação Pública", cit., p. 96.

[459] Concordamos com MARGARIDA OLAZABAL CABRAL, quando sustenta que a possibilidade de o programa de concurso relegar a decisão, quanto à efectiva realização de uma fase de negociação, para o final da fase de avaliação das propostas, "em nada belisca os direitos dos concorrentes". Parece-nos, porém, que a A. não releva adequadamente o princípio da transparência e, sobretudo, o da imparcialidade quando afirma que a referida solução não põe em causa "os princípios que regem os procedimentos concursais". A A. refere ainda que, desta forma, se "permite à entidade adjudicante adoptar a solução mais adequada em função das características das propostas apresentadas, de tal modo que pode passar imediatamente à fase de adjudicação, se considerar que as propostas já são satisfatórias para o interesse público e que seria desadequado recorrer a uma fase de negociações com a demora que ela sempre representa, ou, pelo contrário, optar pela realização de uma tal fase, se as propostas o justificarem" – cfr. "O Concurso Público no Código dos Contratos Públicos", cit., p. 219. Quanto a nós, este arrazoado acaba por sobrevalorizar o papel da celeridade procedimental e minimizar os riscos inerentes à tomada de decisões (determinantes para a adjudicação) num momento em que a entidade adjudicante já tem conhecimento do conteúdo das propostas e sabe quem é o melhor classificado.

[460] A argumentação expendida vale também para os casos em que a entidade adjudicante possa e queira lançar mão de um leilão electrónico. A decisão quanto à sua utilização tem de estar plasmada no programa do procedimento, não podendo ser tomada depois da avaliação das propostas.

nas aos elementos que deverão constar do programa do concurso quando a entidade adjudicante tiver decidido negociar. Para que esses elementos constem da referida peça, tal decisão terá de estar tomada antes de exteriorização do procedimento. Ora, o n.º 2 do art. 150.º não altera este quadro. O mesmo constitui apenas uma "alternativa à indicação prevista na alínea a) do número anterior", que prevê a possibilidade de restringir o número de participantes na fase de negociação, e não à decisão de adoptar uma fase de negociação (que não está na alínea, mas no corpo do n.º 1), a qual já deve estar tomada[461]. Assim, como alternativa à indicação de que a negociação será restringida aos concorrentes cujas propostas foram ordenadas nos primeiros lugares [alínea a)], o Código admite que o programa de concurso reserve, para depois da fase de avaliação das propostas, a possibilidade de o órgão competente para a decisão de contratar decidir se a fase de negociação será ou não restringida aos concorrentes cujas propostas foram ordenadas em primeiro lugar[462].

Em suma, no ajuste directo e no concurso público, a decisão quanto à efectiva realização da negociação deve ser tomada no convite à apresentação de propostas e no programa de concurso, respectivamente, não podendo ser deixada em aberto até ao final da fase de avaliação das propostas.

Importa notar, porém, que, no ajuste directo, não basta que a *fase de negociação* tenha sido prevista (e decidida) no convite à apresentação de propostas. Atento o disposto nos arts. 115.º, n.º 2 (*a contrario*), 118.º, n.º 1 e 125.º, n.º 2, é ainda necessário que (*i*) a entidade adjudicante convide mais do que uma entidade a apresentar proposta; (*ii*) e, dos convites realizados, seja "tempestivamente apresentada mais de uma proposta".

---

[461] Neste sentido aponta também o modelo de anúncio do concurso público, previsto no Anexo I da Portaria n.º 701-A/2008, de 29 de Julho. O n.º 3 indica que a entidade adjudicante terá obrigatoriamente de informar se será ou não adoptada uma fase de negociação (e não se esta é ou não possível).

[462] Atenta a leitura sustentada no texto, impõe-se uma interpretação restritiva do art. 146.º, n.º 5, nos termos do qual, quando "seja adoptada uma fase de negociação aberta a todos os concorrentes cujas propostas não sejam excluídas, o júri não deve aplicar o critério de adjudicação nem propor a ordenação das propostas no relatório preliminar". Este preceito não valerá para os casos em que o programa de procedimento adia, para depois da fase de avaliação das propostas, a decisão respeitante ao universo de concorrentes (todos os que não tenham visto a sua proposta excluída ou só os ordenados nos primeiros lugares) que participarão na fase de negociação.

Nos casos em que tenha sido apresentada uma única proposta (por se ter realizado um só convite ou por apenas uma das entidades convidadas ter apresentado proposta) "não há lugar às fases de negociação e de audiência prévia, nem à elaboração dos relatórios preliminar e final, *podendo, porém, o concorrente ser convidado a melhorar a sua proposta*" (cfr. art. 125.º, n.º 2, realce nosso).

Este preceito não deve, porém, ser entendido como uma proibição, dirigida à entidade adjudicante, de estabelecer um diálogo negocial com o único concorrente. Aquilo que se pretendeu afastar foi, tão-só, a "fase de negociação", ou seja, todo o *iter* (pesado) que, em regra, deve ser observado antes, durante e após o diálogo negocial[463]. Ao estabelecer que o concorrente pode ser convidado a melhorar a sua proposta, parece-nos claro que a norma permite uma interacção dialógica das partes tendo em vista a co-construção do projecto contratual.

Aliás, num contexto em que, além de não ter existido um público apelo à concorrência, o concorrente se encontra sozinho face à Administração, não faria qualquer sentido impedir a realização de um diálogo negocial entres os (únicos) sujeitos do procedimento (seria, no mínimo, uma norma votada ao permanente incumprimento). O mesmo se diga para o regime simplificado de ajuste directo, previsto nos arts. 128.º e 129.º.

Em suma, deve entender-se que, nos casos descritos, o ajuste directo permite um diálogo negocial entre a entidade adjudicante e o único concorrente, diálogo esse que não carece de observar as regras respeitantes à *fase de negociação* (arts. 118.º e ss).

A análise que se segue centra-se no diálogo negocial realizado no âmbito da *fase de negociação*. Pelo que, muitas das considerações que se seguem não valem (ou devem merecer uma adequada "transposição") para os referidos casos de negociação desprocedimentalizada.

2.3. *Carácter obrigatório*

Como vimos, no *procedimento de negociação*, o diálogo negocial incidente sobre as propostas é o elemento (essencial) que caracteriza este

---

[463] Neste sentido v. MIGUEL NOGUEIRA DE BRITO, "Ajuste Directo", in *Estudos de Contratação Pública – II*, cit., p. 330.

iter adjudicatório[464]. Pelo que, independentemente da designação que o programa de procedimento lhe possa atribuir, se não existir uma fase de negociação das propostas não estaremos diante de um verdadeiro procedimento de negociação mas de um outro *iter* formativo (típico ou atípico). Para que exista procedimento de negociação é, portanto, *necessária* a existência de uma fase destinada à negociação das propostas apresentadas[465].

Pelo que, as conclusões a que chegámos a propósito do afastamento da fase de negociação do diálogo concorrencial valem, também, para este procedimento. Com efeito, o *princípio da tipicidade ou da taxatividade dos procedimentos adjudicatórios*, consagrado no art. 16.°, n.° 1, do CCP, obriga a Administração a utilizar, para a formação dos contratos abrangidos pelo âmbito de aplicação do CCP, um dos procedimentos aí tipificados. A entidade adjudicante está, portanto, impedida, sob pena de ilegalidade das respectivas peças do procedimento, de mobilizar outros *itinera* formativos[466] através, por exemplo, da eliminação de fases essenciais do procedimento (típico) mobilizado.

Neste sentido, se o programa de concurso de um procedimento de negociação, utilizado para a formação de um contrato abrangido pelo CCP, afasta expressamente a respectiva fase de negociação, transformando-o, sem prévio acto legislativo habilitador, num *iter* formativo atípico[467], deve entender-se que a referida peça estará ferida de ilegalidade, podendo ser (directa ou incidentalmente) impugnada. Se o programa do concurso não afasta a fase de negociação, mas a Administração decide, no decurso do

---

[464] A existência de uma fase de negociação e a (im)possibilidade de se recorrer a um leilão electrónico são, neste momento, os aspectos (substanciais) que separam o procedimento de negociação do concurso limitado por prévia qualificação.

[465] Afirmando o carácter *necessário* da negociação neste procedimento *v*. MARCELO REBELO DE SOUSA e ANDRÉ SALGADO DE MATOS, *Contratos Públicos – Direito Administrativo Geral*, cit., p. 104.

[466] Cfr. MARCELO REBELO DE SOUSA e ANDRÉ SALGADO DE MATOS, *Contratos Públicos – Direito Administrativo Geral*, cit., p. 74.

[467] Atenta a proximidade entre o concurso por prévia qualificação e um procedimento de negociação a que seja retirada a respectiva fase de negociação, não é de excluir a possibilidade de a entidade adjudicante ter apenas cometido um lapso na designação do *iter* formativo (*v.g.* como pretendia utilizar um leilão electrónico julgou conveniente apelidá-lo de procedimento de negociação). Só em concreto, sobretudo através da análise e interpretação do programa do procedimento, será possível determinar se a Administração cometeu um mero lapso ou mobilizou um procedimento atípico.

procedimento, "prescindir" da mesma, o acto adjudicatório será também inválido porque praticado sem atender a uma formalidade *essencial*[468] do concreto *iter* utilizado para a escolha da melhor proposta.

Em suma, quando utiliza o *procedimento de negociação*, a entidade adjudicante está obrigada a negociar[469].

No que respeita ao ajuste directo e ao concurso público, a fase de negociação (quando admitida) não caracteriza os respectivos tipos procedimentais. A sua realização, ou não, é, pois, uma decisão (quanto a nós, *necessariamente* tomada no momento em que se procede à elaboração das peças do procedimento) que cabe na margem de discricionariedade da Administração[470]. Pelo que, a discussão em torno do carácter obrigatório da fase de negociação que estes procedimentos adjudicatórios *podem* conhecer terá necessariamente de se colocar a um outro nível. O que aqui se pretende saber é se, uma vez prevista no convite à apresentação das propostas ou no programa do procedimento, a entidade adjudicante deve realizar a fase de negociação ou se, ao invés, pode ainda decidir não a realizar, alterando (eliminando ou desconsiderando) essa parte das peças do procedimento.

Independentemente da qualificação jurídica atribuída às peças do procedimento em questão (programa do procedimento[471] e convite à apre-

---

[468] Não só porque singulariza o respectivo tipo procedimental, mas sobretudo devido à função e relevância que a referida fase de negociação assume para a determinação da melhor proposta.

[469] Cfr. FRANCIS PIRARD, "Liberté Contractuelle et Procédure Négociée", cit., p. 51.

[470] Cfr. MARCELO REBELO DE SOUSA e ANDRÉ SALGADO DE MATOS, *Contratos Públicos – Direito Administrativo Geral*, cit., p. 104 e JORGE ANDRADE DA SILVA, *Código dos Contratos Públicos Comentado e Anotado*, cit., p. 477 (quanto ao concurso público).

[471] Hoje não parecem restar dúvidas quanto à natureza regulamentar do programa do procedimento. Aliás, o art. 41.º do CCP descreve-o como "o *regulamento* que define os termos a que obedece a fase de formação do contrato até à sua celebração" (sublinhado nosso), seguindo, assim, a opinião da generalidade da doutrina nacional – cfr. MÁRIO ESTEVES DE OLIVEIRA, *Direito Administrativo*, cit., p. 668; MARGARIDA OLAZABAL CABRAL, *O Concurso Público nos Contratos Administrativos*, cit.., pp. 234-241; MELO ALEXANDRINO, *O Procedimento Pré-Contratual nos Contratos de Empreitada de Obras Públicas*, Lisboa, Associação Académica da Faculdade de Direito de Lisboa, 1997, p. 124 e MÁRIO ESTEVES DE OLIVEIRA e RODRIGO ESTEVES DE OLIVEIRA, *Concursos e Outros Procedimentos de Adjudicação Administrativa – das Fontes às Garantias*, cit., pp. 134-137. Uma vez que o programa de procedimento não individualiza os seus destinatários (sendo, portanto, geral), a dúvida reside em saber se, por regular um *concreto* procedimento, o mesmo não deve ser qualificado como um *acto administrativo geral*. Como bem refere MARGARIDA OLAZABAL CABRAL, o programa de concurso é *abstracto* porque "regula uma

sentação das propostas[472]), facto é que, tanto no concurso público, como no ajuste directo em que são directamente convidadas várias entidades, as mesmas fixam as regras a que o *concurso*[473] se encontra sujeito (*maxime*,

---

imensidão de hipóteses indeterminadas e indetermináveis no momento em que a Administração o emite, não se esgotando, desse modo, na sua aplicação a um único caso concreto". Ele "determina regras de conduta, definindo a situação a que se aplica «através de características típicas» de modo que as mesmas se podem repetir um número incerto de vezes, e com contornos variados". – cfr. *O Concurso Público nos Contratos Administrativos*, cit.., p. 241. Para uma distinção (que aqui não podemos aprofundar) entre regulamento e acto administrativo cfr., entre nós e a título exemplificativo, AFONSO QUEIRÓ, *Lições de Direito Administrativo*, Vol. I, Coimbra 1976, pp. 410-413; Idem, "Teoria dos Regulamentos", in *Revista de Direito e de Estudos Sociais*, ano XXVII, n.ºs 1-2-3-4 (Janeiro-Dezembro), 1980, pp. 1-3; MÁRIO ESTEVES DE OLIVEIRA, *Direito Administrativo*, cit., pp. 103-109; MARCELLO CAETANO, *Manual de Direito Administrativo*, cit., pp. 436-438; SÉRVULO CORREIA, *Noções de Direito Administrativo*, Vol. I, Lisboa, Danúbio, 1982, pp. 266-273; FREITAS DO AMARAL, *Curso de Direito Administrativo*, Vol. II, cit., pp. 170-173 e 225--232; MARCELO REBELO DE SOUSA e ANDRÉ SALGADO DE MATOS, *Direito Administrativo Geral – Actividade Administrativa*, cit., pp. 74-76.

[472] Sendo o "primeiro momento externo do procedimento" de ajuste directo, PEDRO GONÇALVES sustenta que o convite à apresentação das propostas é (aí) um elemento ou parte que, em conjunto com a decisão interna de contratar, forma "a decisão de contratar enquanto acto administrativo (acto composto)" – cfr. *Direito dos Contratos Públicos (sumários desenvolvidos)*, cit., p. 42. Não podemos, porém, esquecer que, nos casos em que mais do que uma entidade é convidada a apresentar proposta, além de exteriorizar o procedimento, a referida peça também fixa as regras do concurso [fazendo as vezes do programa do procedimento – é o próprio Código que o afirma (art. 115.º, n.º 1)]: identifica o critério de adjudicação (eventuais factores e subfactores) e determina se as propostas serão ou não objecto de negociação (e, em caso afirmativo, quais os aspectos de execução do contrato que a entidade adjudicante não está disposta a negociar, bem como se a negociação se fará por via electrónica e os respectivos termos) – cfr. art. 115.º, n.º 2. Não se afigura fácil, portanto, a qualificação da parcela do convite à apresentação de propostas que fixa estas "regras do jogo". Se, por um lado, os seus destinatários estão bem determinados (as entidades convidadas), por outro, ela define as situações a que se aplica através de conceitos ou categorias e não esgota a sua aplicação a um único caso concreto (o que parece indiciar a sua natureza normativa). Sem se prescindir de uma maior reflexão, sempre se dirá, pelo menos, que essa parte do convite à apresentação de propostas não cabe no conceito de acto administrativo fixado no art. 120.º do CPA.

[473] Quando são convidadas várias entidades e estas apresentam as suas propostas, o ajuste directo deve ser qualificado como um verdadeiro procedimento concursal (neste sentido *v.* MARCELO REBELO DE SOUSA e ANDRÉ SALGADO DE MATOS, *Contratos Públicos – Direito Administrativo Geral*, cit., p. 82). Com efeito, ainda que circunscrito, a entidade adjudicante faz um apelo à concorrência, devendo tratar os convidados e apreciar o mérito das suas propostas com respeito por todos os princípios fundamentais da contratação pública.

o critério de adjudicação e o que se irá passar até à escolha da melhor proposta). Ainda que se sustente que estas regras não são imutáveis, deve, ao abrigo do *princípio da estabilidade das peças do procedimento*[474], entender-se que, após a apresentação das propostas (será sobretudo aí que a questão se colocará), as mesmas não podem ser alteradas (eliminadas, aditadas, modificadas ou desconsideradas)[475]. Na verdade, os princípios da segurança jurídica e da protecção da confiança, corolários do princípio da boa fé, assumem especial importância nos procedimentos concursais, encontrando "particular expressão na manutenção do quadro jurídico delimitado no acto de abertura do concurso"[476]. Como referem Freitas do Amaral e Lino Torgal, neste tipo de procedimentos, "os respectivos interessados vêem criada uma expectativa de manutenção daquele quadro (...). De facto, por força da sua conduta anterior e, concretamente, em virtude da prévia definição das regras do jogo realizada no acto de abertura do concurso, existe, nestes casos, uma inequívoca autovinculação da entidade administrativa adjudicante e, por conseguinte, o surgimento de uma particular relação de confiança. Tal relação, assente na posição assumida pela Administração no acto da abertura do concurso, é tomada pelos concorrentes como critério orientador das suas propostas"[477]. Admitir a alteração das referidas regras do jogo "equivaleria a anular todo o efeito prático do concurso e a esvaziar a axiologia que por lei subjaz a este tipo de procedimento administrativo"[478].

Pelo que, quando prevista no convite à apresentação das propostas ou no programa do procedimento, a entidade adjudicante deve, sob pena de invalidade do acto de adjudicação, realizar a respectiva fase de negociação.

Note-se, porém, que a severidade desta solução só é sustentável para os casos em que mais do que uma proposta (de diferentes concorrentes) "chega" à fase de negociação. Com efeito, no que respeita ao ajuste directo, é o legislador que estabelece que só há lugar a esta fase "quando

---

[474] Já analisado em texto a propósito das alterações ao caderno de encargos.
[475] Cfr. RODRIGO ESTEVES DE OLIVEIRA, "Os Princípios Gerais da Contratação Pública", cit., pp. 84 e 85.
[476] FREITAS DO AMARAL e LINO TORGAL, *Estudos sobre Concessões e outros Actos da Administração (Pareceres)*, Coimbra, Almedina, 2002, p. 192.
[477] *Estudos sobre Concessões e outros Actos da Administração (Pareceres)*, cit., p. 192.
[478] FREITAS DO AMARAL e LINO TORGAL, *Estudos sobre Concessões e outros Actos da Administração (Pareceres)*, cit., p. 200.

tiver sido tempestivamente apresentada mais de uma proposta" (cfr. art. 118.°, n.° 1). Se tal não acontecer, tudo se passará como se tivesse sido convidada apenas uma entidade. Relativamente ao concurso público, se apenas uma proposta não foi excluída após o primeiro relatório final, não repugna que a entidade adjudicante e o único concorrente possam acordar na não realização da referida fase de negociação. Se, por um lado, este acordo não prejudica a *concorrência real* (a que ocorreu entre os interessados que se apresentaram a concurso), por outro, também não nos parece susceptível de afectar potenciais concorrentes. Na verdade, a existência de uma fase de negociação não será, em princípio, razão suficiente para fundar uma decisão de *não participação* num procedimento adjudicatório.

2.4. *Os sujeitos*

Tanto no *concurso público*, como no *procedimento de negociação*, o programa do procedimento deve estabelecer se a fase de negociação será (*i*) aberta a todos os concorrentes cujas propostas (versões iniciais) não tenham sido excluídas pelo órgão competente para a decisão de contratar após a apresentação da última versão (cfr. art. 148.°, n.° 2) do primeiro relatório final do júri; (*ii*) ou restringida aos concorrentes cujas propostas tenham ficado ordenadas nos primeiros lugares, indicando o número mínimo e máximo de propostas ou de concorrentes a seleccionar[479].

No entanto, à luz da interpretação que defendemos para o art. 150.°, n.° 2, o programa do procedimento pode, no *concurso público*, remeter a decisão respeitante à restrição, ou não, do universo de concorrentes admitidos a negociar para o final da fase de avaliação das propostas. Ainda que a *decisão de restrição* possa ser reservada para este momento, parece-nos

---

[479] Cfr. arts. 146.°, n.° 5, 149.°, n.° 2, 150.°, n.° 1, alínea a) e 196.°. GONÇALO GUERRA TAVARES e NUNO MONTEIRO DENTE entendem, porém, que, por não existir uma expressa remissão para o art. 149.°, n.° 2 (onde se prevê a possibilidade de restringir a negociação), a referência, contida no art. 196.°, aos elementos previstos na alínea a) do n.° 1 do art. 150.° constituirá um lapso do legislador. Os AA. sustentam, pois, que o diálogo negocial, realizado no âmbito do procedimento de negociação, se deve abrir a todos os concorrentes não excluídos – v. *Código dos Contratos Públicos – Volume I – Regime da Contratação Pública*, cit., p. 464.

que, a bem da transparência concursal, o *número* mínimo e máximo de propostas ou de concorrentes a seleccionar deve estar previsto na referida peça do procedimento.

Cabe, portanto, à entidade adjudicante determinar o número de concorrentes, cujas versões iniciais das propostas não tenham sido excluídas, que "passam" à fase de negociação: todos ou apenas os que, tendo ficado classificados nos primeiros lugares, se encontrem no intervalo indicado no programa do procedimento.

Refira-se que este intervalo pode ser fixado por referência ao número de *propostas* ou ao de *concorrentes* classificados nos primeiros lugares. Nos casos em que o programa do procedimento permite a apresentação de propostas variantes (e, portanto, cada concorrente pode apresentar, pelo menos, duas propostas[480]), a restrição fundada no número de propostas pode ter resultados bem diferentes da realizada com base no número de concorrentes. Com efeito, são frequentes os casos em que todas as propostas apresentadas por uma mesma entidade ocupam os primeiros lugares.

Em caso de restrição, o Código não estabelece o número mínimo ou máximo de concorrentes (ou de propostas) a seleccionar para a fase de negociação. Tal não equivale a afirmar a existência de uma total liberdade da entidade adjudicante na fixação desse intervalo e, sobretudo, na determinação do número exacto de concorrentes (ou propostas) seleccionados. Bem pelo contrário, senão vejamos.

Caso a entidade adjudicante opte pela restrição, o primeiro momento (a fase de apresentação e análise das versões iniciais das propostas) não constitui uma mera fase de "saneamento" (formal) do procedimento, destinada a afastar as propostas irregulares. Trata-se, ao invés, de uma fase *substancial*, em que o mérito de cada uma das ofertas é apreciado, só "passando" ao momento seguinte (o da negociação propriamente dita) as que, de acordo com o critério de adjudicação previamente fixado, se apresentem melhor colocadas.

Assim, para efeitos de aplicação do disposto na Directiva 2004/18/CE, deve entender-se que, ao prever a existência de dois momentos – um primeiro destinado à apresentação e análise das versões iniciais das propostas, em que não há qualquer negociação incidente sobre as mesmas (antes ou depois da sua apresentação), e um segundo em que apenas são negociadas as propostas ordenadas (à luz do respectivo critério de adjudicação)

---

[480] Cfr. art. 59.º, n.º 7, *a contrario*.

nos primeiros lugares –, o legislador nacional optou por um procedimento que se desenrola em fases sucessivas, permitindo à entidade adjudicante reduzir o número de propostas (e de concorrentes) a negociar[481].

Ora, quanto ao *procedimento de negociação*, o art. 44.º, n.º 4, da Directiva 2004/18/CE, estabelece (naturalmente, apenas para os contratos que caiam no seu âmbito de aplicação) que, em caso de redução do número de propostas a negociar (a qual deve ser feita "aplicando os critérios de adjudicação indicados no anúncio do concurso"), "o número a que se chegar na fase final deve permitir assegurar uma concorrência real, desde que o número de (...) candidatos adequados seja suficiente". Apesar de não ser tarefa fácil a de determinar, num concreto procedimento, qual o número de concorrentes necessário para assegurar uma "concorrência real", parece-nos seguro afirmar que ela só existirá se forem seleccionados, *pelo menos*, dois concorrentes[482] para a fase de negociação[483].

Embora o preceito em questão não seja aplicável à formação dos contratos de concessão de obras públicas ou de concessão de serviços públicos – em que o CCP admite a utilização de um concurso público com fase de

---

[481] Algo que a Directiva admite no art. 30.º, n.º 4, nos termos do qual "as entidades adjudicantes podem determinar que o procedimento por negociação se desenrole em fases sucessivas por forma a reduzir o número de propostas a negociar aplicando os critérios de atribuição indicados no anúncio de concurso ou no caderno de encargos. O recurso a esta faculdade deve ser indicado no anúncio do concurso ou no caderno de encargos". Discordamos de SUE ARROWSMITH quando sustenta que, na perspectiva do direito comunitário, a eliminação de concorrentes, realizada num procedimento de negociação desenvolvido em fases sucessivas, pode fazer-se sem que os mesmos apresentem uma proposta global ou, pelo menos, substancial – cfr. *The Law of Public and Utilities Procurement*, 2.ª edição, cit., p. 594.

[482] No mesmo sentido *v*. SUE ARROWSMITH, *The Law of Public and Utilities Procurement*, 2.ª edição, cit., pp. 594 e 595 e JORGE ANDRADE DA SILVA, *Código dos Contratos Públicos Comentado e Anotado*, cit., p. 478. Existirão, no entanto, muitos casos em que este número será insuficiente para garantir a referida "concorrência real". Imagine-se uma situação em que, apesar de distintas, as duas entidades que "passam" à fase da negociação integram o mesmo grupo empresarial. A eventual exclusão das versões finais das propostas em virtude de "fortes indícios de actos, acordos, práticas ou informações susceptíveis de falsear as regras da concorrência" [cfr. art. 70.º, n.º 2, alínea g)], quando aplicável, já chegará "tarde demais" para "salvar" o procedimento.

[483] Note-se que, o art. 44.º, n.º 3, da Directiva 2004/18/CE, que impõe um número mínimo de três, refere-se aos candidatos (quem solicita um convite para participar num procedimento por negociação – cfr. art. 1.º, n.º 8, da Directiva) e não aos concorrentes.

negociação – não é de excluir que, na linha da jurisprudência principialista afirmada para a formação dos contratos públicos total ou parcialmente excluídos do âmbito de aplicação das Directivas, o Tribunal de Justiça venha a entender que as regras e princípios previstos no Tratado CE impõem à entidade adjudicante que, em caso de redução do número de propostas a negociar, mantenha um número de operadores que assegure uma concorrência adequada[484].

Pelo que, quando à luz do CCP é restringido o acesso à fase de negociação, o número mínimo e máximo de concorrentes (ou de propostas) a seleccionar, bem como o número efectivamente seleccionado, deve assegurar a realização de uma negociação concorrencial (*v.g.* nos casos em que são admitidas variantes será imprudente prever um número máximo de propostas a seleccionar que seja igual ao número de propostas que cada concorrente pode apresentar).

O que vem de ser afirmado não deve, porém, ser lido como uma crítica à restrição do acesso à fase de negociação. Na verdade, a possibilidade de restrição revela-se bastante importante, já que (*i*) previne a apresentação de propostas ainda distantes da "melhor oferta". Na verdade, o risco de ficar de fora do leque de seleccionados fará com que as versões iniciais apresentadas pelos concorrentes sejam já competitivas; (*ii*) ao reduzir o número de projectos contratuais a negociar, permite concentrar esforços na negociação das propostas mais interessantes, tornando o procedimento mais célere e menos dispendioso para a entidade adjudicante[485]; (*iii*) ao afastar as propostas que, por referência à sua versão inicial, dificilmente poderiam sair vencedoras, evita que alguns operadores económicos tenham custos adicionais desnecessários.

Pode, no entanto, acontecer que o número de propostas não excluídas na primeira fase seja inferior ao número mínimo indicado no programa do procedimento. Pode mesmo suceder que apenas uma proposta não seja objecto de exclusão. Como deve a entidade adjudicante actuar numa situação como a descrita?

---

[484] Assim parece entender a Comissão Europeia (ainda que se refira apenas à limitação do número de candidatos convidados a apresentar proposta) – cfr. ponto 2.2.2. da Comunicação Interpretativa da Comissão sobre o direito comunitário aplicável à adjudicação de contratos não abrangidos, ou apenas parcialmente, pelas directivas comunitárias relativas aos contratos públicos (2006/C 179/02).

[485] Neste sentido *v.* SUE ARROWSMITH, *The Law of Public and Utilities Procurement*, 2.ª edição, cit., p. 586.

Fazendo uma aplicação analógica do disposto no art. 44.º, n.º 3, da Directiva 2004/18/CE[486] e admitindo que os princípios que lhe estão subjacentes valerão também para a formação de contratos públicos total ou parcialmente excluídos do se âmbito de aplicação[487], parece-nos que, neste caso, o direito comunitário admite que os Estados-membros prevejam a possibilidade de a entidade adjudicante pôr fim ao procedimento, sem que haja adjudicação[488], ou "prosseguir o processo convidando o ou os candidatos com as capacidades exigidas [ou seja, os concorrentes cujas propostas não tenham sido excluídas]", não podendo "incluir outros operadores económicos que não tenham pedido para participar ou candidatos sem as capacidades exigidas [*in casu*, que tenham apresentado uma proposta excluída]".

Atento o dever de adjudicação, plasmado no art. 76.º, n.º 1, e o facto de esta situação não estar incluída entre os casos previstos no art. 79.º,

---

[486] Para abarcar, quanto aos *procedimentos de negociação* utilizados para a formação de contratos que caiam no seu âmbito de aplicação, as situações de restrição do número de propostas a negociar.

[487] Atingindo, assim, os *concursos públicos* para os quais o CCP prevê uma fase de negociação e os *procedimentos de negociação* utilizados para a formação de contratos públicos aos quais o referido preceito comunitário não se aplica.

[488] Neste sentido cfr. acórdão *Metalmeccanica*, de 16 de Setembro de 1999 (Proc. C-27/98), em que o Tribunal de Justiça considerou que, no âmbito de um concurso público, "a entidade adjudicante não está obrigada a adjudicar o contrato ao único proponente considerado apto a participar no concurso" (n.º 32). É facto que, neste aresto, os demais concorrentes foram afastados por razões respeitantes à sua capacidade económico-financeira. Parece-nos, porém, que o Tribunal de Justiça não alterará a sua posição em virtude de o afastamento se fundar em irregularidades das respectivas propostas. Aliás, nas suas conclusões, o Advogado-Geral SAGGIO sustentou [na linha do que o Tribunal de Primeira Instância afirmara no acórdão *Embassy Limousines*, de 17 de Dezembro de 1998, Proc. T-203/96 – cfr. acerca deste aresto SUE ARROWSMITH, "The Judgement of the Court of First Instance in *Embassy Limousine*", in *Public Procurement Law Review*, 1999 (n.º 4), p. CS94], em termos gerais, que "enquanto não for tomada uma decisão final de adjudicação, a entidade adjudicante é essencialmente livre de não adjudicar" (n.º 13), desde que essa recusa "não constitua acto arbitrário ou mero pretexto e não constitua violação de normas da directiva ou de outras normas ou princípios do direito comunitário" (n.º 18). Para uma análise ao acórdão e à posição sufragada pelo Advogado-Geral v. MARTIN DISCHENDORFER, "Case C-27/98: The Position Under the Directives Where There is Only One Bid", in *Public Procurement Law Review*, 1999 (n.º 6), pp. CS159 e CS162. Refira-se, ainda, que a posição sustentada pelo Advogado-Geral SAGGIO acabou por ser a seguida pelo Tribunal de Justiça no acórdão *Hospital Ingenieure*, de 18 de Junho de 2002 (Proc. C-92/00) – cfr. n.ºs 42 e 43. Sobre este acórdão v. CLÁUDIA VIANA, *Os Princípios Comunitários na Contratação Pública*, cit., p. 248.

n.º 1[489], em que não há lugar a adjudicação, o Código parece ter optado por uma continuação do procedimento com os concorrentes cujas propostas não tenham sido excluídas[490]. Pelo que, nestes casos, a entidade adju-

---

[489] MARCELO REBELO DE SOUSA e ANDRÉ SALGADO DE MATOS sustentam que a adjudicação "só pode não ter lugar nos casos enunciados taxativamente no art. 79.º, 1 CCP" – cfr. *Contratos Públicos – Direito Administrativo Geral*, cit., p. 109. No mesmo sentido, v. MARCO CALDEIRA, "Adjudicação e Exigibilidade Judicial da Celebração do Contrato Administrativo no Código dos Contratos Públicos", in *O Direito*, Vol. III, 2008, pp. 705 e 706. Temos, porém, muitas dúvidas quanto ao carácter taxativo do elenco previsto no referido preceito. Em primeiro lugar, importa precisar que o art. 79.º, n.º 1, não prevê apenas "causas de não adjudicação" (epígrafe do artigo). Na verdade, se, como vimos, a *adjudicação* é o acto administrativo que identifica a *proposta* (e, por esta via, o concorrente) que melhor satisfaz (por apresentar o *mais baixo preço* ou por se traduzir na *proposta economicamente mais vantajosa*) o interesse público subjacente à celebração do respectivo contrato, a decisão de adjudicar (ou não adjudicar), em rigor, só tem lugar depois da apresentação das propostas [neste sentido v. PEDRO GONÇALVES, *Direito dos Contratos Públicos (sumários desenvolvidos)*, cit., p. 43]. O preceito em questão prevê, assim, "causas de não adjudicação" (causas de uma decisão que não "aceita a única proposta apresentada ou escolhe uma de entre as propostas apresentadas" – cfr. art. 73.º, n.º 1) que ocorrem num momento em que nem sequer se chegou à fase de apresentação das propostas (*v.g.* quando não foi apresentada qualquer candidatura, quando todas as candidaturas foram excluídas ou quando, no diálogo concorrencial, nenhuma das soluções satisfaz as necessidades e as exigências da entidade adjudicante). Pelo que, o elenco previsto no art. 79.º, n.º 1, refere-se, sim, a um conjunto de casos em que o procedimento de adjudicação (em sentido estrito) pode não chegar ao fim, determinando a revogação da decisão de contratar (cfr. art. 80.º, n.º 1). Ora, enquanto enumeração dos casos que podem fundar a "morte" do procedimento de adjudicação, ao referido preceito "escapa", desde logo, o constante do art. 80.º, n.º 2, do CCP ou, por exemplo, a renúncia a uma eventual adjudicação, apresentada pelo único concorrente após o termo do prazo da obrigação de manutenção das propostas (se o Código permite a recusa certamente admite a renúncia). Em suma, sem entrar na discussão *substancial* (e muito mais interessante, mas que, por óbvias razões, aqui não pode ser desenvolvida) em torno da natureza estritamente devida do acto de adjudicação face ao dever hoje consagrado no art. 76.º, verificamos que existem outros casos, além dos previstos no art. 79.º, n.º 1, em que o procedimento de adjudicação pode não chegar ao seu fim. Negando, com ponderosos argumentos, o carácter taxativo do elenco de "causas de não adjudicação" previsto no art. 79.º, n.º 1, v. BERNARDO AZEVEDO, "Adjudicação e Celebração do Contrato no Código dos Contratos Públicos", cit., pp. 234 e ss.

[490] Não nos parece que, quando esteja em causa um procedimento destinado ao lançamento de uma parceria público-privada disciplinada pelo Decreto-Lei n.º 86/2003, de 26 de Abril [isto assumindo, é claro, que, face ao disposto no art. 14.º, n.º 2, do Decreto-Lei n.º 18/2008, de 29 de Janeiro, o diploma em apreço se mantém em vigor. Sustentando que o mesmo foi revogado v. PEDRO SIZA VIEIRA, "O Código dos Contratos Públicos e as Parcerias Público-Privadas", in *Estudos de Contratação Pública – I*, cit., p. 513. Contra PEDRO GONÇALVES, *Direito dos Contratos Públicos (sumários desenvolvidos)*, cit., pp. 17 e 18 e

dicante não poderá revogar a decisão de contratar, pondo fim ao procedimento.

Relativamente ao *ajuste directo*, e uma vez que é a própria entidade adjudicante que, de forma directa, escolhe os operadores económicos que convida a apresentar proposta (determinando, assim, o número máximo de concorrentes com quem terá de negociar), o Código não prevê a possibilidade de o convite à apresentação das propostas restringir o número de concorrentes admitidos à negociação.

Diferentemente de um concurso público ou de um procedimento de negociação em que o acesso ao diálogo negocial não é restringido (onde, após a análise das versões iniciais das propostas, são admitidos à negociação apenas os concorrentes cujas propostas não tenham sido excluídas), no ajuste directo não havia na redacção originária do Código qualquer menção ao "saneamento" do procedimento. Pelo que, em princípio, a entidade adjudicante deveria negociar com todos os concorrentes que tivessem apresentado uma proposta.

Apesar da inexistência de uma fase de "saneamento", em muitos casos não seria exigível que, abstraindo-se do conteúdo e circunstâncias em que a versão inicial da proposta foi apresentada, a entidade adjudicante a negociasse com o respectivo concorrente. Podia acontecer que a versão inicial da proposta encerrasse uma ou várias irregularidades, de tal forma evidentes (*v.g.* apresentação posterior ao prazo fixado no convite), que a exclusão dispensasse a sua análise substancial[491]. Ora, por respeito ao *princípio da eficiência*[492], parece-nos claro que a Administração não teria de "fazer de conta" que desconhecia as irregularidades, admitindo tais ofertas (e os seus autores) à fase de negociação. Pelo contrário, o referido princípio obrigaria a entidade adjudicante a não gastar tempo e recursos, negociando com operadores económicos cujas propostas nunca poderiam ser adjudicadas.

Gonçalo Guerra Tavares e Nuno Monteiro Dente, *Código dos Contratos Públicos – Âmbito da sua Aplicação*, Coimbra, Almedina, 2008, p. 31], o respectivo art. 11.º, n.º 3, autorize que seja "interrompido ou anulado o processo em curso". Na verdade, tal só poderá acontecer após o apuramento dos "resultados das negociações levadas a cabo com os candidatos", ou seja, depois de encerrado o diálogo negocial.

[491] Como veremos, a inexistência de uma fase de "saneamento" não significa que a versão inicial de uma proposta não deva ser excluída (originando a exclusão da respectiva versão final, caso seja apresentada) sempre que contenha uma irregularidade.

[492] Encontramos referências a este princípio no próprio texto constitucional (art. 267.º da CRP) – cfr., a este propósito, João Loureiro, *O Procedimento Administrativo entre a Eficiência e a Garantia dos Particulares (Algumas Considerações)*, cit., p. 133.

Ora, o Decreto-Lei n.º 278/2009, de 2 de Outubro (diploma que alterou várias disposições do CCP), acabou por consagrar a referida solução (que, quanto a nós, resultava já de uma adequada mobilização do princípio da eficiência) e disciplinar o *iter* conducente ao afastamento dessas *propostas manifestamente irregulares*. Determina o novo n.º 2 do art. 118.º que não há negociação das "propostas que sejam excluídas por qualquer dos motivos previstos nas alíneas a) a n) do n.º 2 e no n.º 3 do artigo 146.º", sendo aplicável à exclusão das propostas "o regime de audiência prévia constante do artigo 123.º" (n.º 3).

Parece-nos que esta alteração do art. 118.º não introduziu no ajuste directo uma verdadeira fase de "saneamento" ou, pelo menos, um "saneamento" com o rigor que caracteriza os demais procedimentos com *fase de negociação não restringida*. É que nestes *itinera* adjudicatórios, após a apresentação das versões iniciais das propostas e *antes do diálogo negocial*, abre-se um momento *exclusivamente* destinado a afastar as ofertas irregulares, sendo elaborado um relatório preliminar e um relatório final. Além de o Código não exigir que a negociação realizada no ajuste directo seja precedida da elaboração de qualquer relatório (o n.º 3 do art. 118.º impõe tão-só que, antes da exclusão de uma proposta[493], o concorrente afectado seja ouvido[494]), o actual n.º 2 do art. 118.º prevê que só não há lugar à negociação das propostas que tenham sido excluídas com base nos motivos elencados nas alíneas a) a n) do n.º 2 e no n.º 3 do art. 146.º. O legislador deixou, assim, de fora as causas de exclusão previstas no art. 70.º, n.º 2 [para que remete a alínea o) do art. 146.º], certamente por entender que tais irregularidades só poderão ser detectadas após uma *análise substancial* das propostas (como a que é feita na fase de "saneamento" que precede a negociação realizada no concurso público e no procedimento de negociação). A verdade, porém, é que algumas das irregularidades elencadas no art. 70.º, n.º 2, podem aparecer tão evidentes (*v.g.* a apresentação de um preço contratual em muito superior ao preço base fixado nas peças do procedimento), que dificilmente será de exigir à enti-

---

[493] Decisão que cabe ao órgão competente para a decisão de contratar – neste sentido v. MIGUEL ASSIS RAIMUNDO, "Alterações ao Código dos Contratos Públicos – o Decreto-Lei n.º 278/2009, de 2 de Outubro", in *O Direito*, Vol. IV, 2009, p. 900.

[494] Corroborando, assim, o já referido princípio (que parece estar subjacente ao Código), segundo o qual nenhuma *candidatura* ou *proposta* (e, quanto a nós, *solução*) deve ser excluída sem que antes tenha sido dada a oportunidade ao candidato ou ao concorrente de especificamente se pronunciar acerca desse facto.

dade adjudicante que negoceie a proposta com o respectivo concorrente. Nestes casos, continuamos a sustentar que, à luz do princípio da eficiência, a Administração não terá de fingir que desconhece as irregularidades, podendo excluir as propostas antes mesmo da sua negociação.

Identificados os sujeitos com quem a entidade adjudicante negociará as propostas, resta fazer um breve apontamento acerca de quem os representa nas sessões de negociação. Nos termos do art. 119.º (aplicável aos três procedimentos em análise[495]), cada concorrente é representado pelo respectivo representante legal ou, caso se trate de um agrupamento[496], pelo representante comum[497]. Se o representante for pessoa diferente da indicada na versão inicial da proposta, deve exigir-se uma procuração que lhe confira poderes especiais para negociar em nome do concorrente[498]. Em qualquer caso, admite-se que os representantes sejam "acompanhados por técnicos por eles indicados"[499].

No que respeita à entidade adjudicante, compete (em qualquer dos três procedimentos[500]) ao júri do procedimento[501] negociar com os con-

---

[495] Cfr. arts. 151.º e 202.º do CCP.

[496] Cfr. art. 54.º do CPP. Acerca dos agrupamentos de candidatos e de concorrentes v. MÁRIO ESTEVES DE OLIVEIRA, "Agrupamentos de Entidades Adjudicantes e de Candidatos e Concorrentes em Procedimentos de Contratação Pública", in *Estudos de Contratação Pública – II*, cit., pp. 118 e ss.

[497] Que poderá já estar designado na proposta apresentada – cfr. art. 57.º, n.º 5 do CCP.

[498] Cfr. *Código dos Contratos Públicos e Legislação Complementar – Guias de Leitura e Aplicação*, cit., p. 852.

[499] O programa do procedimento ou o convite à apresentação das propostas podem, por razões de ordem prática, limitar o número de técnicos presentes em cada sessão de negociação.

[500] Cfr. arts. 118.º, n.º 1, 151.º e 202.º (apesar de as remissões contidas nestes dois últimos preceitos não incluírem expressamente o primitivo n.º 1 do art. 118.º, elas prevêem a aplicação do art. 120.º, em que está subjacente que é o júri do procedimento que intervém nas sessões de negociação).

[501] Quanto à sua composição e funcionamento cfr. arts. 67.º e 68.º. Ao prever que os procedimentos de adjudicação são conduzidos por um único órgão – o júri do procedimento –, o CCP acabou, assim, com o modelo consagrado no Decreto-Lei n.º 55/99, de 2 de Março, que previa a existência de duas comissões destinadas ao acompanhamento do procedimento (a comissão de abertura do concurso e a comissão de análise das propostas – cfr. art. 60.º). Refira-se, ainda, que o Decreto-Lei n.º 197/99, de 8 de Junho, previa que os procedimentos por negociação (com e sem publicação prévia de anúncio) e a consulta prévia (nas locações e aquisições de valor superior a € 25.000,00) eram conduzidas por um órgão designado por comissão (cfr. arts. 136.º, 147.º e 155.º), enquanto o concurso

correntes. Refira-se que, se a entidade adjudicante estiver incluída no âmbito subjectivo de aplicação do CPA, os membros deste órgão colegial ficarão sujeitos aos impedimentos e suspeições previstos nos arts. 44.º e ss. do mencionado diploma.

Naturalmente que, em qualquer *iter* formativo, os membros do júri desempenham uma função de grande responsabilidade, em que um pequeno lapso na avaliação pode prejudicar o interesse público (por não ter sido escolhida a melhor proposta) ou relevantes interesses privados (*maxime*, do corrente que apresentou a melhor oferta e não viu a sua proposta escolhida). No entanto, nos casos em que é admitida uma fase de negociação, a experiência tem-nos revelado que a missão do júri do procedimento reveste-se ainda de maior exigência. Na verdade, a realização de uma interacção dialógica com os concorrentes que, além de respeitar todas as regras e princípios jurídicos relevantes, consiga alcançar um "good value for money", não se afigura tarefa nada fácil. Pelo que, quando o procedimento preveja a existência de uma fase de negociação (sobretudo na formação de contratos de importância e complexidade assinaláveis), a entidade adjudicante deve ter especial cautela na nomeação do júri, garantindo que, pelo menos, um dos seus membros é conhecedor da "arte" de negociar, ou, quando tal não for possível[502], designando peritos ou consultores que possam apoiar o júri nas sessões de negociação (cfr. art. 68.º, n.º 6 do CCP).

2.5. *O objecto*

Ao falarmos do *objecto da negociação* referimo-nos ao *quid* negociável, ou seja, àquilo sobre que pode incidir a interacção dialógica dos

---

público, o concurso limitado por prévia qualificação e o concurso limitado sem apresentação de candidaturas seriam conduzidos por um júri do concurso (cfr. arts. 90.º, n.º 1, 110.º e 127.º). Sobre as competências destes órgãos *v.* GONÇALO GUERRA TAVARES, "As Competências das Comissões dos Concursos de Empreitadas de Obras Públicas e de Aquisição de Bens Móveis e Serviços", in *Direito e Justiça*, Vol. XIX, Tomo I, 2005, pp. 165-180.

[502] Não podemos esquecer que a negociação "é ainda pouco praticada e, como tal, desconhecida [de boa parte] das entidades adjudicantes" – cfr. JEAN-MARC PERYCAL e DANIEL BUSSY, "Dialogue, Négociation et Échange avec les Entreprises: Esquisse d'une Méthodologie", in *Contrats Publics – L'Actualité de la Commande et des Contrats Publics*, n.º 84, Janeiro 2009, p. 44.

sujeitos do procedimento. Como vimos, a negociação é, por definição, um processo dinâmico, em que as partes se propõe modificar as suas posições iniciais. A negociação provoca, em regra, alterações ao *quid* negociado. Assim, ao identificarmos o objecto da negociação (aquilo que pode ou não ser negociado) vamos também descobrir o que pode, ou não, ser alterado durante o processo negocial que se segue à apresentação das propostas.

Apesar de caracterizar os *procedimentos por negociação* (com e sem publicação prévia de anúncio) através da alusão à "existência de uma fase de negociação do *conteúdo do contrato* com um ou vários locadores ou fornecedores de bens ou serviços"[503] – indiciando que a interacção dialógica também poderia ocorrer antes da apresentação das propostas e incidir sobre o projecto contratual submetido à concorrência (*i.e.* o caderno de encargos) – o Decreto-Lei n.º 197/99, de 8 de Junho, era muito claro ao limitar a negociação admitida ao momento seguinte ao da entrega das ofertas, bem como ao fazê-la recair sobre o conteúdo das propostas apresentadas[504]. O mesmo se diga quanto aos outros dois procedimentos que admitiam a possibilidade de uma negociação. Assim, na *consulta prévia*, utilizada para aquisições de valor superior a 5000 contos e em que o número de propostas admitidas fosse inferior a três, previa-se que a Comissão negociaria com os concorrentes "as condições das propostas admitidas"[505]. Quanto ao *ajuste directo*, previa-se que, se as circunstâncias e o valor da aquisição o justificassem, os serviços deveriam "negociar as propostas apresentadas pelos concorrentes"[506].

Menos claro era o Decreto-Lei n.º 59/99, de 2 de Março, que se limitava a caracterizar o *concurso por negociação* como o procedimento em que "o dono da obra negoceia directamente as condições do contrato com, pelo menos, três entidades seleccionadas"[507], não contendo outras normas

---

[503] Cfr. art. 78.º, n.º 5 (sublinhado nosso).

[504] O art. 143.º, n.º 5, inserido na Secção III ("Fase de entrega, negociação e apreciação de propostas e escolha do adjudicatário") do Capítulo VII ("Procedimento por negociação com publicação prévia de anúncio") estabelecia que "*as condições apresentadas nas propostas* são livremente negociáveis, não podendo resultar das negociações condições globalmente menos favoráveis para a entidade adjudicante do que as inicialmente apresentadas" (realce nosso). Este preceito disciplinava também o *procedimento por negociação sem publicação prévia de anúncio* por força da remissão contida no art. 150.º.

[505] Cfr. art. 157.º, n.º 1.

[506] Cfr. art. 162.º, n.º 1.

[507] Cfr. art. 47.º, n.º 4.

que, de forma mais precisa, recortassem o objecto da negociação. Quanto ao ajuste directo, o diploma esclarecia apenas que a empreitada seria escolhida independentemente de concurso[508], abrindo assim a possibilidade a uma ampla negociação do projecto contratual.

Admitindo, porém, que em ambos os diplomas o objecto da negociação seria a proposta do concorrente, facto é que o *quid* negociável era ainda muito vasto.

Como vimos, a proposta é "o complexo das prestações (e contraprestações) oferecidas (e pedidas) pelo concorrente"[509] ou, como o CCP prevê, "a declaração pela qual o concorrente manifesta à entidade adjudicante a sua vontade de contratar e o modo pelo qual se dispõe a fazê-lo" (cfr. art. 56.º, n.º 1). Nela encontramos, pois, a resposta do concorrente às exigências plasmadas no caderno de encargos[510]. Essa resposta pode respeitar a aspectos previstos (ou não) pelo caderno de encargos, que esta peça considera (ou não) como obrigatórios e que podem (ou não) ser relevados pelo programa do procedimento ou pelo convite à apresentação de propostas para efeitos de adjudicação. Pelo que, afirmar-se que o objecto da negociação é a proposta apresentada pelo concorrente é ainda dizer-se que tudo (ou quase tudo) pode ser negociado.

Ora, um dos grandes méritos do CCP foi o de identificar, de forma precisa, o objecto da negociação realizada após a apresentação das propostas. Assim, independentemente de a interacção dialógica se verificar no âmbito de um ajuste directo, de um concurso público ou de um procedimento de negociação, "as negociações devem incidir sobre os atributos das propostas" – cfr. art. 118.º, n.º 2, da versão originária do Código, aplicável aos demais procedimentos com fase de negociação *ex vi* da remissão contida nos arts. 151.º e 202.º.

Sucede que, o Decreto-Lei n.º 278/2009, de 2 de Outubro, "empurrou" o objecto da negociação do n.º 2 para o n.º 1 do art. 118.º[511], não

---

[508] Cfr. art. 47.º, n.º 5.

[509] Mário Esteves de Oliveira e Rodrigo Esteves de Oliveira, *Concursos e Outros Procedimentos de Adjudicação Administrativa – das Fontes às Garantias*, cit., p. 360.

[510] Ao contrário do que acontecia ao abrigo da legislação anterior, o caderno de encargos é hoje uma peça presente em todos os procedimentos (com excepção do regime simplificado do ajuste directo) – cfr. art. 40.º, n.º 1.

[511] Onde se prevê agora que "quando tiver sido tempestivamente apresentada mais de uma proposta e do convite constar a indicação de que as propostas apresentadas são objecto de negociação, nos termos da alínea a) do n.º 2 do artigo 115.º, há lugar a uma fase de negociação, conduzida pelo júri, que deve incidir apenas sobre os atributos das propostas".

tendo modificado as remissões constantes dos arts. 151.º e 202.º. Trata-se, porém, de um claro lapso do nosso legislador[512], que não deve ser entendido como uma alteração do *quid* negociável ao nível do concurso público e do procedimento de negociação. Tal como no ajuste directo, a negociação realizada nestes procedimentos só poderá incidir sobre os atributos das propostas.

De acordo com o disposto no art. 56.º, n.º 2, *atributo da proposta* é "qualquer elemento ou característica da mesma que diga respeito a um aspecto da execução do contrato submetido à concorrência". Pelo que, para desvelar o que pode ou não ser negociado nesta fase, torna-se necessário determinar o que é um *aspecto da execução do contrato submetido à concorrência*. Para o conseguir, há que mergulhar numa das maiores novidades terminológicas do Código (respeitante ao conteúdo do caderno de encargos): a distinção entre *aspectos da execução do contrato submetidos à concorrência* e *aspectos da execução do contrato não submetidos à concorrência* (cfr. art. 42.º).

Para apreender inteiramente esta distinção, importa, primeiro, atender ao seu relevo procedimental[513]. Assim, (*i*) só pode ser feita uma adjudicação de acordo com o critério do mais baixo preço se o preço a pagar pela entidade adjudicante for o único aspecto submetido à concorrência e o caderno de encargos definir todos os restantes aspectos da execução do contrato a celebrar (ou seja, os aspectos de execução do contrato não submetidos à concorrência)[514] – cfr. art. 74.º, n.º 2; (*ii*) todos os aspectos

---

[512] Como vimos, este preceito veio clarificar que, apesar da inexistência de uma fase de "saneamento", não devem ser negociadas no âmbito de um ajuste directo propostas (versões iniciais) que, por conterem evidentes irregularidades, nunca poderão ser adjudicadas (algo que resultaria já de uma adequada mobilização do *princípio da eficiência*). Ora, a aplicação do novo art. 118.º, n.º 2, ao concurso público e ao procedimento de negociação não faz qualquer sentido. É que o CCP prevê já uma apertada fase de "saneamento" para estes dois procedimentos (cfr. arts. 146.º a 148.º e 200.º). Discordamos, assim, de MIGUEL ASSIS RAIMUNDO quando refere que a alteração introduzida ao regime da fase de negociação do ajuste directo acaba "por ter relevância também para outros procedimentos nos quais exista essa fase" – cfr. "Alterações ao Código dos Contratos Públicos – o Decreto-Lei n.º 278/2009, de 2 de Outubro", cit., p. 899. Entendemos, ao invés, que as alterações imprimidas no ajuste directo não tiveram qualquer repercussão nos demais procedimentos com fase de negociação.

[513] Esta distinção tem ainda relevo ao nível da relação jurídica contratual – cfr., a título de exemplo, o disposto nos arts. 397.º, n.º 3 e 444.º, n.º 5.

[514] Concordamos com MARGARIDA OLAZABAL CABRAL, quando adverte para a "enganadora segunda parte" do art. 74.º, n.º 2. Na verdade, só será de admitir a mobi-

da execução do contrato submetidos à concorrência, e apenas estes, devem ser abrangidos pelos factores e subfactores que densificam o critério de adjudicação da proposta economicamente mais vantajosa – cfr. art. 75.º, n.º 1; (*iii*) a violação de aspectos da execução do contrato não submetidos à concorrência ou dos parâmetros fixados para os aspectos de execução do contrato submetidos à concorrência determina a exclusão da proposta – cfr. art. 70.º, n.º 2, alínea b); (*iv*) quando admitidas pelo caderno de encargos, as condições contratuais alternativas, objecto de propostas variantes, terão de incidir sobre aspectos da execução do contrato não submetidos à concorrência para a proposta base ou sobre aspectos da execução do contrato submetidos à concorrência para a proposta base que extravasem os limites estabelecidos pelos respectivos parâmetros – cfr. art. 59.º, n.º 3[515]; (*v*) a negociação das propostas só pode incidir sobre os seus atributos – elementos ou características da proposta que respeitam a aspectos da execução do contrato submetidos à concorrência pelo caderno de encargos (art. 56.º, n.º 2) – cfr. art. 118.º, n.º 1, bem como os arts. 151.º e 202.º (por força da remissão para o primitivo n.º 2 daquele preceito); (*vi*) só podem ser objecto de leilão electrónico os atributos das propostas – cfr. art. 140.º; (*vii*) os ajustamentos pós-adjudicatórios não podem implicar uma violação dos aspectos da execução do contrato não submetidos à concorrência e dos

---

lização do critério do mais baixo preço se este for o único critério submetido à concorrência e "todos os aspectos da execução do contrato sejam definidos pela entidade adjudicante, não havendo qualquer outro aspecto, mesmo que não submetido à concorrência, que tenha de ser proposto pelos concorrentes". Como salienta a A., trata-se da "única interpretação que dá sentido útil à norma, pois afirmar que o critério do mais baixo preço só é admissível quando seja este o único aspecto submetido à concorrência é o mesmo que nada dizer" – cfr. "O Concurso Público no Código dos Contratos Públicos", cit., p. 205.

[515] Naturalmente que, como refere MARGARIDA OLAZABAL CABRAL, as alternativas constantes das propostas variantes estão, por excelência, submetidas à concorrência – cfr. "Procedimentos Clássicos no Código dos Contratos Públicos", cit., p. 27. O art. 59.º, n. 3, terá, porém, pretendido assegurar que, nos casos em que as condições contratuais alternativas, constantes das propostas variantes, incidam sobre aspectos da execução do contrato relativamente aos quais a própria proposta base será avaliada, as referidas alternativas não correspondam a soluções que estejam ainda compreendidas dentro dos limites definidos pelos parâmetros fixados para a proposta base (caso em que não seriam verdadeiras *condições contratuais alternativas* às previstas no caderno de encargos mas meras alternativas à opção tomada pelo concorrente na proposta base). Aparentemente neste sentido *v.* GONÇALO GUERRA TAVARES e NUNO MONTEIRO DENTE, *Código dos Contratos Públicos – Volume I – Regime da Contratação Pública*, cit., p. 248.

parâmetros base fixados para os aspectos da execução do contrato submetidos à concorrência.

Atento o regime fixado no Código, podemos afirmar que os *aspectos da execução do contrato submetidos à concorrência* respeitam à parte do caderno de encargos que convoca uma resposta por parte do concorrente que deverá ser valorada para efeitos da adjudicação (é a parte do caderno de encargos sujeita à disputa entre os concorrentes). Os *aspectos de execução do contrato não submetidos à concorrência* correspondem, por seu turno, a elementos previstos no caderno de encargos a que o concorrente se limita a aderir (por estarem estritamente definidos no caderno de encargos, não há qualquer actividade concretizadora por parte do concorrente) ou cuja concretização não é relevada ao nível adjudicatório (não há aí uma disputa entre os concorrentes). Trata-se, portanto, de uma distinção que, mais do que atender à existência/inexistência de um labor do concorrente na concretização do projecto contratual contido no caderno de encargos, olha para a relevância/irrelevância dessa concretização para efeitos de escolha da melhor proposta[516].

Esta dicotomia não coincide com a divisão (não prevista pelo Código) entre aspectos de execução do contrato *obrigatórios* – elementos a que (através de mera adesão, de comprovação e/ou de concretização) o concorrente terá necessariamente de dar resposta – e *facultativos* – elementos que a proposta poderá ou não conter. Se, em princípio, todos os aspectos da execução do contrato não submetidos à concorrência são obrigatórios

---

[516] Em texto anterior à versão final do Código, MARGARIDA OLAZABAL CABRAL referia que os *aspectos da execução do contrato não submetidos à concorrência* reportavam-se àquilo que "no caderno de encargos é vinculativo para todas as propostas, os aspectos em que as propostas não são verdadeiramente propostas mas mera adesão" – cfr. "Procedimentos Clássicos no Código dos Contratos Públicos", cit., p. 26. A noção avançada pela A. esquecia, no entanto, a existência de aspectos de execução do contrato não submetidos à concorrência a que os concorrentes não se limitam a aderir. Com efeito, o art. 42.º, n.º 5, prevê que estes aspectos podem ser descritos mediante a fixação de limites mínimos ou máximos. Se assim é, caberá ao concorrente, dentro dos limites definidos, concretizar a sua oferta [cfr. também o art. 57.º, n.º 1, alínea c)]. A A. parece, entretanto, ter revisto a sua posição, sustentando agora que "o CCP se refere aos «aspectos submetidos à concorrência» como os aspectos da proposta que irão ser objecto de avaliação para efeitos de escolher a melhor proposta. Ao contrário do que poderia parecer, «aspectos submetidos à concorrência» não significa os aspectos não definidos pelo caderno de encargos e que devem ser «preenchidos» pelos concorrentes, sendo antes um conceito com um conteúdo mais restrito" – cfr. "O Concurso Público no Código dos Contratos Públicos", cit., p. 204.

[cfr. art. 70.º, n.º 2, alínea b)], já os submetidos à concorrência poderão ou não ser facultativos, dependendo da forma como o caderno de encargos os sujeita à concorrência[517].

Feita esta incursão, que nos permitiu determinar em que consiste um *aspecto da execução do contrato submetido à concorrência*, parece-nos seguro afirmar que os elementos ou características das propostas apresentadas que respondem à parte do caderno de encargos que convoca uma concretização do concorrente que será valorada para efeitos da adjudicação (ou seja, à parte do caderno de encargos que se encontra sujeita à disputa entre os concorrentes) são o *objecto da negociação* em análise.

Não podemos, pois, concordar com Margarida Olazabal Cabral, quando refere que, num procedimento em que o respectivo programa (ou, acrescentamos nós, o convite à apresentação de propostas) não identifica os aspectos de execução do contrato que a entidade adjudicante não está disposta a negociar (limite à negociação que analisaremos *infra*), "tudo poderá ser negociado", devendo os concorrentes contar "com uma ampla negociação de todos os aspectos do contrato", e conclui que "a possibilidade de anunciar «como não negociável» só será uma real opção quando a entidade adjudicante esteja mesmo disposta a negociar tudo"[518].

Ao ter recortado (pela positiva) o objecto da negociação, o Código torna claro que, mesmo quando a entidade adjudicante não tenha limitado (pela negativa) os aspectos da execução que "não está disposta a negociar", nem tudo (entenda-se: nem todos os elementos do projecto contratual) é susceptível de negociação. Neste caso, apenas os *atributos das propostas* poderão ser negociados (e, como tal, alterados).

Se a entidade adjudicante identificar os aspectos que "não está disposta a negociar", tal não significa que todos os aspectos da execução do contrato (submetidos ou não à concorrência) não excluídos do diálogo serão objecto da negociação. Com efeito, na situação descrita, apenas os *atributos das propostas* que respeitem a aspectos da execução do contrato

---

[517] Assim, quando o caderno de encargos submete à concorrência a existência/inexistência de uma determinada característica técnica ou funcional do bem ou serviço a adquirir, a mesma será facultativa, fazendo-se uma interpretação restritiva do disposto no art. 70.º, n.º 2, alínea a). Se, ao invés, o caderno de encargos define parâmetros base para um determinado aspecto submetido à concorrência, o mesmo será, em princípio, obrigatório – cfr. alíneas a) e b) do n.º 2 do art. 70.º.

[518] "O Concurso Público no Código dos Contratos Públicos", cit., pp. 219 e 220.

(submetidos à concorrência) não excluídos pela entidade adjudicante devem ser negociados.

Assim, não podem ser negociados (e, consequentemente, alterados), nesta fase, os elementos da proposta que respeitem a aspectos da execução do contrato não submetidos à concorrência. Neste sentido, entendemos que a existência de uma fase de negociação não pode ser usada como argumento para mitigar "as exigências de plena regularidade das propostas e da sanção da sua exclusão"[519] quanto a elementos que não constituam atributos da proposta[520]. Com efeito, se não podem ser objecto de negociação, os mesmos não devem ser alterados na respectiva versão final[521]. Pelo que, se a versão inicial da proposta viola aspectos de execução do contrato não submetidos à concorrência, deve a mesma ser excluída – cfr. art. 70.º, n.º 2, alínea b).

Se foi a entidade adjudicante que, desconsiderando o objecto delimitado pela lei, entendeu negociar elementos respeitantes a aspectos de execução do contrato não submetidos à concorrência, estaremos diante de uma negociação ilegal, que originará a invalidade da respectiva adjudicação[522].

Parece-nos que esta precisão, introduzida pela pena do legislador, quanto ao que pode ou não ser negociado (e, portanto, alterado), retira boa parte do "estigma" que afectava os procedimentos desta natureza e que se prendia com a quase total incerteza quanto às alterações que poderiam decorrer de uma fase de negociação das propostas.

---

[519] A expressão é de RODRIGO ESTEVES DE OLIVEIRA que, no entanto, apenas parece admitir essa matização relativamente a irregularidades apresentadas pelos *atributos das propostas* (pelo menos, todos os exemplos adiantados apontam nesse sentido) – cfr. "Os Princípios Gerais da Contratação Pública", cit., p. 76.

[520] A possível correcção de irregularidades respeitantes aos atributos das propostas será analisada à frente, a propósito dos limites à negociação.

[521] Salvo se, como vimos, as alterações realizadas visarem corrigir manifestos lapsos ou omissões respeitantes à apresentação ou ponderação de elementos não variáveis, desde que a correcção tenha por base uma operação de mera concludência, ou seja, feita com recurso a cálculos puramente matemáticos (*i.e.* não envolva uma reformulação dos juízos constantes das propostas).

[522] Se foi a entidade adjudicante que, ao negociá-los, motivou a alteração de elementos da proposta respeitantes a aspectos de execução do contrato não submetidos à concorrência, não pode a mesma, no que seria um claro *venire contra factum proprium*, emendar o erro excluindo as versões finais das propostas que apresentem tais alterações.

2.6. Os limites

2.6.1. O respeito pelo caderno de encargos

Atenta a amplitude do *quid* que, ao abrigo da anterior legislação, estava sujeito à interacção dialógica dos sujeitos do procedimento – em regra, as propostas apresentadas pelos concorrentes –, uma das grandes preocupações da doutrina nacional era a de limitar aquilo que, na proposta (*objecto* da negociação), poderia ou não ser negociado (e, consequentemente, alterado), bem como o *alcance* da respectiva alteração negocial.

Ainda antes da reforma de 1999, Margarida Olazabal Cabral notava que o procedimento por negociação não exigia "uma pré-determinação do âmbito ou dos aspectos negociáveis"[523]. A A. entendia, no entanto, que a existência de um caderno de encargos, no qual seria estabelecido um mínimo de conteúdo do contrato a celebrar, vedava à entidade adjudicante a possibilidade de se afastar desse conteúdo, "a não ser quando o mesmo o admita"[524].

Também Mário Esteves de Oliveira e Rodrigo Esteves de Oliveira estabeleciam como primeiro limite ou restrição à negociação (realizada no âmbito dos procedimentos por negociação) o disposto no caderno de encargos, "salvo cláusula sua, ou do convite, em contrário"[525]. Quanto às adaptações a realizar à proposta, os AA. defendiam ainda que seria de excluir "a possibilidade de a proposta em negociação, se «transmudar» completamente, em termos de a adjudicação recair, afinal, sobre algo totalmente diferente daquilo que o concorrente inicialmente oferecera"[526].

No mesmo sentido, referindo-se, em geral, ao *concurso por negociação* (já depois da reforma de 1999), Freitas do Amaral sustentava que "tratando-se de um concurso, a *negociabilidade* das propostas não pode ser absoluta, pois, caso contrário, fenece a concorrência". Admitindo que *concorrência* e *negociação* seriam realidades compatíveis, o A. chamava, no entanto, a atenção para a necessidade de se "proceder à sua concordância prática nos procedimentos em que coexistam, posto que a plena realização

---

[523] *O Concurso Público nos Contratos Administrativos*. cit., p. 127.
[524] *O Concurso Público nos Contratos Administrativos*. cit., p. 127.
[525] *Concursos e Outros Procedimentos de Adjudicação Administrativa – das Fontes às Garantias*, cit., p. 219.
[526] *Concursos e Outros Procedimentos de Adjudicação Administrativa – das Fontes às Garantias*, cit., p. 220.

de ambas é impossível: a negociabilidade total e absoluta das propostas repugna à ideia de concurso; e a imutabilidade das propostas não casa, por natureza, com a figura da negociação"[527].

Na perspectiva de Freitas do Amaral, a referida concordância prática seria obtida respeitando-se a máxima, segundo a qual "deve haver coincidência, quanto a aspectos essenciais, entre a versão inicial e a versão final da proposta negociada"[528]. Esta máxima, por seu turno, envolveria dois postulados, que se traduziriam em limites ou restrições à negociação: (*i*) esta não pode abstrair-se "do essencial do que se dispõe no caderno de encargos"; (*ii*) mesmo respeitados os aspectos essenciais fixados nas peças concursais (*maxime*, no caderno de encargos), "da proposta final deve também poder dizer-se que, tal como a inicial, satisfaz, de modo fundamentalmente idêntico, *o interesse público subjacente às peças concursais*, não se tratando, por conseguinte, de uma proposta para um concurso diferente do definido à partida"[529].

Parece-nos, porém, que este último postulado carece (e carece) de verdadeira autonomia. Com efeito, não vemos como é que, sem desrespeitar os aspectos essenciais fixados nas peças concursais (entre os quais figurarão, pelo menos, o objecto e o conteúdo essencial do contrato a celebrar), a negociação poderia transformar a proposta inicial numa resposta a um concurso diferente do inicialmente definido[530].

A doutrina identificava, assim, um importante limite à negociação em apreço: a versão final da proposta (resultante da negociação) não poderia violar os aspectos essenciais fixados no caderno de encargos. No fundo,

---

[527] *Curso de Direito Administrativo*, Vol. II, cit., p. 600.

[528] *Curso de Direito Administrativo*, Vol. II, cit., p. 600.

[529] *Curso de Direito Administrativo*, Vol. II, cit., pp. 600 e 601.

[530] Aliás, o exemplo avançado por FREITAS DO AMARAL revela essa falta de autonomia. Refere o A. que "tendo-se aberto um concurso para a aquisição de *ferry boats*, não é obviamente admissível negociar e adjudicar depois uma proposta para o fornecimento de avionetas" – *Curso de Direito Administrativo*, Vol. II, cit., p. 601. Ora, esta transformação negocial de *ferry boats* em avionetas não se faria sem a violação de aspectos essenciais do caderno de encargos. Mesmo que esta peça do procedimento não existisse (a mesma nem sempre era obrigatória para os procedimento por negociação – cfr. arts. 133.º e 146.º do Decreto-Lei n.º 197/99, de 8 de Junho), o anúncio do concurso (caso se tratasse de um procedimento por negociação com publicação prévia de anúncio) indicaria a categoria e descrição do serviço ou do bem a adquirir (cfr. Anexo IV ao Decreto-Lei n.º 197/99, de 8 de Junho) ou o convite à apresentação de propostas (se em causa estivesse um procedimento por negociação sem publicação prévia de anúncio) definiria o "objecto do fornecimento" [cfr. art. 148.º, n.º 3, alínea a)].

este limite representava uma restrição quer do *objecto*, quer do próprio *alcance* da negociação. Do *objecto* porque a negociação não poderia tocar em elementos da proposta que constituíssem a resposta a aspectos essenciais do caderno de encargos a que os concorrentes eram simplesmente chamados a aderir. Na verdade, a negociação (e consequente alteração) desses elementos representaria, por si só, uma violação de um aspecto essencial do caderno de encargos (que impedia qualquer concretização por parte do concorrente). Do *alcance* porque, podendo-se tocar em elementos da proposta que respondiam a aspectos essenciais do caderno de encargos que careciam de uma actividade concretizadora do concorrente (*i.e.*, aspectos a que o mesmo não se limitava a aderir), a versão final da proposta não poderia violar os eventuais parâmetros ao abrigo dos quais tal concretização se admitia.

Apesar de o Código ter precisado que apenas os *atributos da proposta* (e não toda a proposta) poderão ser negociados, o que vem de ser analisado é importante para determinar até onde poderá ir a negociação incidente sobre tais atributos.

Vimos já que os *atributos* são elementos da proposta que respondem a aspectos da execução do contrato, previstos no caderno de encargos, que convocam uma actividade concretizadora do concorrente que será valorada para efeitos adjudicatórios. Ora, de acordo com o art. 42.º, n.º 3, o caderno de encargos poderá definir os *aspectos da execução do contrato submetidos à concorrência* através de fixação de *parâmetros base*[531]. Ou seja, a referida peça do procedimento pode conter dois tipos de aspectos de execução do contrato submetidos à concorrência: (*i*) aspectos para os quais foram definidos parâmetros base; (*ii*) e aspectos que não conhecem limites mínimos ou máximos[532]. Ora, ao afirmar-se que a resposta a estes aspectos de execução do contrato pode ser negociada (e, portanto, alterada), quererá isto dizer que a negociação e, consequentemente, a *versão final* da proposta pode desrespeitar os parâmetros base fixados no caderno de encargos, indo além ou aquém dos limites previstos? Ou que o júri pode valorar atributos que traduzam uma alteração do caderno de

---

[531] O CCP utiliza o conceito *parâmetros base* para identificar os limites mínimos e máximos, fixados no caderno de encargos, a que os aspectos da execução do contrato submetidos à concorrência estão sujeitos (cfr. art. 42.º, n.º 4).

[532] O caderno de encargos pode, por exemplo, prever uma determinada pontuação parcial para uma função a desempenhar pelo bem a adquirir. A questão está tão-só em saber se o bem desempenha ou não a função pretendida e não em determinar a medida em que o faz.

encargos quanto a aspectos de execução submetidos à concorrência para os quais não foram definidos parâmetros base? A resposta é necessariamente negativa. Na verdade, não existem razões para afastar a aplicação do disposto no art. 70.º, n.º 2, alínea b), do CCP, à versão final das propostas.

Parece-nos evidente que admiti-lo apenas para um dos concorrentes, ou só para os seleccionados para a fase de negociação (quando esta é restrita), seria uma clara violação de todos os princípios estruturantes da contratação pública (desde logo, do princípio da igualdade). Neste sentido se pronunciou já o Tribunal de Justiça, no acórdão *Storebaelt*[533], afirmando que o princípio da igualdade de tratamento exige que, quando não se encontre prevista a faculdade de os concorrentes integrarem reservas nas suas propostas, "todas as propostas sejam conformes com as prescrições do caderno de encargos, a fim de garantir uma comparação objectiva entre as propostas apresentadas pelos diferentes concorrentes" (n.º 37).

No entanto, mesmo que tal fosse permitido para todos os concorrentes que apresentaram uma proposta na sequência da publicação de um anúncio do concurso (que não, portanto, no ajuste directo[534]), ainda assim seria violado, pelo menos, o princípio da concorrência (cfr. art. 1.º, n.º 4 do CCP). Este princípio obriga a que a negociação (e, como tal, as *versões finais* das propostas) respeite os referidos parâmetros base (bem como o conteúdo dos aspectos de execução submetidos à concorrência para os quais não foram definidos limites), os quais devem permanecer inalterados desde (pelo menos) o momento da apresentação das propostas[535] até ao

---

[533] De 22 de Junho de 1993 (Proc. C-243/89). Neste acórdão, o Tribunal de Justiça deixou claro que, apesar de o princípio da igualdade não estar (então) expressamente previsto nas Directivas, "o dever de respeitar esse princípio corresponde à própria essência da directiva" (n.º 33). A este propósito v. MIGUEL CATELA, "20 Anos de Jurisprudência Comunitária sobre Contratos Públicos", in *Revista do Tribunal de Contas*, n.º 27, Janeiro-Junho, 1997, p. 179 e, sobretudo, CLÁUDIA VIANA, *Os Princípios Comunitários na Contratação Pública*, cit., p. 116.

[534] Caso a entidade adjudicante e a totalidade dos concorrentes que apresentaram proposta acordem em desconsiderar os parâmetros base fixados no caderno de encargos, não haverá, em princípio, razão para sancionar este "acerto" aos limites negociais (a não ser, é claro, que algum dos candidatos convidados não tenha apresentado proposta em virtude da configuração inicial dos referidos parâmetros).

[535] Não é de afastar a possibilidade de a entidade adjudicante alterar, com fundamento no interesse público, os parâmetros fixados no caderno encargos antes da apresentação das propostas. Deve, no entanto, aplicar-se analogicamente o disposto no art. 64.º, n.ºs 2 e 4.

final do procedimento adjudicatório (em sentido amplo)[536] – *(sub)princípio da estabilidade das peças do procedimento*. Não podemos esquecer que estamos perante *aspectos da execução do contrato submetidos à concorrência*, necessariamente abrangidos pelos factores e subfactores que densificam o critério de adjudicação e, como tal, determinantes para a adjudicação. Assim, diferentemente da existência/inexistência de uma fase de negociação – que não nos parece razão suficiente para fundar uma decisão de participar (ou não) num procedimento adjudicatório – a existência/inexistência de uma alteração dos aspectos da execução submetidos à concorrência (é, no fundo, disso que se trata quando se admite que estes sejam desrespeitados pela negociação), condiciona a referida decisão. Na verdade, não podemos afirmar que se estes "novos" aspectos tivessem sido, *ab initio*, previstos no caderno de encargos, outros candidatos/concorrentes não teriam conseguido e/ou optado por participar no procedimento[537]. Pelo que, admitir que a negociação e, consequentemente, a *versão final* da proposta, desrespeite os parâmetros base fixados no caderno de encargos ou os aspectos de execução para os quais não foram estabelecidos limites, seria violar a *concorrência potencial* (que atende aos interessados que, de acordo com os "novos" aspectos de execução submetidos à concorrência, teriam conseguido e/ou optado por apresentar a sua candidatura e/ou proposta)[538].

Concluímos já que os elementos da proposta respeitantes a aspectos da execução do contrato *não* submetidos à concorrência não podem ser negociados e, como tal, alterados na respectiva versão final. Pelo que, se a versão inicial desrespeitar os aludidos aspectos, deve ser excluída (o que,

---

[536] Como veremos, os mesmos são também um limite à negociação pós-adjudicatória [cfr. art. 99.º, n.º 2, alínea a)].

[537] Para determinar se há ou não interesse em participar num determinado procedimento adjudicatório, os operadores económicos atenderão, sobretudo, ao projecto contratual que o caderno de encargos encerra. Neste sentido v. JOÃO AMARAL E ALMEIDA e PEDRO FERNÁNDEZ SÁNCHEZ, *As Medidas Excepcionais de Contratação Pública para os Anos de 2009 e 2010 – Breve Comentário ao Decreto-Lei n.º 34/2009, de 6 de Fevereiro*, cit., p. 79.

[538] Como refere RACHEL CATTIER, o contrato celebrado na sequência de uma negociação que modificou, por completo, o seu objecto não terá sido verdadeiramente submetido à concorrência – cfr. "Le Régime des Marchés Relevant des Articles 28 et 30 du Code des Marchés Publics", in *Contrats Publics – L'Actualité de la Commande et des Contrats Publics*, n.º 84, Janeiro 2009, p. 54.

caso não se trate de uma proposta variante, originará o afastamento do respectivo concorrente).

Questão diversa é a de saber se, quando os *atributos* (o objecto da negociação) da versão inicial da proposta apresentam uma *irregularidade* que determinaria a sua exclusão[539], é ainda possível admiti-la à fase de negociação. Rodrigo Esteves de Oliveira considera que, nos procedimentos com fase de negociação e quanto a irregularidades respeitantes aos *atributos das propostas*[540], se justifica uma "mitigação ou matização das exigências da plena regularidade das propostas e da sanção da sua exclusão"[541]. Sustenta o A. que, como "vão ser objecto de alterações (às vezes, de profundas alterações), se a falha da proposta em causa não afecta gravemente a sua economia geral, é dizer, se não incide sobre um aspecto decisivo à sua compreensão e avaliação, segundo os factores de adjudicação, pode não haver motivo para não admitir tal proposta à negociação"[542]. Assevera mesmo que, nos casos em que a negociação é limitada às propostas ordenadas nos primeiros lugares, "como elas são sempre passíveis de alteração, pode igualmente não haver motivo para não seleccionar a proposta em causa se a falha de que ela padece não afectar gravemente a sua economia geral e se, apesar da falha, for possível afirmar que a proposta seria sempre seleccionável, de acordo com as regras de pontuação do procedimento"[543].

Parece-nos, no entanto, que esta solução enfrenta sérios obstáculos, sobretudo (mas não só) nos casos em que a fase de negociação é restringida aos concorrentes cujas propostas (versões iniciais) fiquem ordenadas nos primeiros lugares. Estes obstáculos, como veremos, não decorrem apenas do facto de o legislador não distinguir, no art. 70.º, n.º 2, do CCP, entre versões iniciais e finais das propostas. Na verdade, não repugna que o velho princípio hermenêutico *"ubi lex non distinguit..."* seja afastado para respeitar outros princípios jurídicos.

Importa precisar, em primeiro lugar, que as irregularidades em causa referem-se aos *atributos das propostas*, ou seja, aos elementos valorados

---

[539] Não nos reportamos, pois, a manifestos lapsos ou a omissões respeitantes à apresentação ou ponderação de elementos não variáveis, corrigíveis mediante uma operação de mera concludência. Estas irregularidades não devem fundar a exclusão de uma proposta.

[540] Pelo menos, todos os exemplos apontados pelo A. respeitam aos atributos das propostas – cfr. "Os Princípios Gerais da Contratação Pública", cit., p. 76.

[541] "Os Princípios Gerais da Contratação Pública", cit., p. 76.

[542] "Os Princípios Gerais da Contratação Pública", cit., p. 76.

[543] "Os Princípios Gerais da Contratação Pública", cit., p. 76.

para efeitos de adjudicação. As mesmas incidem, assim (diríamos quase, por definição), sobre "um aspecto decisivo à sua avaliação" (pressuposto cuja não verificação Rodrigo Esteves de Oliveira faz depender a desconsideração da falha).

Em segundo lugar, é preciso realçar que nos reportamos a verdadeiras *irregularidades* e não a manifestos lapsos ou omissões (respeitantes à apresentação ou ponderação de elementos não variáveis), superáveis mediante uma operação de mera concludência. A correcção da *versão inicial* da proposta[544] envolveria, assim, uma reelaboração das opções tomadas pelo concorrente. Pelo que, depois da sua entrega, nem a entidade adjudicante, nem o concorrente podem corrigir a referida *versão inicial*. Perante este cenário, e ainda que uma pontuação de zero, dada ao atributo em questão[545], não seja suficiente para a afastar, parece-nos que a inclusão no lote das propostas seleccionadas para a fase de negociação de uma *versão inicial* irregular, afastando versões iniciais (de outros concorrentes) que, apesar de menos pontuadas, não apresentam qualquer ilegalidade, violará os princípios da igualdade, da transparência, da boa fé e de uma "livre, sã e leal concorrência"[546]. Na verdade, é impossível determinar que *versão inicial* (global) apresentariam os concorrentes preteridos se, também eles, pudessem desrespeitar as exigências referentes aos atributos da proposta.

Mais, como vimos, os atributos respeitantes aos aspectos de execução do contrato submetidos à concorrência para os quais foram definidos parâmetros base devem considerar-se *obrigatórios*. A referida obrigatoriedade não decorre (*rectius*, não deve decorrer) de um "capricho" da entidade adjudicante, mas do carácter *essencial* que tais aspectos apresentam para a satisfação das necessidades colectivas ao seu cuidado. Ora,

---

[544] Não nos referimos, ainda, à superação da irregularidade através da apresentação de uma versão final corrigida. Tal só deve ser equacionado depois de determinar se a versão inicial pode ou não passar à fase seguinte.

[545] Uma pontuação superior a zero envolveria sempre, em maior ou menor medida, um exercício criativo por parte do júri do procedimento, o que será inaceitável.

[546] Neste sentido *v.* parecer do Conselho Consultivo da PGR n.º 98/2005 que, a propósito da negociação permitida no procedimento destinado ao lançamento de parcerias público-privadas no âmbito da saúde, afirma que "entender a negociação como oportunidade para sanar incorrecções seria admitir a subversão das regras do presente procedimento e do sentido que a elas preside e não poderá o princípio do favor do concurso obliterar a valência de normas excludentes, fundadas no respeito o princípio da concorrência (…); só depois de garantido o valor primeiro e primário da igualdade na concorrência poderá o favor do concurso ser chamado a actuar".

seleccionar, para uma fase restrita de negociação, uma proposta (versão inicial) acera da qual não existem garantias de que cumprirá (através da superação das irregularidades na respectiva versão final) tais requisitos, deixando de fora ofertas que, apesar de apresentarem uma pontuação mais baixa, respondem integralmente às exigências essenciais fixadas no projecto contratual submetido à concorrência, parece-nos uma decisão que não acautela devidamente o interesse público.

Mesmo quando a negociação se encontra aberta a todos os concorrentes, é com alguma dificuldade que, no quadro das opções legislativas respeitantes ao *concurso público* e ao *procedimento de negociação*, se aceita a referida atenuação das exigências de plena regularidade. É que, independentemente de se restringir, ou não, o acesso à negociação, o Código prevê para estes dois procedimentos uma fase de "saneamento" bastante exigente. Na verdade, o júri do procedimento deve elaborar um relatório preliminar, sujeito a audiência prévia, e um relatório final que, se propuser a exclusão de uma proposta que o relatório preliminar sugerira admitir, conhecerá ainda uma nova audiência prévia. Além de não prescindir ou atenuar o rigoroso "saneamento" nos casos em que não se restringe o acesso à negociação, o Código prevê que o relatório preliminar (e, como tal, o final) "não deve aplicar o critério de adjudicação nem propor a ordenação das propostas" (cfr. arts. 146.º, n.º 5, e 200.º). Ou seja, nestes casos, esta fase destina-se *exclusivamente* ao "saneamento" do procedimento (*i.e.*, a afastar as propostas irregulares). Embora se possa criticar o rigorismo subjacente à solução adoptada, a verdade é que dificilmente se poderá sustentar que o Código acolhe uma perspectiva "amiga" da atenuação da plena regularidade das versões iniciais das propostas.

Resta-nos afilar um argumento de natureza teleológica. A *fase de negociação* não deve ser olhada como um momento destinado, ainda que a título incidental, a corrigir irregularidades das propostas. O seu (único) objectivo é o de permitir uma co-construção de parcelas da resposta a um projecto contratual delineado pela Administração. Trata-se de uma fase particularmente sensível, em que são tocadas as fronteiras da juridicidade. A negociação é, por natureza, o campo da flexibilidade e da informalidade (terrenos cada vez menos estranhos à Administração, mas em que esta pisa ainda solo por explorar). Tal não significa (ou não deve significar), porém, que negociação seja sinónimo de falta de rigor ou permissividade. Pelo contrário, pensamos que a "sobrevivência" deste tipo de procedimentos ou, até, o alargamento da negociação a outros *itinera* formativos (algo que, sem se pretender fazer futurologia, o direito comunitário não conseguirá "reter" durante muito mais tempo[547]), depende da imagem de transparência, isenção e exigência imprimida pelas respectivas entidades adjudicantes. Ora, admitir que a negociação possa ter por base (partir de) propostas irregulares (afastando, ou não, propostas que respondem a todas as exigências fixadas nas peças do procedimento), na expectativa de que, aquando da apresentação da respectiva versão final, os concorrentes possam "emendar a mão", não faz desaparecer o referido "estigma" de favorecimento e permissividade (talvez o que, de todos, mais "castiga" os procedimentos desta natureza)[548]. Pelo contrário, potencia-o, expondo ao ridículo as evidentes vantagens para o interesse público decorrentes desta co-construção dialógica e promovendo o afastamento dos operadores económicos mais capazes. Percebe-se, assim, que o legislador tenha optado por preceder a negociação existente nos *concursos publicitados* de uma "apertada" fase de "saneamento" que, quanto a nós, não se compadece com uma atenuação das exigências de plena regularidade das propostas (*rectius*, das versões iniciais)[549].

Tendo-se concluído pela necessidade de as propostas (em qualquer das suas versões) respeitarem os parâmetros base fixados no caderno de

---

[547] Veja-se o caso da recente Directiva 2009/81/CE, relativa à formação de contratos públicos nos domínios da defesa e da segurança, em que o procedimento por negociação com publicação de anúncio de concurso é erigido a procedimento regra, "ao lado" do concurso limitado (cfr. art. 25.º).

[548] O já mencionado parecer do Conselho Consultivo da PGR n.º 98/2005 refere que a negociação só poderá "partir de uma base mínima, inequívoca e firme, por isso mesmo vinculativa dos concorrentes a ela admitidos".

[549] No entanto, se o legislador nacional tivesse optado por uma solução "amiga" da atenuação das exigências da plena regularidade das propostas, tal não encontraria qualquer obstáculo ao nível do direito comunitário. Com efeito, o art. 30.º, n.º 2, da Directiva 2004/18/CE, prevê, para os procedimentos por negociação (naturalmente, para os que caiam no seu âmbito de aplicação), que "as entidades adjudicantes negociarão com os proponentes as propostas por estes apresentadas *a fim de as adaptar aos requisitos indicados no anúncio do concurso, no caderno de encargos e nos eventuais documentos complementares*, e de determinar a melhor proposta em conformidade com o n.º 1 do artigo 53.º" (realce nosso). Esta formulação, ampla, dos objectivos da negociação, não parece excluir a correcção de eventuais irregularidades iniciais (desde que respeitados os princípios da igualdade, imparcialidade e transparência). Apontado no sentido de que este preceito deve ser amplamente interpretado v. SUE ARROWSMITH, *The Law of Public and Utilities Procurement*, 2.ª edição, cit., p. 596.

encargos, resta saber se a exclusão prevista no art. 70.°, n.° 2, alínea b), verificada após a *fase de negociação*, abrangerá apenas a versão final da proposta (sendo a versão inicial mantida para efeitos de adjudicação) ou também a sua versão inicial.

Quanto à negociação realizada no âmbito de um *concurso público* ou de um *procedimento de negociação* (por força da remissão contida no art. 203.°) aplica-se o disposto no art. 152.°, n.° 4, nos termos do qual "as versões iniciais mantêm-se para efeitos de adjudicação". Na verdade, a violação, por parte da versão final da proposta, dos parâmetros base fixados no caderno de encargos é uma das situações previstas no art. 146.°, n.° 2 [cfr. alínea o)].

Note-se que, a solução prevista no Código em nada contraria o que *supra* se afirmou acerca da imagem de transparência, isenção e exigência que deve pautar este tipo de procedimentos (e que motiva a exclusão de uma versão inicial irregular). Uma vez que a ilegalidade (constante da versão final) é expurgada do procedimento, sendo "aproveitada" uma versão integralmente respeitadora das exigências impostas pelas peças do procedimento, não há aqui qualquer atenuação ou desvio às exigências de regularidade.

Diferentemente do que acontece ao nível do concurso público e do procedimento de negociação, o Código não prevê, para o *ajuste directo* e em caso de exclusão da versão final da proposta, a possibilidade de se recuperar a respectiva versão inicial. A questão está, pois, em saber se o disposto no art. 152.°, n.° 4, do CCP pode ser analogicamente aplicado ao nível do ajuste directo.

Em defesa da tese da analogia pode sustentar-se que (*i*) o "aproveitamento" de uma versão inicial, que responde integralmente aos requisitos fixados no caderno de encargos, não constitui qualquer cedência às exigências de regularidade das propostas; (*ii*) apesar de apenas aplicável ao concurso público e ao procedimento de negociação, o art. 152.°, n.° 4, do CCP, reflecte um princípio, subjacente ao Código, de acordo com o qual devem ser aproveitadas as versões iniciais sempre que estas não padeçam de um vício (autónomo) que origine a sua exclusão; (*iii*) o aproveitamento da versão inicial da proposta escora-se ainda num *princípio do favor do concurso*, segundo o qual, "em caso de dúvida insanável sobre os resultados da interpretação da lei e da aplicação dos princípios gerais concursais (...) deve a solução do caso pender *pro* concurso ou *pro* concorrente, valorizando-se as dúvidas que (formal ou materialmente) possam suscitar-se sobre um candidatura ou uma proposta favoravelmente aos interesses normais da entidade adjudicante e do seu concorrente"[550].

Apesar da bondade inerente à solução descrita, julgamos que, *de lege lata*, são mais fortes os argumentos que apontam no sentido da impossibilidade de aplicação analógica, senão vejamos: (*i*) o "modelo" de negociação escolhido pelo Código é o do ajuste directo, para o qual remetem as normas do concurso público e do procedimento de negociação (cfr. arts. 151.° e 202.°). Pelo que, se o legislador não previu a possibilidade de "aproveitamento" da proposta inicial, é porque a quis afastar deste procedimento; (*ii*) ao contrário do concurso público e do procedimento de negociação, o ajuste directo não conhece uma verdadeira fase de "saneamento" das versões iniciais das propostas. O júri do procedimento deve, no mesmo relatório preliminar, apreciar as versões iniciais e finais das propostas (cfr. art. 122.°, n.° 1). Ora, a impossibilidade de recuperar as *versões iniciais* parece um resultado dessa ausência de uma fase de saneamento, em que a regularidade de todas as propostas é apreciada pelo júri do procedimento em relatório sujeito a audiência prévia (na qual os concorrentes se podem pronunciar acerca da respectiva regularidade ou irregularidade); (*iii*) a versão inicial e a versão final não constituem propostas autónomas, mas, como o próprio nome indica, versões de uma mesma proposta. Assim, quando no art. 122.°, n.° 2, o Código prevê a "exclusão das propostas", depois de, no n.° 1, ter precisado que o júri do procedimento analisa as "versões iniciais e finais das propostas", o mesmo refere-se ao afastamento da proposta como um todo e não às suas versões[551]. Pelo que, no ajuste directo, em caso de exclusão da versão final da proposta, o júri não poderá "aproveitar" a respectiva versão inicial.

---

[550] MÁRIO ESTEVES DE OLIVEIRA e RODRIGO ESTEVES DE OLIVEIRA, *Concursos e Outros Procedimentos de Adjudicação Administrativa – das Fontes às Garantias*, cit., pp. 125 e 126.

[551] Pode contrapor-se que, para o concurso público e para o procedimento de negociação (por força da remissão contida no art. 203.°), o Código também prevê, de forma genérica, no art. 152.°, n.° 1, "a exclusão de qualquer proposta". No entanto, esta referência, genérica, tem uma explicação muito simples. A alusão a "qualquer proposta" aparece aí para clarificar que o júri do procedimento pode (*rectius*, deve), no segundo relatório preliminar, excluir uma *versão inicial* quando, apenas nesta altura, se aperceba de uma irregularidade que não havia detectado nos relatórios anteriores (primeiro relatório preliminar e primeiro relatório final). Só assim se entende a autonomização, no n.° 4, do "aproveitamento" da versão inicial da proposta nos casos de exclusão da versão final por ocorrência de algum dos motivos previstos no art. 146.°, n.° 2 (a que o 152.°, n.° 1, também alude).

2.6.2. Os atributos excluídos da negociação

Um outro limite (*interno*) prende-se com a possibilidade de a entidade adjudicante indicar, no programa do procedimento ou no convite à apresentação das propostas, os aspectos da execução do contrato que "não está disposta a negociar"[552]. Trata-se, portanto, de um limite respeitante ao *objecto da negociação* (ao *quid* que pode ou não ser negociado nesta fase).

Este limite não pode deixar de ser lido à luz do objecto limitado (os *atributos* das propostas). Pelo que, a possibilidade de identificação dos aspectos da execução do contrato não negociáveis, não significa que todos os aspectos da execução (submetidos ou não à concorrência) não excluídos possam ser negociados. Só os atributos referentes a aspectos da execução do contrato *submetidos à concorrência* e não excluídos pela entidade adjudicante serão objecto de negociação.

Perante esta possibilidade de limitação do objecto da negociação, colocam-se duas questões: (*i*) *Quid iuris* se, tendo incluído um determinado aspecto da execução do contrato na sua lista de "intangíveis", a entidade adjudicante decide negociá-lo? (*ii*) *Quid iuris* se, não tendo feito qualquer reserva nas peças do procedimento ou não tendo incluído um determinado atributo no rol de aspectos que "não está disposta a negociar", a entidade adjudicante entende excluí-lo "da mesa das negociações"?

Quanto à primeira questão, e à semelhança do defendido a propósito da não realização de uma fase de negociação anunciada nas peças do procedimento, deve entender-se que os atributos excluídos não podem, sob pena de invalidade do acto adjudicatório, ser negociados. As peças do procedimento fixam as regras a que o concurso se encontra sujeito. Pelo que, após a apresentação da versão inicial das propostas, não devem ser alteradas. Assim o impõe o respeito pelos princípios da segurança jurídica e da protecção da confiança, corolários do princípio da boa fé, bem como os princípios da transparência, da imparcialidade e da concorrência. Na verdade, recairia sempre sobre esta modificação tardia das "regras do jogo" a desconfiança de que visaria permitir ao concorrente "preferido" mudar atributos da sua versão inicial que, por terem uma pontuação inferior aos atributos das demais versões apresentadas a concurso, fariam perigar a adjudicação da respectiva versão final.

---

[552] Cfr. arts 115.º, n.º 2, alínea a) i), 150.º, n.º 1, alínea b) e 196.º, alínea b).

Parece-nos, assim, pouco feliz a expressão utilizada no Código para identificar os aspectos que a Administração excluiu da negociação – aspectos "que a entidade adjudicante não está disposta a negociar". Com efeito, não estamos diante de um mero "estado de espírito" (por natureza volúvel), em que a entidade adjudicante se encontra, mas de uma verdadeira regra por esta fixada para o procedimento.

Relativamente à segunda questão, Margarida Olazabal Cabral sustenta que, se um determinado aspecto não foi afastado pelas peças do procedimento, a Administração deve negociá-lo. Refere a A. que constitui "uma elementar exigência do princípio da boa fé que sempre que não esteja disposta a negociar um determinado aspecto, a entidade adjudicante o torne público no programa do concurso"[553]. Tendemos a concordar com o entendimento expresso pela referida A.. Importa, no entanto, distinguir duas situações: (i) a Administração não inclui na agenda ou não aborda nas sessões de negociação um determinado aspecto da execução do contrato submetido à concorrência, mas não afasta a possibilidade de, nas suas versões finais, os concorrentes alterarem os respectivos atributos; (ii) além de não ter existido uma interacção dialógica das partes tendo em vista a sua co-construção, na notificação para a apresentação das versões finais e integrais das propostas, a Administração determina que as versões iniciais não podem ser alteradas quanto ao atributo em questão.

Na segunda situação descrita, parece-nos evidente que existe uma modificação extemporânea das "regras do jogo" que, à luz dos referidos princípios da boa fé, transparência, imparcialidade e concorrência, não deve ser permitida. Na verdade, sabendo que um determinado atributo será objecto de negociação (e que, portanto, poderá ser modificado), o concorrente tenderá a não apresentar a sua melhor oferta. Não raras vezes, para tornar a sua proposta mais competitiva nos atributos respeitantes aos aspectos da execução do contrato submetidos à concorrência que foram excluídos da negociação (acerca dos quais a versão inicial constitui a "última palavra" do ofertante), o concorrente deixará uma "margem" (que lhe permitirá ir ao encontro das pretensões da Administração em sede negocial) nos aspectos negociáveis. Ora, ao impedir a modificação de algum destes aspectos, a Administração vem perturbar a economia geral das propostas, interferindo, de forma decisiva, na dinâmica do concurso.

---

[553] "O Concurso Público no Código dos Contratos Públicos", cit., p. 220.

No que respeita à primeira situação, apenas em concreto se poderá determinar se a não abordagem, *ex professo*, de um determinado aspecto da execução do contrato submetido à concorrência[554] constitui uma violação de princípios jurídicos fundamentais (*maxime*, do princípio da boa fé). Na verdade, pode dar-se o caso de, nas versões iniciais, todos os concorrentes se terem desinteressado de um determinado aspecto submetido à concorrência (e não excluído da negociação) para o qual não foram fixados parâmetros base (como vimos, estes aspectos devem, em regra, considerar-se facultativos). Parece-nos que esse desinteresse manifestado pelos concorrentes justificará o seu não tratamento por parte do júri do procedimento. Além do mais, uma vez que não estão impedidos de os alterar, os concorrentes poderão sempre apresentar uma versão final que modifique a sua resposta aos aludidos aspectos.

Mais, ainda que pareça paradoxal, pode-se negociar certos aspectos da execução do contrato sem que estes sejam directa e globalmente aflorados nas sessões de negociação. É o caso, por exemplo, do preço a pagar. Apesar de, quase sempre, surgir como o atributo mais importante (quando não mesmo o único) de uma proposta, muitas vezes não fará qualquer sentido discuti-lo *ex professo*. Na verdade, respeitados os limites respeitantes ao *preço base* ou à fixação de eventuais *preços base unitários* (cfr. art. 47.º), o concorrente determinará o preço global (ou os preços unitários) por referência a múltiplos factores (*v.g.* o conjunto de prestações a que ficará obrigado, o risco assumido por cada uma das partes, a estrutura financeira do contrato, etc.). Parece-nos, pois, uma débil prática negocial o agendamento uma sessão de negociação para discutir apenas o preço global. O aspecto da execução do contrato *preço a pagar* será, as mais das vezes, apenas *parcial* e *indirectamente* negociado pelas partes, aquando da negociação dos diversos factores de que o mesmo depende, sem que tal constitua qualquer violação das regras e princípios aplicáveis em matéria de contratação pública.

Como consequência natural da impossibilidade de negociação, os atributos das versões finais da proposta, respeitantes a aspectos da execução do contrato (submetidos à concorrência) que a entidade adjudicante

---

[554] Referimo-nos apenas aos casos em que a Administração não aborda um determinado aspecto da execução do contrato, submetido à concorrência e não excluído da negociação, com todos os concorrentes seleccionados. O tratamento de certos aspectos com alguns dos concorrentes e o seu não afloramento com outros será analisado no âmbito das regras e princípios a observar nas sessões de negociação.

identificou (nas peças do procedimento) enquanto inegociáveis, não podem apresentar diferenças (de conteúdo) relativamente aos constantes das respectivas versões iniciais[555]. A sanção aplicável aos concorrentes que não respeitem a intangibilidade dos referidos atributos é a da exclusão[556].

Cabe, porém, questionar se, à semelhança da exclusão fundada em violação de disposições constantes do caderno de encargos, a versão inicial da proposta, apresentada no âmbito de um concurso público ou de um procedimento de negociação[557], pode ainda ser "recuperada".

Ora, o art. 152.º, n.º 2 (aplicável ao procedimento de negociação *ex vi* do art. 203.º) prevê que são excluídas apenas as versões finais. No entanto, o n.º 4 não inclui esta situação entre os casos de "aproveitamento" da versão inicial da proposta. Parece-nos, porém, que este facto não se afigura suficiente para impedir que a versão inicial se mantenha para efeitos de adjudicação. Primeiro, porque, ao referir-se à exclusão da *versão final*, o art. 152.º, n.º 2, indicia que a versão inicial é ainda recuperável. Em segundo e decisivo lugar, porque esta hipótese é em tudo semelhante à apresentação de uma versão final que desrespeite disposições constantes do caderno de encargos, situação para a qual o Código admite a referida recuperação [cfr. arts. 152.º, n.º 4, 146.º, n.º 2, alínea o) e 70.º, n.º 2, alínea b)]. Em ambos os casos, o concorrente leva longe de mais as alterações à versão final (no primeiro altera elementos que a entidade adjudicante identificou como inalteráveis e, no segundo, toca em aspectos que, por definição, são intangíveis). Aliás, a situação em análise afigura-se menos grave do que outras para as quais (estranhamente) se admite o "aproveitamento" da versão inicial da proposta [*v.g.* a apresentação de uma versão final cuja análise revele a "existência de fortes indícios de

---

[555] Cfr. arts 121.º, n.º 1, 151.º e 202.º, do CCP.

[556] Cfr. arts. 122.º, n.º 2, *in fine*, 152.º, n.º 2 e 203.º do CCP. No entanto, se foi a entidade adjudicante que, negociando atributos que as peças do procedimento expressamente proibiam, motivou a sua alteração, não pode a mesma, em clara violação da proibição de *venire contra factum proprium*, corrigir o seu erro, excluindo as respectivas versões finais das propostas.

[557] Quanto ao *ajuste directo* e independentemente do fundamento da exclusão da versão final da proposta, não há qualquer norma que permita o "aproveitamento" da versão inicial. Esta possibilidade teria, pois, de decorrer de uma aplicação analógica das disposições respeitantes ao concurso público. Como já deixámos claro a propósito da exclusão fundada em violação das disposições constantes do caderno de encargos, parece-nos que os argumentos (que aqui nos absteremos de repetir) que, *de lege lata*, sustentam a inadmissibilidade da aplicação analógica são mais fortes dos que apontam em sentido contrário.

actos, acordos, práticas ou informações susceptíveis de falsear as regras da concorrência" – cfr. arts. 152.º, n.º 4, 146.º, n.º 2, alínea o) e 70.º, n.º 2, alínea g)].

Assim, atenta a similitude entre os casos que caiem no âmbito de aplicação do art. 152.º, n.º 4, e a situação em apreço (alteração de atributos inegociáveis), não existem razões para afastar a aplicação (analógica) do referido preceito, recuperando-se, para efeitos adjudicatórios, a versão inicial da proposta.

2.6.3. *A proibição do "retrocesso da pontuação"*

Para os casos em que a fase de negociação foi restringida aos concorrentes cujas propostas (versões iniciais) tenham ficado ordenadas nos primeiros lugares (falamos, portanto, apenas do concurso público e do procedimento de negociação), o Código estabelece um outro limite: a negociação não poderá originar versões finais cuja pontuação global seja inferior à das respectivas versões iniciais. Se tal acontecer, devem aquelas ser excluídas, mantendo-se, para efeitos de adjudicação, as respectivas versões iniciais (cfr. arts. 152.º, n.os 3 e 4 e 203.º).

Esta regra, que proíbe o "retrocesso" da pontuação obtida pelas versões iniciais das propostas, deve ser compreendida quer à luz dos princípios da transparência, imparcialidade e concorrência procedimentais, quer do *princípio da prossecução do interesse público* e do consequente *dever de boa administração*[558].

Como vimos, quando a negociação não está aberta a todos os concorrentes, a apreciação das versões iniciais não visa apenas o seu "saneamento". Esta fase tem ainda por objectivo seleccionar as melhores propostas (versões iniciais) para a fase de negociação. Ora, as *melhores versões iniciais* (as ordenadas nos primeiros lugares) são aquelas que, de acordo com o modelo de avaliação das propostas, construído para "dar vida" aos factores e subfactores que densificam o critério adjudicatório da proposta economicamente mais vantajosa, tenham as pontuações globais mais elevadas[559].

---

[558] Cfr., por todos, FREITAS DO AMARAL, *Curso de Direito Administrativo*, Vol. II, cit., pp. 38-40.

[559] Como se afigura improvável que, no âmbito de um concurso público com fase de negociação ou de um procedimento de negociação, a adjudicação seja feita segundo o cri-

Terá sido para evitar que o resultado da fase inicial (de selecção das melhores propostas) pudesse ser subvertido (através do afastamento de versões iniciais cuja pontuação global seria superior à das versões finais apresentadas após a negociação) que o legislador determinou a exclusão das versões finais que obtenham uma pontuação global inferior às iniciais. No entanto, para alcançar o referido desiderato, bastaria que o Código proibisse que a pontuação global das versões finais fosse igual ou inferior à da primeira proposta (versão inicial) excluída do lote das seleccionadas. Pelo que, nos moldes em que foi construída, esta *proibição do retrocesso da pontuação* não é apenas explicável à luz dos princípios da transparência, da imparcialidade e da protecção de uma "livre, sã e leal concorrência".

Ao prever a exclusão das versões finais cuja pontuação global seja inferior à das respectivas versões finais, o legislador terá pretendido ainda fixar um *indirizzo* à fase de negociação. Assim, a negociação (e consequente alteração) das propostas será admitida apenas para *melhorar*, na perspectiva da optimização da satisfação das necessidades colectivas a que a entidade adjudicante pretende dar resposta com a celebração do contrato, *as versões iniciais*[560]. Ou seja, a teleologia subjacente às alterações que os concorrentes vão imprimir às versões iniciais das suas propostas será a da prossecução do interesse público.

Tendo em vista a finalidade identificada, a regra prevista (da *proibição do retrocesso da pontuação*) merece-nos apenas duas observações. A primeira está relacionada com o seu *âmbito de aplicação*. Na verdade, parece-nos que não só nos casos em que a fase de negociação é restringida aos concorrentes cujas propostas sejam ordenadas nos primeiros lugares, mas em todas as situações de negociação de uma proposta, a versão final apresentada deveria ser *melhor* (na perspectiva do interesse público) do que a inicial. Pelo que, a regra da proibição do retrocesso da pontuação

---

tério do mais baixo preço (embora o Código não o proíba), o legislador refere-se (apenas) a uma "pontuação global inferior", que só existe quando é elaborado um modelo de avaliação das propostas e, portanto, quando é utilizado o critério da proposta economicamente mais vantajosa [cfr. arts. 132.º, n.º 1, alínea n), 164.º, n.º 1, alínea q) e 193.º]. Para simplificar o discurso, também nós vamos assumir, em texto, que o critério utilizado é o da proposta economicamente mais favorável.

[560] Indiciando que a negociação deve procurar uma melhoria das propostas v. ainda o art. 125.º, n.º 2, do CCP, respeitante ao ajuste directo em que apenas foi apresentada uma proposta. Estabelece o preceito que não há lugar às *fases* de negociação e audiência prévia, mas o concorrente pode ser convidado a *melhorar* a sua proposta.

(ou uma outra similar) devia ser consagrada também para a negociação aberta a todos os concorrentes.

A segunda observação prende-se com a forma como é garantido o referido *indirizzo* negocial: através de uma *pontuação global* superior. Isto quer dizer que a versão final da proposta pode apresentar, em alguns factores ou subfactores elementares, *pontuações parciais* inferiores às obtidas na versão inicial, desde que, no cômputo geral, a sua pontuação seja superior. Esta possibilidade de "retrocessos" parcelares permite ao concorrente acomodar as pretensões manifestadas pela entidade adjudicante na "mesa das negociações" sem que, com isso, tenha *necessariamente* de alterar o equilíbrio económico-financeiro da resposta apresentada ao projecto contratual. Se, por um lado, a solução consagrada faz deste momento uma verdadeira negociação, em que o concorrente não tem apenas de ceder (ou não) às exigências da Administração, mas onde existe ainda uma "margem de manobra" para que, caso aceite as pretensões da entidade adjudicante, possa compensar o eventual agravamento das respectivas condições contratuais alterando outros atributos da sua proposta. Por outro lado, a referida solução obriga a que o valor dos coeficientes de ponderação, estabelecidos no modelo de avaliação das propostas, reflicta fielmente a importância que cada factor e subfactor elementar, respeitante a aspectos da execução do contrato submetidos à concorrência, apresenta para a prossecução do interesse público. Na verdade, se um dos referidos factores ou subfactores for sobrevalorizado (como, em regra, acontece com o preço), tal poderá constituir um enorme obstáculo à negociação de outros atributos da proposta[561]. Em suma, para

---

[561] Pense-se num exemplo muito simples, em que o critério de adjudicação (da proposta economicamente mais vantajosa) é densificado apenas por três factores essenciais: preço (60%), qualidade do material (30%) e prazo de entrega (10%) e o modelo de avaliação das propostas define, para cada um dos factores, uma escala de pontuação de 0 a 100. Imagine-se, então, que uma determinada versão inicial obteve uma pontuação parcial de 90 no preço, 60 na qualidade e 70 no prazo. Após a multiplicação das pontuações parciais pelos valores dos respectivos coeficientes de ponderação (art. 139.°, n.° 2), a referida proposta obtém uma pontuação global de 79 (54 + 18 + 7). Ora, caso seja feita uma alteração da qualidade que se reflicta num aumento de 20 pontos da pontuação parcial (bruta) deste factor (correspondente a um aumento de 33,3% relativamente ao oferecido na versão inicial), para que a versão final não seja excluída (ou seja, para que tenha, pelo menos, uma pontuação global igual à da versão inicial, *i.e.* 79), a referida alteração apenas poderá ser compensada com um aumento do preço que determine uma diminuição de 10 pontos da pontuação parcial (bruta) deste factor (correspondente a uma diminuição de 11,1% relativamente ao oferecido na versão inicial).

que a pontuação não seja um "colete-de-forças" da negociação, a entidade adjudicante deve ter um especial cuidado na construção do modelo de avaliação e, sobretudo, no peso relativo que atribui a cada factor ou subfactor previsto.

2.6.4. *Algumas regras e princípios a observar no diálogo negocial*

Como vimos a propósito do diálogo concorrencial, o facto de a interacção dialógica ser, por natureza, um momento de informalidade e flexibilidade, não significa que estejamos perante um espaço "livre do Direito".

Atenta a impossibilidade de abordar todas as regras e princípios jurídicos que, directa ou indirectamente, relevam para o diálogo negocial, limitar-nos-emos a analisar aqueles que o legislador nacional optou por densificar entre os preceitos respeitantes à fase de negociação. Falamos do princípio da igualdade de tratamento e da obrigação de confidencialidade (cfr. art. 120.º, n.ºs 4 e 5, do CCP, aplicável aos três procedimentos que admitem uma fase de negociação[562]).

Não é por acaso que a igualdade e a confidencialidade (e não outros princípios, tão ou mais importantes numa negociação, como é o caso da boa fé) surgem aí densificados. O respeito pelo princípio da igualdade de tratamento traduz a grande preocupação da Directiva 2004/18/CE quanto à fase do diálogo negocial verificada no procedimento por negociação. Com efeito, apesar de o art. 2.º o incluir entre os "princípios de adjudicação dos contratos", o art. 30.º, n.º 3, reitera que, "durante a negociação, as entidades adjudicantes garantirão a igualdade de tratamento de todos os proponentes. Designadamente, não facultarão de forma discriminatória informações que possam dar a um proponente vantagem relativamente a outros".

A confidencialidade – exigida relativamente ao conteúdo das negociações (quer este esteja vertido nas respectivas actas ou em informações ou comunicações que os concorrentes trocaram com a entidade adjudicante – cfr. art. 120.º, n.º 5, do CCP) que, em paralelo, decorrem com os demais concorrentes – visa, por seu turno, assegurar a transparência, imparcialidade, boa fé e concorrência do diálogo negocial, bem como garantir a própria igualdade entre todos os concorrentes. Na verdade, o controlo

---

[562] Cfr. as remissões contidas nos arts. 151.º (concurso público) e 202.º (procedimento de negociação).

da informação gerada pelos concorrentes durante esta fase permite antecipar, com um elevado grau de probabilidade, o conteúdo (e consequente pontuação global) das versões finais das suas propostas. Se, por hipótese, apenas um dos concorrentes tivesse acesso a esta informação, este beneficiaria de uma enorme vantagem face aos demais: antes de "fazer a sua jogada" (*i.e.* antes de apresentar a versão final da sua proposta), teria conhecimento das "cartas" (ou, pelo menos, dos "trunfos") dos demais "jogadores", o que lhe permitiria calcular as adaptações que teria de introduzir na sua oferta para vencer o concurso. Neste sentido, e quanto ao conteúdo destas negociações, o legislador só dispunha de duas opções: ou tornava-o público, arriscando o quase certo insucesso do diálogo negocial (fruto da natural "reserva" que os operadores económicos pretendem guardar nestes momentos), ou sujeitava-o a sigilo. Ao exigir o sigilo, o legislador terá porventura escolhido a melhor e, porém, a mais complicada das duas vias.

Além de consistir numa "guarda avançada" dos referidos princípios da contratação pública, a obrigação de confidencialidade previne também um dos riscos que mais "atormenta" os operadores económicos e que os tende a afastar da participação neste tipo de procedimentos (em que, após a apresentação das propostas – das versões iniciais – é ainda permitida a sua ampla alteração). Trata-se da já mencionada apropriação, por parte de um ou mais competidores, das ideias e soluções pertencentes a outro(s) concorrente(s), num claro aproveitamento do produto do trabalho alheio (o designado "cherry-picking")[563]. Na verdade, a mera classificação de documentos constantes da proposta (art. 66.º) revela-se insuficiente para proteger as "novidades" trazidas pelos concorrentes para a "mesa das negociações".

Visto o porquê da consagração do princípio da igualdade de tratamento e da obrigação de confidencialidade, analisemos agora (ainda que de forma breve) o seu *alcance* na fase de negociação.

No que respeita ao princípio da *igualdade de tratamento*, estabelece o art. 120.º, n.º 4, do CCP, que "os concorrentes devem ter idênticas oportunidades de propor, de aceitar e de contrapor modificações das respectivas propostas durante as sessões de negociação"[564].

---

[563] Cfr. JORGE ANDRADE DA SILVA, *Código dos Contratos Públicos Comentado e Anotado*, cit., p. 360.

[564] Apesar de o preceito se referir a *idênticas oportunidades*, importa não confundir esta exigência, respeitante às propostas e contrapropostas de alteração dos atributos da sua

Parece-nos que a máxima subjacente a este princípio deve ser a de que, independentemente do concorrente ou da posição que a sua versão inicial tenha ocupado na primeira selecção (e, portanto, da probabilidade que esta tenha de vir a ser a proposta vencedora), o júri do procedimento deve negociar todas as propostas[565] como se estas fossem as potenciais vencedoras. Na verdade, a inclusão de uma versão inicial no lote das seleccionadas para a fase de negociação significa que os seus atributos (todos ou parte) podem ainda ser alterados. Pelo que, é perfeitamente possível que uma versão inicial, cuja pontuação primitiva era, no mínimo, "desanimadora", possa ainda, após a fase de negociação, "surpreender", transformando-se na proposta classificada em primeiro lugar[566]. À luz deste princípio, o júri do procedimento não pode, assim, "desinteressar-se" da proposta apresentada por um concorrente[567], não aplicando na sua alteração o mesmo esforço e diligência que observou em relação às demais[568].

---

oferta, com a tarefa (retirada dos princípios jurídico-constitucionais da igualdade e do Estado-social), que cabe à Administração, de garantir aos administrados (*in casu*, aos concorrentes) iguais "condições de partida" mediante a atribuição de prestações sociais (de diversa ordem) que compensem as desigualdades de facto existentes entre os mesmos – *princípio da igualdade como obrigação de igualdade de "chances" ou de oportunidades* (para uma síntese doutrinal desta dimensão do princípio da igualdade cfr. ALVES CORREIA, *O Plano Urbanístico e o Princípio da Igualdade*, Coimbra, 1989, pp. 426-429). Na verdade, seria absurdo que, mobilizando este entendimento do princípio da igualdade, a entidade adjudicante tivesse que destruir as diferenças entre as propostas (ou entre a capacidade de cada concorrente para as alterar), que, além de constituírem a essência deste tipo de concursos, permitem eleger uma oferta como a *melhor*.

[565] Afasta-se, desde logo, a possibilidade de a entidade adjudicante negociar (e, assim, permitir a alteração da respectiva proposta) apenas com um dos concorrentes seleccionados para a fase de negociação.

[566] Não se trata de uma possibilidade remota, mas de um dado empiricamente comprovável. Com efeito, da nossa experiência em procedimentos que incluem uma fase de negociação das propostas ordenadas nos primeiros lugares verificamos que, não raras vezes, após conhecerem o conteúdo e a pontuação obtida pelas propostas dos seus competidores, os concorrentes pior classificados fazem um esforço para reduzir as suas "margens" e/ou exigências, apresentando versões finais muito competitivas, que acabam por "bater" as demais.

[567] Não se afasta, porém, a possibilidade de, nos casos em que são admitidas variantes e um mesmo concorrente tenha visto várias (mais do que uma) das suas propostas seleccionadas para a fase de negociação, o júri do procedimento concentrar os seus "esforços" em alterar aquela que, ao longo da negociação, se prefigura como a mais competitiva das propostas apresentadas pelo referido concorrente.

[568] Temos sérias dúvidas quanto a saber se, por obediência ao princípio da boa fé e da prossecução do interesse público, o júri do procedimento não estará obrigado a empre-

Exigir mais do que isto, designadamente uma *identidade entre as diversas negociações* (*v.g.* através da imposição de um mesmo número de sessões de negociação ou de propostas e contrapropostas formuladas pelo júri), seria esquecer que as *particularidades* da oferta e a *singularidade* de cada "nova" ideia ou contraproposta avançada pelos concorrentes (a qual não deve ser divulgada aos demais) podem legitimar (ou mesmo exigir) a existência de diferenças entre os diversos diálogos negociais[569]. Na verdade, não se pode esquecer que o sentido positivo do princípio da igualdade[570] postula que situações iguais devem ser tratadas de forma igual e situações *material* e *objectivamente* desiguais devem merecer um tratamento desigual.

Não está, pois, excluída uma diferença de tratamento negocial que permita acomodar a riqueza inerente à diversidade das "soluções" apresentadas pelos concorrentes. Forçoso se torna, porém, que a situação seja *objectivamente* diferente (*in casu*, que a diferença esteja relacionada com os *atributos* da versão inicial da proposta ou com uma *ideia* ou *contraproposta* avançada pelo concorrente e não, por exemplo, com a sua nacionalidade ou o grupo económico a que pertença) e que a diferença de tratamento tenha um *fundamento material bastante*[571]. Deve exigir-se ainda

---

gar a diligência que seria exigível a um "negociador médio" colocado no concreto quadro do "negociador real". Se, por um lado, esta falta de diligência (ainda que igual para todas as negociações) pode ser vista como um instrumento para manter o *status quo ante*, não curando também da satisfação das necessidades colectivas ao cuidado da entidade adjudicante, por outro lado, como veremos, os concorrentes não estão dependentes do acordo (e, portanto, do labor) do júri para alterar os atributos negociáveis da sua proposta. Esta possibilidade, que permite ultrapassar a referida falta de diligência, parece apontar no sentido de que, além do princípio da igualdade, a actividade do júri não está sujeita ao "teste" do "negociador médio". De qualquer forma, pensamos que, pelo menos, será de exigir que o júri do procedimento *negoceie*, ou seja, interaja dialogicamente com os concorrentes tendo em vista a co-construção da sua resposta ao projecto contratual submetido à concorrência. Se o júri assume uma posição de *absoluta* passividade (ainda que idêntica para todos os concorrentes), fechando-se ao diálogo, parece-nos que não terá existido uma verdadeira negociação.

[569] Em sentido diverso, PHILIPPE COSSALTER entende que o princípio da igualdade obriga a que as visitas aos locais, os encontros entre os órgãos de negociação e as informações transmitidas sejam idênticas – *v. Les Délégations d'Activités Publiques dans l'Union Européenne*, cit., p. 629.

[570] Cfr., por todos, JORGE MIRANDA, *Manual de Direito Constitucional*, Tomo IV, 3.ª edição, Coimbra, Coimbra Editora, 2000, pp. 239 e 240.

[571] Por exemplo, uma diferença no preço global das versões iniciais das propostas não será suficiente para justificar que a entidade adjudicante aborde um determinado

que o tratamento diferenciado respeite as dimensões essenciais do *princípio da proporcionalidade*. Ora, se o *fim* visado com a negociação (na perspectiva da entidade adjudicante) é o de melhorar as versões iniciais das propostas, levando os concorrentes a alterá-las, parece-nos que violará o princípio da proporcionalidade (na sua dimensão de *necessidade* e de *proporcionalidade em sentido estrito*) o imediato encerramento do diálogo negocial com um dos concorrentes apenas porque este insiste (diferentemente dos demais competidores) em manter o valor de um dos atributos da sua proposta (*v.g.* o prazo de execução) próximo do limite máximo admitido pelo caderno de encargos[572].

Relativamente à obrigação de confidencialidade, o art. 120.º, n.º 5, estabelece que "as actas e quaisquer outras informações ou comunicações, escritas ou orais, prestadas pelos concorrentes à entidade adjudicante devem manter-se sigilosas durante a fase de negociação". O Código deixa, assim, bem claro que o dever de sigilo, que vincula sobretudo o júri do procedimento[573], não envolve apenas o "resultado" (as divergências não ultrapassadas e os eventuais entendimentos alcançados) da negociação ou

---

aspecto da execução do contrato submetido à concorrência (e não excluído da negociação) na negociação realizada com um (ou alguns) dos concorrentes e não o trate no diálogo negocial realizado com os demais. Pode, no entanto, acontecer que o bem oferecido por um dos concorrentes não disponha de determinadas características técnicas ou funcionais respeitantes a aspectos da execução do contrato submetidos à concorrência para os quais não foram fixados parâmetros base (como são facultativos, o silêncio da versão inicial quanto aos mesmos não origina a sua exclusão). Ora, se a oferta de um dos concorrentes não dispõe de tais características, enquanto a dos seus competidores as têm, parece razoável que o júri do procedimento as negoceie apenas com estes. Necessário se torna, porém, que o silêncio da versão inicial da proposta se escore na efectiva inexistência das referidas características e não numa mera opção do concorrente, que poderá ainda ser alterada.

[572] Acerca da aplicação do princípio da proporcionalidade à actividade administrativa, cfr., por todos, FREITAS DO AMARAL, *Curso de Direito Administrativo*, Vol. II, cit., pp. 129 e ss.

[573] JORGE ANDRADE DA SILVA considera que o dever de sigilo recai "sobre todas as partes negociadoras" – cfr. *Código dos Contratos Públicos Comentado e Anotado*, cit., p. 394. Vimos também que esta obrigação visa garantir alguns dos princípios essenciais da contratação pública (e não apenas proteger o "negociador privado"). Parece-nos, porém, que a quebra do sigilo por parte de um concorrente (que decide divulgar uma informação que prestou ao júri ou uma contraproposta que este lhe tenha apresentado) não tem a mesma gravidade de uma violação da confidencialidade realizada pelo júri do procedimento. Na verdade, à parte do princípio da boa fé, a primeira não parece ofender, de forma decisiva, os demais princípios da contratação pública.

de qualquer das suas sessões, mas toda a informação gerada no decurso do diálogo.

Deve, pois, garantir-se, até à audiência prévia respeitante ao relatório preliminar que aprecia as versões finais das propostas, a *opacidade* do conteúdo das negociações. Esta obrigação impede, por exemplo, que o júri do procedimento utilize, em negociações diferentes, ideias ou "soluções" técnicas (e não só) *pertencentes* a um dos concorrentes[574] – as designadas "transfusões técnicas" entre propostas[575]. O júri não poderá, também, revelar o comportamento negocial de um dos seus co-negociadores aos demais (*v.g.* se aceitou ou não as suas propostas, se apresentou ou não contrapropostas). Afasta-se, assim e em definitivo, certos instrumentos ou técnicas negociais cuja utilização por parte do "negociador público" seria já, à luz dos princípios que devem pautar o comportamento da Administração (*maxime*, do princípio da boa fé), de admissibilidade duvidosa[576]. Falamos, por exemplo, de um "bluff" que pretenda convencer um determinado concorrente de que os seus competidores aceitaram uma modificação sugerida pelo júri do procedimento[577].

Do conjunto de obrigações a que o júri se encontra adstrito, esta será, sem dúvida, a mais difícil de cumprir, garantir e controlar[578]. É que, além

---

[574] Contra, YVES-RENÉ GUILLOU sustenta a possibilidade de se divulgar uma vantagem competitiva proposta por um dos concorrentes, para determinar a capacidade dos demais responderem a tal vantagem – apud PHILIPPE FLAMME, MAURICE-ANDRÉ FLAMME e CLAUDE DARDENNE, *Les Marchés Publics Européens et Belges – L'Irrésistible Européanisation du Droit de la Commande Publique*, cit., p. 171.

[575] Cfr., no direito norte-americano, DAVID WHITEFORD, "Negotiated Procurements: Squandering the Benefit of the Bargain", cit., pp. 536-539. O A. esclarece que "technical transfusion" não deve ser confundida com "technical leveling" (entretando admitida pela FAR). Nesta, a entidade adjudicante vai, numa espécie de "coaching", identificar as fraquezas de uma determinada proposta e avançar sugestões para a sua superação.

[576] FRANCIS PIRARD considera que certos métodos de negociação, frequentemente utilizados pelos privados (caso de "bluffs", omissões e outros artifícios), não podem ser mobilizados pelos representantes de uma pessoa pública – cfr. "Liberté Contractuelle et Procédure Négociée", cit., p. 50.

[577] YVES-RENÉ GUILLOU defende a possibilidade de o negociador público divulgar o preço das ofertas concorrentes desde que não revele o nome dos candidatos – apud PHILIPPE FLAMME, MAURICE-ANDRÉ FLAMME e CLAUDE DARDENNE, *Les Marchés Publics Européens et Belges – L'Irrésistible Européanisation du Droit de la Commande Publique*, cit., p. 171.

[578] Também JORGE ANDRADE DA SILVA sustenta que é "de recear sérias dificuldades na garantia da sua preservação" – cfr. *Código dos Contratos Públicos Comentado e Anotado*, cit., p. 394.

de os membros do júri (e eventualmente os peritos e consultores designados) serem os únicos que têm acesso às sessões de negociação realizadas com os diversos concorrentes, pretende-se que aqueles assumam, no diálogo negocial, um papel activo, de verdadeiros negociadores. Ora, neste contexto dialógico, será muitas vezes difícil de distinguir quando é que uma "solução", trazida para a "mesa das negociações", *pertence* a um concorrente (não devendo, como tal, ser divulgada aos seus competidores) e quando é que a mesma surge na sequência de uma sugestão formulada pelo júri do procedimento (devendo, sempre que a semelhança entre os atributos das propostas o justifique, ser também apresentada aos demais concorrentes). Mesmo nos casos em que a referida distinção não ofereça dúvidas (*v.g.* a consulta das actas ou de um outro documento confirma que a "solução" é da exclusiva responsabilidade de um dos concorrentes), revela-se complicada a tarefa de assegurar que, num clima de interacção dialógica, nenhum dos membros do júri aluda, ainda que de forma indirecta ou mesmo involuntária, a uma solução mais engenhosa apresentada por outro concorrente[579].

Acresce que, se as actas das sessões de negociação e as informações e comunicações escritas, elaboradas pelos concorrentes (tornadas públicas durante a audiência prévia respeitante ao relatório preliminar que se segue à apresentação da versão final das propostas – cfr. arts. 123.º, n.º 2, 153.º e 203.º), não revelarem uma "fuga de informação", a mera existência de duas ou mais versões finais com atributos iguais ou semelhantes não se afigura suficiente para comprovar uma violação do dever de sigilo.

2.6.5. *A proibição do "cherry-picking"*

Verificámos que o dever de sigilo evita que as "novidades", trazidas por um concorrente para a "mesa das negociações", sejam apropriadas pelos seus competidores. Porém, não nos podemos esquecer que, antes da fase de negociação, foram apresentadas versões iniciais das propostas e

---

[579] O ideal seria que, nos procedimentos mais complexos ou com cadernos de encargos mais "abertos" (em que uma ideia ou "solução" criativa, apresentada por um concorrente, pode fazer a diferença) fossem constituídas diversas equipas de negociação autónomas (tantas quantas o número de concorrentes seleccionados), subordinadas a um conjunto de objectivos comuns e "chefiadas" por um dos membros do júri do procedimento.

que, no concurso público (cfr. art. 138.º, n.º 2) e no procedimento de negociação[580], estas podem ser consultadas pelos diversos concorrentes. Pelo que, o risco do "cherry-picking" não se coloca apenas quanto às eventuais "novidades" integradas nas versões finais, mas também em relação ao conteúdo das próprias versões iniciais.

O Código nada prevê quanto à inclusão, na versão final, de ideias ou "soluções" contidas em versões iniciais de propostas pertencentes a outros concorrentes. Este silêncio não significa, no entanto, que se permite a referida apropriação. Na verdade, admitir o "cherry-picking" seria pôr em causa a "livre, sã e leal concorrência" entre todos os interessados na celebração do contrato, o que, em última análise, poderia levar muitos operadores económicos a optar por não participar neste tipo de procedimentos, pondo em causa o funcionamento do mercado e prejudicando a própria Administração (que, desta forma, veria reduzido o seu leque de potenciais ofertantes).

Neste sentido se pronunciavam, ainda antes da reforma legislativa de 1999, Mário Esteves de Oliveira e Rodrigo Esteves de Oliveira. A propósito dos limites à negociação das propostas no âmbito do procedimento por negociação, sustentavam estes AA. que "deve ter-se por inadmissível uma negociação «usurpadora», que se aproprie de elementos, de soluções ou de alternativas contidas na proposta de outros concorrentes – pelo menos quando constituam, digamos assim, originalidades suas"[581].

Deve, pois, entender-se que, à luz do princípio da concorrência (cfr. art. 1.º, n.º 4), está vedada aos participantes no diálogo negocial a possibilidade de integrar nas versões finais das suas propostas ideias ou "soluções" *originais* (*i.e.* que tenham sido criadas, desenvolvidas ou adaptadas por um dos concorrentes[582]), constantes de versões iniciais pertencentes a outros concorrentes. Perante uma apropriação ilegítima, a entidade

---

[580] Por força das remissões contidas nos arts. 193.º e 162.º, n.º 1, consideramos que o art. 138.º, n.º 2, é também aplicável aos procedimentos de negociação.

[581] *Concursos e Outros Procedimentos de Adjudicação Administrativa – das Fontes às Garantias*, cit., p. 220.

[582] Imagine-se que o caderno de encargos do concurso público, respeitante à formação de um contrato de concessão de obras públicas, submetia à concorrência, dentro de determinados parâmetros base, o prazo de execução da obra. Ora, se, após a fase de negociação, um dos concorrentes "copia" o prazo, mais curto, apresentado por outro concorrente na respectiva versão inicial, não estaremos perante uma situação de "cherry-picking". Com efeito, a duração do prazo de execução da obra não constitui, por si só, uma ideia ou "solução" original.

adjudicante não terá outra opção que não a de excluir a versão final da proposta[583]. Caso contrário, a eventual adjudicação da proposta "usurpadora" será anulável.

2.7. Breve referência ao iter *negocial e pós-negocial*

Pensar que o entendimento, global ou parcial (aquele que apenas reduz o número ou o grau das divergências entre as partes), visado com a negociação, é sempre alcançável mediante a aplicação de fórmulas rígidas e rotineiras, seria desprezar a riqueza pluridimensional de um diálogo entre *pessoas*. Na verdade, o sucesso de uma negociação está muitas vezes dependente da experiência, técnica e criatividade dos interlocutores ("negociadores") para, face às dificuldades, adaptar o diálogo às diferentes "realidades negociais".

Não faria, pois, qualquer sentido que o Código viesse "agrilhoar" o diálogo negocial, estabelecendo um apertado "guia" para ser seguido em qualquer sessão de negociação. Com efeito, cada negociação deve ter o seu próprio "itinerário" (mais ou menos demorado, com mais ou menos "paragens"), traçado em função das particularidades do concreto contrato em formação.

Da análise dos preceitos respeitantes à negociação, pode afirmar-se que o legislador nacional respeitou a flexibilidade exigida, tendo previsto apenas algumas (poucas) regras acerca do procedimento que deve ser seguido durante (e logo após) o diálogo negocial[584].

Em primeiro lugar, estabelece-se que o diálogo negocial é realizado através de *sessões de negociação* (cfr. art. 120.º, n.º 1). Falamos de reuniões entre o júri do procedimento (eventualmente auxiliado por peritos ou consultores designados para o efeito) e os representantes legais dos diversos concorrentes (que poderão, também, fazer-se acompanhar por técnicos), destinadas a discutir os atributos não excluídos da negociação.

---

[583] Interpretando analogicamente uma das causas de exclusão previstas no Código [v.g. a constante do art. 70.º, n.º 2, alínea g)] ou fundando-a no princípio da concorrência (cfr. art. 1.º, n.º 4).

[584] Estas regras estão previstas nos arts. 120.º e 121.º e são aplicáveis aos três procedimentos em análise (cfr. as remissões contidas nos arts. 151.º e 202.º).

As sessões de negociação só poderão começar[585] depois de as impugnações administrativas (reclamações e recursos) – incidentes sobre "decisões administrativas ou outras àquelas equiparadas", bem como sobre as próprias peças do procedimento (art. 269.º, n.º 1) – terem sido decididas ou ter decorrido o prazo para a respectiva decisão[586] [cfr. art. 272.º, n.º 2, alínea b)[587]].

O convite à apresentação de propostas ou o programa do procedimento deve ainda prever se "a negociação decorrerá, parcial ou totalmente, por via electrónica e os respectivos termos"[588]. Esta referência à utilização de uma *via electrónica* não é inteiramente clara, já que pode ser entendida como uma mera anuência à realização de reuniões não presenciais[589] (*v.g.* por videoconferência) ou como uma "abertura" à utilização de formas electrónicas de licitação diferentes do leilão tipificado nos arts. 140.º a 145.º[590]. A primeira parece-nos, porém, a interpretação mais plausível pois, como tivemos oportunidade de referir, a *licitação* não envolve um verdadeiro diálogo entre a Administração e os concorrentes, não sendo, portanto, qualificável como *negociação*.

Estabelece-se, ainda, que, na notificação para a primeira sessão de negociação, "o júri deve indicar o formato adoptado para as negociações, nomeadamente se decorrem em separado ou em conjunto com os diversos concorrentes, podendo, porém, a qualquer momento, alterar esse formato,

---

[585] A primeira sessão é marcada pelo júri do procedimento, que notificará os concorrentes da data, hora e local com uma antecedência mínima de três dias, sendo as demais agendadas "nos termos que tiver por conveniente" (cfr. art. 120.º, n.º 1) – em regra, por acordo com os seus interlocutores (verdadeiro caso de negociação *do* procedimento).

[586] O prazo é de cinco dias contado a partir da data da apresentação da impugnação ou do termo do prazo fixado para a audiência dos contra-interessados, quanto esta tenha lugar – cfr. art. 274.º. Ao mesmo tempo que promove a celeridade do procedimento, a redução, em cinco dias, do prazo previsto na legislação anterior transforma, cada vez mais, a decisão (pelo menos, a proferida em prazo) destas impugnações numa autêntica "raridade".

[587] Face a este preceito, o disposto no art. 201.º, alínea a), constitui uma repetição desnecessária.

[588] Cfr. arts. 115.º, n.º 2, alínea a) ii), 150.º, n.º 1, alínea c) e 196.º, alínea c).

[589] Neste sentido v. MARCELO REBELO DE SOUSA e ANDRÉ SALGADO DE MATOS, *Contratos Públicos – Direito Administrativo Geral*, cit., p. 105.

[590] O leilão electrónico, como vimos, não é permitido no procedimento de negociação e no concurso público o seu âmbito de aplicação não abrange os contratos de concessão de obras públicas ou concessão de serviços públicos (contratos para a formação dos quais se admite uma *fase de negociação*).

desde que os informe previamente" (art. 120.º, n.º 2). O Código mantém, assim, a possibilidade de *sessões de negociação conjuntas* (com a presença de todos os concorrentes)[591].

Além de não nos parecer a "técnica" ou o "formato" mais adequado para uma *negociação concorrencial*, a sessão de negociação conjunta encerra uma contradição face ao dever de sigilo previsto no n.º 5 do art. 120.º. Das duas, uma: ou a obrigação de confidencialidade é interpretada restritivamente, de modo a não abranger as sessões de negociação conjunta (nestes casos o teor do diálogo negocial, as informações prestadas durante a sessão e, claro, as actas serão do conhecimento de todos os concorrentes), ou limita-se a possibilidade de sessões conjuntas às situações em que não há ainda uma *verdadeira* negociação (*v.g.* reuniões preliminares, em que o júri do procedimento se limita a expor aos concorrentes a sua visão global em relação ao contrato em formação e/ou as regras que observará no decurso do diálogo negocial a realizar com cada um).

Apesar de o Código nada estabelecer neste sentido, sempre que a negociação envolva a realização de várias sessões *em separado* (com a presença de apenas um dos concorrentes), é aconselhável que estas ocorram de forma intercalada, entre todos os concorrentes (*i.e.* que a negociação se faça em paralelo). Ao não se iniciar um "processo negocial" com um concorrente num momento em que as negociações com algum ou alguns dos concorrentes já tenham terminado, garante-se uma maior objectividade (e, como tal, imparcialidade) do júri do procedimento[592]. Este, quando principia as negociações com um determinado concorrente, não estará influenciado pelo resultado de todo o diálogo negocial realizado com outro(s) concorrente(s).

Dir-se-á, porém (e com acerto), que as reuniões intercaladas não apagam a "sugestão" gerada pelas prévias sessões de negociação onde tenha sido discutido um mesmo atributo. Para minimizar esta evidência, o júri pode, por exemplo, alterar a ordem pela qual os concorrentes são chama-

---

[591] Este era o único "formato" admitido pelo Decreto-Lei n.º 197/99, de 8 de Junho, para os dois tipos de procedimentos por negociação (cfr. arts. 143.º, n.º 3, e 150.º).

[592] Era este o modelo previsto no art. 37.º, n.º 3, do Anexo do Decreto Regulamentar n.º 10/2003, de 28 de Abril (que aprovou as condições gerais dos procedimentos prévios à celebração dos contratos de gestão para o estabelecimento de parcerias em saúde ao abrigo do Decreto-Lei n.º 185/2002, de 20 de Agosto), no qual se estabelecia que "as negociações são paralelas, mas independentes com cada um dos concorrentes seleccionados".

dos a negociar os vários atributos da sua proposta (*v.g.* através de um sorteio realizado no início do "processo negocial")[593], garantindo-se que não será sempre o mesmo concorrente a iniciar, ou a terminar, a negociação de um determinado aspecto do contrato.

De acordo com o art. 120.°, n.° 3, será lavrada uma acta de cada sessão de negociação, assinada pelos membros do júri e representantes dos concorrentes, devendo-se fazer "menção da recusa de algum destes em assiná-la"[594]. Note-se que, as sessões de negociação não são reuniões de membros de um órgão colegial, mas de representantes de duas entidades distintas. Pelo que, a mobilização do disposto no art. 27.° do CPA[595], quando aplicável, deverá fazer-se com as necessárias adaptações.

A existência de uma acta e a referência à aceitação de modificações à proposta (cfr. art. 120.°, n.° 4) pode sugerir a necessidade de um acordo entre as partes quanto às alterações a introduzir na versão inicial da proposta. De tal modo, que Jorge Andrade da Silva sustenta mesmo que "a versão final das propostas há-de reflectir o resultado das negociações, quer não contendo alterações à versão original que não tenham sido objecto de acordo, quer incluindo todos aqueles em que esse acordo se verificou", caso contrário deverá a mesma ser excluída[596]. Não é esse, porém, o nosso entendimento[597].

Com efeito, não nos parece que a negociação das propostas tenha de envolver um acordo (total ou parcial) entre as partes. Além de o Código não se referir à necessidade ou aos termos de um tal *acordo endoprocedi-*

---

[593] A fixação destas regras (aparentemente insignificantes) por parte do júri do procedimento ajuda a criar o "ambiente" de imparcialidade e rigor que deve pautar todo o diálogo negocial. Na construção do seu "itinerário negocial", JEAN-MARC PERYCAL e DANIEL BUSSY sustentam também que a definição de regras claras e precisas contribuem para o bom desenvolvimento do diálogo, bem como para o respeito dos princípios essenciais da contratação pública (*maxime* do princípio da igualdade de tratamento) – cfr. "Dialogue, Négociation et Échange avec les Entreprises: Esquisse d'une Méthodologie", cit., p. 45.

[594] Além da recusa, deve permitir-se que os representantes dos concorrentes formulem reservas ao conteúdo da acta.

[595] Acerca deste preceito *v.* MÁRIO ESTEVES DE OLIVEIRA, PEDRO GONÇALVES e JOÃO PACHECO DE AMORIM, *Código do Procedimento Administrativo Comentado*, cit., pp. 183-188.

[596] *Código dos Contratos Públicos Comentado e Anotado*, cit., p. 396 (reiterado na p. 398).

[597] Razão pela qual não incluímos o *acordo entre as partes* no ponto respeitante aos limites da negociação.

mental[598], a sua existência geraria nos concorrentes a (falsa) expectativa de que, logrado o entendimento em relação a todos os aspectos negociados, a sua oferta seria a vencedora (caso contrário, porque razão não teria o júri do procedimento sugerido outras alterações ou recusado as modificações avançadas pelo concorrente?[599]). A verdade é que, mesmo um acordo global pode não ser suficiente para "bater" as propostas negociadas com os demais concorrentes. Em suma, não nos parece que um acordo (total ou parcial), respeitante às alterações a introduzir na versão final, seja o instrumento jurídico que mais se ajuste às características de uma *negociação concorrencial*[600].

Nem se diga que, por não se exigir um acordo entre as partes, o diálogo em apreço não traduz uma verdadeira negociação. Como já tivemos oportunidade de salientar, a negociação é um processo de composição de interesses simultaneamente divergentes e convergentes. Se a vontade de alcançar um entendimento ou de reduzir as divergências entre os "blocos negociais" é um pressuposto desta forma de actuar, o próprio consenso (concretizado aqui na alteração da proposta) não é requisito necessário do "processo negocial". Basta que a co-construção do projecto contratual seja o objectivo do diálogo estabelecido entre os sujeitos do procedimento para que, mesmo na ausência de acordo, haja negociação.

Tal não significa, porém, que durante o "processo negocial" as partes não cheguem a "plataformas de entendimento", que lhes permitam, até, avançar com a negociação de outros aspectos delas dependentes.

---

[598] Referindo-se à importância desta figura no âmbito da contratação pública v. SUZANA TAVARES DA SILVA, "A Nova Dogmática do Direito Administrativo: o Caso da Administração por Compromissos", in *Estudos de Contratação Pública – I*, cit., pp. 927 e 928.

[599] Estas questões precipitariam a conclusão de que o júri do procedimento teria favorecido um dos concorrentes.

[600] Fez bem o legislador ao não ter previsto no CCP algumas disposições, referentes ao procedimento de negociação, que constavam da primeira versão do anteprojecto do Código, submetida à discussão pública, e que previam a existência e vinculatividade desses acordos [estabelecia-se, designadamente, que "os acordos a que se refere o artigo seguinte são obrigatoriamente reduzidos a escrito, em língua portuguesa e, logo que assinados, passam a fazer parte integrante da proposta do respectivo concorrente" (art. 174.º, n.º 3), que "se não forem celebrados acordos escritos com os concorrentes, são consideradas, para efeitos de avaliação final, as propostas inicialmente apresentadas" (art. 175.º, n.º 4), que na versão final da proposta deviam ser contemplados "os acordos estabelecidos ao longo da negociação" (art. 176.º, n.º 1) e que "em caso de discrepância entre a versão final da proposta e os acordos celebrados durante a fase de negociações, prevalece a solução que o júri considere mais favorável à entidade adjudicante" (art. 176.º, n.º 3)].

Em regra, os concorrentes tenderão a respeitar essas "bases negociais". No entanto, estas bases não devem, no âmbito de uma *negociação concorrencial*, vincular os concorrentes. Com efeito, só o conteúdo da versão final da proposta os vinculará.

Neste sentido, sustentamos que, na elaboração das respectivas versões finais, os concorrentes mantêm a liberdade para, dentro dos limites analisados, "surpreenderem" a entidade adjudicante (pela positiva, tornando a sua versão final ainda mais competitiva do que o diálogo negocial fazia antever, ou pela negativa, "agravando" certos atributos que, durante a negociação, tinham sido "melhorados"). Uma vez que o Código não prevê e os princípios da contratação pública não o exigem, não se deve excluir uma versão final da proposta que não apresente todas (e só essas) as alterações "acordadas" com o júri do procedimento[601]. Esta relativa incerteza quanto ao conteúdo das versões finais parece-nos o "preço justo" a pagar por uma negociação concorrencial.

Retomando as considerações tecidas acerca das actas das sessões de negociação, mais do que reflectir o acordo ou desacordo entre as partes, pretende-se que aquelas sejam um relato fiel dos aspectos da execução do contrato discutidos, bem como das propostas e contrapropostas apresentadas pelos concorrentes e pelo júri do procedimento, permitindo, assim, aferir se foi respeitado o princípio da igualdade de tratamento, a obrigação de confidencialidade e outras regras e princípios relevantes.

Findo o diálogo negocial, os concorrentes serão notificados para apresentar "as versões finais integrais das propostas" (cfr. art. 121.º, n.º 1). Verifica-se, pois, que o legislador optou por exigir aos concorrentes a apresentação da designada BAFO ("Best and Final Offer"): uma versão final que, além das alterações introduzidas, contém a totalidade da resposta do concorrente ao caderno de encargos submetido à concorrência[602]. Esta estrutura procedimental – versão inicial da proposta se-

---

[601] Poderiam acontecer situações tão caricatas como a exclusão de uma proposta ordenada em primeiro lugar apenas porque continha, por hipótese, um prazo de execução ou preços unitários inferiores e, portanto, melhores do que aqueles que o concorrente se "comprometera" apresentar no decurso do diálogo negocial.

[602] Na verdade, o Código refere-se a versões finais *integrais* das propostas. Não está, porém, excluída a possibilidade de o programa do procedimento ou o convite à apresentação de propostas "isentar" os concorrentes de juntar alguns documentos já oferecidos aquando da apresentação da versão inicial.

guida de uma BAFO pós-negocial[603] – traça uma clara separação entre a realidade (da oferta) existente antes da negociação e a que resultou do diálogo negocial, promovendo a transparência de todo o *iter* formativo. Esta cisão permite ainda, em certos casos de exclusão da BAFO (no concurso público e no procedimento de negociação), "recuperar" a respectiva versão inicial para efeitos de adjudicação.

Após a apresentação da BAFO, o júri do procedimento elabora um relatório preliminar[604] no qual propõe a ordenação das propostas, devendo excluir todas as que sejam irregulares (*v.g.* que violem algum dos limites *supra* analisados). O relatório é depois submetido a audiência prévia. Nesse momento, além de poderem consultar todas as BAFO apresentadas, os concorrentes terão acesso às actas das sessões de negociação realizadas com os demais concorrentes e às informações e comunicações escritas prestadas ao júri (arts. 123.º, n.º 2, 153.º e 203.º). Ou seja, após a notificação do referido relatório preliminar, o procedimento readquire o seu carácter público[605]. Como referem João Amaral e Almeida e Pedro Fernández Sánchez, além da análise e avaliação incidente sobre as propostas, é nesta fase que os concorrentes podem pronunciar-se "sobre as próprias incidências que tenham decorrido nas negociações e sobre eventuais irregularidades de que estas padeçam"[606].

Ouvidos os concorrentes, o júri elaborará um relatório final[607] no qual mantém ou modifica as conclusões constantes do relatório preliminar, tendo ainda a possibilidade (*rectius*, o dever) de excluir as propostas cuja irregularidade só então detecte. A exclusão de uma proposta ou a alteração

---

[603] Apesar do silêncio da lei, esta estrutura (versão inicial + BAFO) era, na prática, uma das formas mais utilizadas nos concursos com fase de negociação. Assim acontecia, em regra, no "concurso com selecção de propostas para negociação" disciplinado pelo já referido Decreto-Lei n.º 33/99.

[604] Uma vez que o ajuste directo não conhece uma verdadeira fase de "saneamento" e de eventual selecção das propostas aptas a negociar, este será o primeiro e único relatório preliminar (cfr. art. 122.º). No concurso público e no procedimento de negociação tratar-se-á do *segundo relatório preliminar* posterior à apresentação das propostas (cfr. arts. 152.º e 203.º).

[605] Cfr. JORGE ANDRADE DA SILVA, *Código dos Contratos Públicos Comentado e Anotado*, cit., p. 395.

[606] *As Medidas Excepcionais de Contratação Pública para os Anos de 2009 e 2010 – Breve Comentário ao Decreto-Lei n.º 34/2009, de 6 de Fevereiro*, cit., p. 67.

[607] Primeiro e único no caso do ajuste directo e segundo (posterior à apresentação das propostas) no concurso público e no procedimento de negociação.

da ordenação constante do relatório preliminar exige nova audiência prévia[608] "restrita aos concorrentes interessados"[609]. O relatório final é, então, enviado ao órgão competente para a decisão de contratar, para efeitos de adjudicação.

Da análise das várias alíneas do n.º 1 do art. 79.º verificamos que, entre as "causas de não adjudicação" (ou, em rigor, entre os casos em que o procedimento de adjudicação pode não chegar ao seu fim), não figura uma eventual insatisfação da entidade adjudicante relativamente ao resultado (às versões finais das propostas) do "processo negocial".

Embora se entenda que o elenco previsto no mencionado preceito não tem carácter taxativo, a verdade é que (*i*) o dever de adjudicação, consa-

---

[608] O legislador veio, assim, contrariar (ainda que apenas parcialmente) a jurisprudência do STA, de acordo com a qual não haveria lugar a nova audiência prévia sempre que o projecto de decisão fosse alterado em virtude de uma mera diferença de compreensão da matéria de facto já conhecida (e não devido a novos factos trazidos ao procedimento) – cfr. acórdão do STA, de 16-11-2004 (Proc. 01049/04), onde se pode colher a jurisprudência anterior respeitante a esta matéria. Com efeito, à luz do CCP, mesmo nos casos em que a alteração da ordenação das propostas se tenha fundado numa diferente interpretação de factos já conhecidos, parece que o júri não poderá deixar de realizar uma nova audiência prévia.

Pode, porém, discutir-se se qualquer alteração da ordenação das propostas ou, ao invés, apenas as que tenham relevo adjudicatório (*i.e.* que determinem que seja outra a proposta classificada em primeiro lugar), exigem nova audiência prévia. A possibilidade de caducidade do primeiro acto adjudicatório e o dever de adjudicação da proposta ordenada no lugar subsequente (dever que, nos termos já enunciados, existirá apenas para a caducidade da primeira adjudicação), parecem determinar a realização de nova audiência prévia sempre que a alteração da ordenação das propostas tenha um *potencial* relevo adjudicatório (*v.g.* uma troca de posições entre a proposta ordenada em segundo e a classificada em terceiro lugar). A propósito do primeiro relatório final do concurso público, MARGARIDA OLAZABAL CABRAL sustenta que qualquer alteração da ordenação das propostas impõe a realização de nova audiência prévia – cfr. "O Concurso Público no Código dos Contratos Públicos", cit., p. 210.

[609] JORGE ANDRADE DA SILVA considera que "terá de haver tantas audiências prévias quantas as necessárias para que se possa dizer que, relativamente à respectiva posição no procedimento, todos os interessados tiveram a oportunidade de se pronunciar sobre a versão final do relatório" – cfr. *Código dos Contratos Públicos Comentado e Anotado*, cit., p. 408. No mesmo sentido *v*. MARGARIDA OLAZABAL CABRAL, "O Concurso Público no Código dos Contratos Públicos", cit., p. 210. Na prática, este entendimento conduz a que a readmissão de uma proposta que tenha sido excluída apenas no relatório final determine, na certa, a realização de, pelo menos, três audiências prévias (a primeira aquando da notificação do relatório preliminar, a segunda depois da exclusão da proposta e a terceira se, na sequência da sua readmissão, ocorrer uma alteração da ordenação das demais).

grado no art. 76.º, n.º 1; (*ii*) e o facto de o n.º 1 do art. 79.º ter previsto a possibilidade de uma decisão de não adjudicação, fundada na insatisfação da resposta dada pelos candidatos ou concorrentes, apenas para certo tipo de procedimentos adjudicatórios [cfr. alíneas e) e f)], não a admitindo para todos os *itinera* formativos, parecem afastar o entendimento segundo o qual uma revogação da decisão de contratar pode escorar-se no resultado insatisfatório da fase de negociação das propostas.

Esta impossibilidade de revogação da decisão de contratar, fundada no resultado insatisfatório do procedimento de adjudicação, em geral, e da fase de negociação, em especial, merece-nos, porém, alguns reparos[610].

Em primeiro lugar, e pelo menos em certos "casos limite", em que, por qualquer razão, a negociação não foi devidamente enquadrada pelo caderno de encargos, a defesa da aludida impossibilidade torna-se insustentável. Imagine-se, por exemplo, que, face à inexistência de preço base, a proposta vencedora apresenta um preço global não apenas insatisfatório mas injustificadamente "astronómico", pondo em causa a solvabilidade da própria entidade adjudicante. Ora, numa situação como a descrita, ninguém ousaria sobrepor o dever de adjudicação a outros princípios estruturantes da ordem jurídica[611].

Em segundo lugar, entendemos que a referida impossibilidade se afigura particularmente "perigosa" (não só, mas também) nos procedimentos que admitem uma fase de negociação. É que, nestes casos, o caderno de encargos tenderá a apresentar uma maior "abertura", para acolher os contributos negociais do concorrente vencedor, o que poderá potenciar o surgimento de resultados insatisfatórios para a entidade adjudicante. Daí que, *de lege ferenda* e à semelhança do previsto para o ajuste directo [cfr. art. 79.º, n.º 1, alínea e)], deverão ser consagrados outros casos (*v.g.* a inexistência de efectiva concorrência) em que, atento o risco de um resultado insatisfatório, o órgão competente para a decisão de contratar tenha a possibilidade de proferir uma decisão de não adjudicação[612].

---

[610] Atenta a economia da presente dissertação, não entraremos, porém, no fundo da questão.

[611] Conforme refere em termos impressivos BERNARDO AZEVEDO, obrigar a Administração a adjudicar seria, neste caso, "imolar completamente o interesse público no altar da concorrência" – cfr. "Adjudicação e Celebração do Contrato no Código dos Contratos Públicos", cit., p. 242.

[612] O actual Code des Marchés Publics prevê, em relação aos "procédures négociées", que "a tout moment la procédure peut être déclarée sans suite pour des motifs d'intérêt général" – cfr. art. 66.º, VI, § 6. Mesmo antes da consagração desta norma, ARNAUD

Importa salientar, em terceiro lugar, que, caso o contrato em formação constitua uma parceria público-privada, abrangida pelo Decreto-Lei n.º 86/2003, de 26 de Abril, será admitida uma decisão de não adjudicação "sempre que, de acordo com a apreciação dos objectivos a prosseguir, os resultados das análises e avaliações realizadas até então e os resultados das negociações levadas a cabo com os candidatos não correspondam, em termos satisfatórios, aos fins de interesse público subjacentes à constituição da parceria, incluindo a respectiva comportabilidade de encargos globais estimados" (cfr. art. 11.º, n.º 3). Ou seja, se um contrato de concessão de serviços públicos, objecto de determinado concurso público, constituir uma parceria público-privada abrangida pelo referido diploma, a insatisfação gerada pelo resultado do "processo negocial" pode originar uma decisão de não adjudicação. Caso não constitua uma parceria público-privada disciplinada pelo Decreto-Lei n.º 86/2003, tal decisão já não se afigura possível. Ora, esta dualidade de regimes, fundada na existência ou não de uma parceria público-privada, não nos parece justificada.

Face aos entraves colocados a uma decisão de não adjudicação motivada pelo resultado insatisfatório da fase de negociação, coloca-se a questão de saber se a entidade adjudicante poderá ainda determinar uma *renegociação* das versões finais das propostas. São três as razões que nos levam a sustentar que tal renegociação não se afigura possível: (*i*) o art. 121.º, n.º 2 (aplicável aos três procedimentos), prevê que, "depois de entregues as versões finais das propostas, não podem as mesmas ser objecto de quaisquer alterações"[613]. Como vimos, a existência de uma fase de negociação permite, dentro dos limites estudados, modificar os atributos das propostas (versões iniciais). No entanto, em determinado momento (pré-adjudicatório) do procedimento, as propostas a concurso terão de se manter estáveis para que, através da sua comparação, seja possível identificar a que constitui a melhor resposta ao projecto contratual submetido à concorrência[614]. Face ao disposto no referido preceito, não parecem res-

---

CABANES não tinha dúvidas em afirmar que, quando a negociação (*rectius*, o seu resultado) não é satisfatória, a entidade adjudicante pode pôr fim ao procedimento – *v.* "La Négociation dans le Code des Marchés Publics", in *Contrats Publics – L'Actualité de la Commande et des Contrats Publics*, n.º 45, Junho 2005, p. 21.

[613] Face ao disposto no art. 99.º do CCP, o conteúdo normativo deste preceito deve, no entanto, restringir-se ao momento anterior à adjudicação (não abrangendo, assim, as eventuais alterações à proposta adjudicada).

[614] Uma espécie de aplicação tardia do *princípio da intangibilidade das propostas*.

tar dúvidas de que o legislador elegeu a entrega das BAFO como o momento a partir do qual as propostas em concurso se devem manter inalteradas[615]; (*ii*) o Código refere-se à *imutabilidade* das *versões finais* das propostas apresentadas quando o júri der por *terminada a negociação*. Este quadro legal cria nos concorrentes a legítima expectativa que as BAFO são a sua "última palavra" (e não um passo intermédio) na tentativa de vencer o concurso e que, caso a sua proposta fique ordenada no primeiro lugar, a mesma não carece de novas alterações para que seja objecto de adjudicação. Pelo que, a *renegociação* das versões finais das propostas representaria uma violação dos princípios da segurança jurídica e da protecção da confiança, corolários do princípio da boa fé[616]; (*iii*) permitir que esta decisão (mesmo admitida pelas peças do procedimento), decisiva para a determinação da melhor proposta, possa ser tomada num momento em que a entidade adjudicante já conhece o conteúdo das BAFO e a respectiva ordenação (sabendo, como tal, a identidade do seu eventual co-contratante), seria potenciar o risco do já referido "steering"

---

[615] Em acórdão datado de 09-04-2003 (Proc. 048396), o STA foi confrontado com um concurso (visando a aquisição de dois lotes de helicópteros) com selecção de propostas para negociação, aberto ao abrigo do Decreto-Lei n.º 33/99, de 5 de Fevereiro, em que a entidade adjudicante solicitara aos concorrentes que, em virtude do lapso temporal decorrido deste a apresentação da BAFO (4 meses), apresentassem uma "última e melhor proposta de preço de aquisição". O STA entendeu que a primeira BAFO não poderia ser qualificada como proposta final, porquanto "a Autoridade Recorrida convidou os concorrentes a apresentarem uma última e melhor proposta e estes aceitaram esse convite e apresentaram uma nova proposta", fazendo com que o "termo formal da fase de negociações" coincidisse com a data em que foi aceite o referido convite. Apesar de a legalidade do reatamento das negociações não ter sido questionada, importa notar que, ao contrário do CCP, o Decreto-Lei n.º 33/99 não é peremptório quanto ao momento em que as negociações se devem ter por terminadas e, portanto, em que as propostas a concurso não poderão ser alteradas. Em acórdão datado de 28-07-2004 (Proc. 01977/03), e desta feita de forma expressa, o STA não censurou o facto de, num procedimento (visando a aquisição de submarinos destinados à Marinha) com selecção de propostas para negociação, disciplinado pela Resolução do Conselho de Ministros n.º 14/98, de 8 de Janeiro, terem sido introduzidos ajustamentos às BAFO apresentadas. Tais ajustamentos foram, porém, admitidos num contexto muito específico, em que, face à decisão da entidade adjudicante reduzir o número de submarinos a adquirir (de três para dois), ambos os concorrentes aceitaram alterar as suas propostas ("salvando", assim, o procedimento em questão).

[616] Parece-nos, porém, que estes princípios não seriam violados se a possibilidade de renegociação estivesse prevista no programa do procedimento ou no convite à apresentação de propostas (o que, sublinhe-se, é diferente de dizer que a renegociação deve ser admitida desde que prevista nas respectivas peças do procedimento).

procedimental[617], pondo em causa os princípios de transparência e da imparcialidade.

Em suma, uma eventual "renegociação" das propostas terá de ser feita, ainda, no âmbito da fase de negociação (*i.e.* antes da apresentação das BAFO). Depois da apresentação das versões finais das propostas, o diálogo negocial só poderá ser reatado com o concorrente vencedor, dentro dos limites adiante analisados.

---

[617] Em que a entidade adjudicante determina, ou não, uma renegociação das BAFO apenas porque a proposta do seu concorrente "preferido" ainda não está ou, ao invés, já ocupa o primeiro lugar.

CAPÍTULO III
A NEGOCIAÇÃO PÓS-ADJUDICATÓRIA

1. Considerações gerais

Importa, antes de mais, esclarecer o que se pretende significar com *negociação pós-adjudicatória*. Referimo-nos à possibilidade de a entidade adjudicante e de o (agora) *adjudicatário* continuarem ou encetarem (se o *iter* formativo não incluiu qualquer negociação) uma interacção dialógica tendo em vista a co-construção do conteúdo do contrato que irão celebrar.

A *negociação pós-adjudicatória* distingue-se, assim, da (re)*negociação contratual*. Nesta existe um contrato que vincula as partes e cujos termos se pretende alterar. Aquela ocorre numa fase formativa do negócio, em que o mútuo consenso está ainda por atingir.

Apesar de preceder o contrato, integrando ainda o procedimento adjudicatório (em sentido amplo), a *negociação pós-adjudicatória* pressupõe que a Administração tenha já identificado a proposta vencedora e, consequentemente, o seu co-contratante[618]. Esta circunstância permite-nos, desde já, avançar duas diferenças relativamente à negociação que ocorre antes da prática do acto adjudicatório: (*i*) se esta é, em regra, multipolar (a Administração deve negociar com cada um dos candidatos ou concorrentes), a negociação pós-adjudicatória tem apenas dois pólos ou sujeitos (só há diálogo negocial entre a entidade adjudicante e o adjudicatário); (*ii*) se, depois da adjudicação, a interacção dialógica incide sobre o projecto que *efectivamente* (salvo a verificação de alguma patologia) será transformado em contrato, antes da adjudicação podem ser co-construídos diversos projectos contratuais destinados a nunca se concretizarem.

---

[618] Ocorre, portanto, fora (*rectius*, depois) do *subprocedimento de adjudicação*.

Não é, porém, pelo facto de a adjudicação ter "afastado" os demais interessados da possibilidade de celebração do contrato (a negociação não é, assim, feita *em concorrência*, *i.e.* não decorre, em paralelo, com todos os concorrentes), que a negociação pós-adjudicatória deixará de se fazer em estrita observância do princípio da concorrência (sendo, nesta medida, também *concorrencial*). Como veremos, ela terá de respeitar sempre a "equação adjudicatória"[619], não podendo ser utilizada para alterar os pressupostos essenciais e/ou os resultados obtidos no decurso do procedimento. Como refere Cláudia Viana, as "alterações do contrato, quer aquando da sua celebração quer da sua execução, não podem ser vistas apenas como vicissitudes de uma relação *inter partes*"[620].

Em lugar de estudar a negociação pós-adjudicatória no âmbito de cada um dos diferentes procedimentos, entendemos que seria mais profícua a sua análise *global*, seguindo, aliás, o caminho adoptado pelo legislador nacional, que a inseriu numa parte geral, respeitante à formação do contrato[621]. Com efeito, parece-nos que a admissibilidade e o "regime" da negociação pós-adjudicatória não sofrerá alterações substanciais pelo facto de, no procedimento, (*i*) qualquer interessado poder apresentar uma proposta ou, ao invés, só o poderem fazer os concorrentes *escolhidos* pela entidade adjudicante ou os *seleccionados* por referência a critérios previamente fixados no programa do procedimento[622]; (*ii*) existir uma co-construção do caderno de encargos com base em soluções apresentadas pelos interessados; (*iii*) ter lugar um leilão electrónico; (*iv*) ou ocorrer uma fase de negociação da versão inicial das propostas[623].

---

[619] RODRIGO ESTEVES DE OLIVEIRA, "Os Princípios Gerais da Contratação Pública", cit., p. 69.

[620] *Os Princípios Comunitários na Contratação Pública*, cit., p. 242.

[621] A negociação pós-adjudicatória está pressuposta nos arts. 99.º a 103.º, que se inserem no Capítulo XI ("celebração do contrato") do Título II (que respeita à "fase de formação do contrato", independentemente do procedimento utilizado) da Parte II do Código.

[622] Existirá uma diferença substancial quando "se tenha analisado e avaliado mais do que uma proposta" (cfr. art. 99.º, n.º 1). Apesar de a análise e avaliação de apenas uma proposta caracterizar o ajuste directo em que apenas uma entidade é convidada a apresentar proposta, facto é que tal pode acontecer em qualquer dos diversos procedimentos adjudicatórios (*v.g.* concurso público em que apenas uma entidade apresentou proposta).

[623] São estas, neste momento, as diferenças "capitais" entre os cinco procedimentos adjudicatórios (típicos e autónomos) previstos no CCP.

Naturalmente que a negociação pós-adjudicatória assumirá especial relevo nos procedimentos que não prevêem uma *fase de negociação*. No entanto, a circunstância de os atributos das propostas já terem sido (ou poderem ser) objecto de um diálogo negocial, não é razão suficiente para afastar a negociação pós-adjudicatória dos procedimentos que encerram (ou podem encerrar) uma fase de negociação[624]. Não se afasta mesmo a possibilidade de, nestes procedimentos, a negociação de alguns aspectos do contrato (indiferentes do ponto de vista da concorrência) ser deixada exclusivamente para a fase que se segue à adjudicação.

2. A perspectiva do Direito Comunitário

2.1. *Admissibilidade*

Não há, nas actuais Directivas comunitárias, uma disposição geral que expressamente permita ou proíba a negociação entre a entidade adjudicante e o adjudicatário[625]. Existem, porém, razões fortes que nos levam a acreditar que, dentro de certos limites, o Direito Comunitário da contratação pública não se opõe a que a referida negociação tenha lugar.

Em primeiro lugar, a noção comunitária de "procedimento por negociação" (com ou sem prévia publicação de anúncio) – procedimento "em que as entidades adjudicantes consultam os operadores económicos da sua escolha e negoceiam as condições do contrato com um ou mais de entre eles" – é suficientemente ampla para permitir que este *iter* formativo preveja a existência de negociações antes e depois da adjudicação[626].

---

[624] É que, como veremos, a negociação pós-adjudicatória não incide apenas sobre os atributos das propostas. Contra, MARCELO REBELO DE SOUSA e ANDRÉ SALGADO DE MATOS sustentam que a "justificação funcional da admissibilidade destes ajustamentos é questionável nos procedimentos que admitem negociação previamente à adjudicação" – cfr. *Contratos Públicos – Direito Administrativo Geral*, cit., p. 111.

[625] Tal como não existia nas anteriores "gerações" de Directivas.

[626] SUE ARROWSMITH considera mesmo que, no âmbito do procedimento por negociação, a entidade adjudicante pode reservar algumas matérias para negociar apenas após a adjudicação e/ou deixar em aberto a renegociação (pós-adjudicatória) de alguns aspectos do contrato – cfr. *The Law of Public and Utilities Procurement*, 2.ª edição, cit., pp. 588 e 604.

No que respeita ao diálogo concorrencial, a Directiva 2004/18/CE estabelece apenas que, "a pedido da entidade adjudicante, pode ser solicitado ao proponente identificado como tendo apresentado a proposta economicamente mais vantajosa que clarifique aspectos da sua proposta ou confirme os compromissos nela constantes, na condição de tal não ter por efeito alterar elementos substanciais da proposta ou do anúncio do concurso, falsear a concorrência ou acarretar discriminações" (art. 29.º, n.º 7). Ao aludir à alteração de elementos substanciais da proposta adjudicada, a norma aponta no sentido da admissibilidade da modificação de aspectos não essenciais da mesma. No entanto, ao prever apenas a possibilidade de *clarificação* e de *confirmação* de compromissos, o preceito parece impedir quaisquer alterações pós-adjudicatórias[627].

Apesar da contradição, a referência a "elementos substanciais da proposta" só terá sentido útil se for possível mudar algo na proposta adjudicada[628]. Neste sentido aponta também a parte final do 31.º considerando da Directiva, de acordo com a qual o diálogo concorrencial "não deve ser utilizado de uma forma que limite ou distorça a concorrência, designadamente através de alterações de elementos fundamentais das propostas ou impondo novos elementos substanciais ao proponente seleccionado"[629]. Ora, admitindo-se, ainda que de forma restrita, a alteração da proposta adjudicada, nada obstará a que os Estados-membros prevejam que esse ajuste seja co-construído pela entidade adjudicante e pelo adjudicatário. Em suma: tal como gizado pelo Direito Comunitário, o diálogo concorrencial pode comportar uma fase de negociação pós-adjudicatória.

Com base nas razões que impedem uma negociação das propostas[630], alguma doutrina tem sustentado que a negociação pós-adjudicatória não é

---

[627] SUE ARROWSMITH considera que o preceito terá sido deliberadamente construído de forma ambígua, para acomodar as diferenças de opinião entre os vários Estados-membros – cfr. *The Law of Public and Utilities Procurement*, 2.ª edição, cit., p. 661.

[628] Neste sentido *v.* SUE ARROWSMITH, "An Assessment of the New Legislative Package on Public Procurement", cit., p. 1290 e *The Law of Public and Utilities Procurement*, 2.ª edição, cit., p. 661.

[629] ADRIAN BROWN entende que o considerando sugere a admissibilidade de alterações significativas à proposta que podem ir além da mera clarificação e confirmação mencionadas no art. 29.º, n.º 7 – cfr. The Impact of the New Procurement Directive on Large Public Infrastructure Projects: Competitive Dialogue or Better the Devil You Know?", cit., p. 175.

[630] Esclarecidas no segundo capítulo deste estudo e que aqui nos abstemos de repetir.

permitida no concurso público e no concurso limitado[631]. Entendemos, porém, que a limitação decorrente das Directivas se deve restringir à parte do *iter* formativo em que ainda não foi designada a melhor proposta (*i.e.* à fase pré-adjudicatória). Com efeito, o grande receio do "legislador" comunitário é o de que o diálogo negocial seja utilizado pelas entidades adjudicantes como um expediente para permitir a um determinado operador económico alterar a sua oferta e, assim, vencer o concurso. Ora, depois da adjudicação esse risco já não existe, porquanto já foi identificada a melhor proposta (a "economicamente mais vantajosa" ou a de "mais baixo preço")[632]. É óbvio que outros riscos existem, designadamente o de subverter o resultado obtido, defraudando todo o procedimento adjudicatório. Parece-nos, porém, que tais riscos podem ser minimizados através de um adequado enquadramento das alterações a que o projecto contratual, resultante do encontro do caderno de encargos com a proposta adjudicada, pode ser sujeito, não sendo necessária uma proibição (absoluta) da negociação pós-adjudicatória.

Nem se diga que o acórdão *Storebaelt*, em que se apreciou uma negociação pós-adjudicatória (não só, mas também) realizada num *concurso limitado*[633], veio confirmar a tese de proibição do diálogo negocial em apreço. O Tribunal de Justiça entendeu *apenas* que, ao negociar com o titular de uma proposta que se apresentava desconforme a aspectos fundamentais do caderno de encargos, originando um contrato final com alterações relativamente a este documento concursal, o Reino da Dinamarca estaria a violar o princípio da igualdade de tratamento[634]. Em suma, o Tribunal pronunciou-se tão-só acerca do ponto de partida da concreta negociação em análise (uma proposta que não respeitava aspectos essenciais do caderno de encargos submetido à concorrência) e não sobre a admissibilidade/inadmissibilidade de um diálogo negocial pós-adjudicatório. Pelo

---

[631] Aparentemente neste sentido *v.* ADRIAN BROWN, "The Impact of the New Procurement Directive on Large Public Infrastructure Projects: Competitive Dialogue or Better the Devil You Know?", cit., p. 167 (nota 18).

[632] Cfr. SUE ARROWSMITH, *The Law of Public and Utilities Procurement*, 2.ª edição, cit., p. 547.

[633] Certamente que a decisão não teria sido diferente se em causa estivesse o outro procedimento regra, ou seja, o concurso público.

[634] Este princípio exige que, sempre que não seja expressamente admitida a apresentação de propostas variantes, "todas as propostas sejam conformes com as prescrições do caderno de encargos, a fim de garantir uma comparação objectiva entre as propostas apresentadas pelos diferentes concorrentes" (n.º 37).

que, não se pode retirar do acórdão *Storebaelt* aquilo que ele não contém – uma proibição de levar a cabo negociações pós-adjudicatórias ao nível dos concursos público e limitado.

A conclusão que se retira das Directivas – a possibilidade de, dentro de certos limites, se proceder a uma negociação pós-adjudicatória – vale também para os contratos públicos que, com "um interesse transfronteiriço certo", não caiem no âmbito de aplicação dos diplomas comunitários. Desde que respeitados os princípios comunitários em matéria de contratação pública, a negociação pós-adjudicatória de tais contratos (*rectius*, projectos contratuais) não deve ser impedida.

2.2. *Os limites*

O quase silêncio das Directivas e a escassa jurisprudência sobre a matéria revelam-nos que, ao nível do Direito Comunitário, muito está ainda por dizer quanto à negociação pós-adjudicatória do projecto contratual. Existem, no entanto, alguns casos, em que o Tribunal de Justiça se viu confrontado com alterações (nem todas, é certo, decorrentes de uma negociação entre as partes) realizadas entre o momento da adjudicação e o da celebração do contrato, que nos permitem traçar um primeiro esboço dos limites impostos a esta negociação.

Neste esforço de construir o quadro jurídico-comunitário atinente à negociação pós-adjudicatória, analisaremos ainda a jurisprudência fixada no acórdão *Pressetext*, em que o Tribunal de Justiça concretizou as circunstâncias em que a alteração de um contrato público não configura uma verdadeira *modificação de um contrato existente*, mas a *celebração de um novo contrato*.

É certo que as situações não são idênticas: os ajustamentos decorrentes de uma negociação pós-adjudicatória não constituem uma alteração a um contrato já firmado[635]. Do que se trata é ainda de negociar os termos de um contrato a celebrar. No entanto, as exigências de igualdade, transparência e concorrência, que levaram o Tribunal de Justiça a

---

[635] Para uma análise das razões que podem determinar a necessidade de alteração de um contrato celebrado na sequência de um procedimento concorrencial *v*. OMER DEKEL, "Modification of a Government Contract Awarded Following a Competitive Procedure", in *Public Contract Law Journal*, Vol. 38, n.º 2, 2009, pp. 403 e 404.

limitar a *renegociação contratual*, fazem-se também sentir (com ainda maior premência) no momento em que a Administração e o adjudicatário procedem à *(re)negociação do projecto contratual* fixado na adjudicação[636].

Não admira, aliás, que, em futuros casos de negociação pós-adjudicatória, o juiz (organicamente) comunitário convoque a jurisprudência respeitante à modificação de contratos públicos para fundamentar a sua decisão, designadamente para determinar se as alterações introduzidas representam uma verdadeira *modificação do projecto contratual adjudicado* (decorrente da fusão do caderno de encargos com a proposta vencedora), ou traduzem já a *adjudicação de um novo projecto contratual*, realizada sem prévio apelo à concorrência.

2.2.1. A jurisprudência em matéria de negociação do projecto contratual

A negociação pós-adjudicatória deverá, em primeiro lugar, ter por base uma proposta que respeite o conteúdo do caderno de encargos. Isto mesmo foi afirmado no acórdão *Storebaelt*, a que já aludimos. Neste aresto, o Tribunal de Justiça entendeu que, ao negociar (antes e depois da adjudicação) com o titular de uma proposta não conforme com o caderno de encargos, originando um contrato final com alterações relativamente a prescrições fundamentais (n.º 42) constantes deste documento concursal, a entidade adjudicante dinamarquesa estaria a violar o princípio da igualdade de tratamento. Este princípio exige que, sempre que não seja expressamente admitida a apresentação de propostas variantes, "todas as propostas sejam conformes com as prescrições do caderno de encargos, a fim de

---

[636] SUE ARROWSMITH sustenta que, à semelhança do que acontece nas modificações contratuais, é preciso garantir que, nas alterações introduzidas depois da adjudicação e antes da celebração do contrato, o concorrente escolhido e os termos do acordo são ainda produto da concorrência – cfr. *The Law of Public and Utilities Procurement*, 2.ª edição, cit., p. 287. Entre nós, RODRIGO ESTEVES DE OLIVEIRA revela o paralelismo entre as duas situações (negociação pós-adjudicatória e renegociação do contrato) ao afirmar que "só em certos casos e sob certos requisitos se deve admitir que após o acordo as partes alterem o seu objecto (em sentido amplo) em aspectos legalmente insusceptíveis de alteração na fase pós-adjudicatória e pré-contratual sob pena de se estar a pactuar, então, com autênticas fraudes à lei (concursal)" – cfr. *Autoridade e Consenso no Contrato Administrativo*, Coimbra, 2001 (policopiado), p. 11.

garantir uma comparação objectiva entre as propostas apresentadas pelos diferentes concorrentes" (n.º 37)[637].

A razão apresentada pelo Tribunal para exigir a conformidade com o caderno de encargos prende-se com a necessidade de comparar, de forma objectiva, as propostas apresentadas pelos diferentes concorrentes (postulado do princípio da igualdade em matéria de contratação pública). O acórdão não esclarece, porém, se a comparabilidade das propostas (e, consequentemente, o respeito pelo caderno de encargos) deve ser mantida após a adjudicação (recorde-se que o caso envolvia negociações anteriores e posteriores à adjudicação). À partida, poder-se-ia pensar que não. Depois de escolhida uma proposta e afastados os demais concorrentes da possibilidade de celebração do contrato, o procedimento seguiria, *a solo* (no lado da oferta), sem necessidade de se proceder a novas comparações. Esta é, todavia, uma visão errada, que transforma a adjudicação num acto que se limita a escolher uma (qualquer) proposta e um concorrente, esquecendo que, na sua essência, ela identifica a *melhor resposta* ao projecto contratual submetido à concorrência. Para que a igualdade garantida até à adjudicação não seja ilusória, a proposta escolhida terá de manter o estatuto de melhor resposta ao aludido projecto contratual[638]. Ela só será a *melhor proposta* enquanto for possível compará-la com as demais. Para que a comparabilidade das propostas se mantenha, o caderno de encargos terá de ser respeitado mesmo após a adjudicação.

Assim, mais importante do que ter esclarecido que a negociação pós-adjudicatória não pode ter por base uma proposta desconforme com o caderno de encargos (o que, aliás, não é verdadeiramente um limite à *negociação*, mas à *adjudicação*, enquanto decisão que identifica a melhor resposta a um determinado projecto contratual), o acórdão revela-nos (ainda que por via indirecta) uma importante restrição relativa ao *objecto* e ao *resultado* desta negociação.

Na verdade, se o princípio da igualdade não permite que se parta de uma proposta que esteja em desconformidade com o caderno de encargos, impedirá também que da negociação resulte uma alteração que coloque a proposta adjudicada em dissonância com o referido documento. O res-

---

[637] A este propósito v. PAUL CASSIA, "Contrats Publics et Principe Communautaire d'Égalité de Traitement", in *Revue Trimestrielle de Droit Européen*, n.º 3, Julho-Setembro 2002, pp. 439 e 440.

[638] Cfr., neste sentido, SUE ARROWSMITH, *The Law of Public and Utilities Procurement*, 2.ª edição, cit., p. 288.

peito pelo caderno de encargos será, assim, "ponto de partida" e "ponto de chegada" de qualquer negociação pós-adjudicatória.

Nesta linha de raciocínio, antevia-se que o Tribunal de Justiça também não aceitaria uma negociação que, para fugir à referida desconformidade, viesse a incidir sobre o próprio conteúdo do caderno de encargos (pelo menos, sobre aqueles aspectos que, directa ou indirectamente, condicionaram as propostas apresentadas pelos concorrentes[639]).

Este prenúncio foi confirmado no caso *Succhi di Frutta*[640]. O Tribunal de Justiça considerou que, por obediência ao princípio da igualdade de tratamento entre os proponentes, "que tem por objectivo favorecer o desenvolvimento de uma concorrência sã e efectiva entre as empresas que participam num concurso público" (n.º 110), e ao princípio da transparência, a entidade adjudicante (*in casu*, a própria Comissão) não podia modificar[641] uma "estipulação [o modo de pagamento dos produtos a fornecer] que, se tivesse figurado no anúncio de concurso, teria permitido aos proponentes apresentarem uma proposta substancialmente diferente" (n.º 116). Admitir essa modificação seria desvirtuar a adjudicação (n.º 120).

Não é negada a possibilidade de, "por motivos precisos", se proceder a alterações pós-adjudicatórias das "condições essenciais do concurso". Exige-se, no entanto, que a entidade adjudicante preveja "expressamente esta possibilidade de adaptação, tal como as suas regras de execução, no anúncio de concurso que ela própria elaborou e que traça o quadro do desenrolar do processo, de modo que todas as empresas interessadas em participar no concurso tenham desde o início conhecimento das mesmas e se encontrem assim em pé de igualdade no momento de formularem a sua proposta" (n.º 118).

---

[639] A ausência de uma referência à alteração de aspectos que tenham condicionado a decisão de potenciais concorrentes é propositada. Não por que não a consideremos um limite à negociação pós-adjudicatória, mas porque a mesma é fruto da conjugação dos princípios da igualdade e da concorrência (e não apenas do princípio da igualdade), em cujo espectro se inclui a protecção do mercado e dos respectivos operadores económicos.

[640] Cfr. acórdão de 29 de Abril de 2004 (Proc. C-496/99), que corresponde à apreciação do recurso interposto pela Comissão do acórdão de 14 de Outubro de 1999 (Proc. T-191/96 e T-106/97), proferido pelo Tribunal de Primeira Instância. Acerca desta primeira decisão v. CLÁUDIA VIANA, *Os Princípios Comunitários na Contratação Pública*, cit., pp. 241 e 242.

[641] Importa precisar que a mudança pós-adjudicatória, apreciada neste caso, foi unilateralmente introduzida pela Comissão. Acreditamos, no entanto, que, se a mesma tivesse sido objecto de uma negociação entre as partes, o Tribunal não teria alterado o seu juízo decisório.

No fundo, o Tribunal entendeu que, se as alterações introduzidas permitiriam aos concorrentes apresentar uma proposta substancialmente diferente da que submeteram a concurso, deixaria de se poder afirmar que a adjudicação identificou a *melhor oferta*. Ela só é a *melhor* enquanto for comparável com as demais. Se a estrutura do projecto contratual, a que as propostas visaram dar resposta, foi mudada, estas deixam de ser comparáveis. Por isso o Tribunal sustenta que uma tal alteração redundaria no desvirtuar da adjudicação.

Tal como no acórdão *Storebaelt*, o Tribunal impede apenas a alteração de *aspectos essenciais* do caderno de encargos. Mesmo em relação a estes a proibição não é absoluta: a adaptação pós-adjudicatória de elementos essenciais do caderno de encargos é permitida, mas a entidade adjudicante terá de a prever expressamente (nas peças do procedimento) e fixar as regras para a sua execução. Ao exigir que "as regras de execução" se encontrem previamente delineadas, o Tribunal aponta para uma identificação precisa da alteração e para uma pré-determinação dos termos que irão disciplinar a sua concretização. Embora se admita que o caderno de encargos possa reservar uma certa "margem" para uma eventual negociação entre as partes, não nos parece que os pressupostos, alcance e limites de uma modificação de elementos essenciais do caderno de encargos possam ser negociados após a adjudicação.

No acórdão *Comissão vs França*[642], o Tribunal de Justiça foi confrontado com a renegociação de um projecto contratual adjudicado sem prévio apelo à concorrência. Neste caso, tinha sido proferida uma primeira adjudicação, anterior ao final do prazo para a transposição da Directiva 93/38/CEE (à luz da qual seria necessário observar um procedimento concorrencial), entretanto revogada pela entidade adjudicante, a que se seguiu uma segunda, já posterior ao referido prazo de transposição. Contrariando a posição da Comissão, segundo a qual a data relevante para determinar a aplicabilidade da Directiva seria a da adjudicação, o Tribunal considerou, na linha do acórdão *Tögel*, que o princípio da segurança jurídica obrigava a que a determinação do direito aplicável se fizesse por referência ao momento em que o procedimento foi iniciado. Entendeu, no entanto, que se devia analisar se as (re)negociações verificadas após a revogação da primeira adjudicação "apresentam características substancialmente diferentes das já conduzidas e se são, em consequência, susceptíveis de demonstrar a vontade das partes em renegociar os termos essenciais do contrato",

---

[642] De 5 de Outubro de 2000 (Proc. C-337/98).

facto que justificaria a aplicação da Directiva (n.º 44), como se de um novo procedimento se tratasse.

O Tribunal acabou por decidir que, num *iter* que se prolongou no tempo, (*i*) a consideração de novas evoluções tecnológicas, surgidas durante a negociação, (*ii*) um incremento do preço, realizado de acordo com a fórmula de revisão de preços constante do primeiro projecto contratual, (*iii*) o facto de as negociações terem sido retomadas após a revogação da primeira adjudicação "com base em tudo quanto tinha sido anteriormente acordado" (n.º 54), indiciavam uma continuidade do procedimento e não uma renegociação dos elementos essenciais do contrato (*i.e.* um novo procedimento)[643].

Ao contrário do que aconteceu nas situações apreciadas pelos acórdãos *Storebaelt* e *Succhi di Frutta*, em que a entidade adjudicante publicitou a sua vontade de contratar e recebeu várias propostas, neste caso foi convidado apenas um operador económico, com o qual se construiu (antes e depois da adjudicação) o conteúdo do projecto contratual. Este aresto afigura-se, assim, importante pois anuncia a existência de limites que não estão directamente relacionados com a natureza concorrencial do *iter* que precedeu a celebração do contrato. Mesmo no âmbito de procedimentos não concorrenciais, a negociação pós-adjudicatória não é ilimitada.

Parece resultar do acórdão que, quando haja uma *alteração substancial* de *elementos essenciais*, teremos, em princípio, a *adjudicação de um novo projecto contratual* e já não a *modificação do projecto contratual adjudicado*. Como há uma nova adjudicação, a entidade adjudicante deverá ter o cuidado de, à luz do quadro jurídico existente no momento em que foram introduzidas as alterações, analisar se subsistem os pressupostos que autorizaram a adjudicação sem prévio apelo à concorrência. Se os referidos pressupostos não se mantiverem, a entidade adjudicante deve submeter o novo projecto contratual à concorrência, chamando os eventuais interessados a uma nova adjudicação.

---

[643] É curioso verificar que, se esta acção por incumprimento tivesse sido iniciada após a jurisprudência fixada no acórdão *Telaustria* as coisas teriam sido bem diferentes. Na verdade, para censurar esta adjudicação, a Comissão não teria invocado apenas a aplicação de preceitos da Directiva em apreço, mas também os princípios fundamentais de Direito Comunitário, sobretudo o princípio da não discriminação em razão da nacionalidade, que implica uma obrigação de transparência, de acordo com a qual a entidade adjudicante tem de assegurar "um grau de publicidade adequado para garantir a abertura à concorrência (...), bem como o controlo da imparcialidade dos processos de adjudicação" (n.º 62). Princípios que devem ser respeitados mesmo na formação dos contratos excluídos do âmbito de aplicação das Directivas (n.º 60).

Por maioria de razão, se a primeira adjudicação foi precedida de prévio apelo à concorrência, a entidade adjudicante estará obrigada a publicitar o "novo" projecto contratual, chamando os eventuais interessados a uma nova adjudicação[644].

Da jurisprudência respeitante à negociação do projecto contratual podemos concluir, em suma, que (*i*) a negociação não pode partir de uma proposta que não seja conforme ao caderno de encargos e também não pode originar essa desconformidade; (*ii*) não é permitido à entidade adjudicante e ao adjudicatário negociar a alteração de aspectos essenciais do caderno de encargos; (*iii*) a negociação pós-adjudicatória que implique uma alteração substancial de elementos essenciais do projecto contratual traduz-se numa nova adjudicação que, em princípio, deverá ser precedida de um procedimento concorrencial.

2.2.2. *A jurisprudência em matéria de modificação contratual*

No acórdão *Comissão vs Bélgica*, de 16 de Outubro de 2003 (Proc. C-252/01), a negociação de um aditamento a um contrato, que prorrogou o respectivo prazo de vigência por noves anos, foi *factualmente* tratada pelas partes, pelo Advogado Geral Albert e pelo próprio Tribunal de Justiça como uma *adjudicação de um novo contrato* através de um procedimento por negociação sem prévia publicação de anúncio. O Tribunal não chegou, porém, a pronunciar-se acerca da referida prorrogação, uma vez que se concluiu que a execução dos serviços em causa devia ser acompanhada de medidas especiais de segurança, circunstância que os excluía do âmbito de aplicação da Directiva 92/50/CEE.

Foi no acórdão *Pressetext*[645] que o Tribunal de Justiça se viu, pela primeira vez, confrontado com a questão de saber em que casos as alterações introduzidas a um determinado contrato público devem ser conside-

---

[644] Também ADRIAN BROWN considera que, apesar de o acórdão se reportar a um procedimento por negociação sem publicação de anúncio de concurso, o Tribunal de Justiça mobilizará a mesma argumentação quando em causa estiver um procedimento por negociação precedido de prévio apelo à concorrência – cfr. "The Impact of the New Procurement Directive on Large Public Infrastructure Projects: Competitive Dialogue or Better the Devil You Know?", cit., p. 167.

[645] Sobre este acórdão e as suas implicações em matéria de autonomia substantiva do contrato administrativo, cfr. PEDRO GONÇALVES, "Acórdão Pressetext: Modificação de Contrato Existente vs. Adjudicação de Novo Contrato", cit., pp. 13-22.

radas como uma *adjudicação de um novo contrato*. Na linha do que havia afirmado no acórdão *Comissão vs França*, de 5.10.2000, o Tribunal entendeu que existe uma nova adjudicação quando as *alterações* "apresentem características substancialmente diferentes das do contrato inicial e sejam, consequentemente, susceptíveis de demonstrar a vontade das partes de renegociar os termos essenciais do contrato" (n.º 34).

Ao contrário do sustentado por Pedro Gonçalves, que lê no acórdão "uma associação automática entre «características substancialmente diferentes» e alteração dos «termos essenciais do contrato»", em que "a essencialidade da alteração não exige (i) uma alteração substancial (ii) de um termo ou condição essencial de um contrato"[646], entendemos que, ao referir-se a alterações que "apresentem características substancialmente diferentes do contrato inicial" (alteração substancial), "susceptíveis de demonstrar a vontade das partes de renegociar os *termos essenciais* do contrato", o Tribunal aponta para a necessidade de se atender à essencialidade da alteração introduzida e da matéria alterada[647]. Só reunidas estas duas características estaremos perante uma *alteração essencial*.

O Tribunal foi, no entanto, mais longe do que no acórdão *Comissão vs França* e identificou algumas alterações que, por reunirem as referidas características, devem ser tratadas como uma nova adjudicação[648]. Assim,

---

[646] "Acórdão Pressetext: Modificação de Contrato Existente vs. Adjudicação de Novo Contrato", cit., p. 20.

[647] Razão pela qual o acórdão não considera os ajustamentos (alteração não substancial) ao preço (termo essencial do contrato) uma *alteração essencial*. Aparentemente neste sentido v. ADRIAN BROWN, "When do Changes to na Existing Public Contract Amount to the Award of a New Contract for the Purposes of the EU Procurement Rules? Guidance at Last in Pressetext Nachrichtenagentur GmbH (Case C-454/06)", in *Public Procurement Law Review*, 2008 (n.º 6), p. NA260.

[648] Note-se, porém, que já no acórdão *Comissão vs Espanha*, de 13 de Janeiro de 2005, ao analisar um preceito da lei espanhola que autorizava a utilização do procedimento por negociação, na sequência de um concurso público ou limitado em que os concorrentes não foram admitidos a apresentar propostas ou em que não houve adjudicação, quando o preço não fosse aumentado em mais de 10%, o Tribunal de Justiça entendeu que tal alteração "não pode ser considerada uma alteração não substancial das condições iniciais" (cfr. n.º 49). Como bem refere PETER TREPTE, pode concluir-se que esta densificação de *alteração substancial* refere-se apenas aos casos em que a Directiva autorizava (e autoriza) a utilização de um *procedimento por negociação* após um concurso público ou limitado "malogrado". No entanto, pode também reconhecer-se uma aplicação mais abrangente, utilizando-a para delimitar os casos em que uma alteração contratual deve ser entendida como a adjudicação de um novo contrato – cfr. *Public Procurement in the EU – A Practitioner's Guide*, cit., pp. 192 e 193.

a alteração é considerada essencial quando (*i*) "introduz condições que, se tivessem figurado no procedimento de adjudicação inicial, teriam permitido admitir proponentes diferentes dos inicialmente admitidos ou teriam permitido aceitar uma proposta diferente da inicialmente aceite" (n.° 35); (*ii*) "alarga o contrato, numa medida importante, a serviços inicialmente não previstos" (n.° 36); (*iii*) modifica o equilíbrio económico do contrato a favor do adjudicatário, de uma forma que não estava prevista (n.° 37)[649].

Como bem refere Pedro Gonçalves, o acórdão "recorta o perímetro da modificação de contratos públicos – em face da adjudicação de contrato novo –, atendendo, em primeiro lugar ou mesmo exclusivamente, à protecção da concorrência e da igualdade de tratamento entre os operadores económicos"[650]. Não haverá ainda um novo contrato se a alteração se puder "considerar neutra para os interesses dos proponentes ou dos que poderiam ter apresentado proposta na adjudicação inicial, bem como dos potenciais concorrentes a uma nova adjudicação"[651].

A primeira situação descrita (condições que, se figurassem no *iter* formativo, permitiriam a admissão de outros proponentes ou a escolha de

---

[649] Apesar de o Tribunal de Justiça não o ter clarificado, estas alterações podem ocorrer por simples omissão (*v.g.* o contraente público desconsidera o prazo previsto no contrato para a execução de uma determinada prestação). A este propósito *v.* OMER DEKEL, "Modification of a Government Contract Awarded Following a Competitive Procedure", cit., p. 408.

[650] "Acórdão Pressetext: Modificação de Contrato Existente vs. Adjudicação de Novo Contrato", cit., p. 19. Há muito que, em França, o tema da limitação das "avenants" (alterações contratuais, realizadas por acordo das partes, não previstas no respectivo contrato) é discutido no âmbito dos contratos públicos precedidos de um prévio apelo ao mercado. Como refere ETIENNE FATÔME, o princípio subjacente à referida limitação é fácil de compreender: se a Administração está obrigada a celebrar certos contratos na sequência de um procedimento concorrencial, uma vez concluídos, as partes não os podem modificar de tal modo que "o jogo da concorrência seja falseado" – cfr. "Les Avenants", in *L'Actualité Juridique – Droit Administratif*, ano 54, n.° 10, 1998, p. 761. O actual art. 20.° do Code des Marchés Publics estabelece que "en cas de sujétions technique imprévues ne résultant pas du fait des parties, un avenant ou une décision de poursuivre peut intervir quel que soit le montant de la modification en resultant. Dans tous les autres cas, un avenant ou une décision de poursuivre ne peut bouleverser l'économie du marché, ni en changer l'object". Acerca deste preceito (na sua redacção anterior) *v.* CHRISTOPHE GUETTIER, *Droit des Contrats Administratifs*, Paris, Presses Universitaires de France, 2004, pp. 177 e 178 e MATHIEU HEINTZ, "Les Avenants aux Mapa: Simplification du Formalisme", in *Contrats Publics – L'Actualité de la Commande et des Contrats Publics*, n.° 75, Março 2008, pp. 51 e 52.

[651] "Acórdão Pressetext: Modificação de Contrato Existente vs. Adjudicação de Novo Contrato", cit., p. 19.

outra proposta) refere-se directamente aos casos em que o mútuo consenso foi precedido de um procedimento adjudicatório de natureza concorrencial. A preocupação primeira do Tribunal de Justiça foi, assim, a de proteger a *concorrência real ou efectiva* (a que ocorreu entre os interessados que se apresentaram a concurso) e a *concorrência potencial* (a que ocorreria entre quem se apresentou a concurso e aqueles que, apesar de não terem participado no procedimento, à luz das alterações introduzidas teriam conseguido e/ou optado por se apresentar).

A *concorrência real ou efectiva* é tutelada quando se considera como um novo contrato a mudança que, se realizada antes da adjudicação, determinaria que fosse outra a proposta escolhida. Esta alteração não terá necessariamente de incidir sobre um aspecto constante do caderno de encargos. Na verdade, mesmo a modificação de um elemento presente na proposta adjudicada, que em nada afecta o projecto contratual submetido à concorrência (*v.g.* a alteração de um elemento que permitiu à proposta adjudicada obter a pontuação necessária para vencer as demais), poderia, se feita antes da adjudicação, implicar uma escolha diferente por parte da entidade adjudicante.

A *concorrência potencial* é, por seu turno, protegida quando se qualifica como adjudicação de um novo contrato a alteração que, se prevista no procedimento inicial (*maxime* no anúncio do concurso ou no caderno de encargos), teria permitido "admitir proponentes diferentes dos inicialmente admitidos". Mais importante do que aferir se quem participou no procedimento teria podido e/ou querido participar, importa analisar se outros interessados que, face às circunstâncias iniciais, não reuniam os requisitos necessários para participar e/ou optaram por não o fazer, com as "novas" condições já preencheriam tais requisitos e/ou teriam decidido apresentar-se a concurso.

As outras duas situações, previstas pelo Tribunal (alargamento a serviços não previstos e modificação do equilíbrio económico do contrato a favor do adjudicatário em termos não previstos), tanto podem abranger contratos formados através de um procedimento adjudicatório de natureza concorrencial, como contratos cuja formação não foi submetida à concorrência. Quanto aos primeiros, estas duas situações acabam por se traduzir em dois casos em que a *concorrência real ou efectiva* e a *concorrência potencial* estarão, à partida, ameaçadas[652]. Relativamente aos segundos,

---

[652] É curioso verificar que, tendo surgido no Direito Administrativo para compensar o co-contratante privado dos resultados decorrentes do exercício de alguma das prerroga-

estas situações revelam também uma preocupação com a *concorrência potencial*. Porém, já não com a concorrência que existia na data da primeira adjudicação, mas com a que se faz sentir no momento da alteração[653], protegendo "os potenciais concorrentes a uma nova adjudicação"[654].

Só relativamente a duas das alterações (a inclusão de uma nova cláusula de renúncia à resolução do contrato e a fixação de descontos, em benefício da entidade adjudicante, superiores aos inicialmente estabelecidos) o Tribunal afirmou expressamente que não existia "o risco de falsear a concorrência em detrimento de novos potenciais concorrentes" (n.os 79 e 86). No entanto, foi ainda a protecção da concorrência (*real* e *potencial*, *anterior* e *actual*) que terá fundado a sua decisão de não considerar *alteração essencial* (*i*) a cessão da posição contratual para uma entidade detida e controlada a 100% pelo adjudicatário e por quem este era solidariamente responsável (o Tribunal qualificou esta operação como uma mera "reorganização interna do co-contratante")[655]; (*ii*) um ajustamento mínimo no

---

tivas da Administração ao nível dos contratos administrativos (*v.g.* o poder de modificação unilateral – para uma análise do princípio do equilíbrio financeiro do contrato a este nível *v.* FREITAS DO AMARAL, FAUSTO DE QUADROS e VIEIRA DE ANDRADE, *Aspectos Jurídicos da Empreitada de Obras Públicas*, Coimbra, Almedina, 2002, pp. 170-174), a noção de equilíbrio económico-financeiro do contrato serve agora, também, para aferir se a concorrência foi ou não afectada por uma determinada alteração contratual. Alertando para as novas funções deste conceito *v.* XAVIER LIBERT, "Les Modifications du Marche en Cours d'Exécution", in *L'Actualité Juridique – Droit Administratif*, n.º especial, 1994, p. 68.

[653] Esta poderá ser diferente da que existia no momento da adjudicação devido, por exemplo, ao aparecimento de novos operadores económicos, aptos a executar o contrato. O aumento/diversificação dos serviços prestados e o incremento dos ganhos do co-contraente são um indício de que poderia ter sido outra a proposta vencedora e também outros os interessados que se apresentariam a concurso.

[654] PEDRO GONÇALVES, "Acórdão Pressetext: Modificação de Contrato Existente vs. Adjudicação de Novo Contrato", cit., p. 19.

[655] Conforme nota ADRIAN BROWN, a posição do Tribunal de Justiça assemelha-se ao primeiro dos requisitos que justificam a não aplicação das regras comunitárias da contratação pública aos contratos "in house" (o facto de a entidade adjudicante exercer em sobre a empresa contratada um controlo análogo ao que é exercido sobre os seus próprios serviços) – cfr. "When do Changes to na Existing Public Contract Amount to the Award of a New Contract for the Purposes of the EU Procurement Rules? Guidance at Last in Pressetext Nachrichtenagentur GmbH (Case C-454/06)", cit., p. NA261. Para uma súmula do enquadramento jurídico-comunitário dos contratos públicos "in house" cfr., por todos, CLÁUDIA VIANA, "Contratos Públicos «in house» – em Especial, as Relações Contratuais entre Municípios e Empresas Municipais e Intermunicipais", in *Direito Regional e Local*, n.º 00, Outubro-Dezembro, 2007, pp. 34-39.

preço, em detrimento do adjudicatário, que visou facilitar a execução do contrato, simplificando as operações de facturação aquando da conversão para o euro.

Do acórdão (cfr. n.os 36, 37, 40, 60 e 84) decorre ainda a ideia de que a alteração só será *essencial*, revelando uma nova adjudicação, se não estiver prevista no contrato ou nas peças do respectivo procedimento[656]. Parece-nos, porém, que não será suficiente uma disposição que, de forma genérica, admita alterações ao contrato. Para que as referidas *alterações essenciais* não se traduzam numa nova adjudicação, deverá existir uma *habilitação específica*, que discipline os pressupostos, alcance e limites das alterações concretamente introduzidas[657]. Só assim se poderá afirmar que aos interessados (os que se apresentaram a concurso e os que optaram por não o fazer) foi efectivamente dada a oportunidade de relevar a possível alteração do contrato na construção das suas propostas ou na decisão de participar (ou não) no concurso[658].

A mera previsão da possibilidade de alterar o contrato constitui um "cheque em branco" que não asseguraria a transparência, concorrência e igualdade entre os diversos operadores económicos[659].

---

[656] Neste sentido, cfr. PEDRO GONÇALVES, "Acórdão Pressetext: Modificação de Contrato Existente vs. Adjudicação de Novo Contrato", cit., p. 19.

[657] No acórdão *Comissão vs França*, de 14 de Outubro de 2004 (Proc. C-340/02), o Tribunal de Justiça considerou insuficiente a referência incluída no anúncio de um concurso de ideias, segundo a qual o vencedor poderia ser chamado a assistir o dono da obra na sua realização, para considerar que o respectivo contrato de assistência havia sido submetido a prévia concorrência. De acordo com o Tribunal, os princípios da igualdade e da transparência "exigem que o objecto de cada contrato bem como os critérios da sua adjudicação sejam claramente definidos" (n.° 34). Mais do que para determinar o procedimento a seguir (razão puramente formalista apresentada pelo Tribunal – cfr. n.° 35), essa definição mostra-se essencial para saber o *quid* específico a que os concorrentes estão a responder, pressuposto primeiro de uma esclarecida decisão de concorrer, da construção da respectiva oferta e da comparação entre as várias propostas submetidas a concurso. Este acórdão é bem revelador de que o Tribunal de Justiça não se bastará com a mera previsão da possibilidade de alterar o contrato.

[658] Nesta linha *v.* OMER DEKEL, "Modification of a Government Contract Awarded Following a Competitive Procedure", cit., pp. 418 e 419.

[659] SUE ARROWSMITH considera que não é suficiente que as peças do procedimento prevejam a possibilidade de alterar o contrato. Para que se afaste o cenário de um novo contrato, importará ainda analisar, entre outros factores, se existe um mecanismo pré-estabelecido que defina, de forma objectiva, o alcance e os termos de qualquer alteração – cfr. *The Law of Public and Utilities Procurement*, 2.ª edição, cit., p. 290. Também PETER TREPTE entende que o facto de se fazer constar nas peças do procedimento a possibilidade

Importa realçar, por fim, que, ao apenas qualificar como essencial a modificação do equilíbrio económico do contrato a favor do adjudicatário e ao convocar (para afastar a essencialidade da alteração) o prejuízo que para este resultou do ajustamento do preço e do aumento dos descontos, o Tribunal mostra-se mais tolerante relativamente a alterações contratuais realizadas em benefício da entidade adjudicante. Esta maior tolerância deve-se ao facto de as alterações desta natureza, quando realizadas dentro do quadro contratual submetido à concorrência, não implicarem, em regra, uma violação do resultado obtido no âmbito do procedimento adjudicatório. Se a alteração beneficia apenas a entidade adjudicante é porque, em princípio, a proposta será ainda melhor do que era no momento da sua adjudicação. A circunstância de a modificação em nada beneficiar o adjudicatário afasta também as suspeitas de um eventual acordo com a entidade adjudicante, nos termos do qual o primeiro aceitaria apresentar uma proposta de valor muito reduzido, para afastar a "indesejada" concorrência, "em troca" de uma futura alteração que viesse (r)estabelecer o equilíbrio contratual[660].

No recente acórdão *Wall*, de 13 de Abril de 2010[661], o Tribunal de Justiça teve a oportunidade de reafirmar, a propósito da substituição de um subcontratante no quadro da execução de um contrato de concessão de serviços (excluído do âmbito de aplicação das Directivas comunitárias), a jurisprudência *Pressetext*. Na linha do referido neste acórdão, mas de forma mais clara, o Tribunal prevê que a transparência e a igualdade de tratamento determinam que "as *alterações substanciais* introduzidas nas *disposições essenciais* de um contrato de concessão de serviços podem exigir, em certas hipóteses, a adjudicação de um novo contrato" (n.º 37 – realce nosso). *In concreto*, entendeu que a "substituição de um subcontratante, mesmo quando a faculdade de o fazer está prevista no contrato, pode, em casos excepcionais, constituir uma alteração desse tipo de um dos elementos essenciais do contrato de concessão quando o recurso a determinado subcontratante e não a outro tenha sido, atendendo às carac-

---

de alteração do contrato só será suficiente para, por si só, afastar o cenário de uma nova adjudicação quando tal possibilidade tenha sido *clara* e *precisamente* prevista e tenha, ainda, sido relevada para calcular o valor do contrato – cfr. *Public Procurement in the EU – A Practitioner's Guide*, cit., p. 189.

[660] A este propósito, cfr. SUE ARROWSMITH, *The Law of Public and Utilities Procurement*, 2.ª edição, cit., p. 288.

[661] Proc. C-91/08.

terísticas próprias da prestação em causa, um elemento determinante na celebração do contrato".

O acórdão *Wall* relativiza, assim, a circunstância de a alteração se encontrar prevista no contrato. Na verdade, a mera consagração de eventuais modificações contratuais não garante, por si só, uma protecção da *concorrência real ou efectiva*. Tal previsão pode, ao invés, esconder um mecanismo legitimador da subversão do procedimento que precedeu a celebração do contrato, permitindo a reconstrução de uma proposta que, de outra forma, não teria sido a escolhida. Por esta razão, o Tribunal conclui que, mesmo nos casos em que a possibilidade de alteração está prevista no contrato (ou nas peças do procedimento), deve olhar-se para a concreta modificação introduzida e determinar se esta veio ou não bulir com um "elemento determinante da celebração do contrato". Pretende-se, no fundo, saber se, caso a alteração tivesse sido introduzida antes da adjudicação, não teria sido outra a proposta vencedora (exercício que compete ao órgão jurisdicional nacional)[662]. Na hipótese afirmativa, a alteração contratual será qualificada como uma nova adjudicação sem prévio apelo à concorrência.

As considerações expendidas acerca das alterações contratuais podem (*rectius*, devem) ser analogicamente aplicadas às modificações pós-adjudicatórias do projecto contratual[663]. A igualdade, transparência e concor-

---

[662] Nas suas conclusões, o Advogado-Geral YVES BOT sustenta que, apesar de observado o mecanismo previamente estabelecido no contrato, a modificação em apreço é criticável pois (*i*) não teve por base qualquer motivo legítimo; (*ii*) ocorreu logo "após a celebração do contrato e antes da execução das primeiras prestações" (n.º 67); (*iii*) e foi o subcontratante substituído que permitiu "obter o contrato de concessão em causa" (n.º 70). Entende o Advogado-Geral que a proposta adjudicada foi uma mera "oferta «de fachada» cuja economia global teve apenas como objectivo afastar os concorrentes sérios a fim de obter a concessão, (...) com o propósito, manifestado logo de imediato, de a executar em condições económicas e técnicas diferentes das indicadas na proposta, que foram as únicas submetidas à concorrência" (n.º 71).

[663] Aliás, os critérios fixados no acórdão *Pressetext* foram já analogicamente aplicados a alterações do projecto contratual. No acórdão *Comissão vs Grécia*, de 4 de Junho de 2009 (Proc. C-250/07), o Tribunal de Justiça analisou se a entidade adjudicante havia respeitado o disposto no art. 20.º, n.º 2, alínea a) da Directiva 93/38/CEE, nos termos do qual se permite o recurso a um procedimento não concorrencial "sempre que, na sequência de um processo com concurso prévio, não tenha sido apresentada qualquer proposta ou qualquer proposta adequada, desde que as condições iniciais do contrato não sejam substancialmente alteradas". O Tribunal entendeu que a alteração seria substancial se "a condição modificada, no caso de ter figurado no processo de adjudicação inicial, tivesse permitido

rência (*real* e *potencial, anterior* e *actual*), que merecem ser protegidas após a celebração do contrato, devem também ser garantidas no momento que se segue à adjudicação e que antecede a conclusão do contrato[664].

Tendo em vista a protecção dos referidos princípios, não é de estranhar que o Tribunal de Justiça venha mesmo a assumir uma posição menos "flexível"[665] quanto às alterações negociais realizadas nesta fase. Em primeiro lugar, porque o pulsar de uma relação contratual (sobretudo quando esta se prolonga no tempo) pode fundar a introdução de adaptações que, antes da sua constituição, seriam dificilmente justificáveis. Em segundo lugar, porque quando já existe contrato a abertura de um novo procedimento implicará, em regra, um maior sacrifício para os interesses (públicos e privados) em presença[666].

Da jurisprudência *Pressetext* (vertida para a matéria que nos ocupa), podemos concluir que, quando da negociação entre a entidade adjudicante e o adjudicatário resulte uma alteração do projecto contratual que, se realizada antes da adjudicação, (*i*) determinaria que fosse outra a proposta escolhida; (*ii*) ou permitiria que outros interessados pudessem e/ou optassem por participar no procedimento, não estaremos perante uma *modificação do projecto contratual adjudicado* (decorrente da fusão do caderno de

---

que as propostas apresentadas no quadro do processo com concurso prévio fossem consideradas adequadas, ou tivesse permitido que proponentes diferentes dos que participaram no processo inicial apresentassem propostas" (n.° 52). Como a condição (exigências relativas aos volumes de emissões de resíduos garantidos), cujo desrespeito levou a entidade adjudicante a considerar as propostas iniciais como inadequadas, não foi alterada e apenas se exigiu aos concorrentes que apresentassem uma estimativa do custo total das discrepâncias e uma proposta financeira definitiva, o Tribunal de Justiça considerou que não existiu uma alteração substancial das condições iniciais do contrato.

[664] Como a *concorrência potencial* pode ser violada através de alterações realizadas ao longo de qualquer etapa do *iter* formativo, a referência ao momento da adjudicação assume especial relevo para a protecção da *concorrência real*. Na verdade, é a adjudicação (e não a conclusão) que, afastando os concorrentes preteridos da possibilidade de celebração do contrato, nega a satisfação do interesse que os levou a participar no procedimento.

[665] JEAN-DAVID DREYFUS considera que, no acórdão *Pressetext*, o juiz comunitário demonstrou uma grande tolerância e "mobilidade" na sua fundamentação, colocando bem alta a fasquia a partir da qual a modificação de um contrato apresenta um carácter substancial, pelo menos mais alta do que seria de esperar em França – cfr. "La Modification d'un Marché Public en Cours de Validité est-elle Possible sans Remise en Concurrence?", in *L'Actualité Juridique – Droit Administratif*, n.° 36, 2008, p. 2013.

[666] Neste sentido, afirmando que, quando o contrato já está concluído, a abertura de um novo procedimento adjudicatório "envolve custos desproporcionados", *v*. SUE ARROWSMITH, *The Law of Public and Utilities Procurement*, 2.ª edição, cit., p. 288.

encargos com a proposta vencedora), mas diante da *adjudicação de um novo projecto contratual*. Esta nova adjudicação, por não ter sido realizada no âmbito de um procedimento concorrencial (apenas a primeira o foi), desrespeita, em princípio[667], o Direito Comunitário (originário e derivado) da contratação pública.

3. A perspectiva do direito nacional

3.1. *Um relance histórico*

3.1.1. *O período anterior à reforma de 1999*

Terá sido no Decreto-Lei n.º 48 871, de 19 de Fevereiro de 1969, respeitante às empreitadas de obras públicas, que, pela primeira vez e em lei geral, expressamente se admitiu entre nós a possibilidade de uma negociação posterior à adjudicação (ainda que provisória[668])[669]. Estabelecia o

---

[667] Pode dar-se o caso de a entidade adjudicante estar autorizada a utilizar o procedimento por negociação sem prévia publicação de anúncio ou de se considerar que, além de excluído do âmbito de aplicação das Directivas, o Direito Comunitário originário também não obriga a que o contrato em análise seja adjudicado através de um procedimento concorrencial. Refira-se, porém, que, nos casos em que a adjudicação (a primeira) foi precedida de um apelo à concorrência, as circunstâncias que poderão justificar a dispensa de um concurso ter-se-ão de verificar, pela primeira vez, entre o momento da adjudicação e o da respectiva alteração. Consideramos, assim, que não poderão ser invocadas as circunstâncias que já existiam antes da adjudicação (*maxime*, desde a abertura do procedimento). Se, nesse momento, a entidade adjudicante optou por lançar (ou continuar) o procedimento, não pode agora, sob pena de violação do princípio da protecção da confiança, invocar as aludidas circunstâncias para fundamentar a essencialidade da alteração pós-adjudicatória (*i.e.* a nova adjudicação).

[668] Em rigor, a adjudicação (definitiva e formal) ocorria mais tarde, depois da fixação da minuta do contrato (situação que se manteve, nos diplomas respeitantes às empreitadas de obras públicas, até o Decreto-Lei n.º 59/99, de 2 de Março).

[669] O que não quer dizer que esta negociação não existisse antes. Por acórdão datado de 3 de Março de 1966 (in *Acórdãos Doutrinais do Supremo Tribunal Administrativo*, Ano V, n.º 49, pp. 692-697), o STA foi confrontado com um caso em que, após a adjudicação, a Administração tinha negociado com o vencedor do concurso a substituição de parte do equipamento oferecido (de origem estrangeira) por material produzido em Portugal. Como (*i*) a origem do material não era relevada para a adjudicação; (*ii*) o equipamento de origem

art. 91.º que, no caso de concurso com apresentação de propostas condicionadas ou projectos ou variantes da autoria dos concorrentes, o dono da obra poderia acordar com o proponente escolhido alterações na proposta, projecto ou variante, sem necessidade de novo concurso, "desde que daí não resulte apropriação de soluções contidas na proposta, projecto ou variante apresentados por outro concorrente". Esta norma passou, intocada, para o Decreto-Lei n.º 235/86, de 18 de Agosto (art. 94.º), e deste para o Decreto-Lei n.º 405/93, de 10 de Dezembro (art. 98.º).

Previa-se, assim, a possibilidade de negociação pós-adjudicatória para os casos em que a proposta escolhida apresentava alterações de cláusulas do caderno de encargos ou em que o adjudicatário havia sido o autor do projecto ou de uma alternativa ao mesmo[670]. Nestas situações, em que a actividade do empreiteiro excedia o mero preenchimento dos espaços deixados em branco pelo caderno de encargos[671], o legislador admitia que a "última palavra" quanto ao conteúdo do projecto contratual pudesse resultar de uma negociação entre o dono da obra e o "proponente escolhido".

É curioso verificar que, durante muitos anos, o único limite expresso à negociação (pelo menos, no que respeita às hipóteses referidas), realizada após a determinação do "proponente escolhido", prendia-se com a apropriação de soluções contidas nas propostas preteridas (o hoje designado "cherry-picking"). Não obstante a sucessão de diplomas, até 1999, o legislador nacional não sentiu a necessidade de prever uma disposição destinada a evitar que as alterações pudessem subverter os pressupostos e/ou os resultados do procedimento adjudicatório.

Importa também notar que, só depois da reforma de 1999 se previu a existência de uma fase pós-adjudicatória de negociação na legislação atinente à formação de contratos de fornecimento e de serviços.

Perante este quadro, a doutrina nacional dividia-se quanto à possibilidade e limites de uma negociação realizada após a adjudicação.

---

nacional tinha as mesmas características do indicado na proposta; (*iii*) não houve uma alteração do preço ou do conteúdo das obras, o STA não censurou a referida negociação. Conclui que "a substituição de material de origem estrangeira por outro de origem nacional, com a mesma eficiência e qualidade, não altera nem modifica o complexo conjunto da empresa posta a concurso, nem atinge o fundo da própria proposta em causa, que se manteve nos mesmos termos em que foi apresentada, sem deturpação do seu alcance e significado".

[670] Acerca das propostas condicionadas e das propostas alternativas ou variantes *v.* MÁRIO ESTEVES DE OLIVEIRA, *Direito Administrativo*, cit., p. 670.

[671] Cfr. MARCELLO CAETANO, *Manual de Direito Administrativo*, cit., p. 599.

Fausto de Quadros considerava que uma tal negociação, que incidisse sobre *aspectos fundamentais da proposta* (*v.g.* o preço ou o prazo de cumprimento), (*i*) contrariaria a natureza e a função da adjudicação no âmbito do *iter* formativo contratual – a de fixar, de forma definitiva, a pessoa do co-contratante e o conteúdo do respectivo contrato[672]; (*ii*) desvirtuaria a função e a finalidade do próprio concurso – a de apurar a proposta "mais vantajosa" para o interesse público[673]; (*iii*) violaria o princípio da igualdade dos concorrentes e poria em causa a isenção e a imparcialidade da Administração, por dar apenas ao adjudicatário a oportunidade de melhorar as condições oferecidas no concurso[674]; (*iv*) e desrespeitaria dois dos corolários do princípio da boa fé: o princípio da segurança jurídica e o princípio da confiança legítima, que, nesta esfera, mandam assegurar as legítimas expectativas dos concorrentes, criadas pela Administração[675].

Na perspectiva do A., este cenário manter-se-ia se as alterações fossem introduzidas apenas no "sentido mais favorável ao contraente público". Primeiro, porque os concorrentes preteridos poderiam ter superado o adjudicatário, oferecendo melhores condições para "o novo conteúdo desejado para a proposta vencedora". Segundo, porque, independentemente do sentido da modificação, se estaria a "proceder a uma alteração ao contrato, nos termos em que este ficou perfeito no momento da adjudicação", sem ouvir os demais concorrentes[676]. A expressa previsão da

---

[672] Para este A., a adjudicação é o "acto definitivo que põe termo ao processo do concurso, como processo de formação do contrato administrativo, tornando, desde logo, perfeito o contrato" – cfr. "O Concurso Público na Formação do Contrato Administrativo", cit., p. 717.

[673] Refere o A. que não está demonstrado que os concorrentes preteridos não poderiam satisfazer "o objecto das negociações de modo mais vantajoso e conveniente para o interesse público". Como os aspectos foram apenas negociados entre a entidade adjudicante e o adjudicatário, não se ficou a conhecer a posição dos demais concorrentes, nada garantindo que, caso tivessem participado na negociação, não teriam apresentado condições mais favoráveis para o interesse público – cfr. "O Concurso Público na Formação do Contrato Administrativo", cit., pp. 718 e 719.

[674] Nesta medida, as negociações pós-adjudicatórias privilegiariam "o adjudicatário, enquanto concedem, apenas a ele, acesso a condições contratuais que aos outros concorrentes não foram dadas a conhecer e que, portanto, eles não puderam discutir" – cfr. "O Concurso Público na Formação do Contrato Administrativo", cit., p. 723.

[675] Essa legítima expectativa traduzir-se-ia na confiança criada nos concorrentes de que a adjudicação seria a "opção definitiva" acerca da proposta mais vantajosa – cfr. "O Concurso Público na Formação do Contrato Administrativo", cit., p. 727 e 728.

[676] Cfr. "O Concurso Público na Formação do Contrato Administrativo", cit., p. 720.

negociação pós-adjudicatória nos documentos concursais em nada alteraria esta visão. Esta manifestação de autonomia contratual teria sempre de ceder perante normas imperativas de direito público (*in casu*, os princípios fundamentais já referidos)[677]. Posição que também não seria infirmada pelo disposto no art. 94.º, do Decreto-Lei n.º 235/86, de 18 de Agosto. Além de a considerar uma norma excepcional (insusceptível, portanto, de aplicação analógica), o A. sustenta que a alteração decorrente da sua aplicação nunca poderia incidir sobre "domínios essenciais do conteúdo do contrato"[678].

Fausto de Quadros qualificava a negociação de elementos essenciais da proposta adjudicada como uma simulação de um concurso e a efectiva realização de um ajuste directo, no âmbito do qual seria negociada uma nova proposta[679]. A sanção para esta "aparência de adjudicação e aparência de contrato" seria a inexistência jurídica, tanto do acto adjudicatório, como do subsequente contrato[680].

Apesar de não ver a adjudicação como o acto que torna perfeito o contrato, Marcelo Rebelo de Sousa também retira do princípio da igualdade a obrigação de a mesma ser "um acto de opção definitiva entre as propostas apresentadas pelos concorrentes, nos exactos termos em que foram formuladas"[681]. Nesta medida, a negociação do conteúdo do contrato a celebrar (como consequência ou não de uma adjudicação condicionada) violaria o referido princípio da igualdade, dando apenas ao concorrente escolhido a possibilidade de melhorar as condições que ofereceu

---

[677] "O Concurso Público na Formação do Contrato Administrativo", cit., p. 729.

[678] Além da letra do preceito, FAUSTO QUADROS invoca ainda um argumento histórico. A regra em questão reproduz o art. 91.º do Decreto-Lei n.º 48 871, de cujo anteprojecto foi um dos AA.. Ora, de acordo com os seus apontamentos, a Comissão nomeada para elaborar o projecto teria, no âmbito dos trabalhos preparatórios, rejeitado expressamente a possibilidade de a norma permitir modificações a aspectos essenciais do contrato – cfr. "O Concurso Público na Formação do Contrato Administrativo", cit., p. 730 (nota 66).

[679] Cfr. "O Concurso Público na Formação do Contrato Administrativo", cit., p. 719. Em rigor, o A. reporta-se apenas à adjudicação *sob condição* de negociações ulteriores. No entanto, atenta a noção de adjudicação de que parte e o facto de o seu ataque ser sobretudo (ou quase exclusivamente) desferido à negociação (pós-adjudicatória), acreditamos que o arrazoado vale ainda para uma negociação que não resulte da aposição de uma condição ao acto adjudicatório.

[680] Para o A. "*juridicamente não existiu concurso, não existiu adjudicação, não existiu contrato*" – cfr. "O Concurso Público na Formação do Contrato Administrativo", cit., p. 732.

[681] Cfr. *O Concurso Público na Formação do Acto Administrativo*, cit., pp. 74 e 75.

no concurso, "utilizando dados não acessíveis aos outros candidatos, nos quais avulta o próprio conteúdo das suas propostas"[682].

Em clara convergência com a posição de Fausto Quadros[683], Marcelo Rebelo de Sousa entendia que tal negociação poria em causa a imparcialidade da Administração e os princípios da boa fé e da protecção da confiança. As alterações violariam ainda a própria "essência do concurso público", em particular os princípios da concorrência e da estabilidade das regras. O primeiro, porque só ao concorrente vencedor se permitia criar uma nova proposta, com pleno conhecimento do conteúdo das propostas adversárias e do juízo que sobre as mesmas incidiu. O segundo, porque a Administração desvirtuaria o papel da adjudicação (opção definitiva por uma das propostas), abrindo um ajuste directo que tiraria qualquer sentido ao procedimento anterior[684]. Uma vez que a autonomia contratual deve respeitar os princípios fundamentais de direito e os princípios gerais do concurso público, este quadro não se alteraria caso os documentos concursais consagrassem a possibilidade da mencionada negociação[685].

A sanção resultante da referida negociação pós-adjudicatória dependeria "do vício concreto verificado e da ponderação dos interesses públicos em causa". Se "o vício põe em causa a essência da forma legal de concurso ou questiona matérias fundamentais de conteúdo (...), de tal modo que a ponderação de interesses dá primazia ao princípio da legalidade na sua vertente subjectiva dos direitos dos particulares [sobre a estabilidade nas relações entre particulares e a Administração]", o acto adjudicatório dever-se-ia considerar nulo. Caso contrário, o mesmo seria meramente anulável[686].

---

[682] Cfr. *O Concurso Público na Formação do Acto Administrativo*, cit., pp. 75 e 76.

[683] Parece que MARCELO REBELO DE SOUSA vai mais longe do que FAUSTO QUADROS. Na verdade, se o segundo deixa bem claro, ao longo do texto, que a censura se dirige apenas às alterações essenciais (cfr. "O Concurso Público na Formação do Contrato Administrativo", cit., pp. 715, 717, 718 e 730), só num elenco inicial de questões é que o primeiro se refere expressamente à "essência" da adjudicação e a "componentes essenciais" do conteúdo do contrato. Na resposta a essas questões, o A. não sente a necessidade de aludir ao tipo de alterações pós-adjudicatórias visadas.

[684] Cfr. *O Concurso Público na Formação do Acto Administrativo*, cit., pp. 76 e 77.

[685] Cfr. *O Concurso Público na Formação do Acto Administrativo*, cit., p. 80.

[686] Cfr. *O Concurso Público na Formação do Acto Administrativo*, cit., p. 82. MARCELO REBELO DE SOUSA "guarda" a inexistência para os casos em que a gravidade do vício "desfigure por completo o concurso público na sua identificabilidade mínima", algo que o A. não parece reconhecer à negociação pós-adjudicatória.

A propósito da utilização do concurso entre puros privados, Menezes Cordeiro admitia a existência de uma negociação pós-adjudicatória. Exigia, no entanto, que os documentos concursais contivessem uma cláusula que previsse a faculdade de negociar com o concorrente vencedor e determinasse o "âmbito negociável"[687]. Se assim não fosse, a referida negociação traduzir-se-ia numa alteração às regras do concurso e numa violação da "lógica subjacente aos concursos", já que os concorrentes preteridos poderiam, "caso conhecessem os finais termos da contratação, disputar-se nesse terreno, oferecendo melhores condições"[688].

Apesar de não ter abordado expressamente a possibilidade de negociação pós-adjudicatória, ao analisar as limitações à autonomia contratual da Administração, decorrentes da procedimentalização da formação da sua vontade de contratar, Sérvulo Correia deixava antever, na sua dissertação de doutoramento, os limites a que uma tal negociação estaria sujeita.

Entendia o A. que a *aprovação da minuta do contrato* seria recorrível quando contenha "«*ex novo*» cláusulas que contrariem o caderno de encargos ou a lei vigente e o adjudicatário considere que elas o prejudicam, ou os outros concorrentes preteridos entendam que elas alteram os termos em que assentou o concurso, estabelecendo a favor do adjudicatário um regime contratual cuja previsão teria permitido a estes concorrentes formular as suas propostas em termos que eventualmente lhe granjeariam a adjudicação"[689]. Assumindo que a introdução destas novas cláusulas seria precedida de uma negociação com o adjudicatário (premissa nossa), o A. não admitiria que esta pudesse originar uma alteração essencial do projecto contratual submetido à concorrência. Uma vez que aos concorrentes preteridos não foi dada a oportunidade de reflectir nas suas propostas as aludidas alterações, seria impossível aferir se os mesmos não teriam construído uma oferta que lhes permitiria vencer o concurso[690].

---

[687] Cfr. "Da Abertura de Concurso para a Celebração de um Contrato no Direito Privado", cit., p. 74. À semelhança de Fausto de Quadros, o A. considera que o art. 94.º do Decreto-Lei n.º 235/85, de 18 de Agosto, é "um preceito excepcional, explicável pela natureza dos interesses aí em jogo" (nota 54).

[688] "Da Abertura de Concurso para a Celebração de um Contrato no Direito Privado", cit., p. 73. Atento o âmbito (privatístico) da reflexão, dispensamo-nos de analisar as consequências que o A. retira da violação destes pressupostos.

[689] *Legalidade e Autonomia Contratual nos Contratos Administrativos*, Coimbra, Almedina, 2003 (reimpressão da edição de 1987), p. 584.

[690] Sérvulo Correia sustentava ainda que "o enquadramento do contrato administrativo num procedimento do qual constitui o acto principal (…) significa que é muito

Na sua análise da compatibilidade do concurso público com a existência de negociação, Margarida Olazabal Cabral começa por alinhar a sua posição com a de Fausto de Quadros, referindo que "os princípios da concorrência e da igualdade proibirão que a entidade adjudicante entabule negociações ou admita alterações à proposta de apenas um dos concorrentes quer o faça no momento anterior à adjudicação, quer *posteriormente*"[691]. Caso contrário, "estar-se-ia a conceder um privilégio a um dos concorrentes, não dando aos outros a possibilidade, em qualquer dos casos, de avançarem com as suas novas propostas em relação aos pontos em negociação". Tal implicaria a inexistência de um verdadeiro concurso, "pois não teria havido concorrência relativamente aos aspectos objecto de negociação", e uma violação do princípio da boa fé, já que se frustraria "a confiança que os concorrentes depositaram nas regras do concurso"[692].

No entanto, ao abordar a eventual introdução de modificações pós-adjudicatórias da proposta, a A. admite que a Administração e o adjudicatário possam acordar em alterar a proposta "num sentido mais favorável para a entidade adjudicante". Na perspectiva da A., os concorrentes preteridos não teriam qualquer interesse em impugnar o contrato, já que as alterações não resultariam "num favorecimento do candidato [vencedor] e num prejuízo para os outros candidatos"[693]. Além do acordo entre a entidade adjudicante e o adjudicatário, exigia ainda que, após a negociação, a proposta se enquadrasse "no âmbito de uma proposta admissível no quadro daquele concurso público (de tal forma que qualquer concorrente pudesse ter apresentado a concurso uma proposta igual)"[694]. Aludindo ao

---

escassa ou mesmo nula a autonomia de que frui, no acto de estipulação, o órgão competente para a celebração". Uma vez que "as normas procedimentais concentram em momento anterior ao da celebração (...) a definição do conteúdo do contrato, (...) na estipulação contratual não poderá clausular-se «praeter actum»" e as *"cláusulas inovatórias terão pois de se caracterizar pela sua natureza meramente secundária, traduzida num texto de derivação lógica relativamente aos elementos já enunciados no acto ou nos actos administrativos prévios"* – cfr. *Legalidade e Autonomia Contratual nos Contratos Administrativos*, cit., p. 589. O A. refere-se, porém, às cláusulas inovatórias *unilateralmente* introduzidas pela Administração. Uma vez que a negociação pós-adjudicatória se concentra ainda num momento anterior ao da celebração do contrato, não interpretamos as palavras do A. como uma afirmação da sua impossibilidade.

[691] *O Concurso Público nos Contratos Administrativos*, cit., p. 101 (sublinhado nosso).
[692] *O Concurso Público nos Contratos Administrativos*, cit., p. 101.
[693] *O Concurso Público nos Contratos Administrativos*, cit., p. 104.
[694] *O Concurso Público nos Contratos Administrativos*. cit., p. 104.

disposto no art. 98.º do Decreto-Lei n.º 405/93 (que não obrigava a que as alterações introduzidas fossem num sentido mais favorável para a entidade adjudicante), defendia que as modificações aí previstas não poderiam determinar uma "perda de sentido do procedimento pré-contratual", o que aconteceria se fossem mudados aspectos objecto do critério de adjudicação. A admitir-se a existência de alterações que não fossem em sentido mais favorável para a entidade adjudicante[695], estas teriam de incidir sobre "aspectos secundários para a escolha da melhor proposta no procedimento concreto"[696].

Em suma, se as alterações (fruto da negociação) fossem em sentido mais favorável para a entidade adjudicante, Margarida Olazabal Cabral não excluía a possibilidade de se co-reconstruírem aspectos essenciais da proposta. Bastaria que a proposta "refeita" continuasse a respeitar os limites estabelecidos nos documentos concursais (*i.e.* que continuasse a ser válida à luz daquele concreto procedimento). Uma alteração que não redundasse em exclusivo benefício da Administração (*maxime*, que mantivesse o equilíbrio contratual) só poderia tocar em aspectos secundários da proposta (mais concretamente, em elementos que não tivessem sido objecto de avaliação).

Também Mário Esteves de Oliveira e Rodrigo Esteves de Oliveira não afastam a possibilidade de, após a adjudicação, a proposta ser objecto de alterações introduzidas por acordo entre as partes. Admitiam mesmo a modificação de elementos relevados ao nível da adjudicação (*v.g.* o próprio preço), desde que os mesmos "não tenham sido determinantes ou influentes na respectiva classificação"[697]. Refutando a doutrina até então maioritária, os AA. aduziam que os princípios da igualdade, da imparcialidade, da boa fé e da protecção da confiança, apenas impediriam uma alteração realizada em momento anterior à adjudicação "ou como factor determinante dela, em termos tais que, sem ela, a adjudicação não recairia sobre

---

[695] É a própria A. que o ressalva expressamente – cfr. *O Concurso Público nos Contratos Administrativos*. cit., p. 104 (nota 191).

[696] *O Concurso Público nos Contratos Administrativos*, cit. p. 105.

[697] *Concursos e Outros Procedimentos de Adjudicação Administrativa – das Fontes às Garantias*, cit., p. 555. No mesmo sentido, o acórdão do STA, de 28-09-2000 (Proc. 29891), concluiu que o então art. 94.º, do Decreto-Lei n.º 235/86, de 18 de Agosto, permitia a negociação de elementos da proposta valorados pela entidade adjudicante (*v.g.* o preço) desde que "não tenham sido determinantes da sua escolha ou preferência".

aquele concorrente (ou não se faria)"[698]. Depois de encontrada "a melhor proposta, em função do que nela se continha e dos critérios de adjudicação", os referidos princípios já não se fariam sentir com a mesma força. Entendiam os AA. que a modificação da proposta num sentido mais favorável para a entidade adjudicante não interferiria com a posição dos concorrentes preteridos[699].

Os AA. admitiam, assim, uma negociação pós-adjudicatória, incidente sobre elementos da proposta que, mesmo tendo sido objecto de valoração, não se tenham revelado essenciais para a respectiva classificação, desde que as respectivas alterações fossem introduzidas num sentido mais favorável para a Administração. Exigiam, ainda (de acordo com o que conheciam do projecto do art. 106.º do Decreto-Lei n.º 59/99, de 2 de Março), que (*i*) da fase negocial não resultasse uma apropriação de soluções *originais*, trazidas ao concurso pelos concorrentes preteridos; (*ii*) as alterações não incidissem sobre "condições ou pressupostos objectivamente susceptíveis de influenciar a adjudicação, caso tivessem sido previamente conhecidas por todos os concorrentes"; (*iii*) não existisse um "desvio ou revisão" do que foram os fundamentos invocados pela entidade adjudicante, aquando da mobilização dos critérios de adjudicação, para a escolha do concorrente[700].

Em acórdão datado de 18.04.2002 (Proc. 29891) e reportando-se a uma adjudicação realizada ao abrigo do Decreto-Lei n.º 235/86, de 18 de Agosto, o STA começou por afirmar, de forma lata, que, após a escolha do "autor da proposta mais vantajosa, em nada os restantes concorrentes preteridos podem ser lesados se aquele e o dono da obra acordarem em alterações na proposta, projecto ou variante, desde que daí não resulte apropriação de soluções contidas na proposta, projecto ou variante apresentado por outro concorrente"[701]. No entanto, ao analisar a legitimidade dos concorrentes preteridos para impugnar uma adjudicação condicionada à realização de alterações à proposta vencedora, o Tribunal acabou por concluir

---

[698] *Concursos e Outros Procedimentos de Adjudicação Administrativa – das Fontes às Garantias*, cit., p. 556.

[699] *Concursos e Outros Procedimentos de Adjudicação Administrativa – das Fontes às Garantias*, cit., p. 557.

[700] *Concursos e Outros Procedimentos de Adjudicação Administrativa – das Fontes às Garantias*, cit. pp. 558 e 559.

[701] O que reafirmou em acórdão datado de 02.04.2009 (Proc. 083/08), respeitante a uma adjudicação realizada ao abrigo do Decreto-Lei n.º 405/93, de 10 de Dezembro.

(num sentido muito próximo da posição sustentada por Mário Esteves de Oliveira e Rodrigo Esteves de Oliveira) que, "se a condição tocar em elementos que hajam sido decisivos ou determinantes da escolha, podendo subverter a própria essência do concurso, a eventual ilegalidade pode ser invocada pelos restantes concorrentes".

3.1.2. *O período posterior à reforma de 1999 e anterior à entrada em vigor do CCP*

Apesar de o Decreto-Lei n.º 59/99, de 2 de Março, não ter tocado no âmbito de aplicação da norma – a negociação pós-adjudicatória continuava a admitir-se apenas para os concursos "com propostas condicionadas ou projectos ou variantes da autoria dos concorrentes" –, este diploma introduziu algumas alterações relevantes.

Em primeiro lugar, previa-se que "o dono da obra poderá *excepcionalmente* acordar com o concorrente escolhido alterações na proposta". Ao acrescentar o advérbio, o legislador parecia acolher a posição mais restrita (Fausto de Quadros e Menezes Cordeiro), segundo a qual a norma em apreço teria uma natureza excepcional, inviabilizando a sua aplicação analógica a outros casos[702].

Em segundo lugar, além da não apropriação de soluções apresentadas pelos concorrentes preteridos, exigia-se que não fossem alteradas "condições objectivamente susceptíveis de influenciar a adjudicação, caso tivessem sido previamente conhecidas por todos os concorrentes" e que, das modificações introduzidas, não resultasse uma "limitação aos fundamentos invocados pelo dono da obra em termos de aplicação dos critérios de adjudicação que conduziram à escolha do concorrente" (art. 106.º).

Atenta a redacção, no mínimo, pouco clara das alíneas b) e c) do art. 106.º, a determinação do sentido e alcance destes dois "novos" limites da negociação pós-adjudicatória revela-se uma tarefa complicada.

Quanto ao primeiro limite, consideramos que a referência às "condições objectivamente susceptíveis de influenciar a adjudicação" que não foram "previamente conhecidas por todos os concorrentes", apontava para

---

[702] Para uma análise dos argumentos que fundam a não aplicação analógica das normas excepcionais e, sobretudo, das razões que sustentam que esta "exclusão da analogia *não se justifica*" cfr. CASTANHEIRA NEVES, *Metodologia Jurídica – Problemas Fundamentais*, Coimbra, Coimbra Editora, 1993, pp. 272-276.

a impossibilidade de se alterar aspectos essenciais das peças do projecto submetido a concurso (no caso de propostas condicionadas ou variantes) ou dos "elementos escritos e desenhados necessários para definir com exactidão o fim e as características fundamentais da obra posta a concurso" (no caso de projecto base da autoria do empreiteiro – cfr. art. 62.º, n.º 5). Com efeito, são esses aspectos que servem de base à construção da oferta, sobretudo dos elementos relevados ao nível do critério de adjudicação. Ao proceder-se à reconfiguração pós-adjudicatória destes pressupostos, estar-se-ia a violar os princípios da igualdade, transparência, boa fé e concorrência.

Ao não permitir *qualquer limitação* dos fundamentos invocados, "em termos de aplicação dos critérios de adjudicação", para a escolha do concorrente, a segunda exigência parecia impedir uma alteração que incidisse sobre elementos da proposta que tivessem sido valorados pelos factores respeitantes ao critério de adjudicação (*v.g.* preço, prazo de execução, garantia). Na verdade, só esses elementos eram objecto da "aplicação dos critérios de adjudicação" e só eles podiam fundar a "escolha do concorrente". Acolhia-se, assim, ao nível deste requisito, a posição de Fausto de Quadros, que, à luz da legislação anterior, defendia não ser possível alterar domínios essenciais do contrato, mas apenas, "de modo meramente *formal*, especificar o conteúdo da prestação"[703].

No que tange à formação de contratos de fornecimento e de serviços, só com o Decreto-Lei n.º 197/99, de 8 de Junho, foram afastadas as dúvidas quanto à possibilidade de uma negociação pós-adjudicatória. Na densificação do *princípio da estabilidade*, o legislador admitiu expressamente a introdução, por acordo, de alterações à *proposta escolhida*. Para tanto, as modificações teriam de tocar apenas em condições acessórias e de ser "inequivocamente em benefício da entidade adjudicante" (art. 14.º, n.º 3).

É curioso verificar que, apesar de ter sido aprovado (pelo mesmo Governo) apenas três meses depois do Decreto-Lei n.º 59/99, de 2 de Março, este diploma revela uma perspectiva diferente quanto à negociação

---

[703] "O Concurso Público na Formação do Contrato Administrativo", cit., p. 730. Sustentava o A. que o preceito não autorizava "o dono do concurso a levar a cabo negociações com o adjudicatário por forma a este modificar a proposta vencedora sobre domínios essenciais do conteúdo do contrato, como é o caso de «preços», «prazos» e «prestações financeiras», por exemplo, mas apenas se pretendeu esclarecer o conteúdo da proposta escolhida quanto à opção por soluções apresentadas e tornadas públicas, logo quando da abertura do concurso, *em alternativa*, isto é sob a forma de variantes, ou de modo *condicional*".

pós-adjudicatória. Em lugar de afirmar a sua excepcionalidade e de a remeter apenas para os casos em que tinham sido apresentadas propostas condicionadas ou variantes, o legislador admite-a para todos os procedimentos adjudicatórios. Esta circunstância levou mesmo parte da doutrina a incluir, no regime geral dos procedimentos pré-contratuais, uma "fase de negociações posteriores à adjudicação"[704].

Os limites impostos a esta fase negocial, destinados a proteger a concorrência[705], conheceram também uma formulação mais simples e clara[706]. Exigia-se, em primeiro lugar[707], que as alterações tocassem apenas em *condições acessórias* da proposta. Ao referir-se a condições acessórias, o legislador terá pretendido afastar a possibilidade de alterações respeitantes a elementos relevados pelo critério de adjudicação (que, para este efeito, se qualificavam como *condições principais* da proposta).

Estabelecia-se ainda um segundo requisito, até então não previsto, respeitante ao *resultado* das alterações introduzidas. Estas teriam de beneficiar *inequivocamente* a entidade adjudicante. Como à entidade adjudicante compete prosseguir o interesse público, as alterações teriam, em última análise, de resultar em *benefício do interesse público*.

Apesar de não se excluir que, no conjunto das alterações introduzidas, algumas pudessem beneficiar simultaneamente a entidade adjudicante e o adjudicatário (ou, pelo menos, não prejudicar este último) e outras, até, resultar em benefício exclusivo do particular, facto é que a referência a um *inequívoco benefício* do interesse público fazia com que, na prática, o equilíbrio contratual (como um todo), decorrente da fusão do caderno de encargos com a proposta vencedora, tivesse de ser alterado a favor da Administração, agravando, desta forma, a posição do adjudicatário.

---

[704] Cfr. MARCELO REBELO DE SOUSA e ANDRÉ SALGADO DE MATOS, *Direito Administrativo Geral – Actividade Administrativa*, cit., p. 333.

[705] MARCELO REBELO DE SOUSA e ANDRÉ SALGADO DE MATOS entendiam que os limites previstos assegurariam uma protecção da concorrência "quer em relação aos interessados preteridos [*concorrência real ou efectiva*], quer àqueles que optaram por não se apresentar ao procedimento pré-contratual [*concorrência potencial*]" – cfr. *Direito Administrativo Geral – Actividade Administrativa*, cit., pp. 333 e 334.

[706] É ainda interessante verificar que o primeiro (e, durante largos anos, o único) limite à negociação pós-adjudicatória – a proibição de apropriação de soluções contidas nas propostas preteridas – não foi previsto no Decreto-Lei n.º 197/99, de 8 de Junho.

[707] Na linha do sustentado por FAUSTO DE QUADROS e MARCELO REBELO DE SOUSA, bem como da solução que parecia resultar da alínea c) do art. 106.º, do Decreto-Lei n.º 59//99, de 2 de Março.

Como, à partida, poucos são os que voluntariamente se dispõe a alterar a economia de um projecto contratual em seu desfavor, a negociação pós-adjudicatória (tal como configurada neste diploma) apresentava uma reduzida margem de sucesso. Se a isto somarmos o facto de a mesma só incidir sobre condições acessórias da proposta, é fácil de concluir que, apenas em casos contados, a entidade adjudicante e o adjudicatário aceitariam abrir uma verdadeira fase de negociações pós-adjudicatórias.

3.2. No CCP

3.2.1. Admissibilidade

Os arts. 99.º e ss. do CCP consagram expressamente a possibilidade de, após a adjudicação, se proceder a "ajustamentos ao conteúdo do contrato a celebrar"[708]. Impõe-se, antes de mais, saber se os mencionados ajustamentos podem surgir na sequência de uma negociação entre as partes ou se, pelo contrário, manifestam um poder de modificação unilateral do projecto contratual, fundado no interesse público[709].

O Código prevê que os ajustamentos são objecto de aceitação (expressa ou tácita) ou de recusa por parte do adjudicatário (cfr. arts. 101.º e 102.º, n.º 1). A alteração do projecto contratual aí admitida depende, pois, da vontade do adjudicatário. Esta circunstância afasta, em definitivo, a tese segundo a qual estas modificações pós-adjudicatórias traduziriam o exercício de um *ius variandi* por parte da Administração.

Neste sentido, importa distinguir os "ajustamentos" do art. 99.º, que carecem da anuência do adjudicatário, da exclusão prevista no n.º 4 do art. 96.º[710]. Neste caso, a entidade adjudicante pode afastar *unilateralmente*

---

[708] O CCP segue, assim, a fórmula há muito conhecida do direito francês da "mise au point" – cfr. MAURICE-ANDRÉ FLAMME e PHILIPPE FLAMME, "Enfin l'Europe des Marchés Publics – La Nouvelle Directive Travaux", cit., p. 662. Refira-se que o actual Code des Marchés Publics prevê, nos procedimentos de "appel d'offres ouvert" (cfr. art. art. 59.º, II, § 2) e "appel d'offres restreint" (cf. art. 64.º, II, § 2) – *itinera* onde a negociação pré-adjudicatória se encontra vedada –, a possibilidade "en accord avec le candidat retenu, de procéder à une mise au point des composantes du marché sans que ces modifications puissent remettre en cause les caractéristiques substantielles de l'offre ni le classement des offres".

[709] No fundo, um *ius variandi* semelhante ao reconhecido à Administração no âmbito do contrato administrativo.

[710] Este preceito não tem precedente na nossa legislação.

os "termos ou condições" da proposta adjudicada, respeitantes a aspectos da execução do contrato não regulados pelo caderno de encargos[711], por

---

[711] Uma vez que não se exige o acordo do adjudicatário, nem a referência a razões de interesse público, consideramos que este preceito deve merecer uma interpretação, no mínimo, cautelosa. Desde logo, deverão ser considerados aspectos da execução do contrato *regulados pelo caderno de encargos* (e, portanto, afastados de uma eventual exclusão pós--adjudicatória) todos os aspectos previstos nesta peça do procedimento e não submetidos à concorrência. O mesmo se diga quanto aos aspectos submetidos à concorrência para os quais foram fixados parâmetros base. Em ambos os casos, não parecem subsistir dúvidas de que é o caderno de encargos que disciplina estes aspectos, não podendo as propostas, sob pena de exclusão [art. 70.º, n.º 2, alínea b)], desrespeitá-los. Os aspectos da execução do contrato submetidos à concorrência, para os quais não tenham sido fixados parâmetros base, devem também, para este efeito, ser considerados como "regulados pelo caderno de encargos". Com efeito, pode acontecer que um determinado aspecto não permita ou exija a fixação de limites (*v.g.* num procedimento para a aquisição de computadores portáteis, o caderno de encargos submete à concorrência a incorporação nos aparelhos, sem mais, de um leitor de DVD equipado com a tecnologia "blu-ray"). Apesar de não estarem definidos limites, o caderno de encargos não deixa de prever esse aspecto e, neste sentido, de o disciplinar. Aliás, o simples facto de o caderno de encargos consagrar o referido aspecto obriga a que seja relevado pelo programa de concurso na densificação do critério de adjudicação (cfr. 75.º, n.º 1).

Certo é que, mesmo não regulado pelo caderno de encargos, cada aspecto de execução do contrato, incluído na proposta do adjudicatário, terá, em regra, um determinado valor económico. A questão está em saber se, com a exclusão de determinado aspecto, a entidade adjudicante poderá também proceder a uma redução unilateral do preço incluído na proposta (*maxime* nos casos em que é apresentado um documento contendo os preços unitários). Consideramos que esta hipótese será de afastar (pelo menos, sempre que o programa do procedimento não a preveja e discipline expressamente), não só quando o preço (que, para o que aqui releva, é um *aspecto da execução do contrato* – cfr. 74.º, n.º 2) é objecto de regulação pelo próprio caderno de encargos [através da fixação de um preço base – cfr. art. 47.º, n.º 1, alínea a), e n.º 5], mas também nos casos em que isso não acontece. O preço (mesmo quando apresentado um documento com os preços unitários) é um elemento essencial da proposta e envolve uma actividade criativa do concorrente (este pode apresentar um preço unitário mais baixo para um determinado aspecto porque compensa esse valor estabelecendo um preço unitário mais elevado para outro aspecto, que lhe permite obter um preço global aceitável). Pelo que, a existir uma modificação pós-adjudicatória do preço, esta dever-se-á realizar por acordo entre as partes e nos termos do art. 99.º. Pela mesma ordem de razões, uma exclusão que implique um custo acrescido para o adjudicatário deve merecer a sua anuência. BERNARDO AZEVEDO sustenta mesmo que a exclusão de termos e condições da proposta adjudicada (quaisquer que eles sejam), sem apelo ao mecanismo negocial previsto no art. 99.º, surge como uma solução desrazoável, já que tais termos e condições "podem ter um peso absolutamente vital na economia da sua proposta em ordem a assegurar a respectiva exequibilidade no plano prático, quer do ponto de vista económico-financeiro, quer do ponto de vista técnico-qualitativo" – cfr. "Adjudicação e Celebração do Contrato no Código dos Contratos Públicos", cit., p. 258.

os não considerar *estritamente necessários* à execução do contrato ou por os reputar de *desproporcionados*.

Diferentemente se passam as coisas com as alterações a que se reporta o art. 99.º do CCP, em que não há qualquer imposição por parte da entidade adjudicante. Porém, tal não equivale a dizer que os aludidos "ajustamentos" são o resultado de uma negociação entre as partes. Aliás, a redacção conferida aos preceitos sugere, até, a inexistência de uma verdadeira interacção dialógica da entidade adjudicante e do adjudicatório: a primeira limitar-se-ia a propor ajustamentos ao conteúdo do contrato a celebrar (art. 99.º), identificando-os (art. 100.º, n.º 1), e o segundo teria o direito (potestativo) de os aceitar ou não, sendo que a recusa os expurgaria do conteúdo do contrato (arts. 101.º e 102.º, n.ºs 1 e 3). Tais "ajustamentos" não decorreriam, assim, de um diálogo negocial entre as partes, sendo antes fruto de uma construção autónoma da Administração, a que o adjudicatário se limitaria a aderir ou não[712].

Ensina-nos, porém, a experiência que estas alterações pós-adjudicatórias são quase sempre resultado de duras negociações, em que as partes vão aproximando, de forma progressiva, as suas diferentes perspectivas até lograrem um entendimento. Na verdade, seria ingénua a entidade adjudicante que, ao tentar introduzir, sozinha, alterações ao projecto contratual, se colocaria à mercê do poder de rejeição de um adjudicatário (qual construção de um castelo de areia).

Os "ajustamentos" consagrados no art. 99.º pressupõe, assim (diríamos que quase necessariamente), uma negociação entre a entidade adjudicante e o seu futuro co-contratante[713]. O "rígido" caminho previsto nos arts. 100.º e ss. mais não é do que um *posterius* relativamente à co-construção das alterações a introduzir no projecto contratual.

---

[712] Em abono desta tese poder-se-á ainda referir que, na primeira versão do anteprojecto do Código, submetida à discussão pública, previa-se que a "entidade adjudicante e o adjudicatário podem, (...) *acordar* ajustamentos ao conteúdo do contrato", enquanto a redacção final estabelece que "o órgão competente para a decisão de contratar pode *propor* ajustamentos ao conteúdo do contrato" (realce nosso).

[713] Neste sentido, MARCELO REBELO DE SOUSA e ANDRÉ SALGADO DE MATOS referem que "a formulação de ajustamentos ao conteúdo do contrato a celebrar abre, na realidade, uma subfase de negociação no procedimento pré-contratual" – cfr. *Contratos Públicos – Direito Administrativo Geral*, cit., p. 110. Também JORGE ANDRADE DA SILVA alude a "uma espécie de «enxerto» ou subfase de negociação nesta fase do procedimento" – cfr. *Código dos Contratos Públicos Comentado e Anotado*, cit., p. 359.

Os arts. 99.° e ss. do CCP, que admitem expressamente a realização de "ajustamentos ao conteúdo do contrato a celebrar", parecem pressupor a observância da forma escrita[714]. A questão está, portanto, em saber se, nos casos em que o contrato não é reduzido a escrito (por a lei não exigir ou por permitir a sua dispensa[715]), poderá existir uma negociação pós--adjudicatória entre a entidade adjudicante e o titular da proposta vencedora.

Não podemos negar que a existência de um documento escrito (em suporte papel ou informático) ajuda a separar o que é ainda "encontro" da proposta vencedora com o caderno de encargos, do que é já uma alteração a estes documentos, protegendo-se, assim, o adjudicatário (de eventuais abusos por parte da Administração) e os concorrentes preteridos (de uma subversão do procedimento). A forma escrita é, portanto, um importante aliado na defesa dos princípios da igualdade, transparência, concorrência e boa fé. Parece-nos, no entanto, que estes princípios não serão beliscados se, apesar de o contrato não ser reduzido a escrito, a entidade adjudicante individualizar as alterações introduzidas na sequência da negociação pós-adjudicatória e, após a sua aceitação por parte do adjudicatário, as notificar aos demais concorrentes. A identificação das modificações, a sua acei-

---

[714] Os arts. 100.° a 103.° aludem à proposição, identificação, aceitação (expressa ou tácita) e recusa dos "ajustamentos" por referência à *minuta do contrato*, a qual só existe se este for reduzido a escrito.

[715] A regra é a de que o contrato deve ser reduzido a escrito (art. 94.°, n.° 1). O n.° 1 do art. 95.° prevê os casos em que não é exigida a forma escrita. A inexigibilidade pode fundar-se exclusivamente no preço contratual [alínea a). Cfr. ainda o art. 128.°, n.° 3]; no preço contratual e na "muito reduzida" complexidade técnica do contrato [aliena d)]; no preço contratual (que determina a não sujeição à fiscalização prévia do Tribunal de Contas) e no facto de se tratar de um contrato de execução rápida e tendencialmente instantânea [alínea c)]; ou na prévia redução a escrito de um contrato mais abrangente [alínea b)]. Com base em (*i*) razões de segurança pública; (*ii*) "motivos de urgência imperiosa resultante de acontecimentos imprevisíveis", que tornem necessária a imediata execução do contrato; (*iii*) e utilização de um concurso público urgente (a "decisão fundamentada", a que se refere o proémio do n.° 2, bastar-se-á aqui com a mera remissão para a modalidade de concurso público utilizada), o Código permite que se dispense a forma escrita (art. 95.°, n.° 2). Mesmo quando o programa de procedimento prevê a redução a escrito pensamos que, se as circunstâncias previstas nos dois primeiros casos (e que justificam a dispensa) ocorrerem após a elaboração da referida peça, a forma escrita poderá ainda ser dispensada. Tal já não acontecerá se as referidas circunstâncias eram conhecidas à data da elaboração do programa do procedimento ou se for mobilizado um concurso público urgente. Nestes casos, dever-se-á entender que a entidade adjudicante se vinculou a observar a forma escrita.

tação pelo adjudicatário e a sua notificação aos concorrentes preteridos assegurará, para este efeito, uma protecção muito similar à conferida pela forma escrita do contrato.

Em suma, desde que o órgão competente para a decisão de contratar respeite os limites e o *iter* previstos para os "ajustamentos" ao contrato, a inexigibilidade ou a dispensa de forma escrita não constituem fundamento bastante para afastar a possibilidade de uma negociação pós-adjudicatória.

3.2.2. *Carácter facultativo*

Concluímos que, mesmo depois da escolha da melhor proposta, é possível uma interacção dialógica entre a entidade adjudicante e o adjudicatário com vista à co-construção do conteúdo do contrato a celebrar. Importa, agora, aferir se essa negociação pós-adjudicatória, admitida pelo Código, é obrigatória ou tão-só facultativa.

Relativamente à negociação realizada antes da adjudicação, vimos que, quando esta é um elemento integrante do tipo procedimental utilizado (caso do procedimento de negociação e do diálogo concorrencial) ou, não o sendo (caso de certos concursos públicos e do ajuste directo), é admitida por lei e a sua existência prevista nas peças do procedimento, a entidade adjudicante está obrigada a organizar uma fase destinada a discutir as propostas apresentadas (ou as soluções avançadas), bem como a cumprir a tramitação subsequente (*maxime*, a apresentação da "BAFO" e a elaboração do segundo relatório preliminar, quando este tenha lugar). Ou seja, a Administração está aí obrigada a negociar.

O mesmo não acontece com a *negociação pós-adjudicatória*. Nesta fase, a Administração dispõe de uma margem de liberdade para, em função da avaliação das necessidades de interesse público que o contrato visa satisfazer, decidir se é ou não necessário alterar o conteúdo do projecto que resulta da fusão do caderno de encargos com a proposta vencedora[716]. Caso conclua em sentido afirmativo, a Administração pode ainda optar por negociar as alterações com o adjudicatário ou limitar-se a propô-las, seguindo o "rígido" procedimento previsto nos arts. 100.° e ss. e sujeitando-se ao poder de veto de que este dispõe.

---

[716] A natureza discricionária desta decisão é denunciada, desde logo, pela utilização do verbo "poder" no n.° 1 do art. 99.°.

Não basta, porém, que a Administração decida negociar. É também necessário que o concorrente vencedor aceite fazê-lo. Na verdade, a ausência de uma *estrutura negocial*, semelhante à prevista no Código para a *fase de negociação*, e a consagração, no art. 103.º, n.º 2, de um direito de veto[717], denunciam que, tal como a Administração, o adjudicatário não está, à partida, obrigado a participar numa negociação destinada a introduzir ajustamentos ao conteúdo do projecto contratual.

Em suma, após a adjudicação, nem a Administração, nem o adjudicatário estão *legalmente* vinculados a negociar o conteúdo do contrato a celebrar. Não se afasta, porém, a possibilidade de o programa do procedimento estabelecer a obrigação de negociações pós-adjudicatórias. A ausência de uma rígida disciplina legal em relação à matéria (existência/inexistência de negociação pós-adjudicatória) permite à Administração, desde que respeitados os limites impostos pelos arts. 99.º e ss. e os princípios fundamentais da contratação pública, conformar parcialmente o momento que antecede a celebração do contrato, prevendo aí uma fase negocial. A natureza regulamentar do programa do procedimento faz com que o adjudicatário esteja obrigado a negociar e a Administração auto-vinculada a fazê-lo. O adjudicatário estará também vinculado a negociar quando a Administração condicionar a adjudicação à realização de negociações[718].

No entanto, como resulta da própria natureza da negociação, quer esta esteja prevista nas peças do procedimento ou seja aposta como condição ao acto adjudicatório, qualquer alteração ao projecto contratual carecerá sempre da aceitação do adjudicatário. Como referem Mário Esteves de Oliveira e Rodrigo Esteves de Oliveira, "se determinada proposta foi considerada como a "melhor", o respectivo concorrente tem direito à adjudicação (e ao contrato) com base no que dela resulta, não podendo a enti-

---

[717] Se a lei lhe dá o poder de vetar as alterações propostas, certamente o exime de as negociar.

[718] Admitindo a condicionabilidade do acto de adjudicação à realização de negociações *v*. MÁRIO ESTEVES DE OLIVEIRA e RODRIGO ESTEVES DE OLIVEIRA, *Concursos e Outros Procedimentos de Adjudicação Administrativa – das Fontes às Garantias*, cit., pp. 550-561. Contra *v*. FAUSTO DE QUADROS, "O Concurso Público na Formação do Contrato Administrativo", cit., p. 716 e ss. e MARCELO REBELO DE SOUSA, *O Concurso Público na Formação do Acto Administrativo*, cit., p. 75. Quanto aos concursos de direito privado, MENEZES CORDEIRO considera que a possibilidade de o seu autor condicionar a adjudicação "deve constar, de modo inequívoco, da própria abertura" – cfr. "Da Abertura de Concurso para a Celebração de um Contrato no Direito Privado", cit., p. 74.

dade adjudicante obrigá-lo a alterá-la para que a adjudicação (legalmente devida) produza os seus efeitos"[719]. Caso contrário, estar-se-ia a criar uma fase unicamente destinada a pressionar (para não dizer mesmo "espremer") o adjudicatário a oferecer melhores condições.

3.2.3. Os limites

3.2.3.1. As exigências de interesse público

Nos termos do art. 99.°, n.° 1, são admitidos ajustamentos ao conteúdo do contrato "desde que estes resultem de exigências de interesse público". Se dúvidas pudessem existir, a norma em questão identifica o "leitmotiv" de qualquer alteração pós-adjudicatória: a resposta a exigências ditadas pelo interesse público.

Apesar de o conceito de interesse público ser "daqueles cuja evidência intuitiva não facilita em muito a definição"[720], podemos afirmar, com Vieira de Andrade, que, numa comunidade politicamente organizada, um determinado interesse só poderá ser considerado um *interesse público* "se for como tal reconhecido ou qualificado por uma autoridade dotada de poder normativo". Pelo que, o interesse público pressupõe a concretização e escolha das "necessidades sociais, de natureza material ou espiritual, cuja satisfação se considera relevante para a comunidade em termos de dever ser assegurada, em maior ou menor grau, através de meios públicos, normativos e práticos"[721].

A realização do interesse público constituirá o "momento teleológico" subjacente a toda a actividade administrativa[722]. A Administração,

---

[719] Cfr. *Concursos e Outros Procedimentos de Adjudicação Administrativa – das Fontes às Garantias*, cit., p. 554. No mesmo sentido, *v.* FILIPA CALVÃO, "A Recorribilidade do Acto de Adjudicação Condicionado" in *Cadernos de Justiça Administrativa*, n.° 12, Novembro-Dezembro 1998, p. 27.

[720] SÉRVULO CORREIA, "Os Princípios Constitucionais da Administração Pública", cit., p. 662.

[721] "Interesse Público", in *Dicionário Jurídico da Administração Pública*, Vol. V, Lisboa, 1993, p. 276.

[722] Quer essa actividade seja "levada a cabo através dos meios jurídico-públicos ou através das formas de organização ou de actuação de direito privado" – cfr. MARIA JOÃO ESTORNINHO, *A Fuga para o Direito Privado – Contributo para o Estudo da Actividade de Direito Privado da Administração Pública*, Coimbra, Almedina, 1996, pp. 172 e 173.

"mesmo no uso de poderes discricionários, não pode prosseguir uma qualquer finalidade, mas apenas a finalidade considerada pela lei ou pela Constituição, que será sempre uma finalidade de interesse público"[723].

Um dos corolários do *princípio da prossecução do interesse público* é o *dever de boa administração*, que exige à Administração que adopte "em relação a cada caso concreto as melhores soluções possíveis, do ponto de vista administrativo (técnico e financeiro)"[724]. Assim, para prosseguir o interesse público "ao nível da formação dos contratos, a administração deve procurar a optimização das necessidades colectivas que lhe incumba prosseguir"[725].

Neste sentido, os "ajustamentos ao conteúdo do contrato", co-construídos pela entidade adjudicante e pelo adjudicatário, deverão ter como único fim a optimização da satisfação das necessidades colectivas que motivaram a celebração do respectivo contrato[726].

Está, assim, excluída a possibilidade de alterações realizadas *apenas* para defender *interesses privados* (*maxime* do concorrente vencedor). É o caso dos ajustamentos cujo fim seja tão-só o de melhorar a remuneração do adjudicatário ou o de reduzir as prestações a que este se vinculou no âmbito do procedimento. Ainda que estas alterações – movidas apenas por interesses privados – não ponham em causa a designada "equação adjudicatória" (não desvirtuando o projecto contratual submetido à concorrência e não tendo impacto ao nível da ordenação das propostas), as mesmas não devem ser aceites, por não pretenderem prosseguir o interesse público[727].

---

[723] GOMES CANOTILHO e VITAL MOREIRA, *Constituição da República Portuguesa Anotada*, cit., p. 922.

[724] FREITAS DO AMARAL, *Curso de Direito Administrativo*, Vol. II, cit., p. 38.

[725] MARCELO REBELO DE SOUSA e ANDRÉ SALGADO DE MATOS, *Contratos Públicos – Direito Administrativo Geral*, cit., p. 74. Os AA. utilizam uma formulação muito semelhante à contida no art. 7.º, n.º 2, do Decreto-Lei n.º 197/99, de 8 de Junho, nos termos do qual se estabelecia que "na formação e execução dos contratos, as entidades adjudicantes devem optimizar a satisfação das necessidades que a lei define como suas atribuições".

[726] Neste sentido se tem pronunciado também a jurisprudência francesa a propósito da "mise au point" admitida pelo Code des Marchés Publics – cfr. FLORIAN LINDITCH, *Le Droit des Marchés Publics*, 2.ª edição, Paris, Dalloz, 2002, p. 45.

[727] A necessidade de prosseguir o interesse público faz com que não seja transmitida a ideia (errada) aos concorrentes, segundo a qual tudo devem fazer para "vencer" o concurso pois após a adjudicação, e em sede de ajustamentos ao conteúdo do projecto contratual, poderão "melhorar" a sua posição. Chamando a atenção para o carácter pernicioso desta ideia *v.* OMER DEKEL, "Modification of a Government Contract Awarded Following a Competitive Procedure", cit., p. 411.

Não serão também de admitir modificações à proposta adjudicada que atendam a necessidades colectivas cuja satisfação não caiba na esfera de atribuições da entidade adjudicante[728]. Tal como, em princípio, será de negar a introdução de alterações que não visem "o concreto interesse público normativamente definido para o exercício da competência em causa"[729], mesmo que tais alterações possam ir ao encontro de outras atribuições dessa entidade adjudicante[730].

A grande questão está em saber se a resposta a exigências ditadas pelo interesse público tem de se manifestar em cada uma das alterações introduzidas (quando individualmente consideradas) ou se, ao invés, é por referência ao conjunto dos ajustamentos realizados (visto como um todo) que deve ser aferida a finalidade de optimização das necessidades públicas a satisfazer com o contrato. Atenta a natureza da negociação aqui pressuposta, parece-nos que a última surge como a única resposta coerente.

Na verdade, sustentar o contrário seria, na prática, transformar a negociação pós-adjudicatória e, consequentemente, os "ajustamentos" admitidos pelo Código, numa mera ilusão, tirando com uma mão aquilo que (tão-só aparentemente) o legislador oferece com a outra. Salvo alguns casos contados, em que a prossecução do interesse público coincide com o interesse (privado) do adjudicatário ou é irrelevante para este, uma alteração que tenha por objectivo optimizar a satisfação das necessidades colectivas ao cuidado da entidade adjudicante implicará, em regra, um agravamento das condições contratuais do adjudicatário. Pelo que, exigir que cada alteração tenha de dar resposta a uma exigência resultante do

---

[728] Tal sucederia, por exemplo (absurdo, é certo), se, no âmbito de um procedimento destinado à aquisição de serviços de produção, planeamento e compra de espaço nos meios de comunicação para uma campanha publicitária destinada a combater o uso de substâncias psicoactivas, o Instituto da Droga e da Toxicodependência, I.P. (entidade adjudicante) acordasse com o concorrente vencedor uma alteração à proposta adjudicada, nos termos da qual este se obrigaria a proceder ao restauro, sem custos, do telhado de um monumento existente no município em que se encontra a sua sede.

[729] MARCELO REBELO DE SOUSA e ANDRÉ SALGADO DE MATOS, *Direito Administrativo Geral – Introdução e Princípios Fundamentais*, cit., p. 206.

[730] O que aconteceria se, no exemplo constante da penúltima nota, a entidade adjudicante fosse o Instituto Português do Património Arquitectónico (em lugar do IDT). Na verdade, a alteração introduzida (restauro do telhado de um monumento), apesar de compreendida no âmbito das suas atribuições, é estranha ao interesse público definido para a competência que permitiu ao IPPAR abrir o procedimento em questão (a divulgação e promoção do património cultural português).

interesse público, seria afirmar que a Administração parte para esta negociação sem qualquer "margem de manobra", em nada podendo transigir para que o adjudicatário aceite alterar o que inicialmente ofereceu. Ora, num contexto negocial em que aquilo que a entidade adjudicante tem para oferecer é uma "mão cheia de nada", por muito filantropo que seja, o adjudicatário tenderá a não aceitar qualquer alteração à sua proposta, votando as negociações ao (quase certo) fracasso.

Só com a perspectiva do todo (do conjunto das alterações introduzidas), em que cada uma das partes (cada um dos "ajustamentos") se integra, se poderá retirar uma conclusão quanto ao escopo das mudanças operadas. Com efeito, uma concreta alteração que, de per si, parece responder a uma exigência de interesse público, pode "esconder" um conjunto de alterações realizadas com o único fito de acomodar os interesses do adjudicatário. A inversa também pode ser verdadeira: uma mudança que, quando microscopicamente olhada, não corresponde a qualquer ditame de interesse público, se analisada no âmbito do complexo de alterações realizadas, revela uma optimização das necessidades colectivas a que o contrato pretende dar satisfação[731].

Esta exigência impedirá, desde logo, que os concorrentes tentem vencer o concurso através da apresentação de propostas "demasiado" favoráveis para a Administração na expectativa de que as mesmas sejam alteradas após a adjudicação[732].

Para que o conjunto de modificações introduzidas dê resposta a exigências ditadas pelo interesse público, não é necessário que o equilíbrio contratual, até então existente, seja alterado a favor da Administração.

---

[731] Imagine-se que em causa estava a formação de um contrato de aquisição de aeronaves para o combate a fogos florestais, no qual se incluía também a necessária instrução dos pilotos, e que a proposta vencedora oferecia 1400 horas de formação e treino. Suponha-se agora que, mantendo a "equação adjudicatória", a entidade adjudicante acordava com o adjudicatário em reduzir o tempo de formação e treino a cargo do adjudicatário para 800 horas, obrigando-se este a colocar e manter, pelo período de 10 anos, um simulador de voo nas instalações da entidade adjudicante. Ora, se nos focássemos apenas no número de horas de formação, o "ajustamento" em nada teria beneficiado o interesse público. No entanto, se olharmos para o conjunto das alterações, verificamos que, com a instalação do simulador, as horas de treino poder-se-ão multiplicar ao longo do tempo, garantindo não só a formação dos actuais, mas também de futuros pilotos. Neste sentido, as modificações introduzidas parecem ter optimizado a satisfação das necessidades colectivas ao cuidado da entidade adjudicante.

[732] Cfr. Sue Arrowsmith, *The Law of Public and Utilities Procurement*, 2.ª edição, cit., p. 547.

Exige-se apenas que a única finalidade (do lado da entidade adjudicante, claro está) subjacente aos ajustamentos seja a de satisfazer o interesse público subjacente ao objecto do contrato.

Não há, assim, que proceder a uma análise económica dos ajustamentos realizados, tentando aferir quem ficou a ganhar (ou a ganhar mais) com as alterações[733]. Embora tal constitua um indício, não é de rejeitar que a prossecução do interesse público se possa ainda fazer através da manutenção do referido equilíbrio contratual ou, até, da sua alteração a favor do adjudicatário. Pelo que, diferentemente do que se previa na anterior legislação, não se exige que as alterações "sejam inequivocamente em benefício da entidade adjudicante".

3.2.3.2. *A manutenção da "equação adjudicatória"*

3.2.3.2.1. Considerações gerais

Não basta, porém, que a negociação pós-adjudicatória pretenda dar resposta a exigências ditadas pelo interesse público. É ainda necessário que o resultado dessa negociação (os "ajustamentos" introduzidos) seja de molde a não afectar a "equação adjudicatória", cujos termos essenciais são o projecto contratual submetido à concorrência e o lugar ocupado pela proposta vencedora.

Caso contrário, não estaremos perante um verdadeiro procedimento de adjudicação, em que a Administração identifica a melhor proposta, obrigando-se a contratar com o seu autor. Admitir a modificação da estrutura do projecto contratual, sobre que incidiu a resposta dos concorrentes, ou a alteração de aspectos da proposta que determinariam que fosse outra a oferta eleita, seria transformar a adjudicação num acto meramente destinado a escolher um determinado sujeito com quem a Administração construiria o respectivo contrato, esquecendo que, na sua essência, ela identifica a solução que melhor serve as concretas necessidades submetidas à concorrência[734].

---

[733] Uma abordagem deste tipo envolveria sempre um juízo acerca do "mérito" da actuação administrativa, sendo, como tal, apenas sindicável na esfera da Administração.

[734] Neste sentido *v.* OMER DEKEL, "Modification of a Government Contract Awarded Following a Competitive Procedure", cit., p. 411. Contrariamente ao sustentado por FAUSTO DE QUADROS (cfr. "O Concurso Público na Formação do Contrato Administrativo", cit., p. 717), consideramos que a natureza e função da adjudicação não serão desvirtuadas se esta não fixar, de forma definitiva, o conteúdo do respectivo contrato. Tal só acontecerá

Além de desvirtuar a natureza e a função do procedimento adjudicatório, as referidas alterações violam o princípio da igualdade e da imparcialidade da Administração. Na verdade, o fundamento para que, após a adjudicação, o concorrente vencedor seja tratado de forma diferente dos demais (uma vez que estes já não podem alterar as suas ofertas), reside no facto de ter sido encontrada a proposta que melhor serve o interesse público[735]. No entanto, ela só é a *melhor proposta* porque, enquanto resposta ao projecto contratual submetido à concorrência, obteve uma classificação superior às demais. Ora, se os "ajustamentos" vierem modificar a configuração do caderno de encargos ou revelar que, se introduzidos antes da adjudicação, teria sido outra a proposta vencedora, já não se poderá sustentar que aquela é a *melhor proposta*. No primeiro caso, porque é impossível prever a concreta resposta que os concorrentes preteridos dariam se tivessem conhecido o novo projecto contratual. No segundo, porque, perante a nova realidade, a proposta adjudicada deixaria de ser a melhor classificada. Se já não podemos afirmar que ela é a *melhor proposta*, desaparece a razão que fundamenta a diferença de tratamento.

As alterações que ponham em causa a "equação adjudicatória" revelam, assim, um favorecimento injustificado do adjudicatário face aos concorrentes preteridos. No caso da reconfiguração do projecto contratual, só o primeiro tem a oportunidade de responder ao novo caderno de encargos, desconhecendo-se em que termos os demais concorrentes (reais e potenciais) o fariam. No caso de os "ajustamentos" mostrarem que seria outra a proposta melhor classificada, o adjudicatário irá celebrar o contrato com a Administração apesar de, a final, não ser ele o autor da proposta (materialmente) ordenada em primeiro lugar.

A alteração da "equação adjudicatória" desrespeita ainda o princípio da boa fé, na sua modalidade de protecção da confiança: com a abertura do procedimento, os interessados confiaram que a adjudicação elegeria a proposta que, em resposta ao caderno de encargos submetido à concorrência, ficasse classificada em primeiro lugar. Tal confiança é violada quando a configuração desta peça do procedimento é alterada e/ou são introduzi-

---

se as negociações (e subsequentes alterações) puserem em causa a já referida "equação adjudicatória".

[735] Neste sentido parecem apontar MÁRIO ESTEVES DE OLIVEIRA e RODRIGO ESTEVES DE OLIVEIRA, *Concursos e Outros Procedimentos de Adjudicação Administrativa – das Fontes às Garantias*, cit., p. 557.

das alterações que, se realizadas antes, determinariam que fosse outra a proposta adjudicada.

A perversão da "equação adjudicatória" redundaria, por fim, numa frustração da concorrência, quer da *concorrência real ou efectiva* (a que envolve os interessados que se apresentaram a concurso), quer da *concorrência potencial* (que atende aos interessados que, apesar de não terem participado no procedimento, à luz da nova versão do caderno de encargos teriam conseguido e/ou optado por apresentar a sua candidatura e/ou proposta)[736].

Se, como refere Rui Medeiros, a delimitação do *âmbito de aplicação* da Parte II do Código revela uma "opção *amiga* da concorrência"[737], o regime respeitante às alterações ao projecto contratual, decorrentes de uma negociação pós-adjudicatória, deve também ser compreendido à luz do princípio da concorrência. Este princípio visa, por um lado, proteger o normal funcionamento do mercado e os candidatos/concorrentes (reais e potenciais) que nele se movimentam e, por outro, "a melhor prossecução do interesse público que preside à celebração do contrato, na medida em que a concorrência permite em regra que aquela se faça nas melhores condições financeiras para a administração"[738].

Para garantir uma tutela judicial efectiva destes terceiros (concorrentes preteridos e potenciais candidatos ou concorrentes)[739] e o respeito

---

[736] Conforme referem MARCELO REBELO DE SOUSA e ANDRÉ SALGADO DE MATOS, importa assegurar que as alterações introduzidas ao contrato "não redundam numa frustração da concorrência, quer em relação aos interessados preteridos, quer àqueles que optaram por não se apresentar ao procedimento pré-contratual" – cfr. *Contratos Públicos – Direito Administrativo Geral*, cit., p. 110. No mesmo sentido *v*. OMER DEKEL, "Modification of a Government Contract Awarded Following a Competitive Procedure", cit., p. 410.

[737] Nas palavras do A. é o princípio da concorrência "que confere *unidade de sentido* às soluções do Código neste domínio" – cfr. "Âmbito de Aplicação da Contratação Pública à Luz do Princípio da Concorrência", in *Cadernos de Justiça Administrativa*, n.º 69, Maio-Junho 2008, p. 3.

[738] MARCELO REBELO DE SOUSA e ANDRÉ SALGADO DE MATOS, *Contratos Públicos – Direito Administrativo Geral*, cit., p. 75.

[739] Cfr. CARLOS CADILHA, "Legitimidade Processual", in *Cadernos de Justiça Administrativa*, n.º 34, Julho-Agosto 2002, p. 13; VASCO PEREIRA DA SILVA, *O Contencioso Administrativo no Divã da Psicanálise – Ensaio sobre as Acção no Novo Processo Administrativo*, Coimbra, Almedina, 2005, p. 468 e MÁRIO AROSO DE ALMEIDA, *O Novo Regime do Processo nos Tribunais Administrativos*, 4.ª edição, Coimbra, Almedina, 2005, pp. 35 e 36.

pelos princípios que disciplinam a formação dos contratos públicos[740], o CPTA alargou, face à legislação anterior, a legitimidade para pedir a invalidade (total ou parcial) do contrato a quem (*i*) "tendo participado no procedimento que precedeu a celebração do contrato, alegue que o clausulado não corresponde aos termos da adjudicação" – art. 40.º, n.º 1, alínea e); (*ii*) "alegue que o clausulado do contrato não corresponde aos termos inicialmente estabelecidos e que justificadamente o tinham levado a não participar no procedimento pré-contratual, embora preenchesse os requisitos necessários para o efeito" – art. 40.º, n.º 2, alínea f)[741].

Mário Esteves de Oliveira e Rodrigo Esteves de Oliveira referem que a desconformidade do contrato com a adjudicação ou com as peças do procedimento (*maxime*, o caderno de encargos) constitui apenas um factor de legitimidade (respeitante a um certo fundamento de invalidade do contrato) e não a uma condição suficiente de procedência da acção[742]. No primeiro caso, "é preciso demonstrar, além da desconformidade «textual» do contrato com os termos (explícitos ou pressupostos) da adjudicação, que essa divergência constitui uma violação de qualquer princípio ou regra legal aplicável na matéria (...), por exemplo, que se a adjudicação tivesse sido decidida em função dos dados divergentes que agora constam do contrato (sem que haja motivo justificado para essa divergência), a classificação das propostas na fase do concurso já não teria sido a mesma"[743]. No segundo, o juiz teria de analisar "em que

---

[740] Cfr. PEDRO GONÇALVES, *O Contrato Administrativo – Uma Instituição do Direito Administrativo do Nosso Tempo*, cit., p. 154; VIEIRA DE ANDRADE, *A Justiça Administrativa (Lições)*, 10.ª edição, cit., p. 198 e MARIA JOÃO ESTORNINHO, *Direito Europeu dos Contratos Públicos – Um Olhar Português*, cit., p. 429.

[741] Para que todos os potenciais concorrentes estejam protegidos, esta norma deve ser interpretada no sentido de se reconhecer legitimidade para pedir a invalidação do contrato não só aos interessados que, pela negativa, decidiram não ir a concurso por causa dos termos das peças concursais (para o que nos interessa, do caderno de encargos) que não foram mantidos no clausulado do contrato, mas também a quem, pela positiva, face aos "novos" aspectos constantes do contrato (a que o caderno de encargos não aludia), teria optado por participar no procedimento.

[742] *Código de Processo nos Tribunais Administrativos*, Vol. I, Coimbra, Almedina, 2006, pp. 286 e 288.

[743] MÁRIO ESTEVES DE OLIVEIRA e RODRIGO ESTEVES DE OLIVEIRA, *Código de Processo nos Tribunais Administrativos*, cit., p. 287. Referem os AA. que, para propor a acção tendente à invalidação do contrato, não basta invocar a qualidade de participante no procedimento que antecedeu a celebração do contrato. É ainda necessário que o concorrente tenha "sido aí classificado em condições de a sua proposta poder ser adjudicada". Os con-

medida a desconsideração contratual de certos elementos patenteados é ilegal"[744].

Se a existência de uma desconformidade entre o conteúdo do contrato e os termos da adjudicação não parece bastar para a construção da *causa de pedir*[745], sendo ainda necessário que haja uma violação da "equação adjudicatória", entendemos que a discrepância (decorrente de alterações pós-adjudicatórias) entre o clausulado do contrato e o disposto no caderno de encargos, que (pela negativa) tenha estado na base da não apresentação de um determinado interessado a concurso ou que (pela positiva) determinaria a participação de outros candidatos e/ou concorrentes, é suficiente para a procedência da respectiva acção. Forçoso se torna, no entanto, que exista uma verdadeira *desconformidade* entre o contrato e o caderno de encargos e não uma mera diferença de interpretação.

A manutenção da "equação adjudicatória" só é exigível, nos termos descritos, quando no procedimento tenha existido uma efectiva disputa entre vários concorrentes. Caso contrário[746], não será necessário comprovar que, se os ajustamentos tivessem sido realizados antes da adjudicação, não seria outra (porque inexistente) a proposta vencedora. Neste caso, a negociação pós-adjudicatória não estará limitada pelo segundo pólo da referida equação.

Se a ausência de concorrência se ficou a dever ao facto de apenas um operador económico ter sido directamente (sem apelo público à participação de outros interessados) convidado a apresentar proposta, é ainda de admitir uma negociação pós-adjudicatória que resulte numa alteração da estrutura do projecto contratual delineado pela entidade adjudicante.

---

correntes excluídos, bem como aqueles cujas propostas foram excluídas ou consideradas inaceitáveis, que não tenham impugnado o acto de exclusão ou de não classificação, não terão legitimidade para impugnar o respectivo contrato.

[744] MÁRIO ESTEVES DE OLIVEIRA e RODRIGO ESTEVES DE OLIVEIRA, *Código de Processo nos Tribunais Administrativos*, cit., p. 288.

[745] A causa de pedir "é constituída pelos factos concretos e pelas razões de direito em que se baseia a pretensão e há-de ser adequada a fundamentar cada acção em concreto" – VIEIRA DE ANDRADE, *A Justiça Administrativa (Lições)*, 10.ª edição, cit., pp. 292 e 293.

[746] A ausência de uma concorrência efectiva pode ficar a dever-se a várias circunstâncias, designadamente ao facto de (*i*) apenas um operador económico ter sido convidado pela entidade adjudicante a apresentar proposta; (*ii*) apesar de convidadas várias entidades ou realizado um público apelo à concorrência, apenas um operador ter apresentado proposta; (*iii*) apesar de convidadas várias entidades ou realizado um público apelo à concorrência, todas as propostas, excepto uma, terem sido excluídas.

Esta flexibilização do primeiro pólo da "equação adjudicatória" funda-se no facto de não existirem concorrentes (reais ou potenciais) que possam ser prejudicados pela alteração. Porém, na linha da jurisprudência comunitária já analisada, esta alteração (em regra, qualificada como essencial) constitui a *adjudicação de um novo projecto contratual* e já não a *modificação do projecto contratual adjudicado*. Pelo que, a entidade adjudicante terá de analisar se, no momento em procedeu à referida alteração e por referência ao novo projecto contratual, estão reunidos os pressupostos que a autorizam a adjudicar sem prévio apelo à concorrência.

3.2.3.2.2. O respeito pelo conteúdo do caderno de encargos

Diferentemente da negociação que tem lugar antes da adjudicação, cujo objecto são as propostas apresentadas pelos concorrentes ou as soluções avançadas pelos candidatos qualificados (diálogo concorrencial), o Código prevê que os ajustamentos em análise (e, como tal, a negociação que lhes subjaz) incidem sobre "o conteúdo do contrato a celebrar" (art. 99.°, n.° 1).

A matéria sobre que recai a negociação pós-adjudicatória parece, assim, mais ampla do que o objecto da negociação realizada antes da adjudicação. Se este se reduz à resposta aos "impulsos" procedimentais da entidade adjudicante (propostas e soluções), aquela abrangeria todo o projecto contratual decorrente do "encontro" da proposta vencedora com o caderno de encargos.

Atento o seu objecto ("o conteúdo do contrato a celebrar"), à primeira vista, a negociação pós-adjudicatória poderia incidir sobre elementos (*i*) constantes do caderno de encargos e por este submetidos à concorrência[747]; (*ii*) previstos no caderno de encargos mas não sujeitos à concorrência[748]; (*iii*) presentes na proposta adjudicada para responder a aspectos submetidos à concorrência; (*iv*) patentes na proposta vencedora

---

[747] Para saber se estes aspectos integram o conteúdo do contrato a celebrar (quando, por exemplo, é a existência/inexistência de uma determinada característica técnica ou funcional que se encontra submetida à concorrência) e em que termos, é necessário atender à proposta do concorrente. O conteúdo da disposição contratual respeitante aos *aspectos da execução do contrato submetidos à concorrência* divide-se, assim, entre o caderno de encargos e a proposta do adjudicatário.

[748] Quanto a estes, é ainda possível distinguir os aspectos que carecem de uma resposta ou densificação por parte do concorrente, dos que se destinam a ser aceites (sem mais) por este – cfr. art. 57.°, n.° 1, alínea a) e Anexo I ao CCP.

para concretizar determinados aspectos não submetidos à concorrência; (v) previstos na proposta adjudicada mas não regulados pelo caderno de encargos[749]; (vi) "novos", na medida em que não faziam parte do caderno de encargos, nem da proposta. Em suma, além de alterações à proposta adjudicada e da introdução de aspectos "novos" (até então não previstos no caderno de encargos ou na proposta vencedora), parece admitir-se que a negociação pós-adjudicatória pode originar modificações do próprio caderno de encargos[750]. Trata-se, porém, de uma conclusão precipitada.

É que, nos termos da alínea a) do n.º 2 do art. 99.º, os ajustamentos decorrentes da negociação pós-adjudicatória nunca (independentemente do número de propostas analisadas e avaliadas e da consequência dessa alteração para a eventual ordenação das propostas) poderão implicar a violação dos parâmetros base (respeitantes aos aspectos da execução submetidos à concorrência) fixados no caderno de encargos ou dos aspectos da execução do contrato que a referida peça não submeteu à concorrência.

Isto quer dizer que, da lista de possíveis "objectos" da negociação pós-adjudicatória ficam, desde logo, excluídos os elementos constantes do caderno de encargos e por este não sujeitos à concorrência, bem como aqueles que, previstos na referida peça, foram submetidos à concorrência através da fixação de parâmetros base.

Estes elementos, que não podem ser violados (*rectius*, alterados), correspondem à quase totalidade do caderno de encargos. Do seu conteúdo, restam apenas os aspectos da execução submetidos à concorrência sem fixação de parâmetros base. Quanto a estes, o Código nada diz. Pelo que, se poderia pensar que são permitidos ajustamentos que impliquem uma alteração do que o caderno de encargos dispunha quanto a tais aspectos. Não é essa, porém, a leitura que se deve retirar do art. 99.º.

Tratando-se de *aspectos da execução do contrato submetidos à concorrência*, os mesmos estão (necessariamente) abrangidos pelos factores e subfactores que densificam o critério da proposta economicamente mais vantajosa, sendo, por isso, importantes (quando não mesmo determinan-

---

[749] O concorrente pode incluir na sua proposta elementos respeitantes a aspectos da execução do contrato não regulados pelo caderno de encargos (cfr. art. 96.º, n.º 4).

[750] Neste sentido poder-se-ia apontar o facto de os ajustamentos recaírem sobre o "conteúdo do contrato a celebrar" (art. 99.º, n.º 1), sendo o caderno de encargos a peça do procedimento em que podemos encontrar "as cláusulas a incluir no contrato a celebrar" (art. 42.º, n.º 1).

tes) para a adjudicação. Ora, esta circunstância é, por si só, suficiente para condicionar todo o comportamento dos interessados, quer na sua decisão de participar (ou não) no procedimento, quer na construção das respectivas propostas. Na esmagadora maioria dos casos não se poderá afirmar que, se a configuração dos referidos aspectos de execução do contrato tivesse sido, *ab initio*, a que lhe foi dada após a adjudicação, o lote de candidatos/concorrentes seria o mesmo. Perante os novos aspectos de execução do contrato, outros interessados, que decidiram não participar no procedimento, poderiam ter optado por apresentar a sua candidatura e/ou proposta. Por outro lado, não é também possível garantir que, se os concorrentes preteridos conhecessem o teor das alterações, o conteúdo das suas propostas teria sido o mesmo. Como tal, não se pode asseverar que, perante o novo caderno de encargos, a proposta adjudicada continua a ser a *melhor oferta*. Se a estrutura do projecto contratual foi mudada[751], sem que aos demais concorrentes tenha sido dada a oportunidade de reformular as suas propostas, estas deixam de ser comparáveis. A referida alteração do caderno de encargos traduzir-se-ia, assim, numa clara violação da natureza e função do procedimento adjudicatório, bem como dos princípios que o enformam.

Do silêncio da lei não deve, pois, extrair-se uma "carta branca" para modificar parte do conteúdo do caderno de encargos, mas tão-só a possibilidade de alterar a resposta, contida na proposta adjudicada, respeitante aos aspectos da execução submetidos à concorrência para os quais não foram fixados parâmetros base. À semelhança do que acontece na "fase de negociação" (pré-adjudicatória), o conteúdo do caderno de encargos não pode ser alterado.

Nesta medida, e apesar de o Código prever que os ajustamentos incidem sobre o "conteúdo do contrato a celebrar", o objecto da negociação pós-adjudicatória é (ainda) o teor da proposta adjudicada.

No entanto, diferentemente do que acontece antes da adjudicação, em que a negociação está confinada aos atributos das propostas (à resposta aos aspectos da execução submetidos à concorrência), nesta fase são ainda passíveis de ajustamento elementos da proposta adjudicada que concreti-

---

[751] A alteração de *aspectos da execução do contrato submetidos à concorrência* (independentemente de terem ou não sido fixados parâmetros base) deve qualificar-se como uma modificação de aspectos essenciais do caderno de encargos. Neste sentido, cfr. MARGARIDA OLAZABAL CABRAL, "O Concurso Público no Código dos Contratos Públicos", cit., p. 195.

zem aspectos da execução não submetidos à concorrência, desde que respeitados os limites estabelecidos pelo caderno de encargos, bem como elementos da proposta respeitantes a aspectos da execução do contrato não regulados pelo caderno de encargos[752].

Duvidosa é a questão de saber se, em resultado do processo negocial, podem ser introduzidos no projecto contratual elementos "novos", de que o caderno de encargos e a proposta adjudicada não curaram. A resposta deverá ser, em princípio, negativa. Só será de admitir a inclusão de "novos" elementos quando estes se mostrem *objectivamente indiferentes* do ponto de vista concorrencial. Para o determinar, o intérprete deverá deslocar-se mentalmente para o passado, através de um juízo *ex ante*, e ponderar se, atentas as particularidades do procedimento em questão, a previsão destes elementos no caderno de encargos teria originado a participação de outros operadores económicos e/ou uma alteração das ofertas apresentadas pelos concorrentes preteridos[753].

Nem se diga que, ao admitir-se uma negociação pós-adjudicatória nos moldes descritos, estar-se-á a promover um eventual desleixo ou "relaxamento" da Administração aquando da elaboração das peças do procedimento. Bem pelo contrário, ao afastar, em definitivo, a possibilidade de alterações pós-adjudicatórias ao caderno de encargos, o Código obriga a entidade adjudicante a ter cuidados redobrados na construção do projecto contratual que pretende submeter à concorrência.

---

[752] Aparentemente neste sentido, cfr. *Código dos Contratos Públicos e Legislação Complementar – Guias de Leitura e Aplicação*, cit., p. 797, onde se refere que "os ajustamentos ao conteúdo do contrato permitidos pelo art. 99.º do Código podem reportar-se tanto aos atributos das propostas como aos aspectos do caderno de encargos não vinculados a quaisquer parâmetros ou dentro do âmbito da variabilidade de quaisquer parâmetros aí permitida".

[753] Imagine-se que, num procedimento destinado à aquisição de serviços de produção, planeamento e compra de espaço em meios de comunicação de vários países (alguns dos quais fora da "zona euro") para uma campanha publicitária, as propostas apresentaram, em euros, os valores respeitantes aos diversos meios (por país, cidade e dia), o caderno de encargos não continha uma cláusula respeitante a revisões cambiais, esta questão nunca tinha sido suscitada durante o *iter* formativo e a proposta adjudicada (à semelhança das demais) também não lhes fazia qualquer referência. Em princípio, será de admitir a inclusão no conteúdo do contrato a celebrar de uma disposição respeitante a revisões cambiais. Na verdade, atentas as características do procedimento em apreço, a sua previsão no caderno de encargos não teria originado a participação de outros interessados, nem uma modificação das propostas apresentadas pelos concorrentes preteridos. Este "novo" elemento revela-se, assim, *objectivamente indiferente* do ponto de vista concorrencial.

Vimos que, à partida, a referida impossibilidade de se alterar o caderno de encargos será sempre aplicável, independentemente do número de propostas analisadas e avaliadas no procedimento. No entanto, como também já tivemos oportunidade de referir, nos casos em que, por se ter convidado apenas um operador económico, não tenha existido concorrência, não haverá razões para impedir que a negociação pós-adjudicatória origine uma alteração do caderno de encargos. Uma vez que o projecto contratual esboçado pela entidade adjudicante não foi submetido à concorrência, em rigor, a referida peça não contém aspectos da execução do contrato submetidos à concorrência e outros não sujeitos à concorrência. Pelo que, o disposto no art. 99.º, n.º 2, alínea a), do CCP, não é aplicável ao ajuste directo em que a entidade adjudicante convidou apenas uma entidade a apresentar proposta. Neste caso, as partes poderão negociar os aspectos incluídos no próprio caderno de encargos[754].

Importa salientar, por fim, que a possibilidade de negociação pós-adjudicatória dos atributos da proposta constitui uma novidade relativamente à legislação anterior. Como vimos, o Decreto-Lei n.º 197/99, de 8 de Junho, permitia apenas que se alterassem condições acessórias da proposta. Ora, dificilmente um atributo da proposta – que hoje deverá ser sempre objecto dos factores e subfactores que densificam o critério de adjudicação (cfr. art. 75.º, n.º 1) – poderia ser qualificado como uma condição acessória da mesma.

3.2.3.2.3. A não alteração da ordenação das propostas

Sabemos já que a adjudicação corresponde à aceitação de uma proposta e à não aceitação das demais. Apesar de rejeitadas, estas propostas não desaparecem do procedimento adjudicatório (em sentido amplo), como se nunca tivessem existido. Pelo contrário, o seu conteúdo deve continuar bem presente, passando a constituir um limite à negociação realizada após a adjudicação. Esta não pode fazer "tábua rasa" do resultado decorrente da avaliação das propostas submetidas a concurso, esquecendo o conteúdo, pontuação e lugar de cada uma.

Por isso afirmamos que, embora não seja realizada *em concorrência* (com os diversos concorrentes), a negociação pós-adjudicatória deve res-

---

[754] Desde que, no momento em que procede à referida alteração (se esta for considerada *essencial*) e por referência ao novo projecto contratual, se mantenham os pressupostos que autorizaram a adjudicação sem prévio apelo à concorrência.

peitar a concorrência (*in casu*, entre todos os interessados que participaram no procedimento). Neste sentido, a negociação nunca poderá originar a introdução de "ajustamentos" que, se realizados antes da adjudicação, teriam determinado que fosse outra (que não a adjudicada) a proposta vencedora.

Nesta linha, o art. 99.°, n.° 1, exige que, "tratando-se de procedimento em que se tenha analisado e avaliado mais de uma proposta, seja objectivamente demonstrável que a respectiva ordenação não seria alterada se os ajustamentos propostos tivessem sido reflectidos em qualquer das propostas". Trata-se de um preceito complexo, cujo conteúdo normativo importa esclarecer.

No que respeita ao seu *âmbito de aplicação*, o legislador delimita-o por referência aos procedimentos "em que se tenha analisado e avaliado mais do que uma proposta". De fora ficam, portanto, os procedimentos em que foi recebida uma única proposta (por ter sido convidada apenas uma entidade ou por só uma ter respondido ao convite ou ao anúncio) bem como aqueles em que todas as propostas, excepto a adjudicada, foram liminarmente excluídas (antes da sua avaliação).

Dúvidas subsistem quanto às situações em que, num primeiro momento, várias propostas (mais do que uma) foram objecto de análise e avaliação, mas, numa segunda fase (após o primeiro relatório final ou o segundo, caso exista), todas, com excepção da adjudicada, foram excluídas. Em rigor, ainda que inicialmente ordenada, uma proposta excluída perdeu o lugar que ocupava (deixou de estar ordenada). Nestes casos, os ajustamentos introduzidos (desde que respeitados os demais limites da negociação pós-adjudicatória) são insusceptíveis de provocar uma alteração na ordenação das propostas. Na verdade, só faz sentido que as propostas preteridas condicionem (nos termos previstos nesta norma) eventuais alterações à proposta adjudicada se aquelas estiverem aptas a ocupar o seu lugar.

Neste sentido, e em suma, a norma em apreço aplica-se a todos os procedimentos em que, além da adjudicada, tenham sido apresentadas outras propostas que, posteriormente, não foram objecto de exclusão. Sustentando esta interpretação, o art. 103.° obriga apenas a que os ajustamentos aceites pelo adjudicatário sejam notificados aos "concorrentes cujas propostas não tenham sido excluídas".

Recortado o âmbito de aplicação da norma, importa agora interpretar a solução consagrada no Código para prevenir que o produto da negociação (os "ajustamentos") desrespeite o acto adjudicatório (enquanto decisão que identifica a *melhor proposta*), os princípios fundamentais da contratação pública e a própria natureza e finalidade do procedimento.

Admitida a negociação incidente sobre os atributos (aspectos essenciais) da proposta vencedora e garantido o respeito por um dos termos da "equação adjudicatória" (o conteúdo do caderno de encargos), são concebíveis, em tese, vários critérios destinados a assegurar que a proposta adjudicada é ainda, e apesar das alterações introduzidas, a melhor resposta ao projecto contratual submetido à concorrência[755].

Antes da reforma de 1999, os AA. que defendiam a possibilidade de alteração pós-adjudicatória de aspectos essenciais da proposta[756] avançavam com um critério: permitir apenas alterações em sentido mais favorável para a Administração. Este entendimento escora-se na máxima segundo a qual se a *melhor proposta* só pode ser (na perspectiva do interesse público) *melhorada*, o referido desiderato (a qualidade de melhor resposta ao caderno de encargos) estará, à partida, garantido.

Se é inegável a bondade da ideia subjacente ao critério ("melhorar a melhor oferta"), a verdade é que o mesmo não é isento de críticas. Em primeiro lugar, ao utilizar-se um conceito com um elevado grau de indeterminação (benefício da entidade adjudicante, *i.e.* do *interesse público*), estar-se-ia a conceder à entidade adjudicante, no que respeita aos limites desta negociação, uma considerável margem de manobra num momento em que se deve garantir uma maior vinculação da sua actividade procedimental. Em segundo lugar, este critério parte de um pressuposto "perigoso" para a negociação: a de que as modificações acordadas devem, por regra, alterar, a favor da Administração (que deverá sair a ganhar ou, pelo menos, a ganhar mais do que o adjudicatário), o equilíbrio contratual decorrente do encontro do caderno de encargos com a proposta adjudicada[757]. Ora, dificilmente um adjudicatário aceitará entabular negociações sabendo, à partida, que as suas condições contratuais poderão ser agravadas. Por fim, como não promove uma comparação entre a proposta adju-

---

[755] Esta reflexão pressupõe que foi adoptado o critério da proposta economicamente mais vantajosa.

[756] Neste sentido, cfr. MARGARIDA OLAZABAL CABRAL, *O Concurso Público nos Contratos Administrativos*, cit., p. 104; MÁRIO ESTEVES DE OLIVEIRA e RODRIGO ESTEVES DE OLIVEIRA, *Concursos e Outros Procedimentos de Adjudicação Administrativa – das Fontes às Garantias*, cit. p.557.

[757] Salvo os casos em que, como já tivemos oportunidade de referir, as alterações possam beneficiar tanto a entidade adjudicante como o adjudicatário

dicada (e entretanto ajustada) e a(s) proposta(s) preterida(s), o critério não permite aferir se a "solução" vencedora foi e continua a ser a *melhor resposta* ao projecto contratual submetido à concorrência. Ele vai apenas determinar se a alteração beneficiou ou prejudicou o interesse público (questão que não se confunde com a anterior).

Apesar de o referido critério não ser desconhecido do nosso legislador (que já o havia utilizado no Decreto-Lei n.º 197/99, de 8 de Junho, para delimitar a alteração de condições acessórias), não foi esta a solução consagrada no CCP. Ao exigir a *demonstração objectiva* de que a ordenação obtida não seria alterada se os ajustamentos tivessem sido *reflectidos em qualquer das propostas*, o Código parece apontar para a necessidade de se transpor para as propostas preteridas as alterações introduzidas à proposta adjudicada. Após a referida transposição, as propostas seriam submetidas a uma nova avaliação destinada a aferir se a proposta adjudicada seria ainda a melhor resposta ao caderno de encargos. *Primo conspectu*, esta seria a forma de *objectivamente* se *demonstrar*[758] que, se alterações tivessem sido feitas *em qualquer das propostas*, a ordenação não seria diferente da obtida[759].

Este critério, que designaremos de *reconstrutivo* (por pressupor uma reconstrução das propostas derrotadas), pode conhecer várias modalidades, designadamente no que respeita (1) ao conteúdo da transposição; (2) e ao objecto da comparação.

---

[758] Duas palavras "terríveis" que o legislador certamente não utilizou por acaso.

[759] JORGE ANDRADE DA SILVA entende que a norma exige "que resulte objectivamente do processo que, se o objecto dos ajustamentos tivesse sido posto à concorrência, a ordenação das propostas não seria diferente da que se verificou" – cfr. *Código dos Contratos Públicos Comentado e Anotado*, cit., p. 361. A leitura do A. parece-nos, porém, ainda um pouco presa ao regime que resultava da legislação anterior, em que as alterações, por apenas poderem incidir sobre condições acessórias da proposta, raramente tocavam em aspectos valorados pelos factores que densificavam o critério de adjudicação. Importa atender que, tal como o CCP delimita o objecto da negociação pós-adjudicatória, esta pode incidir sobre os atributos da proposta. Ou seja, o objecto dos ajustamentos pode respeitar a aspectos da execução do contrato que já foram submetidos à concorrência (os atributos). Além disso, não basta que "resulte objectivamente do processo" que, se os concorrentes pudessem ter alterado as suas propostas (se o *quid* alterado tivesse sido "posto à concorrência"), a ordenação das propostas teria sido a mesma. O preceito exige que seja *objectivamente demonstrável* que a ordenação não seria alterada. Ora, uma *demonstração objectiva* dificilmente se fará com base numa argumentação que, da actividade procedimental dos concorrentes preteridos, extraia conclusões acerca do que estes podiam ou não ter oferecido se lhes fosse permitido alterar as propostas.

Relativamente ao *conteúdo da transposição*, poder-se-á transferir para as propostas derrotadas (a) o teor dos "novos" atributos (resultantes da negociação) da proposta adjudicada[760]; (b) ou apenas a proporção acordada com o adjudicatário, correspondente à diferença entre o que constava da proposta adjudicada antes da alteração e o que dela consta após a introdução dos ajustamentos. Na contabilização desta diferença, poder-se-á ainda atender ao seu valor absoluto (olhando para a quantidade que foi aumentada/reduzida no atributo da proposta adjudicada)[761] ou relativo (atendendo ao significado que, em termos percentuais, o aumento/redução representou relativamente ao inicialmente oferecido no referido atributo)[762].

Esta subdivisão, que atende ao conteúdo da transposição, só se afigura relevante para os *atributos quantitativos* (*v.g.* o preço ou o prazo). No que respeita aos *atributos qualitativos* (*v.g.* a qualidade do material) será sempre transferido o novo conteúdo da proposta adjudicada (a não ser, é claro, que as propostas preteridas oferecessem já o que se introduziu na proposta vencedora[763]).

Uma das críticas que se pode apontar a este critério (no seu todo, independentemente da modalidade utilizada) é a de que ele parte de uma *ficção jurídica*: a de que o concreto acordo conseguido entre a entidade adjudicante e o adjudicatário seria também atingido com qualquer dos

---

[760] Imagine-se, por exemplo, que, no factor assistência técnica, a proposta adjudicada previa um período de resposta de 36 horas e as propostas ordenadas nos lugares subsequentes de 48 horas e 60 horas, respectivamente. Se o adjudicatário aceitasse reduzir esse período para 24 horas, ficcionava-se que os concorrentes preteridos também o aceitariam, devendo as referidas 24 horas ser transpostas para as suas propostas.

[761] No exemplo constante da última nota ao texto, em que o adjudicatário aceitou reduzir o período de resposta em 12 horas, as propostas preteridas seriam novamente pontuadas como se os seus autores tivessem oferecido 36 horas e 48 horas, respectivamente.

[762] Tendo por base o mesmo exemplo, verificamos que a diminuição do período de resposta em 12 horas representou, ao nível da proposta adjudicada, uma redução de 1/3 ou 33,3% do atributo em questão. Transpondo esta percentagem para as propostas preteridas, concluímos que as mesmas seriam reconstruídas como se os concorrentes derrotados tivessem oferecido 32 horas e 40 horas, respectivamente.

[763] Imagine-se que um dos factores que densificam o critério de adjudicação respeita à qualidade do material e que o modelo de avaliação prevê uma escala de pontuação para os diversos tipos de materiais possíveis. Suponha-se agora que, ao contrário das preteridas, a proposta adjudicada não ofereceu o material mais pontuado. Se a entidade adjudicante e o adjudicatário acordarem em alterar a proposta, por forma a incluir o referido material, não haveria o que transferir para as propostas preteridas, que já o ofereciam.

concorrentes preteridos. Se a ficção pode ainda considerar-se justificada quando a transposição atende apenas à proporção acordada entre a entidade adjudicante e o adjudicatário, nos casos em que se transfere para as propostas derrotadas, sem mais, os "novos" atributos da proposta adjudicada, a referida ficção parece-nos já desrazoável. Neste último caso, a reconstrução das propostas preteridas faz "tábua rasa" do seu conteúdo primitivo que, nos pontos alterados, podia estar muito distante (para melhor ou para pior) do teor da proposta adjudicada.

Mais, nos casos em que todos os atributos da proposta adjudicada foram objecto de uma alteração, a transferência do "novo" conteúdo da proposta adjudicada para as propostas preteridas redundará num empate técnico entre as ofertas. Nestas situações, a modalidade (a) *supra*, respeitante ao conteúdo da transposição, "transforma" todas as propostas apresentadas na melhor resposta ao projecto contratual (todas vêem os seus atributos igualados ao da proposta ajustada). Tal implicaria, na prática, uma importante restrição à negociação pós-adjudicatória, que nunca poderia incidir sobre a totalidade dos atributos da proposta adjudicada.

De acordo com a aludida modalidade (a), nos casos em que a negociação não recaia sobre todos os atributos da proposta adjudicada, são os aspectos não negociados que ditarão se esta é ainda a melhor resposta ao projecto contratual submetido à concorrência. Só estes, na medida em que não foram transpostos para as propostas preteridas, permitem ainda diferenciá-las da vencedora. Na prática, tal equivale a reconhecer que basta que o(s) atributo(s) não negociado(s) da proposta adjudicada seja(m) melhor(es) do que o(s) das propostas preteridas para que aquela continue a ser a melhor resposta ao caderno de encargos. Esta constatação abriria as portas a uma possível manipulação pós-adjudicatória que, deixando "intocado" um atributo insignificante, viesse alterar profundamente a configuração da proposta vencedora e defraudar os resultados obtidos no procedimento.

Com vimos, a modalidade (b) só constitui uma verdadeira alternativa para os atributos de natureza quantitativa, em que a diferença entre o que constava da proposta adjudicada antes da sua alteração e o que dela consta após a introdução dos ajustamentos pode, em princípio, ser transferida para as propostas derrotadas. Pelo que, as críticas desferidas à modalidade anterior são também aqui (ainda que apenas parcialmente) aplicáveis.

No que respeita aos atributos quantitativos, esta modalidade apresenta, porém, uma inegável vantagem face à anterior: não esquece o conteúdo das propostas preteridas, transpondo apenas aquilo que, a mais ou a menos, foi introduzido na proposta vencedora. Ela coloca, no entanto, um problema adicional: o de saber qual o critério (o valor absoluto ou a percentagem dos aumentos/reduções realizados na proposta adjudicada) que deverá presidir à determinação da proporção a transferir para as propostas derrotadas.

Feita a reconstrução (de acordo com um dos critérios avançados), é necessário proceder à avaliação e ordenação de todas as propostas, ou seja, à sua comparação. Ora, quanto ao *objecto da comparação*, existem, em teoria, duas opções: (*i*) um confronto entre a pontuação obtida pela proposta adjudicada com os respectivos ajustamentos e a alcançada pelas propostas preteridas após a sua reconstrução; (*ii*) ou o cotejo da pontuação atribuída à proposta adjudicada, tal qual esta se apresentava antes da sua alteração, e a que seria obtida pelas "novas" propostas preteridas[764].

As críticas que apontámos ao conteúdo da transposição partiram do pressuposto de que, com qualquer das modalidades indicadas, seria utilizada a opção (*i*), respeitante ao *objecto da comparação*. Na verdade, não faria sentido que, depois de transposto para as propostas derrotadas todo ou parte do "novo" conteúdo dos atributos da proposta adjudicada, a pontuação por aquela obtida fosse comparada com a pontuação primitiva da proposta adjudicada [opção (*ii*)]. Em primeiro lugar, ao desconsiderar o "novo" conteúdo da proposta adjudicada, esta comparação não permite concluir se a mesma é ainda ou não a *melhor resposta* ao projecto contratual submetido à concorrência. Quanto muito, dir-nos-á se alguma das propostas preteridas teria conseguido vencer o procedimento se tivesse incorporado os ajustamentos agora introduzidos à proposta adjudicada. Em segundo lugar, ao comparar-se as propostas preteridas já reconfiguradas com a versão inicial da proposta adjudicada, resultaria uma maior abertura às negociações que viessem "piorar" alguns dos atributos da proposta adjudicada (pois essa "menos valia" seria repercutida nas propostas preteridas, cuja pontuação desceria, enquanto a proposta adjudicada mantinha a sua anterior formulação e, consequentemente, a respectiva pontuação) do que àquelas que os pretendessem melhorar (essa "mais valia" repercutir-se-ia nas propostas preteridas, fazendo subir

---

[764] A comparação entre a pontuação a atribuir à proposta adjudicada e entretanto ajustada e a obtida pelas propostas preteridas antes da sua alteração não envolve uma reconstrução das propostas derrotadas. Pelo que, abordaremos esta hipótese fora do critério reconstrutivo.

a sua pontuação, enquanto a proposta adjudicada manteria a mesma pontuação)[765].

Como se exige a transposição (total ou parcial) dos ajustamentos para as propostas preteridas, ainda que seja utilizada a opção (*i*), que manda ter em conta a "nova" proposta adjudicada, da aplicação do critério reconstrutivo (em qualquer das suas modalidades) resulta uma maior facilidade em piorar a proposta adjudicada (já que a sua repercussão nas propostas preteridas, em regra, não destronará a proposta vencedora) do que em lhe introduzir melhorias. Ora, esta consequência parece-nos claramente oposta ao espírito que subjaz a qualquer negociação pós-adjudicatória, qual seja a de melhorar a proposta vencedora e, assim, salvaguardar o interesse público.

Em suma, o critério reconstrutivo (em qualquer das suas modalidades) parece mais preocupado em assegurar uma igualdade ilusória entre o adjudicatário (que negociou alterações à sua proposta) e os concorrentes preteridos (a quem não foi dada essa oportunidade), do que em garantir que a proposta *adjudicada e* entretanto *ajustada* é ainda, e apesar das alterações introduzidas, a melhor resposta ao projecto contratual submetido à concorrência.

Este critério esquece que há uma razão objectiva para que o adjudicatário seja tratado de forma diferente dos concorrentes preteridos (que não podem alterar a sua proposta) e que reside no facto de a adjudicação ter identificado a sua como a *proposta que melhor serve o interesse público*. Se, apesar dos ajustamentos, a proposta adjudicada conserva esse estatuto, a negociação pós-adjudicatória não representa uma violação do princípio da igualdade pois subsiste a razão que fundamenta a diferença de tratamento. Só se os ajustamentos revelarem que, caso fossem introduzidos *na proposta vencedora* antes da adjudicação, outra seria a proposta triunfante é que estaremos perante um favorecimento injustificado do adjudicatário. Se a proposta adjudicada mantiver a qualidade de melhor resposta ao caderno de encargos submetido à concorrência serão também respeitados os princípios da boa fé, na sua modalidade de protecção da

---

[765] O que se transpõe para as propostas preteridas são os ajustamentos acordados entre a entidade adjudicante e o adjudicatário. Vimos já que, quando individualmente considerados, os ajustamentos podem implicar uma melhoria da proposta adjudicada, mas também poderão determinar uma redução da pontuação parcial do atributo em questão (necessário é que o conjunto das alterações introduzidas dê resposta a exigências ditadas pelo interesse público).

confiança e da concorrência, bem como a natureza e função do procedimento adjudicatório.

Uma vez que não permite determinar se, em virtude dos ajustamentos, a proposta adjudicada deixou de ser a melhor resposta ao projecto contratual submetido à concorrência, o *critério reconstrutivo* não garante, por si só, que a negociação respeita os referidos princípios, bem como a natureza e função da adjudicação (enquanto decisão que identifica a *melhor proposta*) e do procedimento em que a mesma se insere. Em suma, este critério não serve para aferir se o segundo pólo da equação adjudicatória é ou não violado.

Quanto a nós, a única forma de aferir se, apesar das alterações que sofreu, a proposta adjudicada não perdeu o estatuto de melhor resposta ao projecto contratual submetido à concorrência é a de submeter esta proposta, com os respectivos ajustamentos, a uma nova avaliação, para aferir se a sua pontuação global é ainda superior à das propostas preteridas, tal como estas foram apresentadas pelos respectivos concorrentes.

Este critério, *meramente comparativo*, é muito mais simples e realista do que o anterior. Realista porque não carece de uma alteração ficcional das propostas preteridas, as quais mantêm a sua configuração original. Simples porque para aferir se, em virtude dos ajustamentos realizados, teria sido outra a proposta adjudicada, basta "passar" a proposta ajustada pelo modelo de avaliação[766] e verificar se a sua pontuação global lhe permite ainda "bater" as demais (tal como as mesmas foram apresentadas pelos respectivos concorrentes)[767].

---

[766] Não se ignora que, no ajuste directo em que tenha sido convidada a apresentar proposta mais de uma entidade (onde este limite também se faz sentir), não é obrigatória a elaboração de um modelo de avaliação [cfr. art. 115.º, n.º 2, alínea b)]. No entanto, as propostas não deixam de ser avaliadas e ordenadas (cfr. art. 122.º, n.º 1). Assim, para aferir se, em virtude dos ajustamentos introduzidos, seria outra a proposta adjudicada, há que analisar se as alterações introduzidas contrariam as razões apresentadas (ou a fórmula utilizada) na avaliação para fundar a ordenação da proposta adjudicada.

[767] Na verdade, em sistemas como o nosso (actual), que impedem a utilização de modelos de avaliação que relevem elementos de uma proposta para determinar as pontuações parciais de outra proposta (*v.g.* a definição de uma escala de pontuação para o factor preço, através de uma expressão matemática, que atribui a pontuação máxima à proposta de mais baixo preço, pontuando as demais em função da diferença de preço relativamente à primeira) – cfr. art. 139.º, n.º 4 do CCP e Margarida Olazabal Cabral, "O Concurso Público no Código dos Contratos Públicos", cit., p. 207 – o ajustamento pós-adjudicatório da proposta vencedora não altera as pontuações parciais das propostas preteridas, pelo que estas não precisam de ser novamente avaliadas.

Por fim, o critério avançado confere também à negociação pós--adjudicatória uma maior certeza e segurança jurídicas. Quando se inicia a negociação, sabe-se exactamente qual a "margem" de que as partes dispõe para alterar a proposta, a qual corresponde à diferença pontual existente entre a proposta adjudicada e a proposta ordenada no lugar subsequente. Os ajustamentos podem aumentar a diferença ou até reduzi-la, desde que a proposta vencedora mantenha o estatuto de oferta mais pontuada.

Acresce que, a referida "margem" de alteração não decorre de um *diktat* da entidade adjudicante ou de um acordo entre as partes, sendo antes resultado da concorrência que precedeu a adjudicação. Foi a actividade procedimental dos concorrentes preteridos que traçou a "linha" que a negociação pós-adjudicatória nunca poderá ultrapassar.

Assim, apesar de a palavra "ajustamentos" sugerir alterações pouco significativas, deve entender-se que não há um valor pré-definido (*v.g.* 5 ou 10% de diferença pontual) a partir do qual um ajustamento será ilegal. Na verdade, desde que respeitados os demais limites, a "margem" de alteração de que as partes dispõem será dada pela concorrência verificada ao longo do procedimento, sendo apenas determinada caso a caso[768].

Importa recordar que, numa primeira análise do art. 99.º, n.º 1, concluímos que o Código apontaria para a utilização do *critério reconstrutivo*. Verificada a insuficiência do mesmo (em qualquer das suas modalidades) para garantir o respeito pela natureza e função do procedimento adjudicatório e a observância dos princípios fundamentais da contratação pública, há que questionar se a interpretação do preceito legitimará a utilização do *critério meramente comparativo*.

No fundo, o que se pretende saber é se, para aferir se a classificação obtida seria mantida caso os ajustamentos *tivessem sido reflectidos em qualquer das propostas*, o preceito exige que as alterações a que a proposta adjudicada foi submetida sejam *transpostas* para as propostas preteridas ou admite que estas sejam *comparadas* com o novo teor da proposta vencedora.

---

[768] Também no que respeita aos limites da "mise au point" do direito francês, FLORIAN LINDITCH sustenta que não há uma percentagem acima ou abaixo da qual o ajustamento será ilegal. O A. refere que, para apreciar da eventual ilegalidade dos ajustamentos, se deverá atender apenas a dois elementos: (*i*) à modificação que os mesmos produziram sobre a concorrência inicial; (*ii*) e à existência de contrapartidas de ambas as partes – cfr. *Le Droit des Marchés Publics*, cit., p. 46.

Conforme ensina Castanheira Neves, "as normas e os critérios jurídicos positivos deverão obter para a sua indeterminação (ou as várias possibilidades de intencionalidade normativa) e para a sua abertura (ou os diversos âmbitos de correlativa e hipotética relevância) [...], respectivamente, a determinação e a objectivação que a dialéctica convocadora dos princípios, e com fundamento neles, justifique"[769]. Ora, ao utilizar o termo *reflectir*, o legislador não definiu, com precisão, o critério a aplicar. Pelo que, através de uma adequada *interpretação conforme os princípios* (*in casu*, os princípios estruturantes da contratação pública) devemos concluir que o art. 99.º, n.º 1, do CCP não só admite a sua utilização, como exige que seja o *critério meramente comparativo* o mobilizado para determinar se a proposta adjudicada é ainda, e apesar dos ajustamentos, a melhor resposta ao projecto contratual submetido à concorrência.

Este critério parte, porém, do pressuposto de que a negociação pós-adjudicatória incide apenas sobre os atributos da proposta adjudicada. Na verdade, só eles são objecto dos factores e subfactores que densificam o critério da proposta economicamente mais vantajosa e, portanto, só a sua alteração poderá originar uma mudança na pontuação obtida pela entidade adjudicante.

No entanto, quando analisámos os limites ao objecto da negociação pós-adjudicatória, concluímos que esta não incidia apenas sobre os atributos da proposta. Com efeito, são também passíveis de ajustamento (*i*) elementos da proposta adjudicada que concretizem aspectos da execução do contrato não submetidos à concorrência (desde que respeitados os limites estabelecidos pelo caderno de encargos); (*ii*) elementos previstos na proposta vencedora respeitantes a aspectos da execução do contrato não regulados pelo caderno de encargos; (*iii*) elementos "novos" (não versados pelo caderno de encargos ou pela proposta adjudicada).

Desde que o resultado da negociação responda a uma exigência de interesse público e respeite os limites impostos pelo caderno de encargos, a alteração de elementos da proposta que dão resposta a aspectos não submetidos à concorrência afigura-se indiferente para a manutenção da equação adjudicatória. Não só porque a sua concretização não foi tida em conta para efeitos de determinação da melhor proposta, mas também porque tais aspectos, à semelhança dos submetidos à concorrência, constavam do projecto contratual traçado pela entidade adjudicante, podendo os concorrentes (reais e potenciais) contar com eles aquando das decisões que tomaram.

---

[769] *Metodologia Jurídica – Problemas Fundamentais*, cit., pp. 188 e 189.

O problema coloca-se, assim, apenas para os elementos não regulados pelo caderno de encargos (para os previstos na proposta adjudicada e para os "novos"). Poder-se-ia sustentar que, como não foram considerados para efeitos da adjudicação, estes elementos seriam insusceptíveis de perturbar a equação adjudicatória. Trata-se, porém, de uma conclusão precipitada. Na verdade, o ajustamento de elementos que só a proposta adjudicada previu ou a introdução de "novos" aspectos contratuais pode servir para alterar o conteúdo da solução vencedora ou para introduzir mecanismos destinados a "compensar" o adjudicatário pelas condições que ofereceu – circunstâncias que poderiam ter determinado que fosse outra a proposta adjudicada.

Para evitar uma situação como a descrita e, assim, cumprir o disposto no art. 99.º, n.º 1, do CCP, a negociação de elementos não previstos no caderno de encargos não poderá originar a sua transformação em condições contratuais alternativas às previstas nesta peça do procedimento ou em mudanças "encapotadas" (para fugir ao controlo do critério comparativo) dos atributos da proposta[770]. A negociação dos referidos elementos não poderá também servir para alterar o equilíbrio contratual existente a favor do adjudicatário, transfigurando-os em mecanismos que visem, de alguma forma, compensar as obrigações por aquele assumidas, os quais fugiriam também ao critério comparativo.

Como tivemos oportunidade de sustentar a propósito dos limites impostos à negociação, por princípio, não será de admitir que o diálogo negocial pós-adjudicatório promova a introdução de "novos" elementos ao projecto contratual. Analisando-a agora na perspectiva da manutenção da ordenação das propostas, tal inclusão só será permitida quando os "novos" elementos se mostrem *objectivamente indiferentes* para a referida ordenação. Para o aferir, o intérprete deve deslocar-se mentalmente para o passado, através de um juízo *ex ante*, e ponderar se, atentas as particularidades do procedimento em questão, a previsão dos aludidos elementos no caderno de encargos teria originado uma alteração das propostas apresentadas pelos concorrentes derrotados que pudesse modificar a sua classificação. Note-se, por fim, que o art. 99.º, n.º 1, refere-se, em termos gerais, a uma alteração da ordenação. Pensamos, porém, que não basta uma qualquer alteração (*v.g.* a passagem da proposta classificada em último para o

---

[770] Se já antes o fossem, a proposta deveria ter sido excluída [cfr. alíneas f) e g), do n.º 2, do art. 146.º, aplicáveis aos demais procedimentos por força dos arts. 122.º, n.º 2, 162.º, n.º 1, 200.º e 204.º, n.º 1].

penúltimo lugar). Será apenas de atender às alterações com relevo adjudicatório, *i.e.* que determinariam que fosse outra a proposta ordenada em primeiro lugar[771].

3.2.3.3. *A proibição do "cherry-picking"*

Vimos que um dos problemas subjacentes à negociação anterior à adjudicação (que poderá afastar os interessados de participar nos procedimentos em estudo) é o da apropriação, por parte de um ou mais concorrentes, de ideias e soluções pertencentes a outro(s) ("cherry-picking"), que assistiria(m), assim, à utilização em proveito alheio do produto do seu trabalho[772].

Para evitar este risco, o Código prevê um conjunto de mecanismos, tais como a classificação de documentos constantes da proposta (art. 66.°), a negociação em separado, com cada um dos concorrentes (art. 120.°, n.° 2)[773], o sigilo das actas e das informações ou comunicações prestadas pelos concorrentes à entidade adjudicante durante a fase de negociação (art. 120.°, n.° 5), ou o consentimento expresso e escrito do candidato para que as soluções ou informações transmitidas (no âmbito do diálogo concorrencial) com carácter de confidencialidade sejam divulgadas aos demais candidatos (art. 214.°, n.° 3)[774].

Porém, o risco da apropriação de ideias e soluções pertencentes a outros concorrentes não finda com a adjudicação. Bem pelo contrário. Num contexto em que se permite a abertura de uma fase de negociação após a prática do acto adjudicatório, a grande "tentação" (sobretudo da Administração, mas também do concorrente vencedor) será a de aproveitar o que de melhor existe nas propostas preteridas, integrando na solução vencedora ideias que, de outra forma, poderiam nunca vir a ser concretizadas.

---

[771] Aparentemente contra *v.* JORGE ANDRADE DA SILVA, *Código dos Contratos Públicos Comentado e Anotado*, cit., p. 361 (nota 395).

[772] Cfr. JORGE ANDRADE DA SILVA, *Código dos Contratos Públicos Comentado e Anotado*, cit., p. 360.

[773] A reunião em separado, com cada um dos candidatos qualificados, é mesmo a única forma de negociação admitida no diálogo concorrencial – cfr. art. 214.°, n.° 2.

[774] MARK KIRKBY refere que, ao combater o "cherry-picking", a norma pretende evitar o "debelar do interesse dos operadores económicos em apresentar soluções a diálogo com receio de aproveitamento das mesmas por parte da concorrência" – cfr. "O Diálogo Concorrencial", cit., p. 320 (nota 35).

Para impedir a apropriação de ideias pertencentes aos concorrentes preteridos, o CCP estabelece que os ajustamentos realizadas após a adjudicação não poderão, "em caso algum", determinar a "inclusão de soluções contidas em proposta apresentada por outro concorrente" [alínea b) do n.º 2 do art. 99.º][775]. Temos, assim, um outro limite à negociação pós-adjudicatória decorrente do conteúdo das propostas apresentadas pelos demais concorrentes.

Dos princípios que norteiam a contratação pública, esta proibição parece radicar, em última análise, no da concorrência. Com efeito, se a lei nada dissesse, a incorporação na proposta "escolhida" de elementos que, apesar de constarem de outras propostas, não implicassem uma alteração da "equação adjudicatória" não violaria, por si só, os princípios da igualdade, da imparcialidade[776] ou da boa fé[777]. É para proteger uma "livre, sã e leal concorrência" entre os interessados na celebração do contrato, afastando o risco (para os concorrentes) de as suas ideias originais virem a ser apropriadas pelos demais competidores e, consequentemente, de os interessados (sobretudo os menos conhecedores do mercado) se furtarem a participar em procedimentos adjudicatórios (risco, este, com consequên-

---

[775] Aliás, essa foi a primeira e, durante muito tempo, a única preocupação do legislador nacional para os casos em que expressamente admitia a realização de alterações à proposta adjudicada – cfr. arts. 91.º do Decreto-Lei n.º 48 871, de 19 de Fevereiro de 1969, 94.º do Decreto-Lei n.º 235/86, de 18 de Agosto, e 98.º do Decreto-Lei n.º 405/93, de 10 de Dezembro.

[776] Como vimos, desde que se respeite a "equação adjudicatória" (o que acontecerá se for mantida a configuração do projecto contratual, sobre que incidiu a pronúncia dos concorrentes, e se as modificações introduzidas se revelarem indiferentes na perspectiva da classificação obtida), a alteração da proposta vencedora não constitui uma discriminação (em benefício do concorrente vencedor e em prejuízo dos concorrentes preteridos) ilegítima. Acreditamos que a integração de elementos constantes das propostas preteridas não tornaria, por si só, esta diferença de tratamento materialmente infundada. A referida integração (individualmente considerada), também não poria em causa a imparcialidade da Administração. Uma vez que se respeitaria a "equação adjudicatória", não se poderia afirmar que, na escolha da proposta agora alterada, não foram ponderados, de forma isenta e exaustiva, todos os interesses relevantes. A inclusão desses elementos não se traduziria, portanto, no favorecimento de um determinado concorrente. Seria ainda o específico interesse público em causa (da obtenção da melhor solução possível) que justificaria, nos moldes propostos, a integração desses elementos na proposta vencedora. Não há, portanto, um "desrespeito provado pelo imperativo da conformação da actividade administrativa ao interesse público actual" – VIEIRA DE ANDRADE, "A Imparcialidade da Administração como Princípio Constitucional", in Boletim da Faculdade de Direito da Universidade de Coimbra, Vol. L, 1974, p. 230.

[777] Bastaria, para tanto, que o programa de concurso previsse esta possibilidade.

cias nefastas para os operadores económicos, para a Administração e para o mercado, em geral), que o legislador nacional há muito proíbe o "cherry--picking" pós-adjudicatório.

Torna-se necessário, porém, apurar o exacto alcance desta proibição. Impedirá esta norma que se inclua um qualquer elemento constante de uma proposta preterida, sempre que o mesmo não esteja também presente na proposta adjudicada? Ou, ao invés, vedar-se-á, tão-só, o aproveitamento de *soluções originais*, *i.e.* de elementos criados, moldados ou adaptados sob a responsabilidade dos concorrentes derrotados[778]? Julgamos que a letra e o fundamento da norma em análise fornecem elementos suficientes para que não nos remetamos para o velho princípio, segundo o qual *"ubi lex non distinguit…"*.

Em primeiro lugar, importa notar que o legislador empregou (*rectius*, manteve) o termo "soluções", para identificar o que não pode ser objecto de apropriação pela proposta vencedora. Ainda que, no quadro do CCP, a palavra surja aí impropriamente usada (as *soluções* são hoje as respostas, apresentadas pelos candidatos qualificados no âmbito de um diálogo concorrencial, "susceptíveis de satisfazer as necessidades e as exigências identificadas na memória descritiva" – cfr. art. 209.º, n.º 1)[779], facto é que, a não utilização de outros termos, mais "fechados" (como "elementos", "aspectos" ou "atributos" da proposta), indicia que se pretendeu impedir apenas a apropriação de conteúdos originais, que correspondam a ideias//conceitos da autoria ou da responsabilidade do(s) concorrente(s) derrotado(s).

Em segundo (e decisivo) lugar, parece-nos que o fundamento apontado à proibição em apreço apenas justificará a sua mobilização quando o *quid* a incluir na proposta adjudicada seja algo que efectivamente *pertença*

---

[778] Neste sentido pareciam propender MÁRIO ESTEVES DE OLIVEIRA e RODRIGO ESTEVES DE OLIVEIRA quando, ainda antes da reforma de 99, se referiam à não apropriação de "soluções (originais)" – cfr. *Concursos e Outros Procedimentos de Adjudicação Administrativa – das Fontes às Garantias*, cit., p. 558.

[779] Por se entender que o termo "soluções" está aí impropriamente utilizado, é que se deverá afastar a interpretação segundo a qual apenas se vedaria a apropriação de ideias e elementos pertencentes a outros concorrentes quando em causa estivesse um diálogo concorrencial. Aliás, em bom rigor, o documento contendo a resposta às necessidades e exigências identificadas na memória descritiva tem o nome de "solução" e não de "proposta", pelo que, não há qualquer suporte para entender que "soluções contidas em proposta apresentada por outro concorrente" [alínea b) do n.º 2 do art. 99.º] se refere, de forma precisa, às soluções apresentadas pelos candidatos qualificados no âmbito de um diálogo concorrencial.

a outro(s) concorrente(s). Ora, só se poderá afirmar que um elemento de uma determinada proposta *pertence* ao seu autor se o respectivo conteúdo corresponde, de alguma maneira, a uma ideia criada ou desenvolvida sob a sua responsabilidade. Se, ao invés, o que se pretende incluir consta apenas de uma (ou várias) das propostas preteridas porque, por hipótese, corresponde a uma das respostas pré-definidas pelo projecto contratual submetido à concorrência[780], os riscos que se pretendem acautelar com a aludida proibição não existem.

Em suma, parece-nos que a alínea b) do n.º 2 do art. 99.º deve ser interpretada no sentido de apenas vedar a integração na proposta vencedora de ideias/conceitos, trazidos a concurso por um (ou vários) dos concorrentes derrotados, que tenham sido por estes criados, desenvolvidos ou adaptados. A questão estará, portanto, em saber se o *quid* que se pretende utilizar foi, pelo menos, co-construído por um (ou vários) dos concorrentes derrotados[781]. Se a resposta for afirmativa, não poderá ser incorporado na proposta adjudicada. Caso contrário, há ainda a possibilidade de esse elemento vir a ser inserido na solução final.

Diversamente do art. 99.º, n.º 1, que se reporta à proposta *analisada* e *avaliada*, a norma em apreço refere-se à proposta *apresentada* por outro concorrente. Basta, portanto, que uma proposta tenha sido apresentada para que as *soluções* que encerra não possam ser integradas no contrato a celebrar. Impede-se, assim, que o produto do trabalho de um concorrente cuja proposta foi excluída possa ser utilizado em proveito alheio[782].

---

[780] Atente-se ao seguinte exemplo: o caderno de encargos respeitante a um procedimento para a aquisição de helicópteros destinados ao combate de incêndios florestais submete à concorrência o tamanho do balde em que é transportada a água. São previstas três capacidades *standard*, sendo que as maiores obtêm uma pontuação mais elevada. Imagine-se que na proposta adjudicada (de acordo com o critério da proposta economicamente mais vantajosa) foi oferecido o balde de capacidade média e que em todas as propostas preteridas constava o balde maior. Neste caso, em que não há verdadeiramente uma *solução* apresentada pelos concorrentes preteridos (no exemplo, o tamanho do balde não corresponde a uma ideia ou conceito criado ou desenvolvido pelo concorrente, mas a uma de três respostas possíveis ao aspecto submetido à concorrência), é de admitir que, caso não se altere a "equação adjudicatória", a Administração e o adjudicatário possam acordar que este forneça o balde de maior capacidade.

[781] Não será, assim, de exigir (para que esteja vedada a sua apropriação pela proposta adjudicada) que a ideia ou conceito seja da *exclusiva* autoria ou responsabilidade do(s) concorrente(s) preterido(s).

[782] No mesmo sentido *v.* GONÇALO GUERRA TAVARES e NUNO MONTEIRO DENTE, *Código dos Contratos Públicos – Volume I – Regime da Contratação Pública*, cit., p. 333.

Na verdade, a exclusão de uma proposta não parece ser razão suficiente para afastar, por completo, a protecção conferida pelo princípio da concorrência[783].

3.2.4. Breve referência ao iter negocial e pós-negocial

Como já referimos, a entidade adjudicante não pretenderá correr o risco de ver a sua pretensão "esbarrar" no direito de veto de que o adjudicatário dispõe (cfr. art. 102.º, n.º 3). Pelo que, o caminho previsto nos arts. 100.º a 103.º surgirá, quase sempre, como um *posterius* relativamente à co-construção das alterações a introduzir no projecto contratual. Assim, quando o adjudicatário é notificado da minuta do contrato, contendo os respectivos ajustamentos, já terá decorrido todo um procedimento negocial, em que as partes procuraram atingir um entendimento quanto ao conteúdo das alterações em apreço.

Ao referir que "o órgão competente para a decisão de contratar pode propor ajustamentos ao conteúdo do contrato a celebrar", o art. 99.º, n.º 1 sugere que a iniciativa negocial pertence apenas à Administração. No entanto, não há razões que impeçam ou censurem uma negociação desencadeada pelo adjudicatário, através da apresentação de uma proposta de alteração do projecto contratual[784].

Quanto a este *prius* negocial, em que apenas participam a entidade adjudicante e o adjudicatário, deve entender-se que, no silêncio da lei, a Administração dispõe de uma considerável margem de liberdade para, no programa do procedimento ou em diálogo com a contraparte, estabelecer o *modo* como as negociações irão decorrer (designadamente, se através de sessões de negociação, de que preferencialmente se lavrarão actas, ou mediante um esquema de apresentação de propostas/contrapropostas de alteração). Não há, assim, uma fórmula rígida para o diálogo negocial que antecede a notificação da minuta do contrato.

Aconselha a prudência que, numa negociação que visa introduzir eventuais alterações a um projecto contratual, não haja dúvidas quanto

---

[783] Note-se, porém, que o Código obriga apenas a que os ajustamentos sejam notificados aos concorrentes cujas propostas não tenham sido excluídas (cfr. art. 103.º). O autor de uma proposta excluída terá, assim, maior dificuldade em saber se as suas ideias foram ou não objecto de apropriação pelo adjudicatário.

[784] No mesmo sentido *v*. JORGE ANDRADE DA SILVA, *Código dos Contratos Públicos Comentado e Anotado*, cit., p. 361 (nota 393).

ao conteúdo do projecto que se pretende alterar. No entanto, quando as partes iniciam a negociação pós-adjudicatória, não há ainda um clausulado contratual, resultante do encontro do caderno de encargos com a proposta adjudicada, assente[785]. É que, por razões de economia procedimental, o legislador fez coincidir o *iter* respeitante à aceitação/rejeição dos ajustamentos ao conteúdo do contrato a celebrar (em regra, antecedido de um diálogo negocial) com o procedimento atinente às tradicionais operações de aceitação/reclamação da minuta do contrato. Os ajustamentos negociados integram, assim, a minuta do contrato que é notificada ao adjudicatário para efeitos da sua aceitação ou reclamação.

Apesar desta sobreposição procedimental, é diferente a consequência que a lei retira de uma discordância do adjudicatário relativamente aos ajustamentos e de uma eventual resposta negativa quanto ao restante conteúdo (não ajustado) da minuta contratual. Assim, se o adjudicatário reclama do teor de uma cláusula "não ajustada"[786], o órgão que aprovou a minuta do contrato pode aceitar ou rejeitar (expressa ou tacitamente, se nada disser no prazo de 10 dias a contar da sua recepção[787]) a reclamação, sendo que, em caso de rejeição, o *quid* reclamado continuará a fazer parte do contrato. Se, ao invés, o adjudicatário discorda dos ajustamentos pro-

---

[785] Atenta a inexistência desse projecto (aceite por ambas as partes), a recusa de um ajustamento, que determina o seu afastamento do contrato, é susceptível de originar um vazio contratual (sobretudo nos casos em que o ajustamento não consiste apenas num aditamento, mas na supressão ou alteração de uma disposição que resultaria do encontro do caderno de encargos com a proposta adjudicada). Para evitar esta situação, a Administração poderá, aquando da notificação da minuta, apresentar a redacção não ajustada do contrato. Caso não o faça, após a recusa, deverá submeter à apreciação do adjudicatário uma nova minuta (ou apenas a cláusula rejeitada, quando a rejeição não ponha em causa o resto do conteúdo contratual) sem os ajustamentos recusados.

[786] Quanto ao conteúdo "não ajustado", o art. 102.º, n.º 1, prevê que as reclamações "só podem ter por fundamento a previsão de obrigações que contrariem ou que não constem dos documentos que integram o contrato". Obviamente que a não previsão de direitos/obrigações que constavam das peças do procedimento ou da proposta adjudicada (*v.g.* o preço a pagar ao adjudicatário) poderá também fundar uma reclamação da minuta. Alertando para este facto, *v.* MÁRIO ESTEVES DE OLIVEIRA e RODRIGO ESTEVES DE OLIVEIRA, *Concursos e Outros Procedimentos de Adjudicação Administrativa – das Fontes às Garantias*, cit., p. 581 e JORGE ANDRADE DA SILVA, *Código dos Contratos Públicos Comentado e Anotado*, cit., p. 367.

[787] O silêncio da Administração tinha, na anterior legislação, o sentido exactamente oposto: o de aceitação da reclamação apresentada (cfr. art. 66.º, n.º 2, do Decreto-Lei n.º 197/99, de 8 de Junho e 109.º, n.º 2, do Decreto-Lei n.º 59/99, de 2 de Março).

postos, o Código não prevê a sua reapreciação administrativa, estabelecendo, antes, que os mesmos deixam de fazer "parte integrante do contrato" a celebrar (art. 102.º, n.º 3). Contrariamente ao sugerido pela primeira parte do art. 102.º, n.º 1, a resposta negativa do adjudicatário quanto a estes ajustamentos não constitui uma verdadeira *reclamação* (procedimento de iniciativa do particular, em que ocorre "a reapreciação de um acto administrativo anteriormente praticado"[788]), mas uma recusa ou não aceitação da proposta de alterações avançada pela Administração.

Sabemos que a Administração e os candidatos/concorrentes devem, ao longo de todo o procedimento adjudicatório (em sentido amplo), adoptar um comportamento respeitador das regras da boa fé (cfr. art. 6.º-A do CPA)[789]. No que respeita à actuação pós-negocial do adjudicatário, importa chamar a atenção para o *sentido negativo* atribuído ao princípio da boa fé, que "visa impedir a ocorrência de comportamentos desleais (*obrigação de lealdade*)"[790]. À luz desta acepção, quando a notificação da minuta do contrato é precedida de uma negociação dos ajustamentos, o poder de veto de que o adjudicatário dispõe (e que o protege de alterações surpresa ou não desejadas, impostas pela Administração) não pode ser utilizado como um instrumento para defraudar as expectativas geradas na anterior fase negocial.

Pode acontecer, por exemplo, que, durante a negociação que se seguiu à escolha da melhor proposta, o adjudicatário tenha criado na contraparte a fundada convicção de que aceitaria as alterações necessárias para acautelar o interesse público, levando-a a introduzir outras modificações tendentes a manter o equilíbrio contratual. Se, após a notificação da minuta do contrato, aquele acaba por recusar as primeiras, aceitando apenas as segundas[791], o mesmo estará a violar a referida *obrigação de lealdade*,

---

[788] MÁRIO ESTEVES DE OLIVEIRA, PEDRO GONÇALVES e JOÃO PACHECO DE AMORIM, *Código do Procedimento Administrativo Comentado*, cit., p. 745. Numa das versões do anteprojecto do Código previa-se mesmo que "a recusa de ajustamentos propostos é insusceptível de ser apreciada (…)".

[789] Cfr., por todos, MARCELO REBELO DE SOUSA e ANDRÉ SALGADO DE MATOS, *Contratos Públicos – Direito Administrativo Geral*, cit., p. 76.

[790] RUI DE ALARCÃO, *Direito das Obrigações*, Coimbra, 1983, p. 97. Já o *sentido positivo* do princípio da boa fé visa "promover a cooperação entre os contraentes (*obrigação de cooperação*)".

[791] Ao estabelecer que "os ajustamentos propostos que tenham sido recusados pelo adjudicatário não fazem parte do contrato", o art. 102.º, n.º 3, não parece exigir uma aceitação/rejeição "em bloco" dos ajustamentos propostos.

designadamente a proibição de *venire contra factum proprium*, que lhe impede o exercício (ou não exercício) de uma competência ou de um direito (*in casu*, do aludido direito de veto) em clara contradição com a sua anterior conduta, que gerou na Administração a fundada expectativa de que todas as alterações seriam aceites[792].

Além da responsabilidade por eventuais prejuízos causados, a actuação dolosa do adjudicatário gerará, pelo menos, a anulabilidade da aprovação da minuta do contrato[793] (acto administrativo praticado na errada convicção de que o adjudicatário não vetaria os ajustamentos propostos). Atenta a invalidade do acto, a Administração poderá lançar mão da revogação anulatória[794], prevista no art. 141.º do CPA.

Para quebrar esta rigidez, as mais das vezes estranha à realidade concursal, talvez fosse de prever a possibilidade de celebração de um *acordo endoprocedimental*, posterior à estabilização do projecto contratual decorrente da fusão do caderno de encargos com a proposta adjudicada, em que os ajustamentos seriam consensualmente definidos pelas partes.

Depois de a minuta se encontrar assente e ainda antes da outorga[795], "os ajustamentos ao contrato que sejam aceites pelo adjudicatário devem ser notificados a todos os concorrentes cujas propostas não tenham sido excluídas" (art. 103.º). Esta norma permite aos *potenciais adjudicatários* – concorrentes cujas propostas (apesar de preteridas) se encontram aptas a ocupar o lugar da vencedora (por não terem sido excluídas) –, num momento anterior à execução do contrato (mesmo antes da sua celebra-

---

[792] Cfr. MÁRIO ESTEVES DE OLIVEIRA, PEDRO GONÇALVES e JOÃO PACHECO DE AMORIM, *Código do Procedimento Administrativo Comentado*, cit., p. 110.

[793] Com fundamento em "erro induzido ou provocado sobre os pressupostos de facto ou de direito" – cfr., em geral, MÁRIO ESTEVES DE OLIVEIRA, PEDRO GONÇALVES e JOÃO PACHECO DE AMORIM, *Código do Procedimento Administrativo Comentado*, cit., p. 115. Os AA. admitem mesmo que, em casos mais graves, a actuação dolosa deve ser sancionada com a nulidade do acto.

[794] Se a *revogação propriamente dita* "é um acto que se dirige a fazer cessar os efeitos doutro acto, por se entender que não é conveniente para o interesse público manter esses efeitos produzidos anteriormente", a *revogação anulatória* é "um acto através do qual se pretende destruir os efeitos de um acto anterior, mas com fundamento na sua ilegalidade, ou, pelo menos, num vício que o torna ilegítimo e, por isso, inválido" – cfr. VIEIRA DE ANDRADE, "Revogação do Acto Administrativo", in *Direito e Justiça*, Vol. VI, 1992, p. 54.

[795] O art. 103.º nada refere relativamente ao *quando* da notificação e o art. 104.º também não faz depender a outorga do contrato da sua realização. A sua inserção sistemática sugere, no entanto, que a notificação dos ajustamentos deve ser feita antes da celebração do contrato.

ção), controlar e eventualmente reagir contra alterações que tenham implicado a apropriação de ideias e soluções que lhes pertenciam ou a destruição da "equação adjudicatória" existente, conferindo uma *maior* transparência ao *iter* pós-adjudicatório.

A plena garantia dos princípios da transparência e da concorrência poderia, no entanto, ter sido levada um pouco mais longe. Com efeito, nos casos em que a entidade adjudicante publicitou a sua vontade de contratar, apelando a uma participação generalizada dos operadores económicos, uma eventual destruição da "equação adjudicatória" pode pôr em causa não só a *concorrência real ou efectiva*, mas também a *concorrência potencial*. Neste sentido, além dos *potenciais adjudicatários*, era importante dar a conhecer aos *potenciais concorrentes* os ajustamentos realizados (*v.g.* através da sua publicitação no portal da Internet dedicado aos contratos públicos).

TESES

CAPÍTULO I
NOÇÕES FUNDAMENTAIS

1. *Em regra*, a Administração não pode contratar *como* (modo de vinculação e escolha da proposta) e com *quem* quiser, devendo respeitar o procedimento pré-contratual previsto na lei.

2. A adjudicação é uma *decisão* (em regra, um acto administrativo) tomada no *iter* formativo do contrato que, em regra, não faz nascer a relação contratual.

3. Os "legisladores" nacional e comunitário têm afastado do juízo adjudicatório os aspectos atinentes aos concorrentes (tratados nas fases de *habilitação*, *qualificação* e eventual *selecção*), apreciando apenas o mérito relativo das propostas através de critérios exclusivamente respeitantes à prestação objecto do contrato.

4. A adjudicação é a decisão que identifica a *proposta* (e, por esta via, o concorrente) que melhor satisfaz (por apresentar o *mais baixo preço* ou por se traduzir na *proposta economicamente mais vantajosa*) o interesse público subjacente ao contrato, vinculando a entidade adjudicante e o adjudicatário à sua celebração.

5. *Em sentido amplo*, o *procedimento de adjudicação* é o procedimento de formação de contratos públicos que encerra uma fase na qual a Administração identifica a *proposta* que melhor serve o interesse público, obrigando-se a contratar com o seu autor.

6. *Em sentido estrito*, o *procedimento adjudicatório* (*rectius*, o *subprocedimento de adjudicação*) reconduz-se à parte do todo formativo destinada à identificação da melhor proposta.

7. Só nos procedimentos adjudicatórios será de equacionar a possibilidade de negociações tendentes a aproximar o pedido/oferecido pela entidade adjudicante do oferecido/pedido pelo(s) concorrente(s).

8. Em geral, a negociação pressupõe a existência de (*i*) dois ou mais sujeitos representativos de diferentes blocos de interesse (as *partes da negociação*); (*ii*) uma questão/problema comum que convoca uma decisão (da responsabilidade

de todas ou de apenas uma das partes) ainda não tomada aquando do início das negociações; (*iii*) divergências quanto à solução a dar à questão/problema; (*iv*) vontade das partes em chegar a um consenso ou em reduzir as divergências iniciais; (*v*) um objectivo e uma "margem de manobra"; (*vi*) e diálogo entre as partes ou os seus representantes.

9. Atenta a procedimentalização a que a formação dos contratos públicos se encontra sujeita, reconduzir a *negociação* à parcela da actividade das partes tendente à formação do conteúdo de um projecto contratual (noção civilística de negociação) seria identificá-la com a quase totalidade do *iter* adjudicatório.

10. Ao nível dos procedimentos de adjudicação, deve entender-se a *negociação* como qualquer interacção dialógica dos sujeitos do procedimento [entidade adjudicante, por um lado, e interessado(s), candidato(s), concorrente(s) ou adjudicatário, por outro] tendo em vista a co-construção do conteúdo de um concreto projecto contratual (conceito mais amplo do que o subjacente ao CCP, que o reconduz ao diálogo, estabelecido entre a entidade adjudicante e os concorrentes, sobre propostas já apresentadas mas ainda não adjudicadas).

11. A construção dialógica do conteúdo do projecto contratual (independentemente do momento em que ocorra) é profundamente marcada pela relação jurídica *poligonal* ou *multipolar* que, em regra, liga os sujeitos de um procedimento de adjudicação. A tensão existente no plano horizontal da geometria adjudicatória obriga a que a negociação seja concorrencial.

12. Um diálogo deve qualificar-se como verdadeira negociação quando (*i*) envolver, directa ou indirectamente, os *sujeitos* do procedimento; (*ii*) tiver por objecto um elemento que se pretenda integrar, retirar, ou alterar no projecto contratual em formação; (*iii*) e tiver como *finalidade* atingir um entendimento entre as partes quanto à construção desse concreto elemento.

13. Na prestação de esclarecimentos e na audiência prévia (caso se entenda que existe aí diálogo) não há negociação porque não se verifica a co-construção de um aspecto do projecto contratual.

14. Nem sempre e nem só a negociação origina uma modificação nas propostas. Por um lado, o diálogo negocial frustrado (que não atinge a modificação) não deixa de ser uma negociação. Por outro lado, há situações em que a alteração das propostas não resulta de um "processo negocial" (*v.g.* no leilão electrónico, em que não há *diálogo* entre as partes, ou nas "alterações" às propostas realizadas na sequência da correcção de manifestos lapsos ou da superação de omissões respeitantes à apresentação ou ponderação de elementos não variáveis, em que não há uma co-construção de elementos do projecto contratual).

15. Salvo a elaboração do caderno de encargos verificada ao nível do diálogo concorrencial, as alterações admitidas a esta peça do procedimento (*v.g.* a rectificação de erros e omissões, a "adequação" legal e a sua adaptação a novas necessidades de interesse público) não envolvem uma co-construção do projecto contratual, pelo que não revelam a existência de qualquer negociação.

16. A negociação *no* procedimento (co-construção do conteúdo do projecto contratual) distingue-se da negociação *do* procedimento (procura de uma solução concertada para concretos pontos do *iter* formativo).

17. A grande vantagem apontada à negociação do projecto contratual é a da eficiência, traduzida na celebração de um contrato que permita obter "good value for money", *i.e.* de um contrato (*i*) cujo objecto responda, de forma óptima, às necessidades da entidade adjudicante, ajustando a procura à oferta e esta àquela; (*ii*) e que preveja as melhores condições possíveis para a Administração. A capacidade de o adjudicatário cumprir todas as obrigações que assumiu – outro dos postulados da aludida eficiência – não é razão bastante para, no âmbito dos procedimentos de adjudicação, fundar uma negociação entre as partes.

18. O maior risco associado à negociação realizada nos procedimentos adjudicatórios é o de a entidade adjudicante utilizar este expediente como um mecanismo para favorecer determinado(s) concorrente(s) em detrimento de outro(s).

CAPÍTULO II
A NEGOCIAÇÃO PRÉ-ADJUDICATÓRIA

19. O traço distintivo do diálogo concorrencial é a possibilidade de a entidade adjudicante *negociar* com os candidatos seleccionados as *soluções* que estes apresentaram e que estão na base do projecto contratual que, nesse mesmo procedimento, será submetido à concorrência.

20. Apesar de os "legisladores" nacional e comunitário terem afastado o termo *negociação* do conjunto de preceitos que disciplinam o diálogo concorrencial, deve entender-se que a interacção dialógica, verificada antes da apresentação das propostas, constitui uma verdadeira negociação.

21. O diálogo concorrencial só pode ser utilizado na formação de *contratos particularmente complexos*, *i.e.* em contratos em que seja impossível de definir uma solução técnica, os meios técnicos de uma solução já definida ou de definir a estrutura jurídica ou financeira de um contrato. A referida impossibilidade deve ser *objectivamente* determinada. Para tanto, importa aferir se, atentas as características da concreta entidade adjudicante (entre as quais os meios de que dispõe), na avaliação dos respectivos recursos, o "decisor médio" teria concluído pela impossibilidade de proceder (sozinho) a essa definição.

22. O diálogo concorrencial pode ser utilizado nos casos em que a impossibilidade de definição é apenas *relativa*, ou seja, quando, apesar de identificar uma (ou várias) soluções possíveis, a entidade adjudicante não divisa qual a que melhor satisfaz as suas necessidades.

23. A negociação que ocorre no diálogo concorrencial disciplinado pelo CCP concentra-se na segunda etapa (a do diálogo propriamente dito) da fase de apresentação das soluções e diálogo com os candidatos seleccionados (segunda fase do procedimento) e tem por base um pré-projecto contratual *formalmente* apresentado pelos candidatos qualificados, no qual estes respondem, sem prévio diálogo com a entidade adjudicante, às necessidades e exigências que esta identificou.

24. A negociação das soluções é o elemento que caracteriza/individualiza o diálogo concorrencial face aos demais procedimentos. Pelo que, só estaremos perante um verdadeiro diálogo concorrencial se existir uma fase destinada à co--construção do caderno de encargos.

25. Atento o princípio da tipicidade dos procedimentos de adjudicação, se o programa do procedimento de um diálogo concorrencial afasta a fase de negociação das soluções, o mesmo estará ferido de ilegalidade, podendo ser (directa ou incidentalmente) impugnado. Se é a entidade adjudicante que, no decurso do *iter* formativo, "prescinde" dessa fase, o acto adjudicatório será inválido já que praticado sem observar uma formalidade *essencial* do concreto *iter* utilizado para a escolha da melhor solução.

26. A exclusão de uma solução na primeira etapa (de elaboração e apresentação das soluções) da segunda fase do diálogo concorrencial afasta o respectivo candidato de todo o *iter* formativo. A exclusão de um candidato qualificado, antes que este tenha tido a oportunidade de negociar a sua solução, não viola o Direito Comunitário pois a Directiva não se opõe a que, em momento anterior ao diálogo, exista uma "fase de saneamento" destinada a expurgar as soluções (e, consequentemente, os candidatos) irregulares.

27. Como a admissão/exclusão, prevista na primeira etapa da segunda fase do diálogo concorrencial disciplinado pelo CCP, não tem por objectivo reduzir o número de soluções a debater, a mesma não tem de ser feita por referência aos critérios de adjudicação fixados nas peças do procedimento.

28. Atenta a *função* desempenhada, a *solução* (objecto da negociação) constitui um verdadeiro pré-projecto contratual destinado a dar resposta às necessidades e exigências tornadas públicas pela entidade adjudicante.

29. Enquanto a negociação (quando admitida) ocorrida após a apresentação das propostas é uma *negociação enquadrada* pelos termos do projecto contratual submetido à concorrência, a que tem lugar no diálogo concorrencial não sofre essa restrição.

30. Da negociação realizada no diálogo concorrencial não pode decorrer, sob pena de violação (pelo menos) do princípio da concorrência, uma solução escolhida que não respeite o disposto na memória descritiva.

31. Atento o dever de confidencialidade, previsto no art. 29.º, n.º 3, da Directiva 2004/18/CE, deve concluir-se que, sem o consentimento do(s) respectivo(s) autor(es), os demais participantes no diálogo não podem apresentar

uma proposta que tenha por base uma solução desenvolvida por outro(s) competidor(es).

32. O CCP estabelece um esquema binário: o diálogo decorre até que seja identificada uma (única) solução ou se conclua que nenhuma das soluções negociadas satisfaz as necessidades e exigências exteriorizadas pela entidade adjudicante. Tal não põe em causa os objectivos prosseguidos pela Directiva, já que se limita a antecipar uma das hipóteses admitidos pela mesma.

33. O legislador nacional impõe que todos os participantes do diálogo (mesmo aqueles cujas soluções não foram escolhidas) sejam convidados a apresentar uma proposta, "modelo" que não parece violar o Direito Comunitário sobretudo porque a obrigação de confidencialidade, prevista na Directiva, não é absoluta, podendo ser afastada mediante autorização do respectivo candidato (*in casu*, dada quando este aceita participar num procedimento com estas condições).

34. A igualdade de tratamento, que a entidade adjudicante deve respeitar durante o diálogo, não obriga a que esta encare todas as soluções apresentadas como se fossem as potencialmente escolhidas. Nada a impede de canalizar os seus esforços para a solução que, após algumas sessões de diálogo, se revele a mais apropriada.

35. A igualdade de tratamento refere-se, sobretudo, ao acesso dos candidatos à informação: a entidade adjudicante deve disponibilizar a todos os candidatos a informação (gerada por si), respeitante ao contrato, que não conste já das peças do procedimento.

36. Atento o "modelo" de diálogo concorrencial previsto no CCP (em que todos os participantes devem ser convidados a apresentar uma proposta), o art. 214.º, n.º 3, deve ser objecto de uma interpretação restritiva, limitando-se a obrigação de confidencialidade às soluções (ou parcelas destas) que não tenham sido escolhidas, bem como a todas as informações transmitidas pelos candidatos que *objectivamente não sejam qualificáveis como necessárias a uma correcta elaboração do caderno de encargos*.

37. Na ponderação dos interesses (públicos e privados) em "jogo" na fase de diálogo, o legislador nacional fez prevalecer o interesse (público) da entidade adjudicante (em identificar uma solução ou rejeitar todas as soluções se estas se mostrarem insatisfatórias) sobre o interesse (privado) dos candidatos (em ver escolhida a sua solução).

38. Tendo em consideração a finalidade do diálogo, o "modelo" consagrado no CCP e o facto de os candidatos não terem de apresentar uma versão final das soluções, deve entender-se que a solução identificada pelo júri pode integrar elementos constantes das diversas soluções negociadas.

39. Caso se entenda que os sujeitos a quem a entidade adjudicante recorre para, fora do espectro do diálogo concorrencial, co-construir o projecto contratual a submeter à concorrência, podem ser candidatos e/ou concorrentes no procedi-

mento (e se isso efectivamente vier a acontecer), estaremos perante uma verdadeira negociação.

40. O impedimento previsto no art. no art. 55.º, alínea j), do CCP, deve merecer uma interpretação restritiva, não sendo aplicável (*i*) ao ajuste directo em que apenas uma entidade é convidada a apresentar proposta; (*ii*) e aos casos em que a assessoria ou o apoio técnico tenham sido publica e concorrencialmente prestados.

41. O Tribunal de Justiça retira do *princípio da igualdade de tratamento* (*in concreto*, da exigência de proporcionalidade da medida discriminatória) uma obrigação (*de facere*) que impende sobre a entidade adjudicante: a de permitir ao sujeito que participou nos trabalhos preparatórios do procedimento provar que, *in concreto*, não foi beneficiado.

42. Uma vez que, à luz do princípio da igualdade, a "exclusão sob reserva de prova em contrário" não surge como a única solução possível, dispondo os Estados-membros de uma margem de intervenção ou apreciação (para, por exemplo, preverem um impedimento automático que tenha por base uma assessoria ou um apoio técnico que não tenham sido publica e concorrencialmente prestados), à referida regra não deve ser reconhecido efeito directo. O preceito previsto no CCP não parece admitir, também, uma *interpretação conforme* ao sentido que o Tribunal de Justiça retira dos princípios da igualdade e da proporcionalidade.

43. Fora do diálogo concorrencial, as Directivas comunitárias e o CCP não admitem uma negociação que, após a exteriorização do procedimento e antes da apresentação das propostas, tenha por objectivo modificar o caderno de encargos submetido à concorrência.

44. Ao nível dos *sectores gerais*, o "legislador" comunitário restringiu a possibilidade de negociação das propostas a um único *iter* formativo a que, desde a sua génese, atribuiu um carácter excepcional: o *procedimento por negociação* (com e sem publicação de anúncio de concurso).

45. Uma vez que, no *procedimento por negociação com publicação de anúncio de concurso*, a entidade adjudicante está obrigada a fazer um apelo público à concorrência, só podendo negociar com os operadores económicos seleccionados de acordo com os critérios fixados nas peças do procedimento, não deve aí valer a regra que impõe uma interpretação estrita das disposições que admitem a sua utilização.

46. Atendendo, sobretudo, à manutenção de um procedimento *por negociação*, cujo traço distintivo (no seu todo) é a possibilidade de negociar as condições do contrato com os concorrentes, a interpretação mais correcta será a de que a Directiva 2004/18/CE continua a afastar o diálogo negocial dos concursos público e limitado, mobilizados para a formação de contratos que caiam no seu âmbito de aplicação.

47. Face ao preceito comunitário que disciplina a alteração das *propostas finais*, apresentadas num diálogo concorrencial, duas interpretações se afiguram

como possíveis: (*i*) a de que não é admitida qualquer negociação incidente sobre os seus elementos fundamentais; (*ii*) a de que estes elementos fundamentais podem ainda ser objecto de *alguma* negociação. A Directiva parece admitir, porém, a apresentação de propostas preliminares, as quais podem ser objecto de negociação.

48. Nos *sectores especiais*, o Direito Comunitário admite que o procedimento por negociação (com publicação de um anúncio de concurso) seja livremente utilizado pelas entidades adjudicantes. Deve, porém, entender-se que a Directiva 2004/17/CE continua a não permitir uma negociação das propostas nos concursos público e limitado.

49. No recém-criado *sector da defesa*, o procedimento por negociação com publicação de anúncio de concurso surge como procedimento regra. A possibilidade/impossibilidade de uma negociação das propostas no concurso limitado e no diálogo concorrencial é idêntica à que existe ao nível dos sectores gerais.

50. Dos princípios comunitários (expressa ou implicitamente) constantes do Tratado CE, aplicáveis aos contratos não abrangidos pelas Directivas, resulta apenas uma restrição à utilização de um procedimento por negociação que não seja precedido de uma adequada publicitação.

51. Desde que adequadamente publicitado, os princípios que têm sido convocados pelo Tribunal de Justiça não impedem que o procedimento mobilizado preveja uma fase destinada à negociação das propostas.

52. O CCP admite uma fase de negociação das propostas no (*i*) procedimento por negociação, que corresponde ao *procedimento por negociação com publicação de anúncio de concurso* previsto nas Directivas comunitárias; (*ii*) ajuste directo – único procedimento adjudicatório de carácter "fechado" tipificado no CCP; (*iii*) e no concurso público destinado à formação de contratos de concessão de obras públicas e de concessão de serviços públicos.

53. Além dos concursos públicos que não visem a formação de contratos de concessão de obras públicas e de concessão de serviços públicos, a negociação das propostas está vedada ao nível do concurso limitado por prévia qualificação e do diálogo concorrencial.

54. No procedimento de negociação, o diálogo negocial individualiza/caracteriza o respectivo *iter* formativo, sendo um seu elemento essencial. Pelo que, não existe qualquer pressuposto de que dependa a negociação realizada neste *iter* formativo.

55. Para que exista uma fase de negociação no concurso público e no ajuste directo, o convite à apresentação das propostas e o programa do procedimento *devem*, respectivamente, prever a sua existência. Atenta a natureza dos princípios que a necessidade desta previsão pretende salvaguardar, deve entender-se que a realização de uma fase de negociação não prevista no convite ou no programa do procedimento gerará a invalidade da respectiva adjudicação.

56. Por referência aos princípios da transparência e da imparcialidade, no ajuste directo e no concurso público, a decisão quanto à efectiva realização da negociação deve ser tomada no convite à apresentação de propostas e no programa de concurso, respectivamente, não podendo ser postergada para o final da fase de avaliação das propostas.

57. Para que haja uma *fase de negociação* no ajuste directo é ainda necessário que (*i*) a entidade adjudicante convide mais do que uma entidade a apresentar proposta; (*ii*) e, dos convites realizados, seja apresentada mais de uma proposta. No entanto, nos casos em que tenha sido apresentada uma proposta, o ajuste directo permite um diálogo negocial que não carece de observar as regras respeitantes à *fase de negociação*.

58. No *procedimento de negociação*, o diálogo negocial incidente sobre as propostas é o elemento que caracteriza o *iter* adjudicatório. Se não existir uma fase de negociação não estaremos diante de um verdadeiro procedimento de negociação mas de um outro *iter* formativo.

59. Tendo em conta o princípio da tipicidade dos procedimentos de adjudicação, se o programa de um procedimento de negociação afasta expressamente a fase de negociação, a peça estará ferida de ilegalidade, podendo ser (directa ou incidentalmente) impugnada. Se a Administração decide, no decurso do procedimento, "prescindir" da mesma, o acto adjudicatório será também inválido porque praticado sem atender a uma formalidade *essencial* do concreto *iter* utilizado para a escolha da melhor proposta.

60. Quando prevista no convite à apresentação das propostas (ajuste directo) ou no programa do procedimento (concurso público), a entidade adjudicante deve, sob pena de invalidade do acto de adjudicação, realizar a respectiva fase de negociação.

61. No concurso público, o programa do procedimento pode remeter a decisão respeitante à restrição, ou não, do universo de concorrentes admitidos a negociar para o final da fase de avaliação das propostas, devendo, porém, prever o número mínimo e máximo de propostas ou de concorrentes a seleccionar.

62. Nos casos em que é restringido o acesso à fase de negociação, o número mínimo e máximo de concorrentes (ou de propostas) a seleccionar, bem como o número efectivamente seleccionado, deve assegurar a realização de uma negociação concorrencial. Nestas situações, e não obstante a flexibilidade do Direito Comunitário, deve entender-se que, quando o número de propostas não excluídas na primeira fase é inferior ao número mínimo indicado no programa do procedimento, o CCP não permite que a entidade adjudicante revogue a decisão de contratar, pondo fim ao procedimento.

63. A alteração do art. 118.º não introduziu no ajuste directo uma verdadeira fase de "saneamento" ou, pelo menos, um "saneamento" com o rigor que caracteriza os demais procedimentos com *fase de negociação não restringida*. A Administração não terá, porém, de fingir que desconhece alguma das irregula-

ridades não previstas pelo n.º 2 deste preceito, devendo, ao abrigo do princípio da eficiência, excluir as propostas *manifestamente irregulares* antes da sua negociação.

64. Os *aspectos da execução do contrato submetidos à concorrência* respeitam à parte do caderno de encargos que convoca uma resposta por parte do concorrente que deverá ser valorada para efeitos da adjudicação. Os *aspectos de execução do contrato não submetidos à concorrência* correspondem, por seu turno, a elementos previstos no caderno de encargos a que o concorrente se limita a aderir ou cuja concretização não é relevada ao nível adjudicatório.

65. Os elementos ou características das propostas que respondem à parte do caderno de encargos que convoca uma concretização do concorrente que será valorada para efeitos da adjudicação (atributos das propostas) são o objecto da negociação (pré-adjudicatória) que se segue à apresentação das propostas.

66. Ao ter recortado (pela positiva) o objecto da negociação, o Código torna claro que, mesmo quando a entidade adjudicante não tenha limitado (pela negativa) os aspectos da execução que "não está disposta a negociar", só os *atributos das propostas* poderão ser negociados.

67. A existência de uma fase de negociação não pode ser usada como argumento para mitigar as exigências de plena regularidade dos elementos que não constituam atributos da proposta.

68. Sob pena de violação dos princípios fundamentais da contratação pública, a versão final da proposta não pode desrespeitar os parâmetros base fixados no caderno de encargos (indo além ou aquém dos limites previstos), nem implicar uma alteração dos aspectos de execução do contrato submetidos à concorrência para os quais não foram definidos parâmetros base.

69. O "modelo" de fase de negociação, previsto no CCP, não se compadece com uma atenuação das exigências de plena regularidade dos atributos das versões iniciais das propostas.

70. Se a versão final da proposta, apresentada no âmbito de um concurso público ou de um procedimento de negociação, for excluída com fundamento na violação do caderno de encargos, será "aproveitada", para efeitos de adjudicação, a respectiva versão inicial. No ajuste directo, em caso de exclusão da versão final da proposta (independentemente do motivo), o júri não poderá "aproveitar" a respectiva versão inicial.

71. Ainda que a entidade adjudicante tenha identificado os aspectos da execução do contrato não negociáveis, só os *atributos das propostas* (referentes a aspectos da execução do contrato *submetidos à concorrência*) podem ser objecto de negociação.

72. Os atributos excluídos pela entidade adjudicante não podem, sob pena de invalidade do acto adjudicatório, ser negociados. Em regra, se um determinado aspecto da execução do contrato submetido à concorrência não foi excluído do diálogo negocial, deve o mesmo ser objecto da negociação.

73. Se a versão final da proposta, apresentada no âmbito de um concurso público ou de um procedimento de negociação, for excluída por os seus atributos, respeitantes a aspectos da execução do contrato que a entidade adjudicante identificou enquanto inegociáveis, apresentarem diferenças (de conteúdo) relativamente aos constantes da respectiva versão inicial, esta poderá ainda ser "aproveitada" para efeitos adjudicatórios.

74. Nos casos em que a fase de negociação é restringida aos concorrentes cujas propostas tenham ficado ordenadas nos primeiros lugares, exige-se que a pontuação global das versões finais não seja inferior à das respectivas versões iniciais. Esta restrição pretende garantir que o resultado da fase de selecção não seja subvertido e, simultaneamente, fixa um *indirizzo* ao diálogo negocial: este destina-se, na perspectiva da optimização da satisfação das necessidades colectivas a que a entidade adjudicante pretende dar resposta com a celebração do contrato, a melhorar as versões iniciais das propostas.

75. A regra da *proibição do retrocesso da pontuação* obriga a que o valor dos coeficientes de ponderação, estabelecidos no modelo de avaliação das propostas, reflicta fielmente a importância que cada factor e subfactor elementar apresenta para a prossecução do interesse público.

76. A máxima subjacente ao princípio da igualdade de tratamento, aplicável na fase de negociação, deve ser a de que, independentemente do concorrente ou da posição que a sua versão inicial tenha ocupado na primeira selecção, o júri do procedimento deve negociar todas as propostas como se estas fossem as potenciais vencedoras. Exigir mais do que isto, designadamente uma *identidade entre as diversas negociações*, seria esquecer que as *particularidades* da oferta e a *singularidade* de cada "nova" ideia ou contraproposta avançada pelos concorrentes legitimam a existência de diferenças entre os diversos diálogos negociais.

77. De acordo com a obrigação de confidencialidade, deve garantir-se a *opacidade* do conteúdo das negociações, não podendo o júri do procedimento utilizar, em negociações diferentes, ideias ou "soluções" *pertencentes* a um dos concorrentes, nem revelar o comportamento negocial de um dos seus co-negociadores aos demais.

78. Por respeito ao princípio da concorrência, está vedada aos participantes no diálogo negocial a possibilidade de integrar nas *versões finais* das suas propostas ideias ou "soluções" *originais*, que constem de *versões iniciais* pertencentes a outros concorrentes.

79. A referência a uma negociação que decorre por *via electrónica* deve ser entendida como uma mera anuência à realização de sessões de negociação não presenciais.

80. Como a possibilidade de sessões de negociação conjunta contraria a obrigação de confidencialidade, prevista no n.º 5 do art. 120.º do CCP, ter-se-á de adoptar uma das seguintes opções: (*i*) ou o dever de sigilo é interpretado restritivamente, de modo a não abranger as sessões de negociação conjunta; (*ii*) ou

limita-se a possibilidade de sessões conjuntas às situações em que não há ainda uma *verdadeira* negociação.

81. Sempre que a negociação envolva a realização de várias sessões *em separado*, é aconselhável que estas ocorram de forma intercalada, entre todos os concorrentes, para que não se inicie um "processo negocial" apenas quando outro já tenha terminado.

82. A negociação das propostas não tem de envolver um acordo (total ou parcial) entre as partes. Este acordo, respeitante às alterações a introduzir na versão final da proposta, não é o instrumento jurídico que melhor se adequa às características de uma *negociação concorrencial*. Se, no decurso do "processo negocial", as partes chegam a "plataformas de entendimento", estas não vinculam os concorrentes.

83. A estrutura procedimental (versão inicial da proposta seguida de uma BAFO pós-negocial), prevista no CCP para a fase de negociação, promove a transparência de todo o *iter* formativo e permite, em certos casos, "recuperar" a versão inicial de uma proposta para efeitos de adjudicação.

84. O CCP parece afastar a possibilidade de uma revogação da decisão de contratar fundada no resultado insatisfatório da fase de negociação das propostas. No entanto, *de lege lata*, em certos "casos limite" esta impossibilidade torna-se insustentável. *De lege ferenda*, devem ser consagrados outros casos em que, atento o risco de um resultado insatisfatório da negociação, o órgão competente para a decisão de contratar possa proferir uma decisão de não adjudicação.

85. O CCP não permite que, nos casos em que não esteja satisfeita com o resultado da negociação, a entidade adjudicante determine uma *renegociação* das versões finais das propostas.

CAPÍTULO III
A NEGOCIAÇÃO PÓS-ADJUDICATÓRIA

86. Se a negociação que ocorre antes da prática do acto adjudicatório é, em regra, multipolar, podendo ser construídos diversos projectos contratuais destinados a nunca se concretizarem, a negociação pós-adjudicatória tem apenas dois pólos (entidade adjudicante e adjudicatário) e incide sobre o projecto que *efectivamente* será transformado em contrato.

87. As Directivas comunitárias não se opõe a que, dentro de certos limites, seja realizada uma negociação pós-adjudicatória. Idêntica conclusão deve ser afirmada para os contratos públicos que não caiem no âmbito de aplicação dos referidos diplomas.

88. Da jurisprudência comunitária respeitante à negociação do projecto contratual é possível concluir que: (*i*) a negociação não pode partir de uma pro-

posta que não seja conforme ao caderno de encargos e também não pode originar essa desconformidade; (*ii*) não é permitido à entidade adjudicante e ao adjudicatário negociar a alteração de aspectos essenciais do caderno de encargos; (*iii*) a negociação pós-adjudicatória que implique uma alteração substancial de elementos essenciais do projecto contratual traduz-se numa nova adjudicação que, em princípio, deve ser precedida de um procedimento concorrencial.

89. Aplicando analogicamente o entendimento da jurisprudência comunitária respeitante à modificação de contratos públicos, deve concluir-se que, quando da negociação entre a entidade adjudicante e o adjudicatário resulte uma alteração do projecto contratual que, se realizada antes da adjudicação, (*i*) determinaria que fosse outra a proposta escolhida; (*ii*) ou permitiria que outros interessados pudessem e/ou optassem por participar no procedimento, não estaremos perante uma *modificação do projecto contratual adjudicado*, mas diante da *adjudicação de um novo projecto contratual* que, por não ter sido precedida de um procedimento concorrencial, desrespeita o Direito Comunitário da contratação pública.

90. Os ajustamentos ao conteúdo do contrato a celebrar, admitidos nos arts. 99.° e ss. do CCP, não são o resultado de um *ius variandi* da Administração. Os referidos ajustamentos pressupõem uma negociação, sendo o caminho previsto nos arts. 100.° e ss. um *posterius* relativamente à co-construção das alterações a introduzir no projecto contratual.

91. Desde que o órgão competente para a decisão de contratar respeite os limites e o *iter* previstos para os "ajustamentos" ao contrato, a inexigibilidade ou a dispensa de forma escrita não constituem fundamento bastante para afastar a possibilidade de uma negociação pós-adjudicatória.

92. Após a adjudicação, nem a entidade adjudicante, nem o adjudicatário estão *legalmente* vinculados a negociar o conteúdo do contrato a celebrar. Ainda que a negociação pós-adjudicatória esteja prevista nas peças do procedimento ou tenha sido aposta como condição ao acto adjudicatório, qualquer alteração ao projecto contratual carecerá sempre da aceitação do adjudicatário.

93. Os ajustamentos pós-adjudicatórios devem ter como único fim a optimização da satisfação das necessidades colectivas que motivaram a celebração do respectivo contrato. Pelo que, não devem ser admitidas alterações (*i*) realizadas *apenas* para prosseguir *interesses privados*; (*ii*) que pretendam atender a necessidades colectivas cuja satisfação não cabe na esfera de atribuições da entidade adjudicante; (*iii*) que não visem o concreto interesse público definido para o exercício da competência em causa.

94. Para aferir se as alterações visaram dar resposta a exigências ditadas pelo interesse público deve atender-se ao conjunto dos ajustamentos (visto como um todo) e não a cada uma das concretas modificações realizadas (individualmente consideradas).

95. Para que o conjunto de modificações introduzidas dê resposta a exigências ditadas pelo interesse público não é necessário que o equilíbrio contratual seja

alterado a favor da Administração. Diferentemente do regime anterior ao CCP, não se exige que as alterações "sejam inequivocamente em benefício da entidade adjudicante".

96. O resultado da negociação pós-adjudicatória não pode, sob pena de se desvirtuar a natureza e a função do procedimento adjudicatório e de se violar os princípios fundamentais da contratação pública, afectar a "equação adjudicatória", cujos termos essenciais são o projecto contratual submetido à concorrência e a posição ocupada pela proposta vencedora.

97. Quando não tenha existido uma efectiva disputa entre vários concorrentes, o diálogo negocial, realizado depois da adjudicação, não está limitado pelo segundo pólo da equação adjudicatória. Se a falta de concorrência se ficou a dever ao facto de apenas um operador económico ter sido directamente convidado a apresentar proposta, admite-se ainda que, dentro de certos limites, haja uma alteração da estrutura do projecto contratual delineado pela entidade adjudicante.

98. Apesar de o Código prever que os ajustamentos incidem sobre o "conteúdo do contrato a celebrar", o *objecto* da negociação pós-adjudicatória é (ainda) o teor da proposta adjudicada, não sendo permitido desvios ao disposto no caderno de encargos. No entanto, são ainda alteráveis os elementos da proposta adjudicada que concretizem aspectos da execução não submetidos à concorrência (desde que respeitados os limites estabelecidos pelo caderno de encargos), bem como os elementos referentes a aspectos da execução do contrato não regulados pelo caderno de encargos.

99. Só será de admitir a inclusão de "novos" elementos (que o caderno de encargos e a proposta adjudicada não previam) se os mesmos forem *objectivamente indiferentes* do ponto de vista concorrencial.

100. Uma vez que se admite a introdução de ajustamentos aos atributos da proposta, a negociação pós-adjudicatória não está limitada à modificação das suas condições acessórias.

101. A parte final do disposto no art. 99.º, n.º 1, aplica-se a todos os procedimentos em que, além da adjudicada, tenham sido apresentadas outras propostas que, posteriormente, não foram objecto de exclusão.

102. São concebíveis, em tese, vários critérios destinados a assegurar que a proposta adjudicada é ainda, e apesar das alterações introduzidas, a melhor resposta ao projecto contratual submetido à concorrência.

103. Por não promover uma comparação entre a proposta adjudicada (e entretanto ajustada) e a(s) proposta(s) preterida(s), o critério que permite a introdução de alterações que sejam mais favoráveis para a entidade adjudicante não garante que a "solução" vencedora foi e continua a ser a *melhor resposta* ao projecto contratual submetido à concorrência.

104. O critério *reconstrutivo*, em qualquer das suas modalidades, está apenas preocupado em assegurar uma igualdade ilusória entre o adjudicatário e os concorrentes preteridos, não garantindo que a proposta *adjudicada e* entretanto

ajustada é ainda, e apesar das alterações introduzidas, a melhor resposta ao projecto contratual submetido à concorrência.

105. Há uma razão objectiva para que o adjudicatário seja tratado de forma diferente dos concorrentes preteridos: a adjudicação identificou a sua como a *proposta que melhor serve o interesse público*. Se ela mantiver esse estatuto, as alterações introduzidas (desde que respeitados os demais limites) não violam os princípios estruturantes da contratação pública, nem a natureza e função do procedimento adjudicatório.

106. O critério *meramente comparativo*, que consiste em submeter a proposta adjudicada (com os respectivos ajustamentos) a uma nova avaliação que determine se a sua pontuação global é ainda superior à das propostas preteridas, permite aferir se a mesma perdeu, ou não, o estatuto de melhor resposta ao projecto contratual submetido à concorrência.

107. Este critério é mais realista (não envolve uma alteração ficcional das propostas preteridas), simples (basta "passar" a proposta ajustada pelo modelo de avaliação) e confere à negociação pós-adjudicatória uma maior certeza e segurança jurídicas (já que se conhece a "margem", concorrencialmente ditada, de que as partes dispõe para alterar a sua proposta).

108. Apesar de o termo "ajustamentos" sugerir que apenas são admitidas alterações pouco significativas, deve entender-se que não há um valor pré-definido, a partir do qual uma modificação será ilegal.

109. Através de uma adequada *interpretação conforme os princípios*, deve entender-se que o art. 99.°, n.° 1 do CCP não só admite, como exige que seja mobilizado o *critério meramente comparativo* para determinar se a proposta adjudicada é ainda a melhor resposta ao projecto contratual submetido à concorrência.

110. Desde que respeitados os demais limites, a alteração de elementos da proposta que dão resposta a aspectos não submetidos à concorrência afigura-se indiferente para a manutenção da equação adjudicatória.

111. A alteração de elementos não regulados pelo caderno de encargos (previstos na proposta adjudicada) ou a introdução de elementos "novos" só será permitida se (*i*) não forem criadas condições contratuais alternativas às previstas no caderno de encargos; (*ii*) tal não constituir uma mudança "encapotada" (para fugir ao controlo do critério comparativo) dos atributos da proposta; (*iii*) não for alterado o equilíbrio contratual a favor do adjudicatário, criando-se mecanismos "compensatórios" (que fugiriam também ao critério comparativo); (*iv*) forem *objectivamente indiferentes* para a ordenação das propostas, não sendo susceptível de implicar uma alteração com relevo adjudicatório.

112. A alínea b), do n.° 2, do art. 99.° deve ser interpretada no sentido de apenas vedar a integração na proposta vencedora de ideias/conceitos, trazidos a concurso por um (ou vários) dos concorrentes derrotados, que tenham sido por estes criados, desenvolvidos ou adaptados.

113. O poder de veto de que o adjudicatário dispõe relativamente aos ajustamentos que lhe são notificados deve ser interpretado à luz do princípio da boa fé. Pelo que, quando a notificação da minuta do contrato é precedida de uma negociação, o poder de veto não pode ser utilizado como um instrumento para defraudar as expectativas geradas na anterior fase negocial. A actuação dolosa do adjudicatário gerará a anulabilidade da aprovação da minuta do contrato, podendo a Administração lançar mão da revogação anulatória.

BIBLIOGRAFIA

AA. VV.
- *Código dos Contratos Públicos e Legislação Complementar – Guias de Leitura e Aplicação*, org. do grupo de Direito Público da Vieira de Almeida & Associados, Coimbra, Almedina, 2008.
- *Contratação Pública Autárquica* (Relatório Final elaborado por um Grupo de Trabalho constituído pelo Centro de Estudos de Direito do Ordenamento, do Urbanismo e do Ambiente), Coimbra, Almedina, 2006.
- *Trattato sui Contratti Pubblici – Le Procedure di Affidamento e L'Aggiudicazione*, Vol. III, org. Maria Alessandra Sandulli, Rosanna de Nictolis e Roberto Garofoli, Giuffrè, Milão, 2008.

ABREU, COUTINHO DE
- *Sobre os Regulamentos Administrativos e o Princípio da Legalidade*, Coimbra, Almedina, 1987.

ALARCÃO, Rui de
- *Direito das Obrigações*, Coimbra, 1983.

ALEXANDRINO, José Alberto de Melo
- *O Procedimento Pré-Contratual nos Contratos de Empreitada de Obras Públicas*, Lisboa, Associação Académica da Faculdade de Direito de Lisboa, 1997.

ALMEIDA, João Amaral e/SÁNCHEZ, Pedro Fernández
- *As Medidas Excepcionais de Contratação Pública para os Anos de 2009 e 2010 – Breve Comentário ao Decreto-Lei n.º 34/2009, de 6 de Fevereiro*, Coimbra, Coimbra Editora, 2009.

ALMEIDA, Mário Aroso de
- *O Novo Regime do Processo nos Tribunais Administrativos*, 4.ª edição, Coimbra, Almedina, 2005.
- Contratação Pública por Ajuste Directo: a Solução para a Crise?", in *Boletim da Ordem dos Advogados*, n.º 52, 2009, pp. 41 e 42.

AMARAL, Freitas do
- "Apreciação da Dissertação de Doutoramento do Lic. J. M. Sérvulo Correia", in *Revista da Faculdade de Direito da Universidade de Lisboa*, Vol. XXIX, 1988, pp. 161-177.
- *Curso de Direito Administrativo*, Vol. II, Coimbra, Almedina, 2001.

AMARAL, Freitas do/QUADROS, Fausto de/ANDRADE, José Carlos Vieira de
- *Aspectos Jurídicos da Empreitada de Obras Públicas*, Coimbra, Almedina, 2002.

AMARAL, Freitas do/TORGAL, Lino
- *Estudos sobre Concessões e outros Actos da Administração (Pareceres)*, Coimbra, Almedina, 2002.

ANDRADE, José Carlos Vieira de
- "A Imparcialidade da Administração como Princípio Constitucional", in *Boletim da Faculdade de Direito da Universidade de Coimbra*, Vol. L, 1974, pp. 219-246.
- "O Ordenamento Jurídico Administrativo Português", in *Contencioso Administrativo*, Braga, Livraria Cruz, 1986, pp. 33-70.
- "Revogação do Acto Administrativo", in *Direito e Justiça*, Vol. VI, 1992, pp. 53-63.
- "Interesse Público", in *Dicionário Jurídico da Administração Pública*, Vol. V, Lisboa, 1993, pp. 275-282.
- "As Transformações do Contencioso Administrativo na Terceira República Portuguesa", in *Cadernos de Ciência de Legislação*, n.º 18, Janeiro-Março, 1997, pp. 65-78.
- "Relatório de Síntese I", in *Cadernos de Justiça Administrativa*, n.º 28, Julho--Agosto 2001, pp. 59-64.
- *A Justiça Administrativa (Lições)*, 6.ª edição, Coimbra, Almedina, 2004.
- "Princípio da Legalidade e Autonomia da Vontade na Contratação Pública", in *La Contratación Pública en el Horizonte de la Integración Europea*, V Congreso Luso-Hispano de Profesores de Derecho Administrativo, Madrid, INAP, 2004, pp. 61-74.
- *O Dever da Fundamentação Expressa de Actos Administrativos*, Coimbra, Almedina, 2007 (2.ª reimpressão).
- *A Justiça Administrativa (Lições)*, 10.ª edição, Coimbra, Almedina, 2009.

ANTUNES, José Manuel Oliveira
- *Código dos Contratos Públicos – Regime de Erros e Omissões*, Coimbra, Almedina, 2009.

ARROWSMITH, Sue
- *The Law of Public and Utilities Procurement*, Londres, Sweet & Maxwell, 1996.
- "Una Evaluación de las Técnicas Jurídicas para la Transposición de las Directivas sobre Contratación", in *La Contratación Pública en los Llamados Sectores Excluidos*, org. Vicente López-Ibor Mayor, Madrid, Civitas, 1997, pp. 75-100.
- "Towards a Multilateral Agreement on Transparency in Government Procurement", in *International and Comparative Law Quartely*, Vol. 47, Outubro 1998, pp. 793-816.
- "The Problem of Discussions with Tenderers under the E.C. Procurement Directives: the Current Law and the Case for Reform", in *Public Procurement Law Review*, 1998 (n.º 3), pp. 65-82.
- "The Community's Legal Framework on Public Procurement: «The Way forward» at Last?", in *Common Market Law Review*, Vol. 36, n.º 1, Fevereiro 1999, pp. 13-49.
- "The Judgement of the Court of First Instance in *Embassy Limousine*", in *Public Procurement Law Review*, 1999 (n.º 4), pp. CS92-CS96.

- "E-Commerce Policy and the EC Procurement Rules: the Chasm between Rhetoric and Reality", in *Common Market Law Review*, Vol. 38, n.º 6, Dezembro 2001, pp. 1447-1477.
- "Electronic Reverse Auctions Under the EC Public Procurement Rules: Current Possibilities and Future Prospects", in *Public Procurement Law Review*, 2002 (n.º 6), pp. 299-330.
- "The E.C. Procurement Directives, National Procurement Policies and Better Governance: the Case for a New Approach", in *European Law Review*, Vol. 27, n.º 1, Fevereiro 2002, pp. 3-24.
- "Transparency in Government Procurement: The Objectives of Regulation and the Boundaries of the World Trade Organization", in *Journal of World Trade*, Vol. 37 (n.º 2), 2003, pp. 283-303.
- "An Assessment of the New Legislative Package on Public Procurement", in *Common Market Law Review*, Vol. 41, n.º 5, Outubro 2004, pp. 1277-1325.
- *The Law of Public and Utilities Procurement*, 2.ª edição, Londres, Sweet & Maxwell, 2005.
- "The Past and Future Evolution of EC Procurement Law: From Framework to Commmon Code?", in *Public Contract Law Journal*, Vol. 35, n.º 3, 2006, pp. 563-579.

AYALA, Bernardo Diniz de
- "O Método de Escolha do Co-Contratante da Administração nas Concessões de Serviços Públicos", in *Cadernos de Justiça Administrativa*, n.º 26, Março-Abril 2001, pp. 3-25.

AZEVEDO, Bernardo
- "Adjudicação e Celebração do Contrato no Código dos Contratos Públicos", in *Estudos de Contratação Pública – II*, Coimbra, Coimbra Editora, 2010, pp. 223-271.

BAÑO LEÓN, José Maria
- "La Influencia del Derecho Comunitario en la Interpretación de la Ley de Contratos de las Administraciones Públicas", in *Revista de Administración Pública*, n.º 151, Janeiro-Abril 2000, pp. 11-37.

BELLENGER, Lionel
- *Les Fondamentaux de la Négociation*, ESF Editeur, 2004.

BOVIS, Christopher
- "Recent Case Law Relating to Public Procurement: a Beacon for the Integration of Public Markets", in *Common Market Law Review*, Vol. 39, n.º 5, 2002, pp. 1025-1056.
- *EC Public Procurement: Case Law and Regulation*, Oxford University Press, 2006.

BRÉCHON-MOULÉNES, Christine
- "L'Échec des Directives Travaux et Fournitures de 1971 et 1976", in *Revue Française de Droit Administratif*, ano 4, n.º 5, 1988, pp. 753-761.
- "Choix des Procédures, Choix dans les Procédures", in *L'Actualité Juridique – Droit Administratif*, ano 54, n.º 10, 1998, pp. 753-759.

BRITO, Miguel Nogueira de
- "Ajuste Directo", in *Estudos de Contratação Pública – II*, Coimbra, Coimbra Editora, 2010, pp. 297-344.

BROWN, Adrian
- "The Impact of the New Procurement Directive on Large Public Infrastructure Projects: Competitive Dialogue or Better the Devil You Know?", in *Public Procurement Law Review*, 2004 (n.° 4), pp. 160-177.
- "Transparency Obligations Under the EC Treaty in Relation to Public Contracts that Fall Outside the Procurement Directives: a Note on C-231/03, Consorzio Aziende Metano (Coname) v Comune di Cingia de' Botti", in *Public Procurement Law Review*, 2005 (n.° 6), pp. NA153-NA159.
- "The Application of the EC Treaty to a Services Concession Awarded by a Public Authority to a Wholly Owned Subsidiary: Case C-458/03, *Parking Brixen*", in *Public Procurement Law Review*, 2006 (n.° 2), pp. NA40-NA47.
- "Seeing Through Transparency: The Requirement to Advertise Public Contrats and Concessions Under the EC Treaty", in *Public Procurement Law Review*, 2007 (n.° 1), pp. 1-21.
- "When do Changes to na Existing Public Contract Amount to the Award of a New Contract for the Purposes of the EU Procurement Rules? Guidance at Last in Pressetext Nachrichtenagentur GmbH (Case C-454/06)", in *Public Procurement Law Review*, 2008 (n.° 6), pp. NA253-NA267.

CABANES, Arnaud
- "La Négociation dans le Code des Marchés Publics", in *Contrats Publics – L'Actualité de la Commande et des Contrats Publics*, n.° 45, Junho 2005, pp. 18-21.

CABRAL, Margarida Olazabal
- *O Concurso Público nos Contratos Administrativos*, Coimbra, Almedina, 1997.
- "Procedimentos Clássicos no Código dos Contratos Públicos", in *Cadernos de Justiça Administrativa*, n.° 64, Julho-Agosto 2007, pp. 15-27.
- "O Concurso Público no Código dos Contratos Públicos", in *Estudos de Contratação Pública – I*, Coimbra, Coimbra Editora, 2008, pp. 182-227.

CADILHA, Carlos Alberto Fernandes
- "Legitimidade Processual", in *Cadernos de Justiça Administrativa*, n.° 34, Julho--Agosto 2002, pp. 9-23.

CAETANO, Marcelo
- *Manual de Direito Administrativo*, Tomo I, 10.ª edição, Coimbra, Almedina, 1982.

CALDEIRA, Marco
- "Adjudicação e Exigibilidade Judicial da Celebração do Contrato Administrativo no Código dos Contratos Públicos", in *O Direito*, Vol. III, 2008, pp. 697--728.

CALHEIROS, José Maria de Albuquerque
- "Algumas Breves Considerações sobre o Princípio da Interpretação Conforme do Direito Interno Face às Directivas Comunitárias", in *Boletim Documentação e Direito Comparado* (separata), n.os 45/46, 1991.

CALVÃO, Filipa
- "A Recorribilidade do Acto de Adjudicação Condicionado" in *Cadernos de Justiça Administrativa*, n.° 12, Novembro-Dezembro 1998, pp. 19-30.

CAMPOS, João Mota de/CAMPOS, João Luiz Mota de
- *Contencioso Comunitário*, Lisboa, Fundação Calouste Gulbenkian, 2002.

CANAS, Vitalino
- "Relação Jurídico-Pública", in *Dicionário Jurídico da Administração Pública*, Vol. VII, Lisboa, 1996, pp. 207-234.

CANOTILHO, José Joaquim Gomes
- "Relações Jurídicas Poligonais, Ponderação Ecológica de Bens e Controlo Judicial Preventivo", in *Revista Jurídica do Urbanismo e do Ambiente*, n.º 1, Junho 1994, pp. 55-66.
- "O Direito Constitucional Passa; o Direito Administrativo Passa Também", in *Estudos de Homenagem ao Prof. Doutor Rogério Soares, Studia Iuridica* n.º 61 – *ad Honorem* n.º 1, Coimbra, Coimbra Editora, 2001, pp. 705-722.

CANOTILHO, José Joaquim Gomes/MOREIRA, Vital
- *Constituição da República Portuguesa Anotada*, 3.ª edição, Coimbra, Coimbra Editora, 1993.

CARVALHO, José Crespo de
- *Negociação*, 2.ª edição, Lisboa, Edições Sílabo, 2006.

CASSESE, Sabino
- "I Lavori Pubblici e la Direttiva Comunitaria n.º 440 del 1989", in *Il Foro Amministrativo*, ano LXV – 1989, pp. 3518-3527.
- "Tendenze e Problemi del Diritto Amministrativo", in *Rivista Trimestrale di Diritto Pubblico*, n.º 4, 2004, pp. 901-912.

CASSIA, Paul
- "Contrats Publics et Principe Communautaire d'Égalité de Traitement", in *Revue Trimestrielle de Droit Européen*, n.º 3, Julho-Setembro 2002, pp. 413-449.

CATELA, Miguel
- "20 Anos de Jurisprudência Comunitária sobre Contratos Públicos", in *Revista do Tribunal de Contas*, n.º 27, Janeiro-Junho, 1997, pp. 163-182.

CATTIER, Rachel
- "Le Régime des Marchés Relevant des Articles 28 et 30 du Code des Marchés Publics", in *Contrats Publics – L'Actualité de la Commande et des Contrats Publics*, n.º 84, Janeiro 2009, pp. 52-55.

CHÉROT, Yean-Yves
- *Droit Publique Économique*, 2.ª edição, Paris, Economica, 2007.

COMBA, Mario
- "Selection and Award Criteria in Italian Public Procurement Law", in *Public Procurement Law Review*, 2009 (n.º 3), pp. 122-127.

CORDEIRO, António Menezes
- *Direito das Obrigações*, 1.º Volume, Lisboa, Associação Académica da Faculdade de Direito da Universidade de Lisboa, 1980.
- "Da Abertura de Concurso para a Celebração de um Contrato no Direito Privado", in *Boletim do Ministério da Justiça*, n.º 369, 1987, pp. 27-81.
- *Contratos Públicos: Subsídios para a Dogmática Administrativa, com Exemplo no Princípio do Equilíbrio Financeiro*, Cadernos O Direito, n.º 2, 2007.

CORREIA, Fernando Alves
- *O Plano Urbanístico e o Princípio da Igualdade*, Coimbra, 1989.
- *Manual de Direito do Urbanismo*, Volume I, 3.ª edição, Coimbra, Almedina, 2006.

CORREIA, Sérvulo
- "Os Princípios Constitucionais da Administração Pública", in *Estudos sobre a Constituição*, Vol. III, Lisboa, Petrony, 1977, pp. 661-688.
- *Noções de Direito Administrativo*, Vol. I, Lisboa, Danúbio, 1982.
- *Legalidade e Autonomia Contratual nos Contratos Administrativos*, Coimbra, Almedina, 2003 (reimpressão da edição de 1987).

COSSALTER, Philippe
- *Les Délégations d'Activités Publiques dans l'Union Européenne*, Paris, L.G.D.J, 2007.

COSTA, Mário Júlio de Almeida
- *Responsabilidade Civil pela Ruptura das Negociações Preparatórias de um Contrato* (separata da Revista de Legislação e Jurisprudência), Coimbra, Coimbra Editora, 1994.

CUNHA, Pedro
- *Conflito e Negociação*, Lisboa, Edições Asa, 2001.

DEKEL, Omer
- "The Legal Theory of Competitive Bidding for Government Contracts", in *Public Contract Law Journal*, Vol. 37, n.º 2, 2008, pp. 237-268.
- "Modification of a Government Contract Awarded Following a Competitive Procedure", in *Public Contract Law Journal*, Vol. 38, n.º 2, 2009, pp. 401-426.

DÍEZ MORENO, Fernando
- "Principios Jurídicos de la Contratación Pública: los Considerandos en las Directivas sobre Sectores Excluidos", in *La Contratación Pública en los Llamados Sectores Excluidos*, org. Vicente López-Ibor Mayor, Madrid, Civitas, 1997, pp. 33-44.

DISCHENDORFER, Martin
- "Case C-27/98: The Position Under the Directives Where There is Only One Bid", in *Public Procurement Law Review*, 1999 (n.º 6), pp. CS159-CS162.
- "The Classification of Selection Criteria and the Legality of Ex Officio Interventions of Review Bodies in Review Procedures under the EC Directives on Public Procurement: The GAT Case", in *Public Procurement Law Review*, 2004 (n.º 2), pp. NA39-NA46.
- "The Rules on Award Criteria Under the EC Procurement Directives and the Effect of Using Unlawful Criteria: The EVN Case", in *Public Procurement Law Review*, 2004 (n.º 3), pp. NA74-NA84.

DREYFUS, Jean-David
- "La Modification d'un Marché Public en Cours de Validité est-elle Possible sans Remise en Concurrence?", in *L'Actualité Juridique – Droit Administratif*, n.º 36, 2008, pp. 2008-2013.

DUARTE, Tiago
- "A Decisão de Contratar no Código dos Contratos Públicos: Da Idade do Armário à Idade dos Porquês", in *Estudos de Contratação Pública – I*, Coimbra, Coimbra Editora, 2008, pp. 147-180.

DURVIAUX, Ann Lawrence
- *Logique de Marché et Marché Public en Droit Communautaire – Analyse Critique d'un Système*, Bruxelas, Larcier, 2006.

Estorninho, Maria João
- *A Fuga para o Direito Privado – Contributo para o Estudo da Actividade de Direito Privado da Administração Pública*, Coimbra, Almedina, 1996.
- "Contrato Público: Conceito e Limites", in *La Contratación Pública en el Horizonte de la Integración Europea*, V Congreso Luso-Hispano de Profesores de Derecho Administrativo, Madrid, INAP, 2004, pp. 31-40.
- *Direito Europeu dos Contratos Públicos – Um Olhar Português*, Coimbra, Almedina, 2006.

Fatôme, Etienne
- "Les Avenants", in *L'Actualité Juridique – Droit Administratif*, ano 54, n.º 10, 1998, pp. 760-766.

Fazio, Giuseppe
- *L'Attiità Contrattualle della Pubblica Amministrazione*, Vol. I, Milão, Giuffrè Editore, 1988.

Fernandes, António Monteiro
- *Direito do Trabalho*, 13.ª edição, Coimbra, Almedina, 2006.

Fernández Astudillo, J. M.ª
- *Los Procedimientos de Adjudicación de los Contratos Públicos de Obras, de Suministro y de Servicios en la Unión Europea*, Barcelona, Bosch, 2005.

Fernández Martín, José Maria
- *The EC Public Procurement Rules: A Critical Analysis*, Oxford, Clarendon Press, 1996.

Flamme, Maurice-André
- *Traité Théorique et Pratique des Marchés Publics*, Tomo 1, Bruxelas, Bruylant, 1969.

Flamme, Maurice-André/Flamme, Philippe
- "Vers l'Europe des Marchés Publics? (A Propos de la Directive «Fournitures» du 22 Mars 1988) ", in *Revue du Marché Commun*, n.º 320, Setembro-Outubro 1988, pp. 455-479.
- "Enfin l'Europe des Marchés Publics – La Nouvelle Directive Travaux", in *L'Actualité Juridique – Droit Administratif*, ano 45, n.º 11, 1989, pp. 651--678.

Flamme, Philippe
- "La Procédure Negociée dans les Marchés Publics: une Procédure d'Attribution Exceptionelle?", in *Revue de Droit de l'Université Livre de Bruxelles*, Vol. 17, 1998-1, pp. 25-39.

Flamme, Philippe/Flamme, Maurice-André/Dardenne, Claude
- *Les Marchés Publics Européens et Belges – L'Irrésistible Européanisation du Droit de la Commande Publique*, Bruxelas, Larcier, 2005.

Folliot-Lalliot, Laurence
- "The Separation between the Qualification Phase and the Award Phase in French Procurement Law", in *Public Procurement Law Review*, 2009 (n.º 3), pp. 155--164.

Fouilleul, Nicolas
- *Le Contrat Administratif Électronique*, Tomo I, Presses Universitaires d'Aix--Marseille, 2007.

Fonseca, Isabel Celeste
- *Direito da Contratação Pública – Uma Introdução em Dez Aulas*, Coimbra, Almedina, 2009.

García de Coca, José Antonio
- "Regulación Communitaria Sustantiva sobre los Contratos Celebrados en los Sectores Especiales y su Repercusión sobre los Contratos de Naturaleza Jurídico-Privada", in *Revista de Estudios Europeos*, n.º 24, Janeiro-Abril 2000, pp. 37-55.

García de Enterría, Eduardo/Tomás-Rámon Fernández
- *Curso de Derecho Administrativo I*, 14.ª edição, Navarra, Civitas, 2008.

Gimeno Feliú, José Maria
- *La Nueva Contratación Pública Europea y su Incidencia en la Legislación Española*, Navarra, Civitas, 2006

Gonçalves, Pedro
- "O Acto Administrativo Informático", in *Scientia Iuridica*, Tomo XLVI, n.ºs 265//267, Janeiro-Junho 1997, pp. 47-95.
- *A Concessão de Serviços Públicos*, Coimbra, Almedina, 1999.
- *O Contrato Administrativo – Uma Instituição do Direito Administrativo do Nosso Tempo*, Coimbra, Almedina, 2003.
- *Entidades Privadas com Poderes Públicos*, Coimbra, Almedina, 2005.
- *Direito dos Contratos Públicos (sumários desenvolvidos)*, Coimbra, 2008 (policopiado).
- "Acórdão Pressetext: Modificação de Contrato Existente vs. Adjudicação de Novo Contrato", in *Cadernos de Justiça Administrativa*, n.º 73, Janeiro-Fevereiro 2009, pp. 3-22.

Gordon, Harvey/Rimmer, Shane/Arrowsmith, Sue
- "The Economic Impact of the European Union Regime on Public Procurement: Lessons for the WTO", in *The World Economy*, Vol. 21 (n.º 2), 1998, pp. 159-187.

Gorjão-Henriques, Miguel
- *Direito Comunitário*, 5.ª edição, Coimbra, Almedina, 2008.

Guettier, Christophe
- *Droit des Contrats Administratifs*, Paris, Presses Universitaires de France, 2004.

Guibal, Michel
- "La Transposition de la Réglementation Communautaire en France", in *Revue du Marché Commun*, n.º 373, Dezembro 1993, pp. 863-868.

Guillou, Yves-René
- "Pourquoi et Quand Recourir à la Négociation?", in *Contrats Publics – L'Actualité de la Commande et des Contrats Publics*, n.º 45, Junho 2005, pp. 22-32.

Guillou, Yves-René/Glatt, Jean-Mathieu
- "Négociation, Discussion, Échange: des Leviers pour l'Efficience de la Commande Publique", in *Contrats Publics – L'Actualité de la Commande et des Contrats Publics*, n.º 84, Janeiro 2009, pp. 38-43.

Heintz, Mathieu
- "Les Avenants aux Mapa: Simplification du Formalisme", in *Contrats Publics – L'Actualité de la Commande et des Contrats Publics*, n.º 75, Março 2008, pp. 51-54.

HEN, Christian/GUILLERMIN, Guy
- "Les Marchés Publics de Fournitures et L'Adaptation de la Directive du 21 Décembre 1976", in *Revue du Marché Commun*, n.º 332, Dezembro 1989, pp. 637-648.

HISLAIRE, Loïc
- "La Négociacion et Les Systèmes Électroniques", in *Contrats Publics – L'Actualité de la Commande et des Contrats Publics*, n.º 45, Junho 2005, pp. 36-40.

JESUINO, Jorge Correia
- *A Negociação – Estratégias e Tácticas*, 3.ª edição, Lisboa, Texto Editora, 1998.

JORGE, Fernando Pessoa
- *Direito das Obrigações*, Lisboa, Associação Académica da Faculdade de Direito, 1975/1976.

JOSSAUD, Alain
- "Pour un Droit Public des Marchés", in *L'Actualité Juridique Droit Administratif*, n.º 24, Dezembro 2002, pp. 1481-1486.
- "Marchés Publics: Dialoguer n'est pas Négocier", in *L'Actualité Juridique Droit Administratif*, n.º 31, Setembro 2005, pp. 1718-1722.

KIRKBY, Mark
- "O Diálogo Concorrencial", in *Estudos de Contratação Pública – I*, Coimbra, Coimbra Editora, 2008, pp. 275-326.
- "A Contratação Pública nos «Sectores Excluídos»", in *Estudos de Contratação Pública – II*, Coimbra, Coimbra Editora, 2010, pp. 41-102.

KRÜGER, KAI
- "Ban-on-Negotiations in Tender Procedures: Undermining Best Value for Money?", in *Journal of Public Procurement*, Vol. 4, n.º 3, 2004, pp. 397--436.

KRÜGNER, Matthias
- "The Principles of Equal Treatment and Transparency and the Comission Interpretative Communication on Concessions", in *Public Procurement Law Review*, 2003 (n.º 5), pp. 181-207.

LANDI, Guido/POTENZA, Giuseppe
- *Manuale di Diritto Amministrativo*, 10.ª edição, Milão, Giufrrè Editore, 1997.

LAUBADÈRE, André
- "L'Administration Concertée", in *Mélanges en l'Honneur du Professeur Michel Stassinopoulos, Librairie Générale de Droit et de Jurisprudence*, Paris, 1974, pp. 407-424.

LAUBADÈRE, André/DELVOVÉ, Pierre
- *Droit Public Économique*, 4.ª edição, Paris, Dalloz, 1983.

LAUBADÈRE, André/MODERNE, Franck/DELVOVÉ, Pierre
- *Traité des Contrats Administratifs*, Paris, Librairie Générale de Droit et de Jurisprudence, 1983.

LIBERT, Xavier
- "Les Modifications du Marche en Cours d'Exécution", in *L'Actualité Juridique – Droit Administratif*, n.º especial, 1994, pp. 65-69.

LINDITCH, Florian
- *Le Droit des Marchés Publics*, 2.ª edição, Paris, Dalloz, 2002.

LOUREIRO, João Carlos Simões Gonçalves
- *O Procedimento Administrativo entre a Eficiência e a Garantia dos Particulares (Algumas Considerações)*, Coimbra, Coimbra Editora, 1995.

MACHETE, Pedro
- "A Audiência dos Interessados nos Procedimentos de Concurso Público", in *Cadernos de Justiça Administrativa*, n.º 3, Maio-Junho 1997, pp. 37-46.

MAGALHÃES, José Calvet de
- *A Diplomacia Pura*, Lisboa, Editorial Bizâncio, 2005.
- *Manual Diplomático*, 5.ª edição, Lisboa, Editorial Bizâncio, 2005.

MARTINS, Afonso D'Oliveira
- "Para um Conceito de Contrato Público", in *Estudos em Homenagem ao Prof. Doutor Inocêncio Galvão Telles*, Vol. V, Coimbra, Almedina, 2003, pp. 475-493.

MARTINS, Ana Gouveia
- "Concurso Limitado por Prévia Qualificação", in *Estudos de Contratação Pública – I*, Coimbra, Coimbra Editora, 2008, pp. 229-274.

MCGOWAN, David
- "Clarity at Last? Low Value Contracts and Transparency Oblgations", in *Public Procurement Law Review*, 2007 (n.º 4), pp. 274-283.

MEDEIROS, Rui
- "Âmbito de Aplicação da Contratação Pública à Luz do Princípio da Concorrência", in *Cadernos de Justiça Administrativa*, n.º 69, Maio-Junho 2008, pp. 3-29.

MELO, Barbosa de
- "Introdução às Formas de Concertação Social", in *Boletim da Faculdade de Direito da Universidade de Coimbra*, Vol. LIX, 1983, pp. 65-127.
- "A Ideia de Contrato no Centro do Universo Jurídico-Público", in *Estudos de Contratação Pública – I*, Coimbra, Coimbra Editora, 2008, pp. 7-21.

MELO, Barbosa de/CORREIA, Alves
- *Contrato Administrativo*, Coimbra, Serviço de Documentação do CEFA, 1984.

MIRANDA, Jorge
- "A Administração Pública nas Constituições Portuguesas", in *O Direito*, I-II (Janeiro-Junho), 1988, pp. 607-617.
- *Manual de Direito Constitucional*, Tomo IV, 3.ª edição, Coimbra, Coimbra Editora, 2000.

MONCADA, Luís S. Cabral de
- *A Relação Jurídica Administrativa*, Coimbra, Coimbra Editora, 2009.

MOREIRA, VITAL
- "Constituição e Direito Administrativo (a Constituição Administrativa Portuguesa)", in *AB UNO AD OMNES – 75 anos da Coimbra Editora 1920-1995*, Coimbra, Coimbra Editora, 1998, pp. 1141-1166.
- "Apresentação", in *Estudos de Contratação Pública – I*, Coimbra, Coimbra Editora, 2008, pp. 5-6.

MORENO MOLINA, José Antonio
- "Las Nuevas Directivas sobre Contratos Públicos (93/36, 93/37 93/38/CEE, de 14 de Junio de 1993)", in *Estado & Direito*, n.º 13, 1994, pp. 63-81.
- *Contratos Públicos: Derecho Comunitario y Derecho Español*, Madrid, McGraw-Hill, 1996.

- "La Administración Pública Comunitaria y el Processo hacia la Formación de un Derecho Administrativo Europeo Comun", in *Revista de Administración Pública*, n.º 148, Janeiro-Abril 1999, pp. 341-358.
- "¿Por qué una Nueva Ley de Contratos? Objectivos, Alcance y Principales Novedades de la Ley 30/2007, de Contratos del Sector Público", in *Revista Española de Derecho Administrativo*, n.º 139, Julho-Setembro 2008, pp. 421-451.

MORENO MOLINA, José Antonio/PLEITE GUADAMILLAS, Fancisco
- *La Nueva Ley de Contratos del Sector Público – Estudio Sistemático*, Madrid, La Ley, 2007.

NAUW, Alain de
- "Corruption et Marchés Publics – des Dispositions Nouvelles", in *Revue de Droit de l'Université Libre de Bruxelles*, Vol. 17, 1998-1, pp. 107-122.

NEUMAYR, Florian
- "Value for Money v. Equal Treatment: The Relationship Between the Seemingly Overriding National Rationale for Regulating Public Procurement and the Fundamental E.C. Principle of Equal Treatment", in *Public Procurement Law Review*, 2002 (n.º 4), pp. 215-234.

NEVES, Castanheira
- *Metodologia Jurídica – Problemas Fundamentais*, Coimbra, Coimbra Editora, 1993.

OJEDA MARÍN, Alfonso
- "Contratos Públicos en la Comunidad Europea: la Ley de Contratos del Estado y su Adecuación al Ordenamiento Jurídico Comunitario", in *Revista de Administración Pública*, n.º 112, Janeiro-Abril 1987, pp. 131-167.
- "La Comunidad Europea y el GATT en el Moderno Sistema de Contratación Pública", in *Revista de Administración Pública*, n.º 116, Maio-Agosto 1988, pp. 409-446.

OLIVEIRA, Mário Esteves de
- *Direito Administrativo*, Vol. I, Coimbra, Almedina, 1980.
- "A Necessidade de Distinção entre Contratos Administrativos e Privados da Administração Pública, no Projecto do CCP", in *Cadernos de Justiça Administrativa*, n.º 64, Julho-Agosto 2007, pp. 28-35.
- "Agrupamentos de Entidades Adjudicantes e de Candidatos e Concorrentes em Procedimentos de Contratação Pública", in *Estudos de Contratação Pública – II*, Coimbra, Coimbra Editora, 2010, pp. 103-152.

OLIVEIRA, Mário Esteves de/OLIVEIRA, Rodrigo Esteves de
- *Concursos e Outros Procedimentos de Adjudicação Administrativa – das Fontes às Garantias*, Coimbra, Almedina, 2003.
- *Código de Processo nos Tribunais Administrativos*, Vol. I, Coimbra, Almedina, 2006.

OLIVEIRA, Mário Esteves de/OLIVEIRA, Rodrigo Esteves de/AMORIM, João Pacheco de
- *Código do Procedimento Administrativo Comentado*, 2.ª edição, Coimbra, Almedina, 1997.

OLIVEIRA, Rodrigo Esteves de
- *Autoridade e Consenso no Contrato Administrativo*, Coimbra, 2001 (policopiado).

– "Os Princípios Gerais da Contratação Pública", in *Estudos de Contratação Pública – I*, Coimbra, Coimbra Editora, 2008, pp. 51-113.

OTERO, Paulo
– "Intangibilidade das Propostas em Concurso Público e Erro de Facto na Formação da Vontade: a Omissão de Elementos não Variáveis na Formulação de uma Proposta", in *O Direito*, I-II (Janeiro-Junho) 1999, pp. 91-105.
– "Ambiguidade Interpretativa em Caderno de Encargos de Concurso Público", in *O Direito*, I-II (Janeiro-Junho) 2000, pp. 291-327.

PEYRICAL, Jean-Marc
– "Régime de Passation des Contrats Publics: le Droit des Délégations comme Modèle?", in *L'Actualité Juridique – Droit Administratif*, n.° 39, 2004, pp. 2136-2141.

PEYRICAL, Jean-Marc/BUSSY, Daniel
– "Dialogue, Négociation et Échange avec les Entreprises: Esquisse d'une Méthodologie", in *Contrats Publics – L'Actualité de la Commande et des Contrats Publics*, n.° 84, Janeiro 2009, pp. 44-46.

PINTO, Carlos Alberto da Mota
– "A Responsabilidade Pré-Negocial pela não Conclusão dos Contratos", in *Boletim da Faculdade de Direito da Universidade de Coimbra*, Suplemento XIV, 1966, pp. 143-250.
– *Teoria Geral do Direito Civil*, 3.ª edição, Coimbra, Coimbra Editora, 1999.

PIRARD, Francis
– "Liberté Contractuelle et Procédure Négociée", in *Revue de Droit de l'Université Livre de Bruxelles*, Vol. 17, 1998-1, pp. 41-55.

QUADROS, Fausto de
– "O Concurso Público na Formação do Contrato Administrativo", in *Revista da Ordem dos Advogados*, ano 47, 1987, pp. 701-736.
– *A Nova Dimensão do Direito Administrativo – O Direito Administrativo Português na Perspectiva Comunitária*, Coimbra, Almedina, 1999.

QUEIRÓ, Afonso
– *Lições de Direito Administrativo*, Vol. I, Coimbra 1976.
– "Teoria dos Regulamentos", in *Revista de Direito e de Estudos Sociais*, ano XXVII, n.ᵒˢ 1-2-3-4 (Janeiro-Dezembro), 1980, pp. 1-19 e ano I (2.ª Série), n.° 1 (Janeiro-Março), 1986, pp. 5-32.

RAIMUNDO, Miguel Assis
– "Alterações ao Código dos Contratos Públicos – o Decreto-Lei n.° 278/2009, de 2 de Outubro", in *O Direito*, Vol. IV, 2009, pp. 887-910.

RAMÓN PARADA
– *Derecho Administrativo I – Parte General*, 9.ª edição, Madrid, Marcial Pons, 1997.

RICHER, Laurent
– *Droit des Contrats Administratifs*, 6.ª edição, Paris, L.G.D.J, 2008.

RICHER, Laurent/MÉNÉMÉNIS, Alain
– "Dialogue et Négociation dans la Procedure de Dialogue Compétitif", in *Contrats Publics – L'Actualité de la Commande et des Contrats Publics*, n.° 45, Junho 2005, pp. 33-36.

RIBEIRO, Maria Teresa de Melo
– *O Princípio da Imparcialidade da Administração Pública*, Coimbra, Almedina, 1996.

RIVERO ORTEGA, Ricardo
- *Administraciones Públicas y Derecho Privado*, Madrid, Marcial Pons, 1998.
- "¿Es Necessaria una Révision del Régimen de los Contratos Administrativos en España?", in *Revista Española de Derecho Administrativo*, n.º 121, Janeiro--Março 2004, pp. 26-47.

RUBACH-LARSEN, Anne
- "Selection and Award Criteria from a German Public Procurement Law Perspective", in *Public Procurement Law Review*, 2009 (n.º 3), pp. 112-121.

SAMANIEGO BORDIU, Gonzalo
- "Los Procedimientos de Contratación de las Empresas que Operan en los Sectores del Agua, la Energía, los Transportes y las Telecomunicaciones", in *La Contratación Pública en los Llamados Sectores Excluidos*, org. Vicente López--Ibor Mayor, Madrid, Civitas, 1997, pp. 221-250.

SILVA, Jorge Andrade da
- *Código dos Contratos Públicos Comentado e Anotado*, 2.ª edição, Coimbra, Almedina, 2009.

SILVA, Suzana Tavares da
- "A Nova Dogmática do Direito Administrativo: o Caso da Administração por Compromissos", in *Estudos de Contratação Pública – I*, Coimbra, Coimbra Editora, 2008, pp. 893-942.

SILVA, Vasco Pereira da
- *O Contencioso Administrativo no Divã da Psicanálise – Ensaio sobre as Acção no Novo Processo Administrativo*, Coimbra, Almedina, 2005.

SOARES, Rogério Ehrhardt
- *Direito Administrativo*, Coimbra, 1978.
- "Princípio da Legalidade e Administração Constitutiva", in *Boletim da Faculdade de Direito da Universidade de Coimbra*, Vol. LVII, 1981, pp. 169-191.

SOUSA, Marcelo Rebelo de
- *O Concurso Público na Formação do Acto Administrativo*, Lisboa, Lex, 1994.

SOUSA, Marcelo Rebelo de/MATOS, André Salgado de
- *Direito Administrativo Geral – Introdução e Princípios Fundamentais*, Tomo I, 2.ª edição, Lisboa, Dom Quixote, 2006.
- *Direito Administrativo Geral – Actividade Administrativa*, Tomo III, Lisboa, Dom Quixote, 2007.
- *Contratos Públicos – Direito Administrativo Geral*, Tomo III, Lisboa, Dom Quixote, 2008.

STEINICKE, Michael
- "Public Procurement and the Negotiated Procedure – a Lesson to Learn from US Law?", in *European Competition Law Review*, Vol. 22, n.º 8, 2001, pp. 331-339.

SUMMANN, Katharina
- "Winds of Change: European Influences on German Procurement Law", in *Public Contract Law Journal*, Vol. 35, n.º 3, 2006, pp. 337-384.

TAVARES, Gonçalo Guerra
- "As Competências das Comissões dos Concursos de Empreitadas de Obras Públicas e de Aquisição de Bens Móveis e Serviços", in *Direito e Justiça*, Vol. XIX, Tomo I, 2005, pp. 165-180.

TAVARES, Gonçalo Guerra/DENTE, Nuno Monteiro
- *Código dos Contratos Públicos – Âmbito da sua Aplicação*, Coimbra, Almedina, 2008.
- *Código dos Contratos Públicos – Volume I – Regime da Contratação Pública*, Coimbra, Almedina, 2009.

TELLES, Inocêncio Galvão
- *Manual dos Contratos em Geral*, Coimbra, Coimbra Editora, 2002.

TIMMERMANS, William/BRUYNINCKX, Tim
- "Selection and Award Criteria in Belgian Procurement Law", in *Public Procurement Law Review*, 2009 (n.º 3), pp. 128-137.

TREUMER, Steen
- "Technical Dialogue Prior to Submission of Tenders and the Principle of Equal Treatment of Tenders", in *Public Procurement Law Review*, 1999 (n.º 3), pp. 147--160.
- "Competitive Dialogue", in *Public Procurement Law Review*, 2004 (n.º 4), pp. 178-186.
- "The Discretionary Powers of Contracting Entities – Towards a Flexible Approach in the Recent Case Law of the Court of Justice?", in *Public Procurement Law Review*, 2006 (n.º 3), pp. 71-85.
- "The Field of Application of Competitive Dialogue", in *Public Procurement Law Review*, 2006 (n.º 6), pp. 307-315.
- "Technical Dialogue and the Principle of Equal Treatment – Dealing with Conflicts of Interests after Fabricom", in *Public Procurement Law Review*, 2007 (n.º 2), pp. 99-115.
- "The Distinction between Selection and Award Criteria in EC Public Procurement Law: A Rule without Exception?", in *Public Procurement Law Review*, 2009 (n.º 3), pp. 103-111.
- "The Distinction between Selection and Award Criteria in EC Public Procurement Law: The Danish Approach", in *Public Procurement Law Review*, 2009 (n.º 3), pp. 146-154.

TREPTE, Peter
- *Public Procurement in the EU – A Practitioner´s Guide*, 2.ª edição, Oxford University Press, 2007.

VARELA, João de Matos Antunes
- *Das Obrigações em Geral*, Vol. I, 10.ª edição, Coimbra, Almedina, 2000.

VERDEAUX, Jean-Jacques
- "Public Procurement in the European Union and in the United States: a Comparative Study", in *Public Contract Law Journal*, Vol. 32, n.º 4, 2003, pp. 713--738.

VERSCUUR, Steven
- "Competitive Dialogue and the Scope for Discussion after Tenders and Before Selecting the Preferred Bidder – What is Fine-tuning, etc.?", in *Public Procurement Law Review*, 2006 (n.º 6), pp. 327-331.

VIANA, Cláudia
- "Contratação Pública e Empresas Públicas: Direito Nacional e Direito Comunitário", in *Cadernos de Justiça Administrativa*, n.º 52, Julho-Agosto 2005, pp. 8-32.